XUEWEI LUNWEN XIEZUO JIAOCHENG

学位论文写作教程

（会计类）

杨利红　编著

西北工业大学出版社

西安

【内容简介】 本书阐述了学位论文的基本概念、写作的重要性、基本原则与基本步骤，分别从会计学士、学术型硕士、专业型硕士、工商管理硕士层次讲述了学位论文写作的技巧、方法，针对不同培养层次的会计专业学生提出了差异性的写作策略，能帮助学生对学位论文的写作有一个整体上的了解，提升学生的论文写作技能，更好地完成学位论文写作任务。

本书适合会计专业的本科生和研究生作为完成学位论文写作的参考用书。

图书在版编目(CIP)数据

学位论文写作教程:会计类/杨利红编著.—西安:西北工业大学出版社,2018.1
ISBN 978-7-5612-5856-9

Ⅰ.①学… Ⅱ.①杨… Ⅲ.①会计学—学位论文—写作—教材 Ⅳ.①G642.477

中国版本图书馆 CIP 数据核字(2018)第 024587 号

策划编辑：雷　军
责任编辑：高　原

出版发行：	西北工业大学出版社
通信地址：	西安市友谊西路 127 号　　邮编：710072
电　　话：	(029)88493844，88491757
网　　址：	www.nwpup.com
印 刷 者：	兴平市博闻印务有限公司
开　　本：	787 mm×1 092 mm　　1/16
印　　张：	23.75
字　　数：	564 千字
版　　次：	2018 年 1 月第 1 版　　2018 年 1 月第 1 次印刷
定　　价：	68.00 元

前　言

学位论文写作是学生运用在校学习的基本知识和基础理论,去分析、解决一两个实际问题的实践锻炼过程,也是学生在校学习期间学习成果的综合性总结,是整个教学活动中不可缺少的重要环节。撰写学位论文对于培养学生初步的科学研究能力、计算机应用能力、翻译写作能力及综合运用所学知识分析问题、解决问题的能力有着重要意义。

鉴于学生在实习报告、开题报告、学位论文写作环节存在较多问题,笔者根据十多年指导学位论文写作的经验总结,编写了本书。

本书主要分为两大部分:第一部分,学士学位论文写作。第二部分,硕士学位论文写作。其中主要内容为学位论文的写作目的及意义、本科实习报告、选题、计划任务书、开题报告、论文写作,研究生的学术型硕士学位论文的撰写(包括选题、开题报告、论文写作等),专业型硕士学位论文的撰写(包括选题、开题报告、论文写作等),工商管理硕士学位论文的撰写(包括选题、开题报告、论文写作等)以及答辩要领(包括 PPT 的制作、论文答辩注意事项)等。

在本书的编写过程中,曾参阅了相关文献资料,在此,谨向其作者深表谢意。

西安科技大学管理学院的梁小甜、陈琦、张楠、王依帆、张敏、邱日华、姚欣和白茹参与了第一部分的文字录入、资料查询工作;王文俊、贺淑红、冯思雨、许敏、褚梦琪和黎睿负责第二部分的内容修订、整理工作;张超、刘晓烨、步晓炫、冀鹏弘、任政、崔夏丽、刘洋、李晴晴、张艺、王雪、白新宇和张菁参与了各章节的资料搜集、文字核对工作,在此表示感谢。

由于笔者水平有限,书中难免有疏漏之处,恳请读者批评指正。

编　者
2018 年 1 月

目 录

绪论 ··· 1
    第一节　学位论文写作概述 ··· 1
    第二节　学位论文的类型和组成 ·· 3

第一部分　学士学位论文写作

第一章　学士学位论文计划任务书 ··· 9
    第一节　学士学位论文计划任务书的内涵与特点 ··· 9
    第二节　学士学位论文计划任务书的主要内容 ·· 10
    第三节　学士学位论文计划任务书写作 ·· 14

第二章　本科毕业实习指导 ··· 16
    第一节　本科毕业实习的目的、意义与要求 ·· 16
    第二节　本科毕业实习的内容 ··· 18
    第三节　本科毕业实习的具体程序 ··· 18
    第四节　本科毕业实习的组织管理 ··· 19
    第五节　本科毕业实习报告的撰写 ··· 20
    第六节　本科毕业实习成绩的评定 ··· 27
    第七节　本科实习注意事项与实习报告格式要求 ··· 28

第三章　学士学位论文选题 ··· 30
    第一节　学士学位论文选题概述 ·· 30
    第二节　学士学位论文选题要求 ·· 32
    第三节　学士学位论文选题方向 ·· 33
    第四节　学士学位论文选题注意事项 ·· 36
    第五节　学士学位论文选题参考 ·· 38

第四章 学士学位论文开题报告 ……………………………………………… 41

第一节 学士学位论文开题报告的内涵与特点 …………………………… 41
第二节 学士学位论文开题报告写作 ……………………………………… 43

第五章 学士学位论文写作 ………………………………………………… 55

第一节 认识学士学位论文 ………………………………………………… 55
第二节 学士学位论文的组织与管理 ……………………………………… 59
第三节 学士学位论文的结构 ……………………………………………… 60
第四节 学士学位论文写作的程序 ………………………………………… 69
第五节 学士学位论文排版格式 …………………………………………… 70

第六章 学士学位论文答辩 ………………………………………………… 74

第一节 学士学位论文答辩概述 …………………………………………… 74
第二节 学士学位论文答辩流程 …………………………………………… 75
第三节 学士学位论文成绩评定与示例 …………………………………… 81

第二部分 硕士学位论文写作

第七章 硕士学位论文选题 ………………………………………………… 87

第一节 硕士学位论文选题概述 …………………………………………… 87
第二节 硕士学位论文选题的要求 ………………………………………… 90
第三节 硕士学位论文选题的方向 ………………………………………… 92
第四节 硕士学位论文选题的注意事项 …………………………………… 94

第八章 硕士学位论文开题报告 …………………………………………… 104

第一节 硕士学位论文开题报告概述 ……………………………………… 104
第二节 硕士学位论文开题报告的撰写 …………………………………… 106
第三节 硕士学位论文开题报告的写作技巧和误区 ……………………… 123
第四节 硕士学位论文开题答辩 …………………………………………… 126

第九章 硕士学位论文的撰写 ……………………………………………… 129

第一节 硕士学位论文概述 ………………………………………………… 129
第二节 会计学术型硕士学位论文写作方法 ……………………………… 131
第三节 会计专业型硕士学位论文写作方法 ……………………………… 137
第四节 工商管理硕士学位论文写作方法 ………………………………… 146

第十章 硕士学位论文答辩·················151

第一节 硕士学位论文答辩准备·················151
第二节 硕士学位论文答辩流程·················156
第三节 硕士学位论文答辩技巧及注意事项·················158

附录·················161

附录一 西安科技大学学士学位论文表格·················161
附录二 西安科技大学关于硕士学位论文开题报告的规定·················175
附录三 西安科技大学学术性文献资料获取渠道·················176
附录四 西安科技大学硕士学位论文写作规范·················176
附录五 西安科技大学硕士学位论文的管理办法·················183
附录六 西安科技大学优秀学位论文开题报告·················189
附录七 西安科技大学优秀学位论文·················230
附录八 西安科技大学优秀实习报告·················352

绪 论

第一节 学位论文写作概述

一、学位论文的含义和特点

1. 学位论文的含义

学位论文,泛指专科毕业论文、学士学位论文(本科毕业论文)、硕士学位论文(硕士研究生毕业论文)、博士学位论文(博士研究生毕业论文)等,即需要在学业完成前写作并提交的论文,是教学或科研活动的重要组成部分。本书主要介绍了学士学位论文和硕士学位论文的撰写。

撰写学位论文一般需要经过开题报告、论文撰写、论文上交评定、论文答辩以及论文评分等5个步骤。

2. 学位论文的特点

(1)学术性。学术性就是指要求学生能对某一专业领域中繁杂凌乱的资料文献与理论研究状况进行分析、归纳,从中找出以往研究所存在的问题和不足,并能提出自己的想法与相应的对策。

(2)科学性。科学性即要求研究内容准确,思维缜密,结构合乎逻辑,材料的收集、整理、分类、取舍科学,写法讲究,结论可信。

(3)规范性。规范性主要是对学位论文的篇幅、格式、文献、内容、装订等方面有特殊的要求。

(4)创新性。创新性首先要求论文写作不抄袭、不照搬、不人云亦云,而是提倡创造。其次论文的写作应深刻、新颖。最后应在前人论述的基础上有所拓展、延伸。

(5)学习性。学习性是指在总结之前所学的基础上,还应学习更多的知识,掌握更多的学习方法,提高科学研究能力。

(6)独立性。独立性即要求学生相信自己,依靠自己,自己动手选题,查找资料,并在大量资料的基础上,通过归纳、综合、比较、分析得出结论。撰写时应独立思考,但可以适当借鉴别人的成果,征求导师的意见。

二、学位论文的培养目标

学位论文是一项总结性的独立作业,是学生运用在校学习的基本知识和基础理论,去分析、解决一两个实际问题的实践锻炼过程,也是学生在校学习期间学习成果的综合性总结。这一重要环节的基本培养目标如下：

(1)培养学生进行社会调查研究和文献资料收集、阅读、整理、使用的能力。

(2)培养学生处理数据和信息的能力。

(3)培养学生提出论点、综合论证、总结写作等基本技能。

(4)培养学生综合运用、巩固并扩展所学基础理论、专业知识和相关技能的能力。

(5)培养学生独立发现、分析、解决实际问题的能力。

(6)培养学生正确的、理论联系实际的工作作风，以及严肃认真的科学态度。

撰写学位论文对于培养学生初步的科学研究能力，提高其综合运用所学知识分析问题、解决问题的能力有着重要意义。

三、学位论文撰写的意义

学位论文是大学教学计划中一个重要环节，它与其他教学环节构成一个有机的整体，又是各教学环节的继续、深化和检验。学位论文写作的目的是培养学生综合运用所学专业理论知识和技能，培养学生对本专业领域问题的观察能力、思维能力、分析能力、判断能力、创新能力、文字表达能力和解决实际问题的能力，使学生养成勇于探索、严肃认真的科学态度和严谨求实的工作作风，为学生今后从事专业领域的相关工作和撰写学术论文奠定良好的基础。学位论文写作的重要意义主要体现在以下几方面。

(1)对学生综合素质和学校教学质量的综合检验。写好一篇学位论文，要求学生系统地运用所学的知识和技能，理论与实际相结合，有较宽的知识面和一定的写作功底，提高分析问题、解决问题的能力，并在学位论文写作过程中得到拓宽、深化和升华。事实上，学生的很多问题都会在学位论文的写作过程中暴露出来，如知识掌握不牢固、不会灵活运用、论文的条理不清、文字表述能力差、格式错误多等。学位论文写作，不仅能使学生认识到自己的不足，并在今后的学习和工作中加以克服，也能使学校和毕业生的用人单位全面了解每个学生的综合素质，更好地发现人才。同时，还可以使学校全面地考察教学质量，扬长避短，不断提高办学水平。

(2)有助于学习与工作态度的养成。学位论文的撰写有助于提高学生对工作认真负责、一丝不苟、敢于创新和协作攻关的精神，以及对事物潜心考察、勇于开拓、勇于实践的态度，还能培养学生勇于探索、严谨推理、实事求是、用实践检验理论、全方位考虑问题等科学技术人员应具有的素质，养成理论联系实际的工作作风和严肃认真的科学态度。

(3)提高查阅和利用文献资料的能力。撰写学位论文能够使学生在指导教师帮助下，独立进行调查研究、搜集资料、分析综合、实验研究、推理论证和系统表述，培养从文献、科学实验、生产实践和调查研究中获取知识的能力，使学生学会利用别人的经验，从其他相关学科找到解决问题的新途径。

(4)提高提出问题、分析问题、解决问题的能力。撰写学位论文能够培养学生综合运用所学知识去处理实际问题的能力，如设计、计算和绘图的能力，实验研究和数据处理的能力；发现问题和提出问题，会综合分析和总结归纳；综合运用所学知识，拓宽学生的知识面和掌握知识的深度，善于对这些知识综合利用来独立完成课题；提高外语、计算机应用能力等。

(5)提高文字表达及口头表达能力。学生走向工作岗位后，写一份报告或总结，向领导做一些口头汇报是经常的事情，这不仅需要学生掌握一定的专业知识和学科技术研究能力，而且还应具备遣词、造句、立意、谋篇、表达、逻辑、语法、修辞等各种基础写作修养和技能。而学位论文写作除了要上交一份完整的书面材料,还要在答辩中为自己进行辩说,因此,学位论文的完成,能够帮助学生更好地对所从事的工作进行总结、挖掘、交流和提高。

学位论文写作对于保证教学质量,培养合格的大学毕业生具有重要意义。因此,无论从学校方面还是从学生方面,都必须十分重视学位论文的指导和写作,确保学位论文写作任务的圆满完成。

第二节 学位论文的类型和组成

一、学位论文的类型

学位论文是学术论文的一种形式,为了进一步探讨和掌握学位论文的写作规律和特点,需要对学位论文进行分类。学位论文本身的内容和性质不同,研究领域、对象、方法、表现方式不同,因此学位论文就有不同的分类方法。

1. 按内容性质和研究方法分类

按内容性质和研究方法的不同可以把学位论文分为理论性论文、实验性论文、描述性论文和设计性论文。

理工科学生一般选择实验性论文、描述性论文和设计性论文这3种论文形式,这里不作介绍。文科学生一般写的是理论性论文。理论性论文具体又可分成两种:一种是以纯粹的抽象理论为研究对象,研究方法是严密的理论推导和数学运算,有的也涉及实验与观测,用以验证论点的正确性;另一种是以对客观事物和现象的调查、考察所得观测资料以及有关文献资料数据为研究对象,研究方法是对有关资料进行分析、综合、概括、抽象,通过归纳、演绎、类比,提出某种新的理论和新的见解。

2. 按议论的性质分类

按议论的性质不同可以把学位论文分为立论文和驳论文。立论性的学位论文是指从正面阐述论证自己的观点和主张。一篇论文侧重于以立论为主,就属于立论性论文。立论文要求论点鲜明,论据充分,论证严密,以理和事实服人。驳论性学位论文是指通过反驳别人的论点来树立自己的论点和主张。如果学位论文侧重于以驳论为主,批驳某些错误的观点、见解、理论,就属于驳论性学位论文。驳论文除按立论文对论点、论据、论证的要求以外,还要求针锋相对,据理力争。

3. 按研究问题的大小分类

按研究问题的大小不同可以把学位论文分为宏观论文和微观论文。凡研究具有全局性、普遍性并对局部工作有一定指导意义的论文,称为宏观论文。它研究的面比较宽广,具有较大范围的影响;反之,研究局部性、具体问题的论文,是微观论文。它对具体工作有指导意义,影响的面窄一些。

4. 其他

另外还有一种综合型的分类方法,即把学位论文分为专题型、论辩型、综述型和综合型四大类。

(1)专题型论文。这是在分析前人研究成果的基础上,以直接论述的形式发表见解,从正面提出某学科中某一学术问题的一种论文。

(2)论辩型论文。这是针对他人在某学科中某一学术问题的见解,凭借充分的论据,着重揭露其不足或错误之处,通过论辩形式来发表见解的一种论文。另外,针对几种不同意见或社会普遍流行的错误看法,以正面理由加以辩驳的论文,也属于论辩型论文。

(3)综述型论文。这是在归纳、总结前人或今人对某学科中某一学术问题已有研究成果的基础上,加以介绍或评论,从而发表自己见解的一种论文。

(4)综合型论文。这是一种将综述型和论辩型两种形式有机结合起来写成的一种论文。

二、学位论文的组成

学位论文是教学科研过程的一个环节,也是学业成绩考核和评定的一种重要方式。学位论文的目的在于总结学生在校期间的学习成果,培养学生具有综合地、创造性地运用所学的全部专业知识和技能,解决较为复杂问题的能力,并使他们受到科学研究的基本训练。

学位论文一般由以下9部分组成。

1. 标题

标题是文章的眉目。各类文章的标题样式繁多,但无论是何种形式,总要以全部或不同的侧面体现学生的写作意图、文章的主旨。学位论文的标题一般分为总标题、副标题、分标题几种。

设置分标题的主要目的是为了清楚地显示文章的层次。有的用文字,一般都把本层次的中心内容显示其上;也有的用数码,仅标明"一、二、三"等的顺序,起承上启下的作用。需要注意的是,无论采用哪种形式,都要紧扣所属层次的内容,以及上文与下文的联系紧密性。

2. 目录

目录,是指正文前所载的目次,是提示正文内容的工具。一般来说,篇幅较长的学位论文,都设有分标题。设置分标题的论文,因其内容的层次较多,整个理论体系较庞大、复杂,故通常设置目录。

设置目录的目的一是为了使读者能够在阅读该论文之前对全文的内容、结构有一个大致的了解,以便读者决定是读还是不读,是精读还是略读;二是为读者选读论文中的某个分论点时提供方便。长篇论文,除中心论点外,还有许多分论点,当读者需要进一步了解某个分论点时,就可以依靠目录而节省时间。

目录一般放置在论文正文的前面,因而是论文的导读图。要使目录真正起到导读图的作用,必须注意三点:①准确,即目录必须与正文的纲目相一致,也就是说,正文的标题、分标题与目录存在着一一对应的关系;②清楚无误,即目录应逐一标注该行目录在正文中的页码,标注页码必须清楚无误;③完整,即目录既然是论文的导读图,因而必然要求具有完整性,也就是要求文章的各项内容,都应在目录中反映出来,不得遗漏。

3. 内容摘要

内容摘要是全文内容的缩影。在这里,学生以极经济的笔墨,勾画出全文的整体面目,提出主要论点、揭示论文的研究成果、简要叙述全文的框架结构。

内容摘要是正文的附属部分,一般放置在论文的篇首。写作内容提要的目的,一方面在于使指导教师在未审阅论文全文时,先对文章的主要内容有个大体上的了解,知道研究所取得的主要成果和研究的主要逻辑顺序。另一方面是为了使其他读者通过阅读内容提要,就能大略了解学生所研究的问题,假如产生共鸣,则再进一步阅读全文。在这里,内容摘要成了把论推荐给众多读者的"广告"。因此,内容摘要应把论文的主要观点提示出来,便于读者一看就能了解论文内容的要点。

4. 关键词

关键词是标示论文主题内容,但未经规范处理的主题词。它是根据文献标引工作的要求,从论文中选取出来,用以表示全文主要内容信息款目的单词或术语。

5. 正文

一般来说,学位论文正文的内容应包括以下3方面:①事实根据,即通过本人实际考察所得到的语言、文化、文学、教育、社会、思想等事例或现象,提出的事实根据要客观、真实,必要时要注明出处;②前人的相关论述,包括前人的考察方法、考察过程、所得结论等;③学生本人的分析、论述和结论等,做到使前人的成果和本人的分析论述有机地结合,注意其间的逻辑关系。

6. 结论与展望

学位论文结论应当体现学生更深层的认识,且是从全篇论文的全部材料出发,经过推理、判断、归纳等逻辑分析过程而得到的新的学术总观念、总见解。结论可采用"结论"等字样,要求精练、准确地阐述自己的创造性工作或新的见解及其意义和作用,还可提出需要进一步讨论的问题和建议。结论应该准确、完整、明确、精练。

学位论文的展望一般写在结论之后,是基于学生对此论题的深入研究,以及所得出的研究结论,对该论题未来发展趋势、发展状况的预期。展望部分的论述应该恰当合理、有据可依。

7. 参考文献

在学术论文正文后一般应列出参考文献,一是为了反映出真实的科学依据,二是为了体现严肃的科学态度,三是为了对前人的科学成果表示尊重,同时也是为了指明引用资料出处,便于检索。

8. 致谢

致谢可以放在正文后,体现对下列方面的感谢:国家科学基金,资助研究工作的奖学金基金,合同单位,资助和支持的企业、组织或个人;协助完成研究工作和提供便利条件的组织或个人;在研究工作中提出建议和提供帮助的人;同意转载和引用的资料、图片、文献、研究思想和设想的所有者;其他应感谢的组织和人。在学位论文中的致谢里主要感谢导师和对论文工作有直接贡献及帮助的人士和单位。

9. 附录

对于一些不宜放入正文中但作为学位论文又不可缺少的部分,或有重要参考价值的内容,可编入附录中,例如问卷调查原件、数据、图表及其说明等。

第一部分 学士学位论文写作

第一章　学士学位论文计划任务书

学士学位论文计划任务书根据各个专业及职业岗位特点,由指导教师布置任务,对学生完成的论文提出明确的要求,如完成时间、完成进度、写作的注意事项等,有助于学生明晰自己的任务,从而更好地完成学士学位论文的写作任务。

第一节　学士学位论文计划任务书的内涵与特点

一、学士学位论文计划任务书的内涵

学士学位论文计划任务书是根据各个专业学生的学科任务,由指导教师下发的,向学生安排完成论文写作要求的一种计划,对学生完成学位论文具有重要指导意义。学生据此任务书,在规定的时间内,按要求运用一定的研究方法,完成规定的论文写作。

学士学位论文计划任务书一般由每个指导教师根据所指导学生的选题情况,在学校规定的论文写作期限内,运用不同的研究方法,写出写作大纲,经过本专业负责人及院主管领导审定后正式下达给学生。

二、学士学位论文计划任务书的特点

1. 信息性

学士学位论文计划任务书体现了学士学位论文的基本信息,如论文题目、选题方向和学生基本信息(包括姓名、专业、班级等)等。

2. 全面性

学士学位论文计划任务书包括论文写作的目的、主要任务、应完成的主要内容、要达到的目标等。

3. 成果性

毕业时要汇报的成果形式包括论文、实习报告、英文翻译等。

4. 翔实性

学士学位论文的基本要求是非常具体的,如数据来源、毕业设计规范化要求、工作量要求(外文资料翻译量、论文字数)等。

5. 实践性

学士学位论文计划任务书体现了对本科毕业实习环节的要求,包括实习大纲、实习时间、实习地点和具体内容要求等。

6. 资料性

指导教师为毕业生提供有关参考资料、工具书、期刊论文等主要参考文献。

7. 计划性

指导教师要对学士学位论文的进度计划提出具体要求。

第二节 学士学位论文计划任务书的主要内容

学士学位论文计划任务书主要包括学生姓名、专业、学号、班级、论文题目、计划完成时间、论文、实习报告以及英文翻译的具体要求，指导教师签名、教学院长意见与签名。

一、论文部分

(一)提出选题的初步设想

所谓选题，顾名思义，就是选择论文的论题，即在写论文前，确定所要研究论证的问题。选题的意义有以下四点。

1. 选题为论文质量提供了保证

影响论文质量的因素有很多方面，其中离不开人的主观能动性。学士学位论文的题目无论是学生自己拟定的，还是在教师的指导下选择的，都离不开一个"选"字，都需要学生充分发挥自己的主观能动性，经过反复思考，相互比较后才能确定下来。自己选择的题目会更好地鼓舞激励自己，这样对选题从最初认识到以后的不断发展，从感性认识升华到理性认识，最终才会获得一个较好的研究成果。

2. 选题有利于充分发挥学生的特长

学生根据个人实际情况选题，有利于扬长补短，弥补某个方面知识和技能储备不足的缺陷，并且做到有针对性、高效率地获取相关知识，利于获得成果。通过选题，学生对自己所要研究的对象有了初步的了解和认识，为下一步深入开展研究奠定了基础。在一定意义上来说，选题规划了学位论文写作的蓝图，确定了论文的研究角度和规模，决定了论文写作乃至该项研究工作的方向和最终可能取得的成果。

3. 选题有助于学生研究能力的提高

大学生在校期间学过的知识很多，但知识并不等于能力，学生的研究能力相对还比较弱，研究能力要在应用知识的实践中，即在科学研究的实践中自觉地培养和锻炼才能得到提高。选题是大学生从事科学研究实践迈出的第一步，选题前，要对某一学科的专业知识进行研究，查阅整理一些相关材料，有侧重地深化对所研究问题的认识，从而使自己的综合分析、判断推理、归纳演绎、联想发挥等方面的思维能力和研究能力得到锻炼和提高。

4. 选题可使学位论文写作顺利地完成

选择一个难易程度和论题大小合适的题目，可以保证论文写作顺利地进行。如果选题过大过难，学生就难以完成；如果选题太小太简单，就达不到学士学位论文写作的目的。

总之，选题是论文写作的第一步，没有选题，后面的工作无法开展；没有好的选题，完成的论文不具有特别大的价值；好的选题可以看出作者的研究方向与学术能力，对完成一篇优秀论文起到事半功倍的效果。选题决定着论文的价值也关系着学术研究的成败。选题需要与客观需要相符合、与主体状况相适应。

(二)搜集、整理与论文有关的、充分的、准确的文献资料

1. 学士学位论文资料搜集的范围

撰写论文前必须详尽地占有资料,一篇一万字左右论文的写成,可能要搜集到几万甚至几十万字的资料。资料是论文写作的基础,没有资料,研究无从着手,观点无法成立,论文不可能形成。所以,详尽地占有资料是论文写作之前的一项极其重要的工作。

论文写作之前,至少应当占有以下五方面资料。

(1)第一手资料。第一手资料包括与论题直接有关的文字资料、数字资料(包括图表),譬如统计资料、典型案例、经验总结等,还包括自己在亲自实践中取得的感性资料。这是论文中提出论点、主张的基本依据。没有这些资料,撰写的论文就只能成为毫无实际价值的空谈。对第一手资料要注意及早收集,同时要注意其真实性、典型性、新颖性和准确性。

(2)他人的研究成果。这是指国内外对有关该论题学术研究的最新动态。撰写学位论文不是凭空进行的,而是在他人研究成果的基础上进行的,因此,对于他人已经解决了的问题就可以不必再花力气重复研究,可以以此作为出发点,并可以从中得到有益的启发、借鉴和指导。对于他人未解决的,或解决不圆满的问题,则可以在他人研究的基础上再继续研究和探索。切忌只顾埋头写,不管他人研究,否则,撰写的论文的理性认识会远远低于前人已达到的水平。

(3)边缘学科的资料。当今时代是信息时代,人类的知识体系呈现出大分化、大融合的状态,传统学科的鸿沟分界逐渐被打破了,出现了令人眼花缭乱的分支学科及边缘学科。努力掌握边缘学科的资料,对于所要进行的学科研究、课题研究大有好处。它可以使我们研究的视野更开阔,分析的方法更多样。譬如研究经济学的有关课题,就必须用上管理学、社会学、理学、人口学等学科的知识。大量研究工作的实践表明,不懂一些边缘学科知识,不掌握一些边缘学科的资料,知识面和思路狭窄是很难撰写出高质量论文的。

(4)名人的有关论述,有关政策文献等。名人的论述极具权威性,对准确有力地阐述论点大有益处。党的有关方针、政策既体现了社会主义现代化的实践经验,又能反映出现实工作中面临的多种问题。因此,研究一切现实问题都必须占有和清楚这方面的资料,否则会出现与党的方针、政策不一致的言论,使论文出现很大的失误。

(5)背景资料。搜集和研究背景资料,有助于开阔思路,提高论文的质量。

总之,撰写学士学位论文,要搜集、整理与论文有关的、充分的、准确的文献资料,从而扩充查阅范围,为写出优秀的学士学位论文打下坚实的基础。

2. 资料搜集和分类的方法

(1)搜集资料的方法很多,常用的主要有以下几种。

1)做卡片。使用卡片搜集资料,易于分类、易于保存、易于查找,并且可分可合,可随时另行组合。一个问题通常写在一张卡片上,内容太多时也可以写在几张卡片上。当然,在搜集资料的过程中,要不要做卡片,可根据各人习惯,不必死板规定。

2)做笔记。好记性不如烂笔头,做笔记是任何一个学位论文撰写者都必须要做的事情。阅读书报杂志、进行调查研究时,要随身携带笔和纸,随时记下所需资料的内容或有关的感想体会、理论观点等。在做笔记时,最好空出纸面面积的1/3,以方便书写对有关摘录内容的理解、评价和体会。

无论是用卡片收集资料,还是摘录资料,还是剪贴资料,都必须注明出处。如果是著作,则要注明作者、书名、出版单位、发行年月;如果是杂志,则要注明作者、篇名、杂志名称、卷(期)

号、页码等,以便附在学位论文的后面。

(2)收集来的资料不要随手一放,置之不理,要认真阅读,仔细加以分类,进行研究。主要的分类方法有以下两种。

1)主题分类法。按照一定的观点把资料编成组,这"一定的观点",可以是综合而成的观点,也可以是自己拟定的观点。资料加以分类后,可以加深对资料的认识,进一步使认识条理化、系统化。

2)项目分类法。即按照一定的属性,把收集的资料分项归类。

总之,在学生选定自己的论题方向后,应当尽可能地搜集资料,这些资料不仅包括本学科领域的资料,还应当包括其他学科的资料,这样才可以把论文写透彻、具有研究意义。所搜集的资料包括已经取得的成果、新的研究方向。通过研读前人已经取得的成果,可以给论题启发,对于正确的观点应当吸取与发扬,对于错误的应当批判与纠正,从而给予论文写作坚实的基础,使其具有重要的学术价值。

3. 构思论文框架,编写论文提纲

编写提纲是动笔行文前的必要准备和撰写学位论文的重要环节。学生撰写学位论文不能急于成文,应从写大纲练起。学士学位论文是本科生毕业之前的一个综合性实践教学环节,论文写作时间长、篇幅大、层次多、专业性强、规范性要求高,需要严密的逻辑思维和推理来展开论述,从各个方面来阐述理由、论证自己的观点,故写作前必须有一个清楚的整体构思,如同盖楼房要先绘出"图纸"一样,这对提高论文质量和写作效率大有好处。

提纲是作者谋篇布局的重要体现,通过写作提纲,可以使作者考虑全篇逻辑,使论文层次清楚、重点明确;可以帮助作者树立全局的观念,从整体到部分,检验每一个部分在论文中所起到的作用,明晰该部分是否与整体的地位与作用相称;可以使作者及时调整,避免大规模返工。在论文的框架写好后,作者可以请指导教师进行修改,从而有效避免一些错误。在论文写作过程中,作者的思维相当活跃,常常会出现新的联想、新的观点,若没有编写提纲常常会被这些思想干扰,停笔思考,加大了工作量。

4. 利用相关数据库搜集数据

查找数据、信息资料的方式主要有以下几种。

(1)超星数字图书馆。超星数字图书馆成立于1993年,是由北京世纪超星技术发展有限公司开发的在线数字图馆,2000年被列入国家"863计划"中国数字图书馆示范工程。目前拥有数字图书200多万册,按照中国图书馆分类法(以下简称"中国法")分为文学、历史、法律、军事、经济、科学、医药、工程、建筑、交通、计算机、环保等22个学科门类,是国内资源最丰富的数字图书馆。

访问方法:从所在学校图书馆网址链接进入。其检索方式分为分类检索、快速检索和高级检索3种。第一,分类检索:根据"中图法"进行归类,层层单击目录,由大类到小类,便可查到与类目相关的所有图书。在每一级类目下都设有查询文本框,也可以在查询文本框内输入书名或书名中的关键词,来查找相关图书。第二,简单检索:简单检索也称为快速检索。用户选择好书名字段、作者字段或者全部字段后,在查询文本框内输入检索词来查找相关图书。第三,高级检索:用户在高级检索界面可以选择并输入多个检索条件,如分类、书名、作者、索书号、出版日期等进行组合检索,各字段之间可以用逻辑"与"和逻辑"或"来组配,单击"检索"按钮可以查到图书。

(2)方正电子图书数据库。方正电子图书数据库是方正数字资源的核心部分,涵盖社科、人文、经管、文学、科技等类别。其中的方正高校教参全文数据库更是针对高校需求而建立的专业数据库,旨在整理、搜集覆盖"文、理、工、医、农、林、管"等重点学科专业的经典教材、高校指定教参等数字资源。

访问方法:从所在学校图书馆网址链接进入。方正电子图书数据库检索功能与超星数字图书馆相似,提供学科分类导航浏览、基本检索和高级检索的功能。如查找有关"英语听力"方面的图书,在主页面的搜索框选择检索条件为"书名",在搜索框内输入检索的内容"英语听力",点击检索按钮即可查找相关图书。

(3)书生之家电子图书。书生之家是建立在中国信息资源平台基础之上的综合性数字图书馆,由北京书生公司开发制作,集成了图书、期刊、报纸、论文等各种出版物的(在版)书目信息、内容提要、精彩章节、全文等内容。目前书生之家有电子图书100多万种,主要包括文学艺术、经济金融、工商管理、计算机技术、社会科学、历史地理、科普知识、知识信息传媒、自然科学和电子、电信与自动化等31大类。

访问方法:从所在学校图书馆网址链接进入。

(4)CNKI中国学术期刊网络出版总库。CNKI中国学术期刊网络出版总库是中国知网(知识发现网络平台)的重要组成部分,收录期刊以学术、技术、政策指导、高等科普及教育类为主,也收录部分基础教育、大众科普、大众文化和文艺作品类刊物,内容覆盖自然科学、工程、技术、农业、哲学、医学、人文社会科学等各个领域。核心期刊的收录率达96%,收录独家授权期刊2 300余种。

数据库提供期刊导航、初级检索、高级检索、专业检索、分类检索等检索方式。

1)期刊导航:期刊导航是对整刊进行检索,以某期刊名称为检索词,查找该刊物所有的论文。可以按照已知刊名的音序方式(A~Z)或在检索提问栏中直接输入刊名进行查找,也可通过期刊导航界面的左侧栏的"专辑导航、优先出版期刊导航、独家授权期刊导航、世纪期刊导航、核心期刊导航、数据库刊源导航、期刊荣誉榜导航、中国高校精品科技期刊、刊期导航、出版地导航、主办单位导航、发行系统导航"等十多种表示期刊特征及特性的导航系统来查找。

2)初级检索:初级检索是进入数据库后系统默认的检索方式。一般的检索程序是首先在界面左侧"文献分类目录"下选择适当的专辑限定检索的学科范围,然后在"检索项"中根据已知线索选择检索入口(主题、篇名、关键词、作者、机构),在检索框中输入检索词,再对检索结果的精确度("精确匹配"或"模糊匹配")、时间范围、来源期刊范围做出选择,最后点击"检索"按钮,即可查看检索结果。例如,检索3年内有关外商企业利用关联交易避税现象及其防范措施研究方面的论文。首先在"文献分类目录"中全选十类专辑,其次在"检索"标签中确定检索词,例如外商企业、关联公司、避税及其逻辑组配关系,确定时间范围为2015—2017年,点击"检索"按钮,即可得到检索结果。

3)高级检索:高级检索与初级检索的区别,主要是它同时可进行多个检索项或一个检索项的两个检索词的组合检索,可以快速、准确地获得多个主题、多种条件限定的课题检索结果。多个检索项或两个检索词之间主要是"并且、或含、不含"的逻辑运算关系。

4)专业检索:专业检索要求检索者自行构造检索提问式来准确表达其多主题、多条件的检索要求。

5)分类检索:通过首页的"文献全部分类"来检索某类目下的所有文献,多用于对某类文献进行文献统计。

(5)维普资讯网——维普期刊资源整合服务平台。维普期刊资源整合服务平台由重庆维普资讯有限公司所有,收录中文期刊8 000种、中文报纸1 000种、外文期刊4 000种,分为社会科学、自然科学、工程技术、农业科学、医药卫生、经济管理、教育科学和图书情报8个专辑。

由页面左上方的"专业版"进入维普期刊资源整合服务平台的"期刊文献检索"功能模块。该模块提供基本检索、传统检索、高级检索、期刊导航等检索方式。具体检索方法与CNKI中国学术期刊网络出版总库相似,不再细述。除期刊文献检索,该平台还提供文献引证追踪、科学指标分析、高被引析出文献、搜索引擎服务5个功能模块的服务。

(6)万方数据知识服务平台的中国学术期刊数据库。中国学术期刊数据库是万方数据知识服务平台的重要组成部分,数据范围覆盖自然科学、工程技术、农林、医学、人文社科等领域,是了解国内学术动态必不可少的帮手。该数据库可以按照分类、期刊出版所在地区及期刊首字母导航浏览,也可以输入刊名、篇名、作者、关键词进行组合检索。检索结果内容包括论文标题、论文作者、来源刊名、论文的年卷期、分类号、关键字、所属基金项目、数据库名、摘要等信息,并提供全文下载。

5. 撰写论文初稿,反复修改

通过上面的工作,已经对论文资料的获取有了比较深入的了解,在此基础上,进行论文初稿的写作,该内容是对整篇论文进行的整合。论文的一般结构:标题+署名+摘要+关键词+正文+参考文献。学位论文按照开题报告的内容与框架写,要求结构合理、思路清晰、语言准确、逻辑性强、分析内容准确、结构明确、结论具有参考意义、格式准确。

在完成论文初稿的基础上,按照指导教师的修改意见,认真进行修改、反复推敲,直到定稿。

二、实习报告部分

实习报告是指在校学生作为实习生,在企事业单位、事务所、银行等完成实习任务后,所撰写的一篇对学生本人实习期间工作经历、心得体会进行总结,以及对实习单位存在的问题提出改进建议的书面报告。

实习报告可以使指导教师较为全面、具体地了解学生在实习期间的心得与体会,便于检查理论与实践相结合的教学成果;同时,也有利于学生总结实习过程中的经验,深化对理论知识的认识,从而进一步提高对工作的认识,树立良好的职业道德观念。

详细内容见第二章第五节。

三、英文翻译部分

英文翻译部分,应为经济管理类文章,最好与自己论文研究内容相关。应做到语法正确,格式无错误,字数要求不少于5 000字。

第三节 学士学位论文计划任务书写作

学士学位论文计划任务书一般以表格的形式填写,其写作项目包括学生基本信息,学位论文题目,计划完成时间,对论文、实习报告、英文翻译的具体要求,指导教师签名与日期,学院审核意见。学士学位论文计划任务书样式见表1-1。

表1-1 学士学位论文[毕业设计(论文)]任务书样式

毕业设计(论文)任务书

姓 名		学 号		专业及班级	
设计(论文)题目： 完成日期：　年　月　日 具体要求： 　一、论文部分 　(1)提出选题的初步设想； 　(2)搜集、整理与论文有关的、充分的、准确的文献资料,扩充查阅范围； 　(3)构思论文框架,编写论文大纲,提交开题报告； 　(4)利用相关数据库,搜集数据,分析、筛选已有的信息资料,运用相关方法进行分析； 　(5)撰写论文初稿,反复修改,提交定稿及打印稿。 　二、实习报告及英文翻译部分 　严格按照实习指导书的要求完成,做到工作量饱满,结构合理、语言准确逻辑性强、文笔流畅、分析内容准确、图表格式规范;英文译文正确。 　　　　　　　　　　　　　　　　　　　　　　　　　指导教师职称 　　　　　　　 　　　　　　　　　　　　　　　　　　　年　月　日					
学院 审核 意见	教学院长(签名) 　　　　　　　　　　　　　　　　　　　　　　　　　　年　月　日				

第二章 本科毕业实习指导

本科毕业实习是学生在系统地学习并完成了专业教学计划所规定的全部课程和其他教学环节的基础上进行的,是毕业生走向社会和上岗前提高综合素质的一次实践活动。它是学生综合运用所学的专业基础理论和基本技能进行独立分析问题和解决问题能力的体现,也是加强学生理论联系实际,巩固和加深对理论知识理解,获得实践知识和技能,培养和提高学生实践能力、创新能力与创业意识,进行专业技能训练不可或缺的实践教学环节。

实习报告是指在校学生作为实习生,在企事业单位、事务所、银行等完成实习任务后,所撰写的一篇对实习期间工作经验进行描述的书面文件。

第一节 本科毕业实习的目的、意义与要求

一、毕业实习的目的

会计本科毕业实习,是本科生在修完会计专业本科教学计划所规定的全部理论课程和完成其他教学环节的基础上进行的综合性实习,也是培养学生系统运用所学专业的基本理论、基本方法、基本技能,理论联系实际、独立分析问题和解决问题等能力的主要环节。根据会计学专业本科教学计划,会计专业学生在撰写学位论文前进行毕业实习。实习期间,学生对企业(事业)单位的财务会计工作进行业务实践和调查研究,通过实习做到理论联系实际,充实和丰富所学的专业理论知识,培养发现问题、分析问题和解决问题的能力,为毕业后从事财务会计工作打下基础。学生通过调查研究,深入了解会计主体的经营管理现状,深入了解不同类型的会计主体在会计工作组织、财务管理、会计核算与监督、会计法规制度实施等方面的特点及其发展趋势,巩固和加深所学的专业知识,并为学位论文搜集基础资料,为完成学位论文做好充分准备。

二、毕业实习的意义

毕业实习是本科生必须经历的一个阶段,它帮助学生将自己学到的理论知识上升为实践,在实践中发现问题、分析问题、解决问题,从而为以后步入工作岗位打下一定的基础。

(1)通过调查了解实习单位的情况,包括企业发展历史、企业目前的组织机构、业务流程、企业规模、产品情况、企业效益情况、企业生产系统、销售系统、人力资源管理系统、财务系统、

供应管理系统等,特别是对企业的会计机构的设立情况、基本财务状况、企业开展会计信息化的情况等进行深入了解,从而提高对会计信息的全面认识。巩固充实所学基础理论和专业知识,培养学生综合运用所学知识解决实际问题的基本能力。

(2)通过毕业实习,学习和掌握比较全面的会计核算的实践知识和一般的业务知识。培养学生理论联系实际的工作作风,严肃认真、高度负责的工作态度和调查研究、分析论证问题的能力。

(3)进一步理解和掌握会计核算、企业管理的基本理论知识,培养理论和实践相结合的能力。

(4)进一步训练学生的基础技能,其中包括调查研究、资料搜集、计算分析、软件应用、图表制作和写作方面的能力。

通过调查研究,深入了解会计主体的经营管理现状,深入了解不同类型的会计主体在会计组织、财务管理、会计核算与监督、会计法规制度实施等方面的特点及其发展趋势,巩固和加深所学专业的知识,并为学位论文搜集基础资料,为完成学位论文打下实践基础。

三、毕业实习的要求

毕业实习采用指导教师负责制,由指导教师或学生本人联系实习单位,在规定的时间内认真领会会计主体在会计核算与监督、财务管理等方面的经验,深刻领悟所学专业理论的适用性、科学性;全面了解某类会计主体在会计组织、账务处理、成本核算、报表编制与分析、财务管理等方面的特点和存在的问题;全面掌握会计工作的方法和过程;收集有关资料,结合拟调研的课题,进行深入研究,完成实习报告,并为学位论文搜集有关资料。毕业实习鉴定表中要有实习鉴定和实习单位公章。

在毕业实习期间,指导教师要经常与学生沟通,及时了解实习状况并进行指导,对学生实习期间的组织纪律、管理及安全等事项进行监督负责,做到严格要求,认真考核,保证实习质量。学生要服从实习单位领导和指导教师的安排,做好各项工作,完成毕业实习任务。

1. 明确要求

实习生必须参加院系组织的实习前教育活动。了解实习单位基本情况,熟知实习计划和实习纪律要求,以求圆满完成实习任务。

2. 保守秘密

听从实习单位财务人员的安排,不能随意摘抄会计资料数据,遵守财务会计制度,不外传实习单位的财务会计信息。

3. 安全第一

注意工作安全和交通安全。严格遵守实习单位的安全操作规程,若因违反实习纪律和安全工作要求,造成自身伤害,由学生本人负责;造成国家或他人财产或人身伤害的,应由学生本人及家长承担经济和法律责任。

4. 遵纪守法

遵守国家法律和实习单位的规章制度,遵守社会公德和社会秩序。不准擅自离开实习地点。不准无故旷课、旷工、迟到、早退。不准寻衅闹事,打架斗殴。若有违纪行为,按学院规定处理。

5. 认真总结

校外专业实习必须认真写好实习工作笔记,在实践的基础上写好实习报告,并为毕业论文的写作打下坚实的实践基础。

第二节 本科毕业实习的内容

本科毕业实习是本科生必须经历的一个阶段,学生应该全面了解毕业实习的内容,为后期写作实习报告打下坚实的基础,也为自己投身工作做好准备。具体来说,毕业实习的内容包括以下几方面。

(1)了解实习单位地理环境、组织结构、性质等基本概况。

(2)了解实习单位的供、产、销各环节的机构设置及生产工艺流程等。

(3)征得实习单位同意后,认真学习实习单位会计处理章程、具体的会计管理办法及规定。翻阅报表账簿,了解实习单位科目设置及相关纳税申报工作等。

(4)根据实习单位具体情况,运用所学的会计处理方法、会计账户、复式记账原理等,参与实习单位的会计业务核算。

(5)进一步了解实习单位的经营管理概况尤其是财务管理状况,重点掌握财务会计的各种实务,结合管理会计、财务会计、公司理财、会计的信息化、风险会计等相关知识,全方位了解会计信息系统的运作方式和过程,并掌握其规律性。

(6)掌握会计凭证的编制与审核,会计账簿的分类、登记与管理。

(7)进一步掌握成本计算。

(8)进一步掌握财务报告的编制与分析,重点掌握资产负债表、利润表、现金流量表的编制与分析。

(9)进一步了解会计核算的组织程序、会计信息化建设的特点、会计工作组织。

(10)进一步了解财务会计与财务管理、税务会计、网络会计、企业会计、管理会计、风险会计的联系和区别,并了解实际工作中的相关内容。

(11)进一步了解审计工作的有关内容和会计法规、制度、条例等的落实情况。

(12)通过参与上述活动,总结该单位管理过程中存在的问题,进行记录,为后期实习报告的撰写提供原始材料。

第三节 本科毕业实习的具体程序

一、校内准备阶段

(1)联系实习单位。实习开始前一周,学院或指导教师帮助学生联系、落实实习单位,并且安排好实习指导教师,明确相关职责。并且要召开实习动员大会,通告实习安排、要求及注意事项。

(2)认真阅读毕业实习指导书,明确实习内容及要求。

(3)编写实习计划,拟定实习和资料搜集的时间安排。

(4)准备必要的实习用品。

二、现场实习与资料搜集阶段

(1)尽可能多地搜集实习单位和部门生产经营活动的各种报表和文件及其他相关资料,并记录自己在实习中通过观察、访谈等方式调查所得的各种数据资料。

(2)深入分析已取得的相关资料,找出企业会计核算及其相关工作的成绩和存在的问题。

(3)进一步深入了解企业取得成绩和产生问题的原因,并有针对性地搜集撰写实习报告和学位论文所能用到的更详尽的资料。

(4)接受指导教师的监督检查,补充不足的资料。凡是与企业生产实际相结合的课题,都必须深入企业现场调查研究,在现场指导人员指导下,踏踏实实参与实践活动,并收集有关资料。学生必须及时与指导教师(包括现场指导人员)取得联系,在教师指导下,扎扎实实地工作,努力去发现问题、分析问题、解决问题。

(5)在学生实习期间,指导教师应当定期或不定期地对学生的实习情况进行检查。检查可以采用与实习单位指导教师通信联系、实地走访实习单位等方式。实习检查的主要内容包括实习生劳动纪律的遵守情况,工作的主动性,在实习过程中论文资料的收集情况等。指导教师对学生实习的检查应当有书面记录,评定实习成绩时应充分考虑检查结果。

(6)学生离开企业前,须取得学生在企业的工作态度等的评定意见。企业评定意见中,是否加盖企业公章是评定学生学位论文成绩的重要依据之一,无企业评定意见,不得进入实习报告写作阶段,不得进行论文答辩。

三、编写实习报告阶段

(1)以搜集的相关资料为依据,对实习期间收集的资料数据进行整理、分析、提炼,完成实习报告。实习报告须交给指导教师审阅并作为评定论文成绩的重要依据之一。实习报告不合格者,不得进入论文写作阶段。

(2)根据学生在实习期间对企业的调研,进一步明确学位论文所做的论题并初步拟订写作大纲。

第四节 本科毕业实习的组织管理

由于参加毕业实习的学生人数较多,实习单位点多面广,为了切实保证实习质量,要求对毕业实习进行严格的组织和管理。

一、毕业实习的组织安排

(1)会计学专业毕业实习共4周,其中第一周熟悉实习单位的基本情况,主要采用调查走访方式;第二～三周参与实习单位的具体工作;第四周分析整理实习资料,撰写实习报告。毕业实习采用分散实习方式进行。

(2)学院、系成立实习指导小组,加强对实习进程的指导和管理,负责实习过程各环节的组织与协调工作。

(3)实习领导小组成员为学院、系部领导以及本专业的辅导员;毕业实习采用指导教师负责制,并由系里确定指导教师。

(4)由学生所在实习单位确定业务指导教师。

二、毕业实习过程的监控和管理

(1)毕业实习工作实行院、系二级管理制度,并由系部具体监管,学位论文指导教师直接管理各实习点的工作,委托学生所在企业进行业务指导,请实习单位指派专人指导学生的实习工作。

(2)学生到达实习地点以后,请实习单位指派的负责人结合单位的具体情况,帮助学生制订全面的实习进度计划,学生在一周内将进度计划向其论文指导教师汇报。

(3)学生在实习期间应经常与本系及论文指导教师保持联系。实习期间学生每周至少与指导教师联系一次,教师要记录指导情况。

(4)指导教师应具有高度的责任感,要积极关心学生的生活和工作,与学生常沟通、常交流,关心他们的业务锻炼、能力培养,提醒实习中的注意事项,定期检查实习进度,反馈实习意见,帮助解决实习中存在的问题。

(5)毕业实习工作领导小组要定期研究毕业实习的进度和出现的问题,指导并协助解决实习过程中出现的问题。

(6)学生应在规定日期之前完成毕业实习,并且上交实习鉴定书,应由实习单位指派的指导人员填写评语并由实习单位加盖公章。

(7)学生应在规定日期之前按规定完成毕业实习报告。

第五节　本科毕业实习报告的撰写

一、实习报告的定义

实习报告是指在校学生作为实习生,在企事业单位、事务所、银行等完成实习任务后,所撰写的一篇对学生本人实习期间工作经历、心得体会进行总结,以及对实习单位存在的问题提出改进建议的书面材料。

实习报告可以使指导教师较为全面、具体地了解学生在实习期间的心得与体会,便于检查理论与实践相结合的教学成果,同时,也有利于学生总结实习过程中的经验,深化对理论知识的认识,从而进一步提高对工作的认识,树立良好的职业道德观念。

二、实习报告的特点

实习是每位学生必须经历的一个环节,也是在教学过程中理论与实践相结合的重要步骤。实习报告的撰写是学生对知识系统化地吸收与升华的过程,可以检验学生是否已经掌握好了必备的专业技能,以及在实际工作中运用知识的能力。实习报告有以下特点。

1. 较强的专业性

实习是学生将理论与实际结合的重要环节。在实际工作中会遇到这样那样不可预料的问题,这需要学生将自己在课堂中所学习到的理论知识加以运用,分析解决问题。撰写实习报告不需要过多的理论,但也不能够没有理论作为支撑。实习报告中作者应明确自己的观点,这些观点不靠理论去论证,要结合实践来证实。

2. 一定的系统性

实习报告是学生对自己为期一个月实习情况的总结,在解决问题时吸取经验,在别人的教导中补充知识,在自我实践中加深对理论知识的理解。

3. 可靠的真实性

实习报告必须要尊重客观事实。实习报告中涉及的人物、事件要真实,事件发生的原因、过程、时间、地点、结果要真实。要站在公正的角度客观地反映事件发生状况,不可夹杂实习者的主观印象。实习生对调查情况、实际操作、活动过程、体会感受、经验教训的记载,不得虚构、编造、想象、发挥、夸张等。在实习过程中,随时对情况进行记载,以便于积累客观真实的资料,为后期写出内容丰富、数据翔实、观点明确、感受深刻的实习报告提供条件。

4. 鲜明的针对性

实习报告是针对实习生在实习单位所发生的实际情况,解决的实际问题进行的。在写作中要突出重点,明确提出所针对的问题,并加以分析解决。

三、实习报告的写作要求

(1)注重科学性和实用性,体现时代精神,理论密切联系实际,既要有一定的理论深度,又要有相当的实用价值。

(2)观点鲜明正确,要有新意、有独到见解;论据准确有力,推理合乎逻辑;结构严谨、条理清楚;文笔流畅、书写工整。实习报告字数要求不低于8 000字。

(3)从实习调查、选题、编写提纲、完成初稿到定稿等阶段,应在指导教师的指导下自觉地独立完成,不得抄袭或请人代笔。

(4)实习报告的格式可以参考本书附录一中的西安科技大学毕业实习报告的规范格式。

四、实习报告写作步骤

毕业实习报告必须要以实践和研究为基础,要在指导教师指导下进行,一般经历搜集、筛选、写作3个步骤。

1. 搜集

从实习开始的第一天,学生应当注意广泛收集资料,以各种形式记录下来,这就为写出一篇好的实习报告奠定了基础。主要搜集以下几方面的资料。

(1)实习单位的规章制度、经营范围、地理位置、部门机构设置、职工组成情况、材料购买与分配情况等。

(2)征得企业同意,进入财务部门。了解财务制度、会计科目设置、业务处理流程,从中领悟自己所学的专业知识如何在工作中灵活运用。

(3)观察周围实习的同学或实习单位的指导人员是如何处理问题、解决矛盾的。

(4)实习单位的工作氛围如何。单位的氛围对学生将来开展工作、发展、提高自己有着怎样的启发。同事的工作作风、办事效率等方面哪些值得学习,哪些要引以为戒,对工作有怎样的影响。

2. 筛选

筛选是指用相关的理论重新观察实践,对实践进行理性的认识,并对自身实践做出理性的评价。筛选的内容如下：

(1)筛选实习活动材料，进行分类与取舍。在收集完资料后，把这些资料，按照实习报告的大纲进行分类，筛选出精华资料，对材料分清主次。

(2)筛选同类材料，提炼出观点句。材料分类、取舍后，对同类材料提出观点句。

(3)整理实习过程中的经验。在实习过程中，学生在企业指导老师以及周围同事身上吸收了不少的经验，学生要对这些经验进行整理，找准利弊，为后期写作实习报告打下基础。

(4)综合实习全过程，思考得失，归纳出心得与体会。

3. 写作

实习报告的写作详见下面实习报告的内容安排。

五、实习报告的内容安排

实习报告的内容基本应包括下述12项，可以根据自己的实习情况有选择性地写作。实习单位若为工、商业企业，则单位财务情况的调查和分析内容必须具备；若选择工、商业以外的其他行业为实习单位，可以根据各行业特点撰写实习报告。

(一)引言

引言是正文前面的一段短文，是文章的开场白，目的是说明本报告的来龙去脉，对正文起到提纲挈领的作用。在写引言之前首先应明确几个基本问题：想通过本文说明什么问题、有哪些新的发现、是否有价值。为此，在写引言以前，要尽可能多地了解相关的内容，收集已有工作的主要资料。

字数要求：400字左右。

(二)企业的一般概况

实习单位情况主要包括下述几项内容。

1. 企业性质

企业分为一人有限公司、有限责任公司、国有独资公司、股份有限公司、中外合资企业、中外合作企业、外商独资企业、合伙企业、个人独资企业。学生应准确判定实习单位性质。

2. 经营范围

明确实习单位的经营范围首先应知道实习单位属于什么行业，如服务类、科技类、商贸类、食品类、国际贸易等。服务类包括企业营销策划、企业形象策划、企业管理咨询、人力资源信息咨询、文化教育信息咨询、健康保健咨询等；科技类包括计算机领域、计算机技术咨询服务、生物与医药、化工新材料、航天海洋与现代运输装备、能源与环保等；商贸类包括日用百货、针纺织品、服装服饰、装饰品、工艺礼品、玉器、玩具、花木等；食品类包括粮油制品、速冻小包装食品、奶制品、土特产等；国际贸易类包括自营和代理各类商品和技术的进出口，但国家限定公司经营或禁止进出口的商品和技术除外。学生应准确评定实习单位经营范围。

3. 经营状况

企业经营状况是指企业的产品在商品市场上进行销售、服务的发展现状。经营者最关心的是企业的收益性、安全性、效益性及成长性。对其进行经营分析的基本方法：首先确定分析目标，然后对报表的实际数据采用比率法计算其数值，并与过去的业绩或同行业的标准统计数值进行比较，最终判断其结论。

此外还应了解实习企业产品生产数量、产品产销地、利润、税收情况、职工职称与构成、岗位职责、规模(注册资金、工人人数,生产车间面积等)、组织结构、管理形式、人事管理章程等。

(三)企业生产技术特征调查分析

(1)企业生产技术的特征、车间的组成、生产系统及总平面布置。

(2)企业主要产品的生产特点、工艺流程及生产组织方式。

(3)企业各生产车间的主要设备类型、数量及其利用情况。

(四)企业的经营管理及组织特征调查分析

组织机构的设置情况、业务流程调查分析(组织机构、管理功能、业务流程等)、生产经营类型、主要产品的生产和销售情况调查分析、企业质量保证体系及主要措施。

其中,组织机构(organizational structure)是表明组织各部分排列顺序、空间位置、聚散状态、联系方式以及各要素之间相互关系的一种模式,是整个管理系统的"框架"。组织机构是组织的全体成员为实现组织目标,在管理工作中进行分工协作,在职务范围、责任、权利方面所形成的动态结构体系,其本质是为实现组织战略目标而采取的一种分工协作体系,组织机构必须随着组织的重大战略调整而调整。组织机构分为直线型组织结构、事业部型组织结构、矩阵型结构。

在撰写实习报告时,应当明确自己实习的公司属于何种组织结构,从而明晰该公司的信息流向,对把握公司概况具有重要作用。

(五)企业报告期生产经营管理效益的调查分析

1. 企业环境调查分析(微观和宏观环境分析)

环境是影响企业发展的第一要素。企业作为社会系统中的子系统,它必然要与有形的和无形的、自然的和社会的、政治的、经济的、文化的诸种环境发生联系,而生成"企业环境"。所谓企业环境就是企业赖以生存、发展的一切外部客观因素和条件,它们是社会与自然因素的总和。

企业存在于环境之中,又依赖于环境,环境的发展变化对企业生存有重大影响,因此,在企业运行中,决策者和管理者不论是"适应环境""选择环境""控制环境""改善环境",还是"创造环境",其前提都需要搞好企业环境调查和预测,它有助于企业全体成员清晰地看到眼前发生的一切,有助于决策者搞清企业将面临的是什么样的形势,以便及时、科学地启动环境对策。

2. 企业经营政策执行情况调查分析

在企业经营活动分析中,管理者要经常分析各项经营政策的可靠性,以及达到各项经营政策目标可能性的大小。考察企业外部环境和内部条件的变化对政策实施的影响,以便较全面地认识改革中出现的问题,从而抓住工作重点,及时采取措施,达到预期的效果。

3. 企业生产计划完成情况调查分析

不同类型的企业其制订的生产计划不同,这里以工业企业为例。

工业企业生产计划完成情况分析的主要任务是通过分析、检查和评价企业生产计划的完成情况,揭示企业在生产管理工作中的问题,以便查明原因,采取措施,促进企业改进生产管理、挖掘内部潜力、扩大品种、增加产量、提高质量、协调均衡地组织生产,完成产品生产计划,提高经济效益。

产品生产计划完成情况分析的主要内容包括产品产量计划完成情况的分析、产品品种计划完成情况的分析、产品质量计划完成情况的分析、生产成套性和均衡性的分析。

(六)企业劳动生产率计划完成情况调查分析

1. 企业各类人员劳动生产率计划完成情况调查分析

分析劳动生产率计划完成情况的方法,主要是把报告期劳动生产率的实际水平与报告期计划水平进行对比,来计算劳动生产率计划完成程度指标。计算公式为

$$劳动生产率计划完成程序 = 报告期劳动生产率实际完成程序 \div 报告期劳动生产率计划完成程序 \times 100\%$$

劳动生产率计划完成程度如果大于100%,就表明超额完成了计划。

2. 影响劳动生产率的主要因素的调查分析

影响劳动生产率的因素很多,有工艺技术的、有操作方法的、有劳动组织的、有材料供应的,还有工人本身的(如工时利用、技术熟练程度等)问题。

(1)企业产值的构成和变化对劳动生产率的影响。

企业产值不仅包括新创造的价值,也包括转移的价值。在企业生产工作量不变的条件下,生产用料多、原料贵的产品,则企业产值就自然增加,因而劳动生产率也相应提高。相反,劳动生产率就要下降。

(2)企业职工人数和人员结构,对劳动生产率的影响。

企业职工平均人数,是否超过计划人数,对劳动生产率计划的完成影响很大。通过对比企业的产值、平均人数和劳动生产率计划完成情况,可以清楚地看出人数对劳动生产率影响。

企业人员构成对劳动生产率计划的影响。非生产人员的实际比例超过国家规定的比例指标的企业,其劳动生产率是不会高的,而且超过国家规定比例越大,劳动生产率越低。

(七)企业产品成本完成情况调查分析

(1)企业产品成本完成情况综合调查分析。

(2)可比产品成本按成本项目计划完成情况调查分析。

(3)影响产品成本计划完成情况的因素的调查分析。

(八)企业主要财务情况调查分析

企业的规模无论有多么大,都会设置财务处。财务部门是实现公司有效管理的重要部门。财务部门在行使公司管理权中具有至关重要的作用,它的职责就是公司"当家、理财、做好服务"。财务部门的核算和监督工作对公司的发展具有预警作用。

1. 财务机构的设置类型

企业财务目标的实现,必须通过一定的组织机构的有效工作。财务机构的设置及其职责界定、履行职能的情况,对企业财务目标的实现具有直接的影响。财务机构的设置与市场经济的发育程度和企业的经营性质有关,财务机构的设置大致有以下三种类型。

(1)与会计机构合并的财务机构。这种财务机构的主要特点是企业的会计核算职能与财务管理职能不进行分工,财务机构内部以会计核算职能为轴心划分内部职责,不再专门设置诸如筹资、资本预算等财务管理职能机构。这种财务机构一般适合于小型企业和部分中型企业。

(2)与会计机构并行的财务机构。这种财务机构的主要特点是企业实行会计核算职能和财务管理职能相分离,财务管理职能由独立于会计核算机构之外的专门财务机构履行,专门负

责企业的筹资、投资、营运资金管理及收益分配等财务活动。这种财务机构一般适合于大型企业。

（3）公司型财务机构。这种机构本身就是一个独立的公司法人，独立对外开展各种财务活动，公司内部除设立从事财务活动的业务部门外，还设立作为公司组织所需的其他职能部门。公司型财务机构一般设立于大型的企业集团或跨国公司内部，称为财务公司。

2. 会计电算化系统的运作调查分析

会计电算化的应用范围涉及全社会的会计工作，即所有会计单位基本上都实现了应用计算机信息技术进行会计核算、管理工作。计算机方式下的会计电算化，其数据处理更及时、准确，内部控制更加严格。会计工作人员是会计电算化的组成部分，不仅要进行日常的业务处理，还要进行计算机软硬件故障的排除。会计数据的输入、处理及输出是手工处理和计算机处理两方面的结合。了解实习单位会计电算化系统的运作情况能够更好地把握实习单位的会计处理流程。

3. 单位的财务核算内容和程序调查分析

财务核算既包括流通过程中各项购销业务的货币收支与结算业务，也包括财务成果和各项基金的形成与分配，还包括财政拨款与银行借款这些与国家之间的分配与结算关系。表现为各种各样经济关系的这些具体项目，都是相互联系着的，最终归结为企业货币资金的收付，集中表现为一个企业货币资金的余缺和支付能力的大小。学生应当熟知实习单位财务核算内容与程序，主要包括该企业账户的设置，收入、成本、利润等核算内容及核算程序。

4. 对企业的会计政策的调查分析

会计政策，是指企业在会计确认、计量和报告中所采用的原则、基础和会计处理方法。其中原则是指按照《企业会计准则》规定的、适合于企业会计核算所采用的会计规范；基础是指为了将会计原则应用于交易或者事项而采用的会计规范，主要是计量基础（即计量属性），包括历史成本、重置成本、可变现净值、现值和公允价值等；会计处理方法是指企业在会计核算中按照法律、行政法规或者国家统一的会计规范等规定采用或者选择的、适合于本企业的具体会计处理方法。

会计政策可在允许的会计原则、计量基础和会计处理方法中做出指定或具体选择。由于企业经济业务的复杂性和多样化，某些经济业务在符合会计原则和计量基础的要求下，可以有多种会计处理方法，即一种经济交易或事项会存在不止一种可供选择的会计政策。基于此，学生应当明确实习单位的会计政策。

5. 对企业的财务管理情况的调查分析

财务管理是在一定的整体目标下，对资产的购置、资本的融通以及利润分配的管理。财务管理的目标有产值最大化、利润最大化、股东财富最大化以及企业价值最大化等。财务管理的内容有筹资管理、投资管理、营运资金管理以及利润分配管理等。

财务管理情况的分析主要包括收入管理情况分析、支出管理情况分析、固定资产利用情况分析、往来款项的分析、专项经费、专用基金的分析等。

6. 对企业内部控制体系的调查分析

内部控制是一个由董事会、管理阶层和其他人员实现的过程，旨在为实现经营的效果和效率、财务报告的可靠性、符合适用的法律和法规等目标提供保证。

企业内部控制主要有以下几方面的作用：保证会计信息的真实性和准确性，有效地防范企业经营风险,维护财产和资源的安全完整,促进企业的有效经营。学生对实习单位的内部控制体系进行调查分析,有助于把握实习企业经营中存在的问题,为后期结论与建议准备原始资料。

7. 对企业提供的三大会计报表进行调查分析

报表分析是指以企业财务报表资料为基础,采用一系列的分析方法和指标计算,对企业的财务状况和经营成果所进行的分析与评价,来反映企业经营过程中的利弊得失及未来发展前景,为改进企业财务管理工作和优化管理决策提供重要的财务信息。通过对企业财务报表的解读,可以分析过去、评价现在并预测未来,向有关利益各方提供对特定决策有用的信息,减少决策的不确定性。

实习报告要求学生至少收集 3 年数据,采用趋势分析、比率分析和综合分析的方法,对企业进行纵向和横向的财务指标分析,主要包括以下 4 方面,分别是偿债能力分析、营运能力分析、盈利能力分析和发展能力分析。

(九)企业风险及财务危机预测分析

1. 企业风险类型

企业风险分为三类:一是经营风险,二是财务风险,三是政治风险。

(1)经营风险是指生产经营的不确定性所带来的风险,它是任何商业活动都有的,也称商业风险。

(2)财务风险指由于企业资金运动中(体现了经济关系)不确定的因素给企业带来的风险,或者企业在理财事务中由于各种不确定因素所带来的风险。企业财务风险具体可分为汇率风险、利率风险、信贷风险、负债风险和现金流风险。

(3)政治风险。政治风险可分为宏观政治风险和微观政治风险两大类。宏观政治风险常发生于东道国的一切外国企业的经营活动中,使所有企业以同一方式受到影响。如东道国国内的政局动荡、武装冲突、暴力事件和社会治安恶化等。微观政治风险是企业特有的风险,仅仅影响到某个行业或企业,甚至某些具体的经营活动。

2. 财务危机预警

财务危机预警,是指根据企业经营状况和财务指标等因素的变化,对企业经营活动中存在的财务风险进行监测、诊断和报警的方法。财务预警作为一种诊断工具,对企业的财务风险进行预测和诊断,避免潜在的财务风险演变成财务危机,起到防患于未然的作用。财务危机预警模型有单变量预警模型和多变量预警模型。

(十)对企业的生产经营管理效益进行评价,深入剖析实习企业存在的各种问题

1. 企业经营效益分析的方法

企业经营效益分析有很多具体的技术方法,例如比率分析法、比较分析法、趋势分析法、因素分析法、平衡分析法和分组分析法,以及其他的分析方法。由于企业经营效益分析是一种总结性的事后评价分析,因此,其常用的分析方法有比率分析法、比较分析法和趋势分析法。

2. 企业经营效益分析的程序

企业经营管理的各项工作都是有序进行的,企业经营效益分析也不例外。为了确保该项工作的顺利完成,必须按照一定的具体步骤进行。

(1)明确分析目的和评价标准。各种不同的企业经营效益分析者,首先要具有明确的分析目的和衡量标准,这决定着分析的侧重点和范围,以及分析资料的取得、分析方法的使用。

(2)搜集和整理有关资料。对企业经营效益分析一定要以有关的信息资料为客观依据,包括企业会计核算资料、统计核算资料和业务核算资料,以及与分析目的有关的其他资料。这些资料必须是真实的。

(3)选用适当的方法进行定量计算。按照分析目的要求,根据有关资料选择适当的方法计算各种评价指标。这是企业经营效益分析工作的主要部分。

(4)做出定性结论并提出相关意见。根据定量计算的结果,对企业现实的经营状况与成果以及未来变化趋势做出判断,对存在的问题提出修改意见。

总之,运用相关方法,按照相应程序,对实习企业的生产经营管理效益进行评价,从而深入剖析实习企业存在的问题,这为一份优秀的实习报告打下坚实的基础。

(十一)针对以上分析的问题提出改进建议和对策

学生选择的实习单位不同,提出的改进建议与对策不同,这里以改善经营管理效益方面的建议为例。

1. 降低经营管理成本

降低文件单证的成本;降低工作人员的成本;降低存货占用成本,节省仓储费用;降低时效成本;降低因文件单证丢失或出错事故所产生的成本。

2. 提高经营管理水平

优化企业内部组织机构,提高企业的运营效率,使企业的信息系统一体化,实现即时生产供应。

(十二)结束语(实习总结与心得体会)

上述12项,可根据实习取得资料的实际情况,有选择地撰写,但必须包括的有(一)(二)(四)(八)(十)(十一),其他方面根据实习单位的实际情况,有选择地进行撰写。

学生应当详细写作实习单位组织机构、管理方面存在的问题。鼓励学生去财务部实习,但实习单位的财务报告属于财务机密,如果在实习过程中无法取得,可根据在实习单位取得的其他管理方面的资料进行写作,不必拘泥于财务报表分析。

第六节 本科毕业实习成绩的评定

学生的毕业实习成绩由学生在实习期间的表现和学生实习结束后提交的有关资料综合评定。

(1)实习结束后学生应提交不少于8 000字的毕业实习报告。实习报告在如实反映实习情况的基础上,可以围绕实习所在单位的某一专题进行选题。实习报告要有基本内容,更要有特色内容;要有一般性分析,更要有重点剖析。实习报告还可以在企业有关人员的指导下,对实习单位某一方面的经营管理现状和存在的问题进行较为系统的分析,并提出改进工作的建议或进行对策性研究。学生的实习成绩由所在实习单位有关指导人员写出评语并加盖印鉴,并上交本系指导教师,由指导教师提出初评成绩,最后由系毕业实习指导小组确定毕业实习成绩。

(2)学生的毕业实习成绩分5等:优秀(相当于90分以上)、良好(相当于80~89分)、中等

(相当于 70~79 分)、及格(相当于 60~69 分)、不及格(相当于 60 分以下)。

毕业实践的综合成绩由毕业实习成绩和学位论文成绩两部分组成,所以学生应认真对待毕业实习。

学生实习成绩应综合体现学生在整个实习过程中的表现和所取得的成效。实习成绩由实习纪律、实习态度、业务能力和任务完成情况等项目构成。毕业实习成绩评定应参考实习单位对该实习生的实习鉴定、学生上交的实习笔记、实习报告和指导教师的检查情况来确定。最终实习成绩按"优秀、良好、中等、及格、不及格"5 个等级评定。具体评分标准见表 2-1。

表 2-1 实习成绩评分标准

考核内容	评分标准
劳动纪律和实习态度	20
业务水平和工作能力	20
实习任务完成情况	40
实习报告质量	20
总　　分	100

第七节　本科毕业实习注意事项与实习报告格式要求

一、实习注意事项

(1)实习学生必须接受所在企业的领导,积极参加所在单位统一安排的各项有益活动,严格遵守《高等学校学生守则》,做到遵纪守法,讲究文明礼貌,讲究公共道德,不得擅自离开实习地点和提前返校。

(2)实习学生在实习期间应认真贯彻执行党和国家的有关方针政策,严格执行实习单位的各项规章制度,严守企业商业秘密,要像实习所在单位员工一样严格要求自己,以主人翁的态度严肃认真地对待实习的各个环节,按时完成实习单位交给的各项任务。学生在实习期间应做到不迟到、不早退、不旷工,有事必须办理请假手续。

(3)实习学生要适应教学形式的变化,改变自己的学习方式;虚心向企业员工请教,向实践学习,勤学好问,认真钻研,积极为实习单位多做工作。

(4)学生要服从实习所在单位的工作安排,不得进行与业务无关的旅游观光等活动。对违反实习纪律者,学院指导教师有权中止实习。

(5)实习期间,在保证完成计划实习内容的基础上,应积极开展调查研究,广泛搜集有关资料,为撰写学位论文做好必要准备。

(6)实习结束后返校一周内,学生要向系里提交实习报告,参考实习所在单位的鉴定和初评意见,评定毕业实习成绩。

二、实习报告格式要求

实习报告目录及行文格式要求如下：

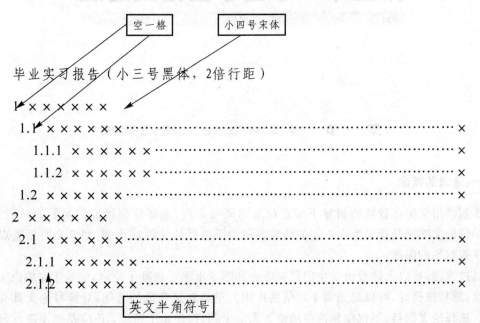

第三章 学士学位论文选题

第一节 学士学位论文选题概述

一、选题的概念

选题是指学生在教师的指导下确定论文的研究方向,选择所要研究的问题的一项工作。学士学位论文选题是指学生在一定的研究方向内所选择的论题或课题,即论文所要重点论述的事项或解答的问题。

通过选题,可以大体看出学生的研究方向和学术水平。选准了论题,就等于完成论文写作的一半,题目选得好,可以起到事半功倍的作用。正确而又合适的选题,对撰写论文具有重要意义。选择论文题目,不仅仅是简单地给文章定个题目、规定个范围,还应是初步进行科学探究的过程。为了选择一个恰当的题目,学生需要经过多方思索、互相比较、反复推敲、精心策划等步骤。题目一经选定,也就表明学生已经大致形成了论文的轮廓。由于本科学生以学习专业的基础知识为主,并没有明确地选择各自的研究方向,所以在选题前还应大致确定方向以便更好地选择论题。

二、选题的意义

选题是论文写作的第一步,合理的选题是写好论文的前提,对整个论文的质量有着直接影响。选题一经确定,它就在一定程度上规定了论文的范围、目标、内容以及采取的研究方法。选题的正确与否,关系到能否实现论文研究目的,对于培养学生独立获取新知识的能力和科研能力都具有关键性的作用。选题的具体意义体现在以下几方面。

(1)选题确定了论文的论题和研究方向。选题的正确与否直接影响到论文的撰写能否顺利进行,甚至对于学生今后学业的进一步发展也会有很大的影响。正确恰当的选题可避免南辕北辙的错误。

(2)选题解决了学位论文写什么的问题。选题确定了学位论文的撰写目标和范围,使学生可以在一定的范围内收集、整理资料,避免无目的、无范围的阅读与研究,使学生能在有限的时间内高效率地完成高质量的论文,避免时间和精力的浪费。

(3)选题直接影响论文的质量。选题不当会影响撰写的速度,使研究不能深入地进行,最终导致论文的质量不高,甚至有可能使学生无法顺利完成学业。反之,恰当的选题为写出高质量的论文打下良好的基础。

由于选题直接关系到论文的研究方向、收集资料的范围、学生能否在规定时间内完成论文以及论文的最终质量、学生能否毕业等问题,所以学生在进行选题时,一定要有科学认真的态度,遵循一定的选题原则,运用一定的选题方法,以确保选题恰当正确。

三、选题的原则

选题是影响论文质量的主要因素,无论是导师指导学生选题,还是学生自主选题,都应该遵循一定的基本原则,这样才能有效避免选题空泛、陈旧、无价值、不可行、偏离专业方向等问题。

(一)专业性原则

专业性指学生在撰写论文时,综合运用所学的专业知识和技能,发现、分析和解决相关专业领域的问题。在研究过程中始终要有专业理论的意识,不仅在表述上要使用规范的专业术语,而且要用专业的知识和方法去分析研究对象。如果选题偏离了所学的专业领域,由于没有专业知识进行指导,则会增加研究的困难性,再加上时间等方面的限制,论文一般很难进行深入研究。

(二)可行性原则

所谓可行性,是指论文的选题一定要切合实际,不能泛泛空想、不着边际。一方面,要对选题本身的工作量、理论深度、理论难度有准确的认识,不能盲目选题、随意选题;另一方面,要对自身的知识结构、科研能力、写作能力有正确的估计。若后期撰写论文时,理论资料匮乏,能力水平有限,则会导致论文缺乏深度,甚至难以完成。

(三)现实性原则

现实性是将所学的理论知识与现实生活中的实际问题联系起来,进行深入的分析研究。选择有现实意义的论题要做到两点:一是要从热点问题中选题。所谓热点,实际上是某个阶段理论界及实际工作者都重点关注的问题。二是要从现实的弊端中选题。用已掌握的专业知识,去寻找和解决现实生活中尚待解决的问题。选题的实践基础和理论基础制约选题的总过程,影响选题的方向。

(四)科学性原则

选题的科学性,首先表现在要有一定的事实依据,有足够的科学证据,事实和科学可以支撑研究论题的形成。其次,科学性还表现在有一定的基本原理,有充分的理论支持,原理和理论可以对论题起到定向、规范和解释的作用。倘若没有一定的科学理论依据,选定的论题必然起点低、盲目性大。

(五)创新性原则

创新性是指选定的论题应是前人未曾解决或尚未完全解决的问题,研究结论应有创新、有新意。要做到选题新颖,就要广泛深入地查阅文献资料,搞清相关研究的最新成果,善于观察、勤于思索,发现现阶段研究的不足甚至空白,使论题以总结和发展过往的实践成果和理论研究为基础,若没有这个基础,论文就不可能实现新发展和新突破。

总之,从客观上讲,选题要具有科学价值、现实意义;从主观上讲,选题要具备专业知识、可行条件。这样才能为接下来的论文撰写指明方向、奠定基础。

第二节 学士学位论文选题要求

一、选题的方法要求

学生选题时,一般有两种情况:一是指导教师指定题目或在指导教师的指定范围内选题,二是学生自己选题。学生无论在上述哪种情况下选题,均需要在详细了解论题的发展状况后,再结合自身情况进行。

1. 听取导师的意见

首先学生要去征求指导教师的意见。指导教师有丰富的研究经验,对于本学科的发展情况,特别是本学科发展所需要解决的问题以及今后的发展方向都有较为深刻的认识,学生应主动去找指导教师了解本学科的情况,帮助自己做出选择。但同时应注意不要过分依赖指导教师,学生应在获取指导教师意见的基础上,结合自身的具体情况,充分发挥自己的特长。

2. 查阅资料

学生可以查阅期刊、优秀学生论文等资料,从中选择自己较为感兴趣并切实可行的选题。可以对别人已研究过的论题进行重新的思考,或用新的材料,或用新的论证方法对他人的观点提出质疑,这样可以避免做重复无价值的研究。同时,学生在查阅资料的过程中还可以了解到前人对这一论题所做的研究情况,以及是否有足够的资料可供参考。

3. 多角度细化选题

首先要确定一个大的研究方向,再从不同角度对这一研究方向进行分解研究,由大至小、由面及点,层层缩小选题范围,将选题由大致的研究方向逐渐缩小到具体的研究论点,这样不仅可以选择出自己所感兴趣的研究角度,而且还能避免选题过大或者过小的错误。

总之,学生要有充裕的时间进行选题。在确定最终的论题之前,要熟悉前人相关研究成果,确保自己已经深入地对这方面的研究进行了了解,在别人研究的基础上,从事有意义、有价值的研究。

二、选题的内容要求

在选取论文的题目时,既要根据自身科研水平来确定题目范围,选择大小适宜、难度适中的题目,又要兼顾论文研究内容,选择中心明确、角度新颖的题目。

1. 大小适宜

论文的题目应该大小适宜,既不能过大,也不能过小。过大的题目虽然资料的收集较为容易,但是由于自身科研、写作水平有限,经验匮乏,很容易造成素材的简单堆积,使文章整体显得空洞无力。过小的题目虽然简单易做,但题目太小,会限制学生的发挥空间,制约论文的研究深度和广度,进而研究价值也会受限。

2. 难易适中

选定的题目应该难易适中,既不可太难,也不可太易。每个学生知识面的广度和深度差别很大,论文题目要根据自身的实际情况来选定。如果选定的题目非常生涩难懂,使自己在短时间内没有足够的时间和能力去搞清楚所要研究的论题,就难以完成论文撰写的任务。选定的题目过于简单,既不能检验出自己的真实水平,也无法提高自己的业务能力。

3. 中心明确

论文题目要中心明确,达到见题如见文的效果。明确的题目能很好地反映出论文的中心内容,圈定出论文的撰写范围,避免论文题文不符、偏离主题。选题时,一方面应明确论文的研究方法,在选定题目的同时也要确定论文的主要研究方法。另一方面,需要清楚论文的研究对象,并在题目中有所反映。如果题目模棱两可、含糊不清,则会导致论文的条理混乱、结构松散。

4. 角度新颖

选题角度要新颖创新,能够对新的问题进行新的探索。只有论题的方向新颖,论文才能富有新意。论题的新颖独特,并非只是语言文字上的新奇,而是要把作者创新性的思路赋予到题目中去。如果论文只涉及前人已验证过的问题或者只是重复已有的研究,方法上、内容上毫无创新,就缺少了撰写意义。但是,论题也不能一味追求新颖,还要顾及论题的具体要求和实际情况。

三、选题的格式要求

好的题目既能准确表达论文内容,又能恰当反映论文的深度和范围。学位论文与其他学术论文一样,有特定的格式要求。

(1)准确:要题文相符,做到含义确切。在一定程度上概括文章基本内容,揭示文章的主题。要能把全篇文章的内容、研究的主要目的或是所研究的某些因素之间的关系,确切生动地表达出来。

(2)规范:要合乎语法,有条理有逻辑。规范的题目不仅能够体现出学生严谨的撰写态度,而且能够反映出论文紧凑的结构。选题的语言要避免过于口头化,选题的措辞不能出现较明显的语法错误。题名不应使用生僻的缩略词、字符、代号和公式等。

(3)简洁:要言简意赅,具有高度的概括性。题目一定要用最简单、恰当的词语反映论文的研究内容,简洁有效地表达论文的中心思想。若题目表述冗长,则会使重点不明确。一般而言,标题的字数应限制在 20 个字以内。

(4)具体:要清晰完整,有鲜明的倾向性。论文的标题应具体地表达出论文的主要内容和重要论点,切忌泛泛而谈。选题若不能清晰地表示出论文研究的重点,模糊笼统,则会影响文章主旨的体现。

第三节 学士学位论文选题方向

一、选题的来源方向

学生在选择论文题目的时候,应该有所依据、有所思考,不能随心所欲,更不能敷衍了事。选题时可从以下几方面进行考虑。

1. 从感兴趣的问题中选题

对论题的喜爱,是撰写论文的良好开端,感兴趣的问题,往往能引人深思。学生对某一学科、课程有了兴趣,就会自觉地学习,涉猎更多的参考书和辅助的资料,这样就更容易发现一些新问题,产生一些新想法,进而深入研究。选择自己感兴趣的论题时,要大量搜集整理资料,掌握前人的研究成果,了解该论题的研究现状以及发展趋势,进行可行性分析,保证论文可以顺利撰写。

2. 从有争议的问题中选题

由于学术观点或者研究方法上的差异,对一个问题的研究可能存在不同的意见。存在争议,就说明这一问题尚未盖棺定论,就有极大的学术研究价值。如果选择这一类课题,必须将各种不同的意见进行比较、鉴别,找出分歧的实质或焦点,并掌握新的材料,或采用新的视角,科学地反驳偏颇的见解,提出自己的观点、建议,向前推进研究。

3. 从鲜有研究的问题中选题

随着时代的变革,人们的认知能力也在发展,各个学科领域都会不断地涌现出新的研究课题。从学术界未曾关注,或少有研究的课题中选题,往往比较有学术意义,创新的机会较大,但由于前人研究的较少,可以参考的素材不易搜集,可供学习的研究方法不易寻求,写作论文的难度也较大。这就要求学生能举一反三,依照现有的研究以及所掌握的知识进行论文撰写。

4. 从尚未完善的问题中选题

任何学科的知识都是在不断深化、发展的,对于大多数学术问题的研究也都是无穷尽的,一些看似已成定论的论题,通过重新探讨,也是可以继续完善的。选择尚未完善的论题时,最重要的是要有新的素材可供参考,或是新的研究方法可供使用,或者新的研究角度可供探究,这样才不会重复研究,才能有所突破。

二、选题的理论方向

经管类专业学士学位论文题目,应该选择与本专业相关的理论作为论文的基础理论依据或者研究方向。常用的理论以会计理论、成本管理会计理论、财务管理理论和审计理论为主。

1. 会计基础理论

会计概念框架结构,会计基本假设,会计行为,会计本质、特征问题研究,关于会计确认与计量相关问题的研究,会计理论结构问题研究,会计信息质量特征,中外会计界关于会计定义的比较分析,新环境条件下会计职能与作用相关问题研究,会计监督体系问题研究,新经济环境(知识经济)下的会计基本原则,现代企业制度、公司(企业)治理结构与会计监督问题研究,会计环境与会计目标,中外会计报告比较及启示等。

2. 会计原则、准则

中外会计准则的比较研究、国际会计准则的借鉴与应用研究、会计的国际化与影响会计国际化的因素分析、基本会计准则与具体会计准则关系问题研究和具体会计准则实施过程中有关问题的研究等。

3. 会计法律、制度及其他

会计规范体系建设问题研究,关于会计法有关问题的研究,新会计法与会计监督体系(国家、社会、企业)问题研究,企业内部会计控制制度有关问题研究,国有资产监督管理问题研究,上市公司会计管制与会计信息披露相关问题研究,企业内部会计政策、会计制度及其他会计规范问题研究等。

4. 会计基本方法及应用

会计方法的含义、内容、组成及其与会计职能的关系问题研究,会计方法的特点及其发展变化规律,会计方法的改进、提高与规范化、标准化、通用化研究,具体会计核算方法在企业会计工作中的应用问题研究等。

5. 新兴会计学科

社会会计、物价变动会计、比较会计、人力资源会计、质量会计、决策会计、责任会计、税务会计、绿色会计等有关问题的研究。

6. 特殊行业与特殊业务下的会计问题

事业单位会计相关问题研究、非营利组织会计的有关问题研究、金融企业会计研究、管理会计在银行管理中的应用、预算会计的确认基础、预算会计报表的研究和新会计法对预算管理的影响等。

7. 会计工作和会计人员管理体制

不同经济性质、经营方式、经营规模条件下会计工作的组织与管理问题研究,会计人员素质、人才开发和职业道德问题研究,会计人员管理体制与会计工作管理体制相关问题研究等。

8. 新经济环境条件下的会计问题

现代信息技术条件下的内部会计控制,现代信息技术条件下的会计职能的转变,现代信息技术对现代会计的影响,会计电算化条件下的舞弊及其防范研究,会计电算化条件下会计人员配备研究,手工会计与电算化会计的区别研究,金融工具会计相关问题研究,电子商务会计相关问题研究等。

9. 成本管理会计理论

风险成本确认问题的研究,风险成本报告模式问题的研究,成本管理会计系统的设计问题的研究,成本预测问题的研究,资本投资决策问题的研究,全面预算问题的研究,责任成本控制问题的研究,业绩评价体系问题的研究和激励机制问题的研究等。

10. 企业财务管理理论与实践

财务管理基本理论问题的研究,企业财务管理问题的研究,财务关系问题的研究,现代企业财务管理环境问题的研究,资源优化配置问题的研究,提高企业经济效益问题的研究,货币时间价值问题的研究,企业价值最大化问题的研究,风险管理问题的研究,利益相关者关系协调问题的研究,代理问题的研究和所有者参与企业收益分配问题的研究等。

11. 审计理论与实践

注册会计师审计风险的防范问题的研究,内部审计的控制问题的研究,审计职业道德问题的研究,审计需求的代理理论问题的研究,审计需求的信息理论问题的研究,审计需求的保险理论问题的研究,审计组织形式的风险和不确定性问题的研究,风险导向内部审计问题的研究,政府审计环境问题的研究和审计信息化问题的研究等。

这些研究理论可以根据论题所需选择一个或者多个使用,在运用时应充分、合理,切忌断章取义、理论堆积。

三、选题的类型方向

以论文论述的方式和内容划分,学士学位论文的主要类型可分为研究型论文、应用型论文、应用研究型论文、综述型论文、描述型论文、论证型论文、教研型论文等。但经管类学生主要撰写研究型论文、应用型论文和应用研究型论文。

1. 研究型论文

研究型论文主要指学生在学习和掌握了一定的基础知识和技巧方法之后所撰写的具有科

研性质的论文。它是从已知的理论、知识出发,演绎出新的结论,可以是对重大理论、重要规律的完善,可以是对研究成果的理论或实际应用,也可以是发现新的规律和提出新的见解。此类型论文应该对研究理论、学术观点有新的发展,体现前人尚未得到的新成果,或是对学术界尚未认知的事物有新的发现,提出新假说、新证明,绝不能只是简单重复已经得到的研究结果。研究型论文一般包括问题的提出、前人对本课题研究进展概述、本论题所进行的研究工作、所取得的成果的描述、总结和参考文献等内容。

2. 应用型论文

应用型论文是指学生将学习与掌握的某一领域的知识,应用于解决本学科内部的问题、其他学科的问题、现实生活中的问题而撰写的论文。这类论文多用数学建模的方法,应用辅助软件来解决实际问题。

学士学位论文以应用型论文中的实证型论文为主。实证型论文是指学生依照收集分析数据、提出理论假设、建立数学模型、检验理论假设这一流程而撰写的论文。它主要采用归纳法、回归分析法、因子分析法,利用数量分析技术,依据提出的研究假设,进行数据收集,分析和确定有关因素间相互作用的方式和数量关系,检验假设是否成立,从个别到一般,归纳出研究对象的发展规律。

3. 应用研究型论文

应用研究型论文是对基础原理、理论或者规律进行研究后,将其应用到解决实际问题中而撰写出的论文。应用研究,就是将理论发展成为实际运用的形式。此类论文既有理论研究,又有实证分析,是综合研究型和应用型论文的研究方法而形成的论文类型。

总之,在选择论文类型时,要结合自身的专业储备和科研水平,切不可人云亦云,盲目选择,否则会对论文的撰写造成很大的影响。

第四节 学士学位论文选题注意事项

一、存在的问题

学生在选题时,由于缺乏对相关学科现阶段的研究成果和国内外研究现状的认识和了解,又不具有敏锐的行业发展洞察力和一定的科研能力,往往会在选题时出现以下问题。

1. 选题缺乏合理性

学生选题时容易出现研究范围不合理的问题,大多数情况是选题过大,超出了本科生的研究范围。学士学位论文的篇幅决定了一篇论文一般只能讨论一个问题、论证一个观点。如果选题过大,那么论题本身就蕴涵了多角度的问题和论点,会使选题抽象复杂,大大超出学生的研究能力,要想在有限的篇幅内叙述清楚就会变得十分困难,往往会造成大题目小论文、多主题简分析的现象。例如,"会计国际化问题研究""盈余管理研究""管理层收购相关问题研究""我国上市公司股利分配问题研究""上市公司并购问题研究"等。这些题目只是对一个研究范围的界定,并没有对自己所要论述的问题给予准确的概括,显然都有些偏大了,超出了学士学位论文的篇幅。此类论题会使学生无从下手,难以驾驭,即使是硬着头皮撰写完毕,内容也往往空洞无力、缺乏深度、毫无价值。

2. 选题缺乏应用性

论文的应用性即实际应用价值，包括理论价值和实践价值。理论价值指的是论文的选题能够反映该学科领域国际或国内的研究现状，对学科某一理论具有补充、进一步完善的意义；实践价值指的是选题是当前社会关注并需要解决的问题，或者是某行业在发展中遇到的棘手问题，能够对社会发展、行业进步有借鉴参考意义。学生在选题时，如果没有对论题的相关历史研究前沿和国内外现状进行调查，将已经被实践所检验并形成定论的论题、已经成熟的学科体系、常识性问题，或者既无现实需要又无理论深化价值的论题作为论文的研究对象，会导致选题缺乏一定的实践价值或理论价值，会丧失科研意义。例如"公允价值计量属性分析""固定资产折旧方法分析""现金流量表及其分析"等。这些问题已经作为该学科领域的常识问题，无须再进行论证。

3. 选题缺乏创新性

学科研究的发展需要不断地发现新问题，解决新问题，依靠新的思想、新的方法、新的观点、新的论据来推动；反之，如果科研缺乏创新性，重复研究现有的理论，那么学科将无法进步。学生在选题过程中，由于不愿意思考探究，往往不善于发现问题，不能从新的角度对论题进行分析和论证。选题缺乏创新性会导致论文不具有科研价值，写出的论文质量不高。例如"论会计信息失真的成因与对策""我国加入WTO后会计面临的挑战""新会计制度对企业会计核算的影响"等。这些论题已经有很多学者对其进行了研究，而且仅适用于当时的社会环境背景，对现阶段的发展已经没有借鉴意义了。新颖的论文题目不仅可以激发学生的兴趣，还能挖掘学生潜在的创造力，使其能充分发挥自己的专业特长，研究符合学科发展趋势的论题。

二、解决的办法

对于上述选题存在的问题，学生应该主动丰富自己的知识、加强自身的能力。具体可从以下三方面进行。

1. 打好专业基础

论文的写作目的之一，就是通过论文的撰写来考查学生大学期间对专业理论知识的掌握和运用程度。学生只有具备扎实的专业基础，才能把握本学科的研究动态与方向，才有能力熟练灵活地运用所学知识解决问题，才能选取一个适合自己又具有科研价值的题目。所以，学生一方面要能够积极主动地学习专业知识，多角度多方面地思考问题，从而不断地提高自己的思维能力；另一方面，还应增强自身科研能力的训练，能够熟练使用各种科研方法来解决问题。做好选题的第一步就是学生有充足的理论储备和专业知识的积累。

2. 激发学科兴趣

只有学生对所选的题目感兴趣，才能充分发挥其研究的主观能动性，才能真正实现论文撰写的目的。学生在平时的学习中，应该有意识地阅读专业学术期刊、优秀本科毕业论文，了解学术前沿动态。同时还应对自己感兴趣的学科问题，广泛搜集资料、善于分析资料、学会利用资料进行探索和研究。这样不仅能够无形中激发自己对于本专业的兴趣，也能够提高学科研究和撰写论文的能力，使其能够更好地选题。

3. 培养问题意识

学生在选题时要能够发现学科目前研究阶段的问题所在，要能够就前人的研究成果提出自己的见解。这就要求学生在学习专业课时，应对自己学习的内容进行思考，随时发现问题，还应了解学科专业或者某一研究领域的发展与现状,现阶段研究到哪种程度、还面临哪些问题、有哪些难点等。此外,在进行校外实习时,锻炼自己在理论联系实际的基础上发现问题的能力,并尝试用所学的专业知识解决问题。学生如果能在平时的学习中着重培养问题意识,开拓思维,全面地认识问题,则在学位论文选题时,就很容易触发选题的灵感。

综上所述,只有不断地丰富自己的知识水平,加强自身的素质能力,才能在选题时占据主动,选题的范围也更加广泛。

第五节　学士学位论文选题参考

一、会计方面

(1)上市公司治理结构与会计信息质量研究。

(2)论上市公司内部控制信息披露问题。

(3)现行财务报告模式面临的挑战及改革对策。

(4)表外筹资会计问题研究。

(5)盈余管理问题探讨——以亏损上市公司为例。

(6)债务重组准则对上市公司的影响研究。

(7)社会责任会计信息披露问题研究。

(8)上市公司股权激励会计问题研究。

(9)低碳经济对企业理财环境的影响。

(10)我国上市公司环境会计信息披露现状、问题及对策。

(11)关于绿色会计理论的探讨。

(12)绿色会计实施存在的阻碍因素及其对策分析。

(13)公司治理与企业会计信息质量。

(14)关于上市企业信息不对称的问题及对策的研究。

(15)电子商务冲击企业现金管理研究。

(16)会计政策选择与盈余管理问题探讨。

(17)基于风险管理视角的内部控制分析——企业价值创造。

(18)公允价值在金融工具会计计量中的应用。

(19)营改增对×××行业的影响。

(20)研发支出资本化对企业技术创新影响的实证研究。

(21)表外负债与会计信息质量——基于上市公司表外负债监察角度的实证研究。

(22)会计稳健性计量方法的比较与选择——基于相关性和可靠性的实证研究。

(23)利益相关者对会计规则制定的参与特征——基于调查数据的实证分析。

(24)我国上市公司社会责任会计信息市场反应实证分析。

(25)会计文化与中小上市公司成长的实证研究。

二、成本管理会计方面

(1)成本管理会计框架构建研究综述。

(2)"互联网+"为成本管理会计在企业环境经营应用创造条件。
(3)对以作业成本为基础的成本管理会计体系的构想。
(4)环境成本管理会计理论框架组成要素。
(5)信息技术对成本管理会计的影响分析。
(6)大数据时代环境成本管理会计面临的挑战。
(7)论成本管理会计在经营活动中的作用。
(8)围绕以作业成本展开的成本管理会计体系研究。
(9)企业风险成本管理会计策略探究。
(10)基于价值链的战略成本管理分析。
(11)企业成本管理会计体系的建设及研究分析。
(12)成本管理会计发展动态评析。
(13)×××行业作业成本管理会计应用研究。
(14)论资源流成本会计控制决策模式——以×××公司为例。
(15)成本会计与管理会计内容体系融合的相关探讨。

三、财务管理方面

(1)管理层收购问题探讨。
(2)管理层收购对财务的影响与信息披露。
(3)投资组合理论与财务风险的防范。
(4)代理人理论与财务监督。
(5)市场经济条件下企业筹资渠道。
(6)企业绩效评价指标的研究。
(7)企业资本结构优化研究。
(8)上市公司盈利质量研究。
(9)企业并购的财务效应分析。
(10)独立董事的独立性研究。
(11)中小企业财务管理存在的问题及对策。
(12)中国民营企业融资模式——上市公司并购。
(13)基于企业成长视角的财务管理与社会责任的实证分析。
(14)企业文化与财务管理目标关系的实证分析。
(15)现金持有与企业价值的关系——来自A股市场的实证研究。

四、审计方面

(1)关于注册会计师信任危机问题的思考。
(2)注册会计师审计质量管理体系研究。
(3)论会计师事务所的全面质量管理。
(4)注册会计师审计风险控制研究。
(5)企业内部控制制度研究。
(6)现代企业内部审计发展趋势研究。

(7) 论关联方关系及其交易审计。
(8) 我国内部审计存在的问题及对策。
(9) 审计质量与审计责任之间的关系。
(10) 论内部审计的独立性。
(11) 论国有资产保值增值审计。
(12) 论企业集团内部审计制度的构建。
(13) 内部控制审计对会计盈余质量的影响——基于 A 股上市公司的实证分析。
(14) 环境审计制度选择影响因素的实证分析。
(15) 环境不确定性、内部控制与审计意见的实证研究。

第四章 学士学位论文开题报告

第一节 学士学位论文开题报告的内涵与特点

一、开题报告的内涵

开题报告是指在论文选题确定之后,论文作者在调查研究的基础上撰写的,请指导教师批准的选题计划。

开题报告用于说明论文选题的必要性、研究方案的可行性、如何开展研究等问题。开题报告规定了论文各方面的具体内容与要求,是提升选题质量的重要步骤。

由于开题报告是用文字体现的论文总构想,因而篇幅不必过大,但要把计划研究的论题、研究方法、研究理论等主要问题写清楚。开题报告一般为表格式,它把要报告的每一项内容转换成相应的栏目,这样既避免遗漏,又便于评审者一目了然、把握要点。

二、开题报告的特点

开题报告是提高选题质量和水平的重要环节,开题报告有下述特点。

1. 标志性

开题报告意味着选题阶段结束,正式研究过程开始。绝大多数的学生在选题阶段对自己论题的了解程度不够,在开题报告阶段,学生与指导教师得到了一个关键的信号:学位论文相关研究正式开始实施。为进行相关论断,学生与教师会进行若干次的研讨,这使得学生进入研究状态,明确自己在该论题中的规划与任务。

2. 明确性

开题报告是对论题大纲的具体化构思。学生根据自己对论题的理解程度,提出自己的计划,并以书面文档的形式呈现,指导教师根据开题报告的内容,及时判断此论题能否实施。指导教师对论题研究的意见、对相关理论的阐述及研究中会出现问题的分析,可以大大扩宽学生的知识面,使得研究思路更加清晰,研究目标更加明确,进一步保障学生有计划、有意义地完成论文。

3. 规范性

开题报告是随着科研活动计划性的增强与程序化、规范化管理的需要而产生的。许多高校都将开题报告制定为固定的表格形式,将报告的每一项内容转化为相应的栏目,以免遗漏,这也保证了开题报告写作的内容及格式的规范性。此外,开题报告的语言表达必须符合科学研究的基本规范，做到概念准确、表述清楚、逻辑严密、结构完整。

4. 科学性

开题报告作为科研项目的选题依据与研究方案，其内容必须具有科学性。开题报告的内容要如实反映事物的本来面貌，实事求是，不能弄虚作假；文中提出的观点必须有准确的科学依据，经得起时间与实践的检验；采用的数据、图表、公式等必须具有准确性和权威性；所研究的论题具有科学价值，反映该专业领域的较高水平，能为科学进步做出贡献。

5. 专业性

开题报告有着明确的读者对象与具体的专业范围。成功的开题报告，能反映自然、社会或人文科学领域某一学科或专业范围内的科研活动及成果，并能推进该专业的研究水平，解决种种疑难问题。

6. 严肃性

开题报告通过审查之后，如果评审小组与指导教师没有提出修改意见，就应该遵照执行。如果在执行过程中发现某些地方需要调整，或因客观条件的变化，需要改变原计划，可根据实际情况进行修订，但必须及时向指导教师汇报，在得到同意后再进行改动。

三、开题报告的作用

开题报告是学生在完成资料收集后，撰写的关于论文选题与如何实施的论述性报告。这是一种新的应用文体。学生撰写开题报告的作用主要体现在以下四方面。

1. 为撰写学位论文做好准备

开题报告是学生撰写学位论文的前瞻性计划和依据。为了做好开题报告，学生需要进行调查研究，查阅有关资料和文献，了解国内外在该选题方面已进行的工作以及还有哪些不足、本论题重点研究什么、有什么价值，了解现有理论和实践研究的条件和手段等。开题报告工作，能有效地督促学生认真做好学位论文的准备工作，同时使学生的选题目的更加明确，写作思路更为清晰。

2. 保证学位论文的质量

为使开题报告能够顺利通过，学生都会在指导教师的指导下精心准备，同时，院系（部）的专业负责人、其他专业教师也会参加开题报告评审工作，并对学生的选题进行严格质量控制。对于选题合适、方法得当、解决问题思路清晰的选题批准开题；对于尚有不足，需要修改补充或重新撰写的开题报告提出具体意见。这样从一开始就体现了对论文质量的高度重视，给学生撰写学位论文一个良好的开端。

实践证明，选题的正确性是论文成功的重要前提，而选题的正确性与开题前的准备及开题报告密切相关，做好开题报告工作是克服学位论文写作盲目性和保证论文质量的重要措施。

3. 进一步明确写作方向

通过开题报告，教师可以充分发表意见，对学生学位论文选题从多方面提出建议和意见，既肯定选题的先进性，也指出应注意的问题与不足，使学生受到启发，更加明确论文研究方向，以便集中精力进行研究，为顺利完成论文写作打下基础。

4. 促进学术交流

开题报告过程既是一个论证过程又是一个学术交流过程，由于开题报告前学生已做了大量的理论分析和实践研究的准备工作，因此在开题报告中能充分论证本论题的先进性、实用性和可行性,能够反映较高的学术水平,有利于师生及生生之间的学术交流。

四、开题报告的目的

一般来说,开题报告需要回答三方面的问题,即计划研究什么,为什么要进行这一研究,如何进行这项研究。开题报告只有很好地回答了这三个问题,学生才可能让指导教师相信,所选择的论文题目是有意义的,整个研究计划是可行的,并且已掌握了解决论文中提出问题的方法。具体讲,开题报告有以下几个目的。

(1)以可靠的证据说服指导教师(或审查机构)确信,所选的研究题目具有一定的新颖性、创造性,有必要开展相关研究或技术实践。

(2)通过必要的文献综述,对相关理论和现有研究成果进行回顾和评价,展示出对所要开展的研究题目或将要进行的论证过程已有足够的了解,可以较好地完成研究工作。

(3)选择适当的研究方法,并说明这一方法在现实中是可行的,使指导教师确信,学生已经具备了完成所设定的研究目标的能力。

通过对整个研究过程的详细计划(包括具体的日程安排等),指导教师确信学生能把握研究工作的平稳进行。同时也便于指导教师对所制订的计划进行修正、督促和适当的指导。

第二节 学士学位论文开题报告写作

学生接到指导教师下达的任务书后,应认真撰写开题报告。开题报告经指导教师认可后,可以进入开题程序。开题报告包含的内容有以下几方面。

一、论文题目与选题类型

关于论文的题目。第一,名称要准确、规范。准确是指论文名称要把论文研究的问题是什么,研究的对象是什么交代清楚,论文名称一定要和研究内容相一致,不能太大,也不能太小,要准确地把研究的对象、问题概括出来。第二,名称要简洁,不能太长。论文名称一般不要超过20个字。题目要揭示主题思想,读者要能够通过标题大致了解文章的内容、专业特点和学科范畴。题目要简洁明朗,引人注意。如果用少量的文字难以明确表达,也可以用副标题的形式,副标题是对主标题的说明、补充和限定,相对具体一些。开题报告的选题名称即是学位论文的选题名称。

关于选题的类型,主要包括应用型、研究型和应用研究型,其中应用型偏重实际,研究型偏重理论,应用研究型介于两者之间。

二、选题依据

(一)选题背景与意义

1. 选题背景

选题背景应当阐述本文所选对象现如今的研究状况,作者对这个选题有什么特别的看法,为什么会选择这个题目,对前人的研究成果有何异议,自己是否有更加深入的观点,发现前人研究的不足之处以及自己如何加以研究等。

此部分内容一般分为两段式或三段式,第一段或前两段介绍论文研究论题的现实背景,即已有相关研究的简述或简评,是为"问题的提出"而做准备,这部分很重要,能够体现出本论文的创新之所在。第二段介绍进一步研究的意义,并逐步过渡到本论文要研究的问题,即交代论文到底要研究什么,要解决什么问题。字数要求500字左右。

以学士学位论文《汽车制造业上市公司投资价值研究》的选题背景为例:

2015年三月份,李克强同志在国务院常务会议中,部署加快实施"中国制造2025",推动我国制造业转型升级,此次会议审议通过了《中国制造2025》,此举说明制造业得到了国家政策的大力支持。制造业直接体现了一个国家的生产力水平,它是衡量国家发展程度的重要标志之一,也是衡量国家综合国力的标志之一。

证券投资市场是金融市场的重要组成部分,以其奇特的魔力吸引、联结着融资者、广大投资者和经营管理者。我国自1990年初建立证券交易所以来,证券市场取得了巨大发展,推动着中国经济体制和社会资源配置方式不断变革。当中国经济从计划体制转型为市场体制后,证券投资者的投资理念不断更新,越来越多的人接受了价值投资理念。

在国家政策和市场需求不断推动下,我国汽车制造业的发展规模将会高速增长,投资价值也会进一步提升。投资价值研究所采用的模型有股利折现法、贴现现金流量模型、资本资产定价法、相对价值法等,但这些方法都适合于公司管理人员进行价值评估,因为这些方法需要得到被投资公司内部相关信息进行计算研究,这些信息中小投资者很难得到。基于此,本文收集汽车制造业上市公司相关财务数据,研究影响其投资价值的因素,进而利用因子分析法建立投资价值评估模型,为中小投资者在选择股票时,提供一种较科学有效的定量化投资依据。

2. 研究目的与意义

研究目的是指本文研究的目标是什么,研究意义是指本文研究的重要性体现在什么方面。意义应分为理论意义与现实意义,作者应分别进行论述。作为本科生可将研究目的与意义放在一起进行阐述。

研究意义写作思路如下:

(1)从论题的理论与学术价值去论述。应做到内容具体、有针对性。主要包括根据什么、受到怎样的启发去开展这个研究;为什么要研究此论题,研究的价值与要解决的问题是什么。

(2)从现实需要方面去论述。指出这个问题确实存在,并且需要去研究、去解决,本论题的研究是具有现实意义的。

以学士学位论文《基于因子分析法的我国汽车公司投资价值研究》的研究目的与意义为例:

研究目的:

本文着眼于我国汽车制造业上市公司投资价值,通过对其行业、投资价值影响因素及相关财务数据的分析,得出样本公司的经营管理水平。基于此,建立评估汽车行业投资价值的指标及评估模型,采用因子分析法,对样本公司进行综合分析,最终得出本文结论。为广大中小投资者在选取股票时,提供可以定量化的投资依据,同时也为公司的经营管理者提供可以参考的公司价值评估方式。

研究意义:

研究上市公司投资价值,对规范证券市场行为,优化公司治理结构,改进公司管理方式,提高经营绩效水平及社会经济资源配置效率等经济目标具有重大的理论意义。

研究上市公司投资价值,在引导投资者获取较高回报、促进制造业上市公司健康发展方面具有一定的现实意义。如对上市公司投资价值进行分析,有助于普通大众科学决策,从而获取较高回报。研究公司经营状态,提出有针对性的价值提升策略,促进上市公司稳定健康发展。

(二)国内外研究现状

国内外研究现状,即文献综述。此部分内容要以查阅大量相关文献为前提,所查阅的文献应与研究论题相关,但又不能过于局限。国内外研究现状分为国外研究现状、国内研究现状与现状综述这三个部分。

1. 国内外研究现状的意义

通过写国内外研究现状,直接考查学生对自己选题目前研究范围和深度的理解与把握,间接考查学生是否阅读了一定的参考文献。这不仅是学位论文撰写不可缺少的组成部分,也是为了让学生了解相关领域的理论研究前沿,从而开拓思路,在他人成果的基础上展开更加深入的研究,避免不必要的重复劳动。

2. 国内外研究现状的特点

(1)语言概括。对原始文献中的各类理论、观点、方法的叙述不是简单地照抄或摘录,而是在理解原文的基础上,用简洁、精练的语言将其概括出来。

(2)信息浓缩。国内外研究现状集中反映一定时期内一批文献的内容,浓缩了大量信息。一篇文献综述可以反映几十至上百篇的原始文献。

(3)评述客观。叙述和列举各种理论、观点、方法、技术及数据时能客观、如实地反映原文献的内容;分析、比较、评论各种理论、观点、方法时要基于客观进行分析、评价,而非出于个人的喜好、倾向、感情;预测时,要以事实、数据为依据,以科学的推导方法为手段,力求客观,而非出于主观愿望盲目提出。

3. 国内外研究现状的写法

在撰写之前,要先把从网站和图书馆收集、阅读过的与所写学位论文选题有关的专著和论文中的主要观点归类整理,找出论题研究的开始、发展和现在研究的主要方向,并从中选择最具有代表性的文献。

(1)在写作时,简写选题的研究开始、发展和现在研究的主要方向,着重对一些现行研究主要观点进行阐述,并指明具有代表性的文献作者和其发表观点的年份。

(2)简单撰写国内外研究现状,并评述研究的不足之处,可分技术不足和研究不足,即还有哪方面没有涉及,是否有研究空白;或者研究不深入,还有哪些理论或技术问题没有解决;或者在研究方法上还有什么缺陷等。

(3)现状综述部分起到承上启下的作用,既要总结国内外研究现状,又要提出继续研究的必要性,点明自己的研究方向。

4. 国内外研究现状撰写应注意的问题

(1)国内外研究现状与发展现状不同,应当注意"研究"二字。

(2)此部分内容可按时间顺序来写,也可以按研究方面来写(如果按研究方面来写,应当分出小类别,在小类别中可按时间顺序展开)。

(3)由于篇幅限制,国内外研究现状可以进行一定程度的压缩,也可采用表格的形式。

(4)国内现状与国外现状应分别叙述,先国外再国内。

(5)简要交代研究对象的历史沿革,但没必要做过多的久远追述。

(6)篇幅不宜过长,此部分内容并非重复前人话语,重点介绍有关研究对象最近几年的研究进展和状况。时间应是近五年的研究成果,著作可适当放宽时间限制。

(7)文献综述的"综"要围绕研究论题有关的理论和学派观点做比较分析,不要简单汇总或大量地罗列堆砌。"述"是在综的基础上根据自己的学位论文来综合与评估,是引出进一步研究的必要性和理论价值,以及自己独特的见解。文献综述切毋"综"而不"述"。

(8)搜集文献应尽量全面,而引用文献要注意其代表性、可靠性和科学性。在搜集到的文献中可能出现观点雷同的情况,有的文献在可靠性及科学性方面存在着差异,因此在引用文献时应注意选用代表性、可靠性和科学性较好的文献。

(9)引用文献要忠实文献内容。由于文献综述有作者自己的评论分析,因此在撰写时应分清作者的观点和文献的内容,评述(特别是批评前人不足时)要引用原作者的原文,防止对原作者论点的误解,每篇论文不可断章取义,更不能误解或曲解;不能从二手材料来判定原作者的"错误",否则便会偏离事物的本质;不能篡改文献的内容。

(10)应当查看至少30篇的参考文献。

总之,学生要先把收集和阅读过的与所写学位论文选题有关的专著和论文中的主要观点归类整理,并从中选择最具有代表性的文献。在撰写学位论文时,对这些主要观点进行概要阐述,并指明具有代表性的文献作者和其发表观点的年份。在现状综述部分,分析国内外研究现状,评述研究的不足之处,即还有哪方面没有涉及,或者研究不深入,还有哪些理论问题没有解决,或者在研究方法上还有什么缺陷,需要进一步研究。

(三)参考文献

参考文献是指学生在撰写学位论文过程中所查阅、参考过的重要著作和论文,是学位论文的重要组成部分,一般列于论文的末尾。

对于一篇完整的学位论文,参考文献的著录是不可缺少的。参考文献可以反映论文作者的科学态度和论文所具有的真实、广泛的科学依据,也能够反映出该论文的起点和深度,是教师了解学生阅读资料的广度,审查学位论文的一项参考依据。参考文献能方便地把论文作者的成果与前人的成果区别开来,这不仅表明论文作者对他人的知识成果和劳动的尊重,而且也免除了抄袭、剽窃他人成果的嫌疑。读者通过参考文献,可方便地检索和查找有关图书资料,以对该论文有更详尽的了解。

1.参考文献的著录原则

(1)要著录最主要、最具代表性的文献。著录的文献要精选,仅限于与本论文密切相关的,对自己学位论文的撰写有重要参考作用的专著、论文及其他资料。不要轻重不分、陈述过多。在学位论文中,一般可列入30篇以上的主要文献作为参考文献,其中外文文献应占到文献总数的1/6左右。

(2)应著录公开发表的文献。公开发表是指在国内外公开发行的杂志期刊或正式出版的图书上发表的文献。在供内部交流的刊物上发表的文章和内部使用的资料,尤其是不宜公开的资料,一般不能作为参考文献引用。

(3)采用规范化的著录格式。关于参考文献的著录应采用标准形式,论文作者应熟练掌握、严格执行。

(4)采用"顺序编码制"著录参考文献。顺序编码制是 GB/T 7714—2005《文后参考文献著录规则》规定的著录方法,为我国科技期刊所普遍采用,即参考文献顺序应根据作者在论文中所引用的文献出现的先后顺序排列,用阿拉伯数字加方括号连续编码,附于文末。

2. 参考文献类型及其标识

(1)根据 GB/T 3469《文献类型与文献载体代码》规定,以单字母方式标识的参考文献类型见表 4-1。

表 4-1 参考文献类型表

参考文献类型	专著	会议论文集	汇编	期刊文章	学位论文	报告	标准	专利
文献类型标识	M	C	G	J	D	R	S	P

(2)对于专著、论文集中的文献,其文献类型标识建议采用单字母"A";对于其他未说明的文献类型,建议采用单字母"Z"。

(3)对于数据库、计算机程序及电子公告等电子文献类型的参考文献,建议以双字母作为标识,见表 4-2。

表 4-2 电子文献类型表

电子参考文献类型	数据库	计算机程序	电子公告
电子文献类型标识	DB	CP	EB

3. 参考文献编排格式

参考文献按在正文中出现的先后次序列于文后,以"参考文献"作为标识,参考文献的序号左顶格,并用数字加方括号表示,如[1]、[2]……以与正文中的指示序号格式一致。参照 ISO690 及 ISO690-2,每一参考文献条目的最后均以"."结束。

(1)连续出版物。

[序号]主要责任者.文献题名[J].刊名,出版年份,卷号(期号):起止页码.

[1]王海粟.论会计信息披露模式[J].财政研究,2004,21(1):56-58.

(2)专著。

[序号]主要责任者.文献题名[M].出版地:出版者,出版年:页码.

[2]马沛生.化工热力学[M].北京:化学工业出版社,2005:5.

(3)论文集。

[序号]主要责任者.文献题名[C].出版地:出版者,出版年份:起始页码.

[3]伍西甫.西方文论选[C].上海:上海译文出版社,1979:12-17.

(4)学位论文。

[序号]主要责任者.文献题名[D].保存地:保存单位,年份.

[4]董丁稳.基于安全监控系统实测数据的瓦斯浓度预测预警研究[D].西安:西安科技大学,2012.

(5)报告。

[序号]主要责任者.文献题名[R].报告地:报告会主办单位,年份.

[5]冯西桥.核反应堆压力容器的 LBB 分析[R].北京:清华大学核能技术设计研究院,1997.

(6)专利文献。

[序号]专利所有者.专利题名[P].专利国别:专利号,发布日期.

[6]姜锡洲.一种温热外敷药制备方案[P].中国:881056078,1983-08-12.

综上所述,为反映论文的科学依据,尊重他人的研究成果,向读者提供有用的相关信息,作者在论文正文结束后,应列出参考文献。参考文献应根据作者在论文中所引用的文献出现的先后顺序排列,并严格按要求格式进行编排。

三、主要研究内容、论文大纲及工作方法或工作流程

(一)研究内容

有了论题的研究目标后,应根据目标确定这个论题具体要研究的内容。相对于研究目标来说,研究内容更加具体明确,研究内容以文字的形式叙述。

研究内容写作前,应明确研究对象、研究问题、研究方法。从与本论题研究有关的理论、名词、术语、概念角度明确研究内容。研究内容要与论文大纲相符。

(二)论文大纲

论文大纲即论文的纲要,是组织、设计学位论文的主要内容、写作思路和篇章结构的基本构思,是作者运用一些简单的句子与词组加以提示,把材料与相应的论点有机组织并编序所组成的一种逻辑图表,是作者思考论文逻辑构成的写作设计图。

1. 编写论文大纲的意义

编写大纲是动笔行文前的必要准备和撰写学位论文的重要环节。学生撰写学位论文不能急于成文,应从写大纲练起。学位论文是毕业之前的一个综合性实践教学环节,写作时间长、篇幅大、层次多、专业性强、规范性要求高,需要严密的逻辑思维和推理来展开论述,从各个方面来阐述理由、论证自己的观点,故写作前必须有一个清楚的整体构思,如同盖楼房要先绘出"图纸"一样,这对提高论文质量和写作效率大有好处。

论文大纲体现了作者的总体思路和基本框架,使作者易于掌握论文结构的全局,确保论文写作层次清楚、重点明确。同时,编写论文大纲,还可以极大地帮助学生锻炼思维能力,提高构思能力。编写论文大纲,可以强化作者对论文的整体观念,合理处理论文的每一部分内容与论文整体的关系,使得论文的每一部分都是论文整体的有机组成部分,有利于论文前后呼应、内容连贯、表达严密。论文大纲为作者提供了一个比较稳定的写作思路,使其在动笔前就形成了一个层次清楚、逻辑严密的论文框架,有利于明确论文写作方向,避免大返工。同时,学位论文往往需要很长一段时间才能写成,写作时断时续是很经常的现象,有了写作大纲,学生在中断写作过程后还可依据写作大纲的提示,在重新写作时能够按照原本的思路进行。另外,初写论文的同学,如果把自己的思路先写成大纲,再去请教指导教师,指导教师比较容易提出一些修改补充意见,便于指导,起到事半功倍的效果。

2. 论文大纲的内容

论文大纲是论文初稿的雏形,论文大纲的内容就是要用最基本的格式和语言回答学位论

文的基本问题。

学位论文的基本结构由绪论、本论、结论三大部分组成。绪论、结论这两部分在大纲中应比较简略。本论则是全文的重点，是应集中笔墨写深写透的部分，因此在大纲上要列得较为详细。从结构上看，学位论文大纲的内容包括标题、基本观点、一级标题、二级标题、三级标题、参考文献、致谢等。

(1) 标题。标题被视为"文眼"，是十分重要的。学位论文首先应拟好标题。学位论文的标题一般不借助于修辞手段，而要特别强调鲜明、准确、醒目地提出命题。

(2) 基本观点。基本观点即论文的中心论点，是文章的灵魂。学位论文的基本观点必须正确、鲜明，并力求深刻新颖。基本观点要用主题句的形式表示出来。文字应力求简明、准确。

(3) 一级标题。要用简洁、恰当的词组反映本章的中心内容，将本章的主题明白无误地呈现出来。要求与文章内容相符，与文章的风格相一致，避免使用字符、代号、标点等。

(4) 二级标题。二级标题是对一级标题的细化，即从几个方面详细阐述本章的主题。

(5) 三级标题。三级标题是对二级标题的细化，从而使得文章思路更加清晰明了。

(6) 参考文献。

(7) 致谢。

学士学位论文要求在开题报告环节，论文大纲至少明确到二级标题，细化至三级标题更好。

3. 论文大纲的编写

大纲的编写要慎重，力求完整、缜密，切不可草率从事，否则就失去了拟订大纲的意义。编写论文大纲要求观点明确、重点突出、条理清楚、简明扼要。从具体过程来看，学位论文大纲的编写可以分为两个阶段：一是草拟大纲，二是修改大纲。

(1) 草拟大纲。根据论文大纲的繁简程度不同，论文大纲的编写方法可以分为简拟法和繁拟法两种。

简拟法也称骨架结构法，它要求用简要的语句把论文的题目和大标题、小标题列出来，把文章的基本框架勾勒出来，形成论文大纲的雏形。这种大纲是高度概括的，只提示论文的要点，不涉及如何展开。用简拟法编写论文大纲，要特别注意的是大纲不能太简单。如果大纲太简单，就看不出作者的整体构思，实际写作时，仍然需要边写边想，这就没能起到大纲应有的作用。

繁拟法是在简拟法的基础上进一步充实论文骨架的内容，不仅要把论文的题目、大标题、小标题列出来，而且还要在此基础上，进一步落实好段落安排，列出主要段落的段旨，并根据论证要求基本完成材料的整理、分配、划归，以形成论文初稿的雏形。

论文大纲充实到什么程度，视情况而定。作者已掌握了材料的细节情况时，大纲可以适当详细些。作者对材料不是很熟悉，观点尚需进一步推敲的，大纲可以适当简略。但是，无论是简拟法还是繁拟法，在大纲编写过程中，一定要从中心论点出发，决定材料的取舍，把与主题无关或关系不大的材料毫不客气地舍弃，尽管这些材料是煞费苦心收集来的。所以，学生必须时刻牢记，材料只是为论证论点服务的，离开了这一点，无论是多么好的材料都必须放弃。

(2) 修改大纲。论文大纲在写作中具有无比重要的作用，学生在完成论文大纲初稿的基础上，还要对其进行进一步的推敲和修改。

1) 推敲题目是否恰当,所拟大纲主题是否突出,是否围绕中心论点。

2) 推敲大纲结构是否合理。围绕中心论点,检查各个部分、层次和段落能否充分说明问题,是否符合写作思路。检查每一部分在论文中的地位、作用及分配的比例是否恰当,篇幅的长短是否合适,每一部分能否为中心论点服务。要检查纲与纲之间的内容是否有互串情况,特别是一些带小标题性质的大纲,纵向层次要分明,横向之间要并列,防止互相包含等概念混乱的问题出现。

3) 推敲各部分之间的逻辑关系是否严密。论文是一个严密的结构体系,论文中的各个部分具有严密的逻辑关系,如论点和论据的关系、大论点与小论点的关系、同一层次不同论点的关系、材料与材料之间的关系等,各部分之间都应形成有机的逻辑关系,确保论证过程的严密性和逻辑性。

4. 举例

以学士学位论文《汽车制造业上市公司投资价值研究》的大纲为例:

1 绪论
  1.1 选题背景、目的及研究意义
    1.1.1 选题背景
    1.1.2 研究目的
    1.1.3 研究意义
  1.2 国内外研究现状
    1.2.1 国外研究现状
    1.2.2 国内研究现状
    1.2.3 现状综述
  1.3 研究内容和研究方法
    1.3.1 研究内容
    1.3.2 研究方法

2 汽车制造业上市公司行业分析
  2.1 汽车上市公司行业发展现状
  2.2 汽车上市公司发展趋势

3 我国汽车制造业上市公司投资价值理论分析
  3.1 上市公司投资价值理论概述
  3.2 影响上市公司投资价值的因素分析

4 实证研究
  4.1 研究样本的选取与数据来源
  4.2 投资价值模型的构建
  4.3 原始数据的处理
    4.3.1 同趋化处理
    4.3.2 标准化处理
  4.4 相关性检验

4.5 实证分析

5 研究结论及投资建议

    5.1 研究结论

    5.2 建议

参考文献

致谢

(三)研究方法

研究方法是确保论文写作顺利进行的重要条件,从大的来说,一般包括实证分析法和规范分析法;从具体的研究方法来说,包括因子分析法、调查法、回归分析法、经验总结法、定量定性分析法、文献综述法等。学生应根据选题方向、研究内容和实现目标的需要,选择合适的方法加以应用,以便指导教师确认学生的研究条件。

(四)工作流程

工作流程即研究路径图有以下 3 种形式。

(1)一级标题占据主线,研究方法在右边。

(2)一级标题占据主线,二级标题在左边,研究方法在右边。

(3)一级标题占据主线,二级标题在右边。

以论文《基于因子分析法的我国汽车公司投资价值研究》的研究路径图为例,一级标题占据主线,研究方法在右边,如图 4-1 所示。

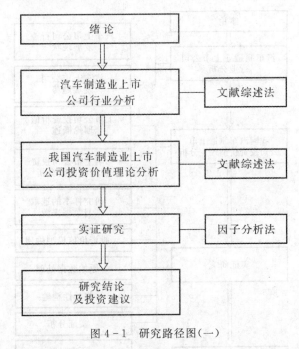

图 4-1 研究路径图(一)

一级标题占据主线,二级标题在左边,研究方法在右边,如图 4-2 所示。

一级标题占据主线,二级标题在右边,如图 4-3 所示。

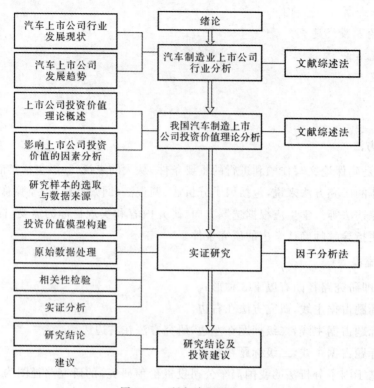

图 4-2 研究路径图(二)

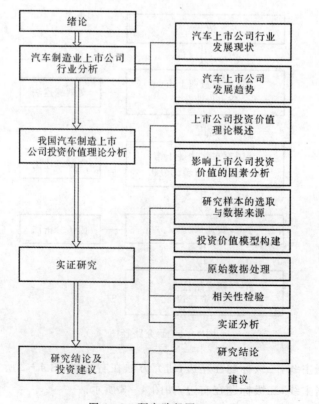

图 4-3 研究路径图(三)

四、论文工作进度安排

研究工作进展安排即选题研究在时间和顺序上的工作步骤安排。研究的步骤要充分考虑研究内容的相互关系和难易程度,一般情况下,都是从基础问题开始,分阶段进行,每个阶段从什么时间开始,至什么时间结束都要按规定进行。选题研究的主要步骤和时间安排包括整个研究拟分为哪几个阶段,各阶段的起止时间,各阶段要完成的研究目标、任务,各阶段的主要研究步骤及日程安排等。

例如:

2016 年 3 月 28 日至 4 月 6 日　　完成论文开题报告并进行开题答辩;
2016 年 4 月 7 日至 4 月 20 日　　完成规定的英文文献翻译训练;
2016 年 4 月 21 日至 5 月 20 日　　形成论文初稿并在教师指导下修改定稿;
2016 年 5 月 21 日至 6 月 9 日　　完成论文二稿、三稿并根据导师意见修改完善论文;
2016 年 6 月 10 日至 6 月 15 日　　学位论文评阅和答辩。

五、指导教师意见、院(系)指导委员会(小组)的开题意见

学生完成开题报告后交至指导教师,指导教师会同指导委员会组织开题,对学生选题进行论证,同意开题的,签署开题意见;不同意开题的,签署修改意见。

指导教师还需要对学生论文的难度、分量、综合训练程度、是否隶属科研项目、是否具有创新性等做出评价。其中难度、份量、综合训练程度以 A,B,C,D 填列,从 A 到 D 依次递减,见表 4-3。

表 4-3　指导教师开题意见表

	难度	分量	综合训练程度	是否隶属科研项目	是否具有创新性
指导教师评审意见	请在以下□中打钩评价: · 格式规范:□完全符合　□正确　□不合格 · 目的态度:□明确端正　□一般　□不重视学位论文写作,需提高认识 · 内容策划:□非常完善　□合理　□不具体,需修改 · 研究思路:□清楚严密　□合理　□不明确,需修改 · 工 作 量:□充分　□合理　□不足,需增加研究内容 · 进度安排:□合理　□不合理 · 教师意见:□同意开题　□推迟开题　□不予开题 　　　　　　　　　　　　　　　　指导教师签字:＿＿＿＿＿＿ 　　　　　　　　　　　　　　　　2016 年 4 月 5 日				
学院毕业设计(论文)指导委员会审核意见	(公　章)			教学院长:＿＿＿＿＿＿ 　　　年　　月　　日	

六、选题变更

学生的选题,如果因为客观原因需要变更,应填写选题变更审批表,报经指导教师、院系等批准后,方可进行变更。选题变更审批表见表4-4。

表4-4 西安科技大学学位论文选题变更审批表

申请人		学 号		专业及班级	
原选题目					
现选题目					
变更理由					
				申请人:	
				年 月 日	
指导教师意见					
				指导教师签字＿＿＿＿	
				年 月 日	
系或专业指导小组意见					
				组长签字＿＿＿＿	
				年 月 日	
学院审批意见					
				教学院长(主任)＿＿＿＿	
				年 月 日	

第五章 学士学位论文写作

第一节 认识学士学位论文

一、学位论文的内涵

《中华人民共和国国家标准:科学技术报告、学位论文和学术论文的编写格式》(GB 7713—87)中是这样对学位论文定义的:"学位论文是表明作者从事科学研究取得创造性的结果或有了新的见解,并以此为内容撰写而成、作为提出申请授予相应的学位时评审用的学术论文。"可见,学士学位论文是获得申请学士学位资格的学生为申请学士学位而撰写的一篇系统完整的学术论文,是本科生培养的重要环节之一,是衡量本科生培养质量的重要标志,也是授予学士学位的重要依据。

学位论文是高等院校学生提交的一份有一定的学术价值的文章,它是大学生完成学业的标志性作业,是对学习成果的综合性总结和检阅,是大学生从事科学研究的最初尝试,是在教师指导下所取得的科研成果的文字记录,也是检验学生掌握知识的程度、分析和解决问题能力的一份综合答卷。

1. 学位论文不是一般的作品,而是一种论文

论文是一种以说明和说理为主要表达方式的理论性文章。根据《现代汉语词典》的解释,凡是"讨论某种问题或研究某种问题的文章"可称为论文。

众所周知,不同的文字作品有其不同的社会功能,从而满足人们不同的精神需要。例如,文学作品主要满足读者艺术欣赏的需要,新闻报道主要满足读者了解信息的需要,工作计划专门满足指导行动的管理需要。而学位论文的基本功能则是阐述作者自己的理论见解或理论的应用探索。在这点上,它与科普作品、文献综述、经验介绍、工作总结等不同。

2. 学位论文不是一般的论文,而是一种科研论文

作为科研论文中的一个重要类型,学位论文首先具有科研论文的重要特点,如学术性、创造性、科学性和专业性。同时,学位论文还有自己的一些基本特点,例如学位论文重在理论探索;产生于有学位授予权的高校或研究机构,并在指导教师指导下完成;学位论文一般都有篇幅和水平的规定,且接受专家的审查;学位论文一般被保存在授予学位的大学图书馆中以供阅览和复制服务。

3. 学位论文不是一般的科研论文,而是学位制度的产物

学位论文有两大功能:一是考核,二是成果。作为考核手段,学位论文应当达到一定的水

平,反映出与学位相称的学识和能力;作为成果,学位论文是大学生向社会提供的知识作品,应当具有一定的价值。

二、学位论文的特点

学位论文是学术论文的一种。学术论文所应具备的科学性、理论性、创造性、学术性和规范性的特点,在学位论文中,同样应当具备。撰写学位论文是为了使学生形成科学思想、培养科学精神、遵循科学规范、掌握科学研究方法及学位论文的写作方法,为今后独立开展科学研究和撰写学术论文奠定坚实的基础。因此,同学术论文相比,学位论文在具有学术论文特点的基础上,又有自身的鲜明特点。

1. 指导性

学位论文是在教师指导下独立完成的科学研究成果。学位论文作为获取大学学位前的最后一次作业,离不开教师的帮助和指导,对于如何进行科学研究,如何撰写论文等,教师都要给予具体的方法指导。在学生写作学位论文的过程中,教师要启发、引导学生独立进行工作,注意培养学生的主动创造精神,帮助学生确定最终题目、指定参考文献和调查线索、审定论文提纲、解答疑难问题、修改论文初稿等。学生为了写好学位论文,必须主动地发挥自己的聪明才智,刻苦钻研,独立完成学位论文的写作任务。

2. 习作性

根据教学计划的规定,在大学阶段的前期,学生要集中精力学好本学科的基础理论、专业知识和基本技能;在大学的最后一个学期,学生要集中精力写好学位论文。学好专业知识和写好学位论文是统一的,专业基础知识的学习为写作学位论文打下坚实的基础,学位论文的写作是对所学专业基础知识的运用和深化。大学生撰写学位论文就是运用已有的专业基础知识,独立进行科学研究活动,分析和解决一个理论问题或实际问题,把知识转化为能力的实际训练。写作的主要目的是为了培养学生综合运用所学知识解决实际问题的能力,为将来作为专业人员撰写学术论文做好准备,它实际上是一种习作性的学术论文。

3. 创新性

创新是科学研究的生命,一篇学位论文总要有点创新的东西,才有存在的价值。所谓创新性,包括探索前人未曾涉足的领域,补充前人的见解,改进前人的不足,解决出现的新问题等。

三、撰写学位论文的目的与意义

(一)撰写学位论文的目的

大学生撰写学位论文主要有巩固所学专业知识、提高写作水平和强化(计算机应用、英文翻译等)综合能力等3个目的。

1. 巩固所学专业知识

撰写学位论文是在校大学生最后一次知识的全面检验,是对学生基本知识、基本理论和基本技能掌握程度的一次总测试。大学生在学习期间,已经按照教学计划的规定,学完了公共课、基础课、专业课以及选修课等课程,每门课程也都经过了考试或考查。学习期间的这种考核是单科进行的,主要是考查学生对本门课程所学知识的记忆程度和理解程度。但学位论文则不同,它不是单一地对学生进行某一课程已学知识的考核,而是着重考查学生运用所学知识对某一问题进行探讨和研究的能力,在这个过程中,进一步巩固了学生所学的专业知识。

2. 提高写作水平

大学生获取学位后，不论从事何种工作，都必须具有一定的研究和写作能力。在党政部门和企事业单位从事管理工作，就要学会搞调查研究，学会起草工作计划、总结、报告等，为此就要学会收集和整理材料，能提出问题、分析问题和解决问题，并将其结果以文字的形式表达出来。至于将来从事教学和科研工作的人，他们的一项重要任务就是科学研究，所以具备科研与写作能力是必需的。大学是高层次的教育，其培养的人才应该具有开拓精神，既有较扎实的基础知识和专业知识，又能发挥无限的创造力，能不断解决实际工作中出现的新问题，并将自己的见解与成果以文字的形式展示出来，所以培养学生的写作能力相当重要。

3. 强化（计算机应用、英文翻译）综合能力

撰写学位论文需要运用计算机进行写作，运用计算机软件进行实证分析，需要将摘要和关键词翻译为英文，所以学生需要强化自己的综合能力，尤其是计算机应用与英文翻译能力。

撰写学位论文的过程，同时也是专业知识的学习过程，而且是更生动、更切实、更深入的专业知识的学习。首先，撰写论文要求结合论题，把学过的专业知识运用于实际，在理论和实际结合过程中进一步消化、加深和巩固所学的专业知识，并把所学的专业知识转化为分析和解决问题的能力。其次，在搜集材料、调查研究、接触实际的过程中，既可以印证学过的书本知识，又可以学到许多课堂和书本里学不到的新知识。此外，学生在学位论文写作过程中，对所学专业的某一侧面和专题做了较为深入的研究，会培养学习的兴趣，这对于他们今后确定具体的专业方向，增强攀登某一领域科学高峰的信心大有裨益。

（二）撰写学位论文的意义

撰写学位论文是检验学生在校学习成果的重要措施，也是提高教学质量的重要环节。大学生在获取学位前都必须完成学位论文的撰写任务。申请学位必须提交相应的学位论文，经答辩通过后，方可取得学位。可以这么说，学位论文是结束大学学习生活走向社会的一个中介和桥梁。学位论文是大学生才华的第一次显露，是向祖国和人民所交的一份有分量的答卷，是投身社会主义现代化建设事业的报到书。一篇学位论文虽然不能全面地反映出一个人的才华，也不一定能对社会直接带来巨大的效益，对专业产生开拓性的影响，但它可以在一定程度上表明一个人的能力与才华，向社会展示自身的价值。

四、学位论文写作的基本原则

学位论文无论在内容还是形式上都有一定的要求，这也是考核论文成绩的基本依据之一。关于学位论文写作的具体要求，在以后的有关章节中将做详细论述，这里只概括介绍一下学位论文写作的一些原则要求。

（一）坚持理论联系实际的原则

撰写学位论文必须坚持理论联系实际的原则。理论研究，特别是社会科学的研究必须为现实服务，为社会主义现代化建设服务，为两个文明建设服务。理论来源于实践，又反作用于实践。科学的理论对实践有指导作用，能通过人们的实践活动转化为巨大的物质力量。科学研究的任务就在于揭示事物运动的规律性，并用这种规律性的认识指导人们的实践，推动社会的进步和发展。因此，学位论文在选题和观点上都必须注重联系社会主义现代化建设的实际，密切注视社会生活中出现的新情况、新问题。

(二)立论要科学,观点要创新

1. 立论要科学

学位论文的科学性是指文章的基本观点和内容能够反映事物发展的客观规律。文章的基本观点必须是从对具体材料的分析研究中产生出来的,而不是主观臆想出来的。科学研究的作用就在于揭示规律,探索真理,为人们认识世界和改造世界开拓前进的道路。

判断一篇论文有无价值或价值大小,首先看的是文章观点和内容的科学性如何。文章的科学性首先来自对客观事物周密而详尽的调查研究。大量丰富而切合实际的材料是"谋事之基,成事之道"。其次,文章的科学性通常取决于作者在观察、分析问题时能否坚持实事求是的科学态度。在科学研究中,既不容许夹杂个人的偏见,又不能人云亦云,更不能不着边际地凭空臆想,而必须从分析出发,力争做到如实反映事物的本来面目。

最后,文章是否具有科学性,还取决于作者的理论基础和专业知识。写作学位论文是在前人成就的基础上,运用前人提出的科学理论去探索新的问题,因此,必须准确地理解和掌握前人的理论,为自己写作论文打下广博而坚实的知识基础。如果对学位论文所涉及领域中的科学成果一无所知,那就根本不可能写出有价值的论文。

2. 观点要创新

学位论文的创新是其价值所在。文章的创新性,一般来说,就是要求不能简单地重复前人的观点,而必须有自己的独立见解。学位论文之所以要有创新性,是由科学研究的目的决定的。从根本上说,人们进行科学研究就是为了认识那些尚未被人们认识的领域,学位论文的写作则是研究成果的文字表述。因此,研究和写作过程本身就是一种创造性活动。从这个意义上说,学位论文如果毫无创造性,就不称其为科学研究,因而也不能称之为学位论文。学位论文虽然着眼于对学生科学研究能力的基本训练,但创造性仍是其着力强调的一项基本要求。

(三)论据要翔实,论证要严密

1. 论据要翔实

一篇优秀的学位论文仅有一个好的主题和观点是不够的,它还必须要有充分、翔实的论据材料作为支持。旁征博引、多方佐证,是学位论文有别于一般性议论文的明显特点。一般性议论文,作者要证明一个观点,有时只需对一两个论据进行分析就可以了,而学位论文则必须以大量的论据材料作为自己观点形成的基础和确立的支柱。作者每确立一个观点,必须考虑:用什么材料做主证,什么材料做旁证;对自己的观点是否会有不同的意见或反面意见;对他人持有的异议应如何进行阐释或反驳。学位论文要求作者所提出的观点、见解切切实实是属于自己的,而要使自己的观点能够得到别人的承认,就必须有大量的、充分的、有说服力的理由来证实自己观点的正确性。

学位论文的论据要充分,还得运用得当。一篇论文不可能也没有必要把全部研究工作所得、古今中外的事实事例、精辟的论述、所有的实践数据、观察结果、调查成果等全部引用进来,而是要取其必要者,舍弃可有可无者。论据为论点服务,材料的简单堆积不仅不能证明论点、强有力地阐述论点,反而给人以一种杂乱无章、不得要领的感觉。因而在已收集的大量材料中如何选择必要的论据显得十分重要。一般来说,要注意论据的新颖性、典型性、代表性,更重要的是考虑其能否有力地阐述观点。

学位论文中引用的材料和数据,必须正确可靠,经得起推敲和验证,即论据的正确性。具体要求是,所引用的材料必须经过反复证实。第一手材料要公正,要去掉个人的好恶和想当然的推想,保留其客观的真实。第二手材料要究根问底,查明原始出处,并深领其意,而不得断章取义。引用别人的材料是为自己的论证服务,而不得作为篇章的点缀。在引用他人材料时,需要下一番筛选、鉴别的功夫,做到准确无误。写作学位论文,应尽量多引用自己的实践数据、调查结果等作为佐证。如果文章论证的内容,是作者自己亲身实践所得出的结果,那么文章就会更具价值。当然,对于掌握知识有限、实践机会较少的大学生来讲,在初次进行科学研究中难免重复别人的劳动,在学位论文中较多地引用别人的实践结果、数据等,也是情有可原的。但如果全篇文章的内容均是间接得来的东西的组合,很少有自己亲自动手得到的东西,那也就完全失去了写作学位论文的意义。

2. 论证要严密

论证是用论据证明论点的方法和过程。论证要严密、富有逻辑性,这样才能使文章具有说服力。从文章全局来说,作者提出问题、分析问题和解决问题,要符合客观事物的规律,符合人们对客观事物认识的程序,使人们的逻辑程序和认识程序统一起来,全篇形成一个逻辑整体。从局部来说,对于某一问题的分析,某一现象的解释,要体现出较为完整的概念、判断、推理。

学位论文是以逻辑思维为主的文章形式,通过概念、判断、推理来反映事物的本质或规律,从已知推测未知。要使论证严密,富有逻辑性,必须做到:①概念判断准确,这是逻辑推理的前提;②要有层次、有条理地阐明对客观事物的认识过程;③要以论为纲,虚实结合,反映出从"实"到"虚",从"事"到"理",即由感性认识上升到理性认识的飞跃过程。此外,撰写学位论文还应注意文体式样的明确性、规范性。学术论文、调查报告、科普读物、可行性报告、宣传提纲等都各有自己的特点,在写作方法上不能互相混同。

第二节 学士学位论文的组织与管理

一、学士学位论文的组织

学位论文的组织工作,是对学位论文这一教学过程在人员与时间上的安排,具体内容包括以下几方面。

(1) 成立学位论文工作领导小组,具体负责制订学位论文工作计划,审定学位论文选题,选派指导教师,开展学位论文前期、中期及后期检查,组织学位论文答辩,审定学位论文成绩,学位论文质量分析、总结等工作。

(2) 召开学位论文动员大会。主要包括强调学位论文的重要性,宣布纪律,指导教师与学生见面,并向学生介绍选题、实习要求等情况。

(3) 组织学位论文中期检查工作。检查内容包括学生学位论文撰写进展情况、存在的问题、遇到的困难、解决措施等。

(4) 组织学位论文的评阅、答辩及综合成绩的评定工作。

二、学士学位论文的管理

学士学位论文采取阶段性目标管理与过程管理相结合的管理办法,即把学位论文划分为几个阶段,每个阶段都有其明确的目标,并定期进行检查。这样可以及时发现问题并及时纠正,以确保学位论文的质量。学位论文分为选题和开题、论文撰写、论文评阅及论文答辩4个阶段。

(一)选题和开题

(1)组织召开本科生论文工作会议,请具有中级以上职称教师填报论文题目,每个指导教师可报一个或多个题目,报请院系学位论文指导委员会审定。

(2)组织学生根据自己的研究方向选题。

(3)学生根据选题要求,进行初步调研后,撰写本科学位论文开题报告。

(4)开题报告应思路清楚、目标明确、步骤具有可操作性。为了便于中期检查与抽查及以后教学评估的需要,开题报告应妥善保存。

(二)论文撰写

(1)例行检查:指导教师每周应在指定教室对学生进行两次面对面的指导,并检查学生出勤情况及论文写作情况。

(2)不定期抽查:学生论文写作期间,院、系指导委员会将联合组织不定期抽查,以促进论文写作工作的顺利进行。

(3)对例行检查或抽查中发现的问题(如学生态度不认真、长期缺勤等),要及时提出处理意见,并作为论文成绩综合评定的一个依据。

(三)论文评阅

评阅教师每评阅一份论文后,应提出2~3个与论文相关、难易适度,且能反映学生真实水平的问题,并连同评语一起写在评阅教师评阅书上,作为答辩时的必答问题。

(四)论文答辩

(1)管理学院学位论文指导委员会组织成立若干答辩小组,由答辩小组负责完成答辩工作。

(2)每个答辩小组应由不少于3位具有中级以上技术职称的教师组成,另外设一名答辩秘书,由其详细记录现场答辩情况,并进行汇总、归档。

第三节 学士学位论文的结构

学士学位论文一般由标题、摘要、关键词、正文、结论、参考文献等六部分组成。

一、标题

学位论文的标题是论文的眉目,应仔细推敲,尽可能从各个角度充分考虑,原则上题目要尽量精练、简洁,能反映学位论文的主要内容,使读者能一眼看出论文的中心内容要讲什么,切忌笼统、空泛。论文标题一般包括主标题和小标题。

(一)主标题

主标题即学位论文的题目,是文章总体内容的观点,应概括文章的内容,体现文章的主旨。题目不可过长,尽量在20个字以内。但如果用少量的文字难以明确表达,也可以用副标题的形式,副标题是对主标题的说明、补充和限定,要写得具体一些。主标题一般位于首页居中位置,主要有以下 4 种写法。

1. 观点式标题

观点式标题主要揭示文章的内容,表明作者对问题的看法,如"会计造假原因危害及防范研究"。

2. 内容式标题

内容式标题主要揭示文章的内容,表明作者论述的重点所在,如"反倾销与反倾销会计体制的建立"。

3. 议论式标题

议论式标题一般在标题语句的前面或者后面标有"谈""论""探索""探讨""思考"等词语,如"关于会计信息披露问题的探讨"。

4. 主副式标题

主标题揭示文章的主题或表明观点,副标题交代文章研究的内容,如"股份支付会计问题研究——以上市公司为例"。

(二)小标题

论文要讲究层次性,设置小标题主要是为了清晰地显示论文层次,最常用的方式如下:数字＋对本层次内容高度概况的文字。具体标法为,一级标题为 1,2,3…如 1 绪论,2 上市公司行业分析;二级标题为 1.1,1.2,1.3…如 1.1 选题背景,1.2 国内外研究现状;三级标题为 1.1.1,1.1.2,1.1,3…如 1.1.1 国外研究现状,1.1.2 国内研究现状;四级标题为(1),(2)…五级标题为1),2)…

总之,设置标题要努力做到四点:一要明确,所设标题能够揭示文章内容或论点,使人一看便知道文章大意;二要简练,主标题不能超过 20 个字;三要新颖,不能对陈旧的观点在此论述,应具有一定的借鉴意义,使人赏心悦目;四要有美感,文字长短大致相同,形式均匀对称,且标题不可出现标点符号,下一级标题不能与上一级标题重复。

二、摘要

摘要是对论文内容注释和评论的简短陈述,论文一般应有摘要。为了便于国际交流,论文应有中英文摘要。中文摘要前加"摘要"作为标志,英文摘要前加"ABSTRACT"作为标志。

1. 学位论文摘要的作用

论文中英文摘要,是不可缺少的组成部分,但不可作为文章的正文部分。

通过撰写论文摘要可以进一步提高学生归纳、概括的能力,也可以进一步明确论文中取得的研究成果。对专家评审学位论文而言,便于评审,使专家在短时间内能较全面、系统地掌握论文取得的研究成果,对论文做出准确的评价;对读者而言,可以提高可读性,较快地了解论文主要内容;对论文存档管理部门而言,有利于存档,有利于检索、查询。

2. 论文摘要的写法

摘要是全文的缩影,应有高度的抽象和概括力,且要全面反映论文要点,要求完整、简练、突出重点。摘要要使用第三人称,不能使用"我们""笔者"等词作为主语。

目前比较通用的摘要格式,包括研究目的、意义、方法、取得的主要成果和结论。摘要篇幅为 300 字左右,并应附有相应的英文摘要。

论文摘要规范化写法的要求:①摘要结构与原文结构完全相同;②只要求知其然,而不要求知其所以然;③提纲挈领,但要系统完整地表述出文中的主要观点、思想、模型、规律、结论;④摘要中不出现"本文分几章、分析了什么"等语词。

3. 举例

以学士学位论文《汽车制造业上市公司投资价值研究》的摘要为例:

汽车行业是国民经济的支柱产业之一,在经历了快速增长到稳定增长的阶段后,我国居民的人均汽车持有量大幅度提升。伴随着我国经济的蓬勃发展,证券市场越来越规范化,价值投资理念逐步深入人心。故投资者对汽车行业的投资热情不断升温。但普通投资者对汽车行业的情况缺乏足够的了解,他们靠分散的财务指标难以正确判断一个公司的投资价值。

本文以我国汽车公司为研究对象,分析该行业现状与未来发展倾向,并对投资价值的内外部影响因素进行研究。收集汽车公司财务数据,利用因子分析法建立投资价值评估模型,进而对其价值进行实证研究。最终得出我国84家汽车公司的综合得分排名情况及反映公司各种能力的因子得分排名情况,从而给相关投资者提供一些参考建议。

三、关键词

关键词是表达论文主题概念的自然语言词汇,是反映论文最主要内容的基本术语,是论文的文献检索标识。学位论文的关键词一般是从其题名、层次标题和正文中选出来的,能反映论文主题概念的词或词组,位置在摘要之后。

关键词源于对科研论文进行计算机检索的需要,与论文摘要一样,已经成为论文的一个基本要素和必备的组成部分。作者发表的论文不标注关键词,文献数据库就不会收录此类文章,读者就检索不到。关键词选的是否恰当,也关系到该文被检索和被引用的程度。

学位论文虽然不是以发表为主要目的,但同样必须符合科技论文的规范性要求。学位论文提供关键词,首先是规范学生论文写作的基本要求,以培养学生形成一个良好的写作习惯。同时,关键词也能考核学生对于学位论文主题概念词的提炼、概括能力,一般也可以从学生对关键词的提炼概括情况看出他们对论文写作的投入程度和写作水平。

所有文章均应标注关键词,并应同时给出英文关键词。一般每篇文章可选3~5个关键词,尽可能按通用的管理学术语标引。

多个关键词之间用分号";"分隔,以便于计算机自动切分。

中英文关键词应一一对应,中文关键词前应冠以"关键词:",英文关键词前冠以"Keywords:"作为标识。

四、目录

目录是论文定稿后,列明论文各章节的标题和所在页码的简表,是论文各组成部分的索引。是否设置目录,一般根据论文的篇幅而定。篇幅较长的学位论文,内容层次较多,理论体系较庞大、复杂,故通常设目录。短篇论文则不必设置目录。

1. 设置论文目录的目的

论文目录依据论文中的各级小标题依次排列,清晰地显示文章的层次,便于读者从整体上把握文章的逻辑体系,使读者能够在阅读该论文之前对全文的内容、结构有一个大致的了解。

论文目录排出论文各章节的小标题,并标明标题所在页的页码,方便读者阅读。特别是论文篇幅较长、内容的层次较多时,目录为读者选读论文有关部分提供方便。当读者需要选读论文中的有关部分时,就可以依靠目录查找从而节省时间。

2. 论文目录的格式

论文目录的格式与一般书刊的目录格式相同,根据各章节组成部分的小标题设置,且必须与全文的纲目相一致。也就是说,论文的标题、小标题与目录存在着一一对应的关系。但要注意的是,论文目录与论文提纲有所不同,论文提纲是作者在进行论文写作之前,对论文的主要内容、写作思路和篇章结构进行整体构思而形成的一种设计,在论文的写作过程中会根据需要进行修订,使内容更加深入和详细。论文提纲一般不需要标注页码,即使标注了页码,也只是对页码的初步分配。论文目录则是在论文定稿后,将已确定的章节标题按页码顺序进行排列。

论文目录必须清楚无误地标明页码,应按内容顺序逐一标注该内容在正文中的页码。构成内容包括序号、章节标题和页码。序号、章节标题从左列起,页码从右列起,中间用"……"连接。

论文目录是论文的导读图,要求具有完整性,也就是要求文章的各项内容,都应在目录中反映出来,不得遗漏。论文目录内容含论文正文章节、参考文献、后记、附录等。

3. 举例

以学士学位论文《汽车制造业上市公司投资价值研究》一文为例,论文目录按以下格式设置。

目 录

```
1 绪论 ································································································ 1
  1.1 选题背景、目的及研究意义 ···················································· 1
    1.1.1 选题背景 ·········································································· 1
    1.1.2 研究目的 ·········································································· 1
    1.1.3 研究意义 ·········································································· 1
  1.2 国内外研究现状 ········································································ 2
    1.2.1 国外研究现状 ·································································· 2
    1.2.2 国内研究现状 ·································································· 2
    1.2.3 现状综述 ·········································································· 3
  1.3 研究内容和研究方法 ································································ 3
    1.3.1 研究内容 ·········································································· 3
    1.3.2 研究方法 ·········································································· 4
2 汽车制造业上市公司行业分析 ······················································ 5
  2.1 汽车上市公司行业发展现状 ···················································· 5
  2.2 汽车上市公司发展趋势 ···························································· 7
3 我国汽车制造业上市公司投资价值理论分析 ······························ 8
  3.1 上市公司投资价值理论概述 ···················································· 8
  3.2 影响上市公司投资价值的因素分析 ········································ 8
    3.2.1 外部因素对上市公司投资价值的影响 ·························· 8
    3.2.2 内部因素对上市公司投资价值的影响 ·························· 9
4 实证研究 ·························································································· 10
  4.1 研究样本的选取与数据来源 ···················································· 10
```

4.2 投资价值模型的构建 ··· 10
    4.2.1 构建投资价值评价指标体系 ······································ 10
    4.2.2 构建投资价值评价模型 ·· 11
4.3 原始数据的处理 ·· 11
    4.3.1 同趋化处理 ·· 11
    4.3.2 标准化处理 ·· 11
4.4 相关性检验 ·· 11
4.5 实证分析 ··· 12
    4.5.1 数据计算结果 ·· 12
    4.5.2 平均排名情况 ·· 22

5 研究结论及投资建议 ··· 25
5.1 研究结论 ··· 25
5.2 建议 ··· 26
    5.2.1 对投资者建议 ·· 26
    5.2.2 对国内汽车公司发展建议 ·· 26

参考文献 ·· 28
致谢 ·· 30
附录 ·· 31

五、正文

    正文是全篇论文的核心,在篇幅上占得最多,写作时必须慎重对待。学生要对所研究的问题进行分析、论证,阐明自己的观点和主张,并对存在的问题进行讨论。讨论部分可以展开写,比较前人的研究情况与自己的研究结果,提出自己的观点和主张,提出值得进一步研究的方向和倾向性意见。

    正文形式大致可分为理论型和实践型两种。理论型论述包括理论提出的依据、适用范围、研究方法、研究成果,对存在问题的讨论以及对不同见解的评价等。实践型论述应包括研究背景、现状介绍,使用的研究方法、研究结果的讨论,存在问题的解决途径及前景展望等。具体包括以下几部分。

(一)绪论

1. 绪论的作用

    论文的绪论又叫引言。写绪论的目的是向读者交代本研究的来龙去脉,其作用在于唤起读者的注意,使读者对论文先有一个总体的了解。

2. 绪论的内容

    (1)选题背景。此部分内容一般分为两段式或三段式两种格式,第一段或前两段介绍论文研究主题的现实背景,即已有相关研究的简述及简评,是为"问题的提出"而做准备,这部分很重要,能够体现出本论文的创新之所在。第二段介绍进一步研究的意义,并逐步过渡到本论文要研究的问题,这是最关键的内容,交代了论文到底要研究什么、要解决什么问题。

    (2)研究目的与意义。研究目的是论文的研究目标和研究结论;研究意义是论文研究的价值所在,一般分为理论意义与现实意义,理论意义应当写出该研究的学术价值,现实意义应当写出本论文研究的实际作用。

(3)国内外研究现状,即文献综述。此部分内容要以查阅大量相关文献为前提,所查阅的文献应与研究论题相关,但又不能过于局限。国内外研究现状分为国外研究现状、国内研究现状与现状综述这三部分。

(4)研究内容与研究方法。在写作研究内容前,应明确研究的对象、研究的问题、研究的方法。从与本论题研究有关的理论、名词、术语、概念角度明确研究内容,研究内容要与论文大纲相符。研究方法是本文进行研究所采用的方法,如文献综述法、因子分析法、回归分析法等。

绪论部分的详细介绍在开题报告部分,本部分不再过多赘述。

(二)本论

本论是论文的主体部分,是对问题展开分析、对观点加以证明的部分,是全面、详尽、集中地表述研究成果的部分。

本论部分的篇幅长,容量大,一般不会只由一个层次或一个段落构成。不同的层次或段落之间有着密切的结构关系,按照层次或段落之间的结构关系的不同,可以把本论部分的结构形式分为并列式、递进式和混合式3种。

(1)并列式结构又称横式结构,是指各个小的论点、各个层次平行排列,分别从不同的角度、不同的侧面对问题加以论述,使文章内容呈现出一种齐头并进式的格局。

(2)递进式结构又称纵式结构或直线式结构,是指由浅入深,一层深于一层地表述内容的结构方式。各层次之间呈现出一种层层推进、步步深入的逻辑关系,后一个层次的内容是对前一个层次的内容的发展,后一个论点是对前一个论点的深化。

(3)所谓的混合式结构是把并列式同递进式混合在一起的结构形式。与其内容的复杂性相适应,学术论文的结构形式也极少是单一的。有的文章的各大层次之间具有并列关系,而各大层次内部的段落之间却具有递进关系,或者在彼此之间具有递进关系的大的层次的内部,包含着具有并列关系的段落,并列中有递进,递进中有并列;有的文章的各大层次之间所具有的结构关系就不是单一的,并列关系与递进关系分别存在于文章不同的层次之间。

为使本论部分更有条理性,人们常在这一部分的各个层次之前加上一些标志,这些用以区分层次的标志为序码和小标题。

(三)结论与建议

1. 结论

结论是正文部分阐述的最终结果,是对全文的概括、总结、强调和提高,既要考虑与绪论部分相照应,还要考虑与正文部分相联系,因此要写得简明扼要、高度概括。结论一般有2~3条。这一部分大致包括以下几项内容。

提出论证结果。在这一部分中,作者可对文章所论证的问题及论证内容一一归纳,提出对问题的总体性看法、总结性意见。

指明进一步研究的方向。在论文的结论部分,有时作者不仅概括论证结果,而且还指出在该项论题研究中所存在的不足,提出还有哪些方面的问题值得人们继续探讨,以为论题的后续研究提供线索。

"提出论证结果"和"指明进一步研究的方向"是学术论文的结论部分常写的两项内容,其中,第一项内容"提出论证结果"通常是结论部分的基本内容。

此外,根据实际情况,还可以在论文的结论部分写入其他一些内容,比如,如果论文所反映的研究成果具有较高的实用价值,作者还应写明对研究成果的推广与应用前景的展望。如果研究成果是带有一定突破性的,或者其意义及影响是不易为读者所了解的,则有必要在结论部分对研究成果的意义及其可能产生的影响做出实事求是的说明。

2. 建议

建议是在得出结论后,对利益相关者的提议。建议部分可以单独用一个标题,也可以包含在结论段,作为结论段的最后一条。建议应当与结论一一对应,即针对这个结论对利益相关者有怎样的提议。如果没有建议,不要强行杜撰。

3. 结论与建议撰写要求

(1)概括准确、措辞严谨。结论是论文最终的、总体的总结,对论文创新内容的概括应当准确、完整,不要漏掉一条有价值的结论,但也不能凭空杜撰。

(2)明确具体,简短精练。结论段应提供明确、具体的定性和定量的信息。对要点要具体表述,不能使用抽象和笼统的语言。行文要简短,不对论文中各段的小结做简单重复。

(3)不做自我评价。研究成果或论文的真正价值是通过具体"结论"来体现的,所以不宜用如"本研究具有国际先进水平""本研究结果属国内首创""本研究结果填补了国内空缺"一类的词句来自我评价。

4. 举例

现在以学士学位论文《汽车制造业上市公司投资价值研究》的研究结论与投资建议为例:

5. 研究结论及投资建议

5.1 研究结论

5.1.1 通过实证分析,得出样本公司几何平均值及排名情况

几何平均值为正值表示高于行业平均水平,为负值表示低于行业平均水平。根据表4—4可以得知几何平均值大于0的公司有37家,表明这37家汽车制造业上市公司的投资价值高于行业平均水平;几何平均值小于0的公司有47家,表明这47家汽车公司的投资价值低于行业平均水平。

几何平均值越高的公司越具有投资价值。本文通过实证分析得出了样本公司3年的综合得分值,计算出了各个公司的几何平均值,并进行排名,从而给投资者提供定量化的投资依据,也使得经营管理者对其公司在行业内的定位有合理的认识。

5.1.2 通过实证分析,得出样本公司各个因子在84家公司的排名情况

本文得出几何平均值排名前十的汽车公司2013—2015年各个因子在84家公司的排名情况。每个因子预示了公司的一种能力,利益相关者可以观察公司各个因子在行业排名情况,明白公司的优劣势,从而做出相关的决策。如一汽富维的投资价值排名第一。通过观察一汽富维各年各个因子得分排名情况,得出表5-1。

表5-1 2013—2015年一汽富维公司各个因子在84家汽车制造业上市公司排名

	f_1	f_2	f_3	f_4	f_5
2013年	44	3	3	31	54
2014年	22	2	65	67	34
2015年	57	2	16	14	1

由表 5-1 可知,一汽富维公司(全称为长春一汽富维汽车零部件股份有限公司),各年的因子得分排名中 f_2 因子的排名均靠前。观察旋转成分矩阵可知,f_2 因子主要反映的是应收账款周转率、存货周转率、流动资产周转率、总资产周转率的信息,表明一汽富维公司的营运能力很好。f_5 因子的排名一直处于上升状态,且 f_5 因子反映的是净利润增长率的信息,说明该公司发展能力向好。但该公司的 f_1 因子排名一直靠后,f_1 因子为盈利能力因子,说明该公司应在盈利能力方面给予充足的重视。f_3 因子表示总资产周转率的信息,由表 5-1 知该公司总资产周转率处于下降的趋势,有待于进一步提高。f_4 为偿债能力因子,从表 5-1 可知该公司 2014 年偿债能力与同行业相比较弱,2015 年偿债能力得到提升。通过上述分析,可以知道与行业内其他公司相比,该公司的优势是营运能力与发展能力,劣势是盈利能力与偿债能力。其余公司均可以通过这种方法得知其优势与劣势,从而为公司的经营者提供建议,也为广大投资者提供可以参考的建议。

5.2 建议

5.2.1 对投资者的建议

(1)广大投资者应当遵照价值投资策略。市场上评估公司价值的方法有很多,但大多数的方法所需要的信息,只有公司经营管理者可以得到,普通投资者无法获取。基于此,本文采用因子分析法,得出了各个公司综合得分值并进行排名,进而计算出了各个公司几何平均值及排名情况。几何平均值越高的公司越具有投资价值,投资者在选取股票时,可以依据本文的研究方法,得出被投资行业中公司得分排名情况,使自己的收益最大化。

(2)广大投资者应当考虑被投资公司的各个能力。投资者在选择了被投资公司后,应明确该公司的优劣势,从而使自己的投资决策更明晰。本文通过实证研究,得到了汽车公司 2013—2015 年各个因子在 84 家公司的排名情况。由于篇幅限制,在附录中仅列示出了几何平均值排名前十的公司。投资者观察附录后,可以明确地知道每家公司各项能力在行业中的排名情况,从而知道被投资公司的优劣势,最后选择自己心仪的公司进行投资。

5.2.2 对国内汽车公司的发展建议

(1)精准定位,明确自己的行业地位。国内汽车公司应当对其有个精准、合理的定位。通过因子分析法,本文得出了样本公司综合得分值及其在行业排名情况,综合得分越高的公司越具有投资价值。各个汽车公司可以基于此,明确自己的行业地位。排名靠前的公司应继续努力,不可骄傲自满,排名靠后的公司应再接再厉,进一步提升自己公司的投资价值。

(2)明确自己的优劣势。每个公司都有自己的优势,也有自己的劣势,汽车公司也不例外。本文采用因子分析法,不但给出了公司总体排名,而且给出了每个公司各个因子在 84 家公司的排名情况。通过这两项排名,公司不但知道自己总体实力在行业中的排名,而且明确自己各个能力在行业中的排名,从而明白自己的优劣势,接下来制定相关战略规划,最后实现公司价值最大化。

(四)参考文献

学位论文的文末要列出参考文献。其目的有两点:一是一旦发现引文有差错,便于查找;二是审查者从所列的参考文献中可以看出论文作者阅读的范围和努力的程度。

列举参考文献的具体要求:按照文章参考的先后顺序列出参考文献,要求先列参考图书,后列参考文章,并且所列参考文献必须是正式出版的图书或文章,要标出作者、书名、出版单位、出版时间、页码等。参考文献要求在 30 篇以上。

(五)附录

附录是对论文主体的补充项目,根据需要决定是否使用。不宜放在正文中,对于有参考价值的内容,可以以附录的形式置于论文末尾。附录给出了论文的附加信息,便于帮助读者理解论文内容。下列内容应当放在附录中。

(1)调查问卷、原始数据附表、图纸等。

(2)正文中过于冗长的公式推导、以备读者阅读方便所需的辅助性数学工具或表格、重复性数据图表等。

(3)较大型的程序流程图、较长的程序代码段等。

(4)论文中使用的主要符号意义、单位缩写、程序全文及说明等。

(5)外文文献的复印件和中文译文。

(6)其他不宜放入论文但对论文确有作用的材料。

一般附录的篇幅不应超过正文,而且附录的字数也不计入论文的文字数量。附录一般按照正文一级子标题以下的格式排版,每个附录均从页首开始,并在附录起始页用标准三号黑体字注明附录序号。如"附录1""附录2"。

(六)致谢

1. 致谢的意义

(1)尊重科学,尊重劳动,体现了严谨的科学态度。对于为论文研究和论文写作付出劳动、做出工作,又不足以列为作者名单的贡献者,应致以真诚的谢意。以严谨、科学的态度尊重科学、尊重劳动。

(2)界定成果,分清主次,体现了论文的真实性程度。将对论文写作起辅助作用的贡献者列入致谢部分,分清了对论文成果贡献的大小,区分了主次,从一个侧面也体现了论文的真实程度。

(3)了解背景,追寻起因,具有史料研究价值。详细记述被致谢者为论文写作所做的工作,可以真实地了解论文写作的起因、过程和历史背景,对研究科研成果的产生,具有重要的参考价值。

2. 致谢的内容

(1)给在论文研究和写作中提供指导的人予以感谢。在论文研究和写作中,同学的帮助和老师的指导,使自己取得了一定的研究成果,写作水平也得到了很大提高,应向这些人员表示感谢。

(2)给在调查研究中做过一定工作的人予以感谢。在调查研究过程中,有关人员帮助统计计算,对论文研究和写作做出了一定贡献,对他们的付出应给予感谢。

(3)给在论文研究和写作中提供信息资料的人予以感谢。在论文研究和写作中直接提供信息资料,或指明信息资料所在的地方,帮助收集信息资料,为论文研究和写作做出一定贡献的人员,也应给予感谢。

3. 致谢应注意的事项

(1)不要将合作者列入致谢范围。不要将对论文写作做出创造性贡献的人员列入致谢范围,以免引起知识产权的纷争。对论题研究和论文写作做出创造性贡献的人员应实事求是地按照贡献大小排序列入作者名单。

(2)致谢内容要具体。要将致谢对象所做的具体工作简要列举一下。例如,对选题的指导、研究思路的启发、对文章提出修改意见、参与实验、提供资料等。

(3)对致谢的人要事先打招呼。对致谢的人事先打招呼,既是口头致谢,又是征求意见,核对事实。这样做有利于融洽关系,进一步搞好合作。

(4)切忌借致谢之名而列出一些未曾给予过实质性帮助的名家姓名,以名家来抬高自己论文的身价,或掩饰论文中的缺陷和错误。

总之,对正文部分写作的总体要求是明晰、准确、完备、简洁。具体有以下几点:论点明确、事实准确、内容丰富、条理清楚、论据充分、数据正确、文字简练、逻辑性强、论证合理、计算精确、语言准确。表达形式与内容相适应。

第四节 学士学位论文写作的程序

学位论文写作的一般程序是搜集资料、研究资料、明确论点、选定材料、执笔撰写、修改定稿。

一、论文写作的基础工作是搜集资料

学生可以通过查阅图书馆、资料室的资料,借助于调查研究、实验与观察这3个途径来搜集资料。搜集资料越具体、越细致越好,最好把想要搜集资料的文献目录、详细计划都列出来。首先,查阅资料。查阅资料时要熟悉、掌握图书分类法,要善于利用书目、索引,要熟练地使用其他工具书,如年鉴、文摘、表册、数字等。其次,调查研究。调查研究能获得最真实可靠、最丰富的第一手资料,调查研究时要做到目的明确、对象明确、内容明确。调查的方法有普遍调查、重点调查、典型调查、抽样调查。调查的方式有开会、访问、问卷。

二、论文写作的重点工作是研究资料

学生要对所搜集到的资料进行全面浏览,并对不同的资料采用不同的阅读方法,如通读、选读、研读。

通读即对全文进行阅读,选读即对有用部分、有用内容进行阅读,研读即对与研究论题有关的内容进行全面、认真、细致、深入、反复的阅读。在研读过程中要积极思考,要以书本或论文中的论点、论据、论证方法与研究方法来启发自己的思考,要眼、手、脑并用,发挥想象力,进行新的创造。

在研究资料时,还要做好资料的记录。

三、论文写作的核心工作是明确论点和选定材料

在研究资料的基础上,学生提出自己的观点和见解,并根据选题确立基本论点和分论点。所提出的观点要突出创新性,创新是灵魂,不能只是重复前人的研究或人云亦云。同时,还要防止贪大求全的倾向,大段地复述已有的知识,那就体现不出自己研究的特色和成果。

根据已确立的基本论点和分论点选定材料,这些材料是自己在对所搜集的资料加以研究

的基础上形成的。组织材料要注意掌握科学的思维方法,注意前后材料的逻辑关系和主次关系。

四、论文写作的关键工作是执笔撰写

学生下笔时要注意以下两方面:拟订提纲和基本格式。

拟订提纲包括题目、基本论点、内容纲要。拟订提纲有助于安排好全文的逻辑结构,构建论文的基本框架。

基本格式:一般学位论文由标题、摘要、关键词、前言、正文、结论、参考文献等方面构成。标题要求直接、具体、醒目、简明扼要。摘要即摘出论文中的要点放在论文的正文之前,以方便读者阅读,所以要简洁、概括。正文是学位论文的核心内容,包括绪论、本论。绪论部分主要说明研究这一论题的理由、意义,要写得简洁。要明确、具体地提出所论述的论点,有时要写些历史回顾和现状分析,本人将有哪些补充、纠正或发展,还要简单介绍论证方法。本论部分是论文的主体,即表达作者的研究成果,主要阐述自己的观点及其论据。这部分要以充分有力的材料阐述观点,要准确把握文章内容的层次、大小段落间的内在联系。篇幅较长的论文常用推论式和分论式两者结合的方法。结论部分是论文的归结收束部分,要写论证的结果,做到首尾一贯,同时要写对论题研究的展望,提及进一步探讨的问题或可能解决的途径等。参考文献即撰写论文过程中研读的一些文章或资料,要选择主要的列在文后。

五、论文写作的保障工作是修改定稿

通过这一环节,可以看出学生的写作意图是否表达清楚,基本论点和分论点是否准确、明确,材料用得是否恰当、有说服力,材料的安排与论证是否有严谨的逻辑效果,大小段落的结构是否完整、衔接自然,句子、词语是否正确妥当,文章是否合乎规范。

第五节 学士学位论文排版格式

一篇好的论文,排版格式非常重要,清晰的排版,有助于学术成果评价,也有助于使行文简练、版面美观。

1. 便于学术成果评价

规范的学位论文格式有助于客观、公正地评价学位论文所表达的科研成果。如参考文献的规范性能反映出真实的科学依据,能将自己的数据、观点或成果与他人的区分开来,体现科学研究的继承性,也是对他人知识产权的尊重。

2. 利于行文简练、版面美观

规范的论文构成形式,既有助于作者理清思路,也有助于论文简练可读。如学位论文按标题、摘要与关键词、正文、结论、参考文献、致谢等顺序展开,正文部分按章、条采用阿拉伯数字分级编号,可使论文更易合乎逻辑、层次分明、简练可读。

管理学院学位论文规范格式具体如下:

(1)扉页(中文)。

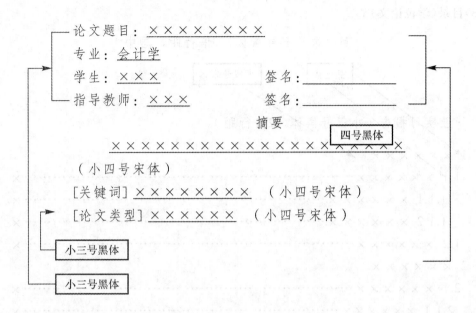

(2)扉页(英文)。

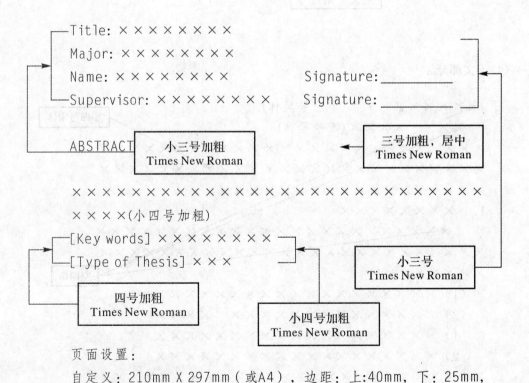

页面设置：

自定义：210mm×297mm（或A4），边距：上：40mm，下：25mm，左：25mm，右23mm。

(3) 目录(学位论文)。

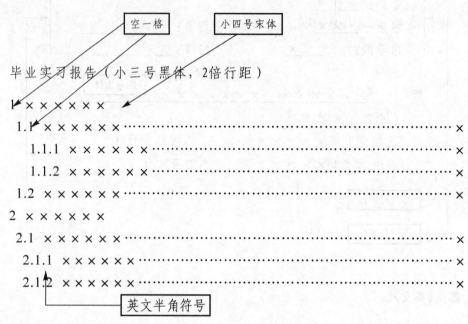

(4) 正文部分。

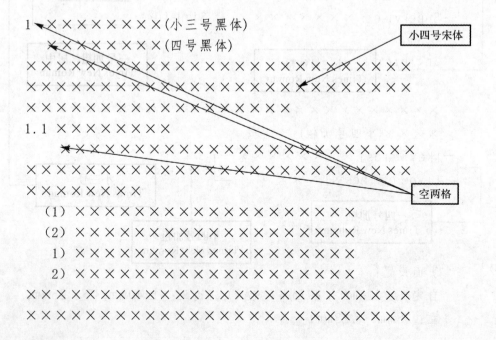

(5)正文插图格式。

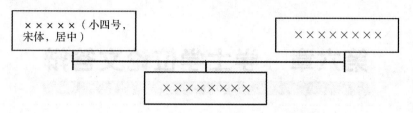

图 1-1　×××××××(黑体,小四号,居中)

(6)正文表格格式。

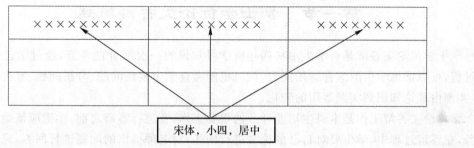

(7)参考文献的格式。
1)期刊类：
[序号]作者名(若为合著,姓名用","隔开).文章名[J].期刊名,年,卷号(期号):页码.
例:[1]林卫生.问题与对策[J].华南师范大学学报,1998(3):137-43.
2)著作类：
[序号]作者名(若为合著,姓名用","隔开).著作名[M].出版地:出版社,出版年:页码.
例:[2]李天元,王连义.[M].天津:南开大学出版社,1999:50-55.

第六章 学士学位论文答辩

第一节 学士学位论文答辩概述

学士学位论文答辩是对学生本科四年所学习知识的一次综合性考查,通过学位论文的撰写过程,可以锻炼学生的综合运用能力,同时也能考查学生发现问题、分析问题、解决问题的能力,实现由理论知识到实践运用的转化。

学位论文答辩工作是本科生毕业环节的重要工作,在进行答辩之前,学生应该做好充分的准备,在答辩过程中,学生要对自己的论文进行阐述,对老师提出的问题进行回答,完成答辩任务,顺利毕业。只有成功地完成答辩环节,才能获得学位证书,因此,答辩是本科学习的最后一道难关。

一、论文答辩的定义

论文答辩是一种有组织、有准备、有计划、有鉴定的比较正规的审查论文的重要形式,是审查学生在本科阶段学习成果的一种重要方式。

论文答辩是审查学位论文质量的重要环节,学位论文撰写完成并通过评审后,就进入了论文答辩环节。这是每一名本科生必须经过的学习步骤,也是本科这一学习阶段的最后一关,学生通过口头宣读论文及答辩,展示其研究成果,显示其才华与能力。

二、论文答辩的目的

论文答辩的目的,对于校方和答辩人来说是不同的。

对于校方来说,论文答辩的目的之一是考查和验证学生对所写论文的认识程度以及当场论证论题的能力,通过对论文中一些没有充分展开细说的问题进行提问和答辩,可以进一步了解学生对自己所写论文的认识程度、理解深度以及临场应变能力。论文答辩的目的之二在于考察学生对专业知识掌握的深度和广度。论文答辩的目的之三在于审查论文是否由学生独立完成即检验论文独立完成的真实性。

对于答辩人来说,论文答辩的目的是通过学位论文答辩,按时毕业,取得毕业证书和学位证书。通过答辩固然是大学毕业生参加学位论文答辩所要追求的目的,但是如果大学毕业生对答辩的认识只是局限在这一点上,其态度就会是消极的、应付的,只有充分认识学位论文答辩的重要性,才会以积极的态度,满腔热忱地投入学位论文答辩的准备工作中去,才能够满怀信心地出现在答辩会上,以最佳的心境和状态去参与答辩,充分发挥自己的才能和水平。

三、论文答辩的意义

论文答辩是检验学习成果的重要环节,通过论文答辩的方式检查学习成果与通过考试的方式检查学习成果是两种截然不同的方式,后者考查的范围和内容都有限,相比较来说前者考查的范围更广,知识更专业,形式更灵活,对学生的综合素质也有更高的要求。因此,了解答辩的意义能使学生以积极的心态去准备论文答辩,更有利于在答辩中发挥出高水平。

1. 论文答辩的过程能够增长专业知识、交流学术信息

为了参加答辩,学生在答辩前需要做好充足的准备工作,对自己所写论文的所有部分,尤其是论文专业知识部分做进一步的推敲,仔细审查论文的基本观点是否正确,论文的论证是否充分,论文是否有疑点、谬误、片面或者不清楚的地方。如果发现有问题,需要继续搜集与这些问题有关的各种资料,做好说明的准备,这种准备过程就是积累知识的过程。另外,在答辩中,答辩委员会成员也会就论文中的某些论点和问题提出自己的观点,或者提供有价值的信息,这样,学生可以从答辩过程中获得新的知识。当然,如果学生的论文有独创性见解或者在答辩过程中提供了最新的材料,也会使答辩老师得到启迪。因此,论文答辩是一个进行双向学习与交流的机会,学生应该好好把握,学习到更多专业知识。

2. 论文答辩是学生全面展示自己才能、口才和智慧的最佳时机之一

学位论文答辩是众多学生从未经历过的场面,很多人都会因此胆怯,缺乏自信心,但是论文答辩就是学生的一次重要的拼搏,是人生中一次难得的经历,一次宝贵的体验,因此,学生绝对不能搪塞敷衍,更不能马虎从事,应该积极做好答辩准备,抓住展现自己才能和智慧的机会,在答辩中将自己最好的一面展现出来,努力发挥出自己的最佳水平。

3. 论文答辩是学生向答辩委员会成员学习的好机会

论文答辩委员会的成员一般由具有比较丰富实践经验和较高学术水平的教师以及专家组成,他们在答辩会上提出的问题一般是论文中涉及研究内容范围内带有基本性质的重要问题,却也是论文中的薄弱环节和学生没有认识到的不足之处,这些问题往往具有代表性,答辩老师也往往各有所长,因此,与答辩老师交流这些问题的过程就是向答辩老师学习更多专业知识的过程。通过答辩,可以了解到更多更深的专业知识,是进一步学习的大好机会。

4. 论文答辩是大学生加强学习,锻炼辩论能力的一次良机

人们越来越认识到,能言善辩是现代人必须具备的重要素质,而论文答辩过程的"答""辩"过程正好可以锻炼学生的心理素质、口才与应变能力,答辩过程中有随机提问环节,这一环节提出的问题是学生无法提前准备的,具有很强的随机性,能很好地考查学生的临场发挥能力。这种情况下学生需要在现场短时间内组织语言回答问题,对学生的心理素质以及知识水平有很高的要求。因此,论文答辩过程是学生在进入社会之前具有重要意义的一次锻炼,把握住这次锻炼的机会,可以为学生进入社会打好基础。

第二节 学士学位论文答辩流程

答辩是论文审查的重要补充形式,专家会在答辩过程中提出一些问题让学生来回答,以便能够检查学生解决问题的能力。学生为了能获得满意的成绩,应熟悉论文答辩的流程与答辩中应该掌握的技巧。

论文的答辩流程分为自我介绍、答辩阐述、回答提问、总结与致谢。为了在答辩的过程中能应对自如,展现自己的最佳状态,需要做好每一部分的准备工作,从而在答辩过程中不慌不忙,从容应对。

一、论文答辩前的准备工作

要保证论文答辩的质量和效果,关键在答辩者一边,论文答辩前的准备,最重要的是答辩者的准备。答辩前能够有充分的准备,将大大降低答辩的难度。学生想要顺利通过答辩,在提交了论文之后,就不能在思想上松懈,应该抓紧时间积极准备之后的论文答辩。以下 4 点是论文答辩前的准备工作。

(一)要透彻理解自己所撰写的论文

反复阅读论文的所有内容,对于论文的每一个部分都要掌握透彻,各部分之间要融会贯通,理顺论文的内在逻辑,明确论文的基本观点和研究结论,对论文中所使用的主要概念和定义了解透彻,弄懂弄通所运用的基本原理以及主要内容,反复检查论文中有无逻辑上的错误,有无不清楚的地方,有无自相矛盾的地方。如果发现有上述的问题,要提前查阅相关资料,准备好充分的补充以及说明。

(二)要仔细推敲论文中的数据、公式以及论证过程

在答辩过程中,论文中出现的数据、使用的公式以及建立的模型往往是答辩老师最感兴趣的地方,因此在答辩前,相关方面的知识要准备充分。对于论文中出现的数据资料要知道其来源,了解公式的适用性,在论文中使用是否得当;要掌握模型建立的过程,如何利用模型进行论证,进行仔细的推敲,反复验证其逻辑合理性,保证在答辩过程中可以答辩自如。

(三)要深入了解与论文相关的资料

要熟悉与论文相关的资料,在大量反复的阅读之后,做到能够理解相关材料所讲述的重点内容并且可以脱稿表达出来,要理解相关资料的主要观点,引用每篇相关资料的原因是什么,比如自己所研究的问题的现状,国内外分别研究到什么程度,目前存在哪些争议,有哪些代表性的观点,各有哪些代表性的文章和著作,重要引文的出处和版本以及论证材料的来源等问题。这些问题都要在答辩前做好充足的准备工作,要尽可能地掌握和了解透彻。

(四)论文答辩前的其他准备

1. PPT 的制作要求

PPT 是配合论文答辩的演示文稿,是整篇论文的浓缩和精华。PPT 要尽量简洁,不要过于花哨,可以使用一些斜体字,可以加粗、加重某些标题,但是不能大篇幅地使用装饰图案,切忌使用带有声音的演示方式,尽量使用简单的背景模板,但是不要使用空白的背景模板直接制作。PPT 的页数应控制在 20 页左右。

PPT 的首页内容要包括论文标题、指导教师以及学生信息,接下来是论文的绪论和本论部分,要把论文的中心思想做到 PPT 中,重点是写作过程和实证论证过程,要写出本篇论文研究内容的理论意义和实际意义。PPT 的内容同时也包括论文的结论以及写作中的不足与局限之处,PPT 的尾页应制作答谢指导教师以及答辩老师的内容。PPT 中出现的图表要制作得尽量可视性强一些,颜色使用合理、对比鲜明,不同的部分要用不同的颜色加以区别。表格受篇幅限制,应尽量简化,对于描述趋势的表格,应直接将走势及其特点用文字展示出来,简单明

了,这样在阐述时可以更加节省时间,方便解释。

2. 着装要求

论文答辩要求答辩人着正装参加。论文答辩会是很正式的场合,应着比较正式的服装,显示出答辩人对论文答辩的重视,同时给答辩老师留下一个好的第一印象。

正装是一种在正式场合使用的服饰,因此正装的使用有明确的原则:服装的配色应注意身上的色系一般不超过 3 种,以素色为宜,以深色系列如黑色、深灰色较为常见,一般着装顺序是上浅下深,内浅外深。着装原则有 4 点。首先,有领原则,一般需要穿着有领的衬衫;其次是纽扣原则,穿着的西装应该为纽扣西装;再次是皮带与西裤原则,男士的西裤必须系皮带;最后是皮鞋原则,必须是深色皮鞋。论文答辩常见的男士着装为衬衫、领带、深色西服、西裤和深色皮鞋,夏季时为衬衫、领带、西裤和深色皮鞋;论文答辩常见的女士着装为衬衫、领结、深色西服、套裙和深色皮鞋,夏季为衬衫、领结、西裤或者套裙和深色皮鞋。无论男生还是女生的着装,都要保证干净整洁,没有污点。

注意着装的同时,还要保持良好的精神面貌,要注意自己的容貌是否整洁干净,头发长短是否合适。一定要以最好的状态出现在答辩现场,在着装和容貌上体现出对论文答辩的重视,给答辩老师留下一个好的印象,有利于答辩的顺利进行。

3. 心理准备

学生在答辩前应在思想上进行充分准备,因为这是学生获准毕业的必由之路,每个学生都要经历。因此要认真对待、树立信心、不要惧怕、相信自己,只要已经做了足够的准备,整理了相当充分的材料,肯定能够通过答辩。同时,也不应该因为放松而不重视答辩,不要因为放松准备,影响答辩效果。如果能合理做好心理准备工作,在思想上充分认识到答辩的重要性并且做好答辩的相关准备工作,那么通过论文答辩并非难事。

(1)要克服自负的心理。不可轻视答辩,漫不经心,或者对于答辩前的准备工作认为没有必要,就不去准备。切忌在论文阐述过程中丢三落四,回答问题牛头不对马嘴,精神状态不佳,这些情况对论文答辩很不利,严重时可能会导致论文答辩的失败,后果非常严重。

(2)要克服自卑心理。自卑心理在很大程度上会影响答辩人的情绪,带来很多负面的情绪暗示,影响在论文答辩过程中发挥出正常水平,使得学生在阐述时不能正常表达出自己的想法,说话太紧张,出现颠三倒四的情况,表达不清楚论文的内容,唯唯诺诺,不能正常进行答辩,无法发挥出真实的水平。

(3)应该树立强大的自信心。张弛有度,可以适当放松心情,不要给自己太大的压力,以平常心看待。可以在答辩之前自己预先进行一次尝试,按照答辩的流程自己讲述一遍,和同学合作模拟提问环节,提前适应答辩流程和答辩环境,做好足够的心理准备。要相信自己,只要准备得足够充分,完全可以在答辩中精彩发挥。

4. 相关物品的准备

(1)要制作一份答辩提纲。这是论文答辩必不可少的资料,它是论文底稿和参考资料的提炼,是整篇论文的要领,虽然其内容较少,但是它的内容和信息量是论文与所有参考资料的总和。答辩提纲要做到简练,使用精简的语言但是可以表达出重点,可以以列点的方式制作,也可以使用表格,制作的提纲要通俗易懂、一目了然,方便在答辩过程中随时翻阅、随时查找,不至于因为找不到要使用的资料而紧张慌乱。

(2)要将论文底稿保留。无论是论文答辩还是回答答辩委员会提出的问题,都是以论文内容作为依据,因而需要将论文底稿中的重点内容熟读并且牢记,必要时可以使用荧光笔进行标记,方便阅读和查找。

(3)要将搜集到的与论文相关的所有资料进行分类整理。参考资料要尽可能齐全,做好索引工作,方便查找,可以将找到的资料按论文中使用的顺序进行整理,重点部分做摘要批注,也可以使用荧光笔进行标记。另外,要仔细阅读参考资料的内容,掌握关键部分,通过对文献材料的掌握,开阔视野,储备丰富的知识,尽量做到对论文中涉及的内容没有盲点,对论文中的概念都了然于心。

(4)带上笔和笔记本。随时把答辩老师提出来的问题和不同见解记录下来,方便自己更好地理解问题、抓住老师提问的关键和中心思想,同时,记录问题的过程可以缓解紧张,在记录的过程中进行思考,可以使思考的过程更为自然。

二、论文答辩中的工作

在做好论文答辩前的准备工作之后,调整好自己的心理状态,迎接论文答辩会的开始。这个环节要求学生了解论文答辩的流程,做到心理有准备。因此,答辩中的准备工作也显得尤为重要。

(一)自我介绍

自我介绍是答辩的第一个环节,会给老师留下第一印象,其作为答辩的开场白,包括姓名、学号以及所学专业。在进行自我介绍的过程中,要举止大方、态度从容、面带微笑、保持自信、礼貌得体地介绍自己。自我介绍环节时间不需要太久,因此准备的内容不需要过多,简单地介绍即可,争取给老师留下一个好的第一印象。

(二)答辩人的阐述

在做完自我介绍之后,进入答辩最重要的自我阐述环节,这是答辩最关键的环节,之前所做的准备,要在这一部分中重点体现出来。

学位论文答辩的阐述环节总共20分钟,8分钟进行自我论文阐述,4分钟进行评阅老师的指定问题回答,8分钟由答辩老师随机进行提问,由学生进行回答。

自我阐述的内容是论文答辩过程中时间最长的一个环节,需要阐述的内容有很多。第一点是论文标题阐述,需要大致讲述论文标题的内涵,标题讲述完毕之后意味着答辩环节的正式开始;第二点是介绍论文中研究论题的研究背景,选择此论题的原因,此论题的国内外研究现状以及此论题现阶段的发展状况;第三点是详细讲述论文的具体内容,包括发现问题、研究问题、解决问题的过程,重点讲述论文的实证部分、本人的观点以及论证所使用的方法,阐述论证过程、分析研究结果等;第四点是侧重创新的部分,这部分是重点,也往往是答辩老师比较感兴趣的地方;第五点是阐述结论,分析创新成果的理论价值、使用价值以及经济价值,展望此研究内容的发展前景;第六点是进行自我评价,对自己的研究工作进行总结性的评价,汇报通过研究此论题使得自己专业水平有哪些提高,分享一下研究经验,同时需要阐述研究的局限性,哪些不足之处,有哪些需要进一步改进的地方,要求评价要客观,实事求是,态度一定要谦虚。

要结合之前准备好的PPT进行阐述,眼神不要只盯着PPT,不要死板照读PPT的内容,可以与答辩老师和学生进行一些眼神交流,尽量进行脱稿阐述。

(三)"问"与"答"

答辩老师在答辩过程中会提出一些问题,让答辩学生回答,目的是为了进一步了解答辩学生的立论依据、论证过程以及处理问题的实际能力。一般是几位相关专业的老师根据学生的论文内容和论证过程以及研究结论提出一些问题,同时听取学生个人阐述,以了解学生学位论文的真实性和对论文的熟悉程度;考查学生的应变能力和知识面的宽窄与深度;听取学生对论题发展前景的认识。这个环节一般用时在8分钟左右。

答辩委员会的提问一般安排在学生阐述论文之后。在学生对论文内容进行充分的阐述之后,老师针对学生论文内容有问有答,是一个相互交流的过程,通常采用由浅入深的顺序提问3个问题,答辩人当场做出回答。

答辩老师的提问与答辩人的回答有不同的形式,一般有两种:第一种是主答辩老师提2~3个问题,再由其他答辩老师做补充提问。老师提问完以后,可以先让学生独立准备10~15分钟,之后再来回答之前提出的问题,这种问答方式留给学生一些思考的时间,可以让学生对问题准备得更充分;第二种是由主答辩老师提出问题后,学生立即作答,随问随答,在回答的过程中答辩老师可以进一步提出更多问题,这种问答方式对学生随机应变的能力要求较高,学生要全神贯注地聆听老师提问的内容,尽快理解并做出相应的回答,这种方式可以更加真实地考查学生对于论题的研究与掌握的情况。

答辩老师的提问范围一般在论文所涉及的观点之内,一般不会出现范围之外的情况,重点围绕论文的核心部分。老师通常会让答辩人对相关的问题做详细深入的阐明,解释清楚阐述中没有讲明白的地方,对于论文中没有提到的漏洞,答辩老师也会进行提问,遇到这种情况的时候不要紧张,自信面对、保持镇静,认真思考之后再进行作答。

在回答问题的过程中,要注意以下三点:

(1)要仔细聆听答辩老师提出的问题,然后经过缜密的思考,组织好语言。回答问题的时候,尽量做到条理清晰、逻辑缜密,能够突出重点地回答问题。如果在提问过程中没听清楚答辩老师的提问,可以请答辩老师再重复一遍,但应该注意态度要诚恳,要有礼貌。如果答辩老师提出的问题实在不会回答,一定要诚实,不要着急,可以请答辩老师给予提示,一定要注意说话的方式。出现有争议观点的时候,答辩人可以与老师展开讨论,但一定要注意态度,既要诚恳又要有礼貌。

(2)切忌不要在答辩的过程中发生强辩的情况。有时答辩老师对于学生的回答感到不满意或者没有明白学生所要表达的意思的时候,会进一步提出问题。遇到这种情况时,学生如果有把握回答清楚老师的问题,可以继续讲清楚,但是要注意说话方式和语气,如果学生对于这个问题把握不够,这时不要强行理解老师的意思,可以审慎地试着回答,将自己有把握的部分向老师阐述明白,如果自己确实不会回答老师的问题,需要诚实地告诉老师自己对于这个问题确实没有搞清楚,并且表示自己一定认真研究这部分内容,答辩之后会进行相关问题的学习。不要不懂装懂,按照自己的理解回答问题,不要与老师狡辩。发生这种情况要及时调整好自己的心态,因为答辩组成员都是本专业的专家,学生回答不上来问题也并不奇怪,但是如果对于老师提出来的问题都不会或者进行狡辩,就是错误的行为了。

(3)回答问题时,第一要抓住要害,简明扼要地回答问题,针对具体的问题具体回答,有针对性地回答,不要扯东扯西,切忌答案范围太广,回答过于模糊;第二回答问题尽量做到客观、全面,但是要留有余地,不要把话说得太死;第三是层次要分明,如果可以的情况下,最好是分点进行阐述,条理清晰;第四是吐字要清晰,音量要适中。

答辩现场有可能会提到的问题类型如下:

(1)为辨别论文的真伪,检查是否为答辩人独立撰写的问题。

(2)考察答辩人掌握知识深度和广度的问题。

(3)答辩人阐述时没有叙述清楚,但对于本论题来讲尤为重要的问题。

(4)关于论文中出现的错误观点的问题。

(5)论题有关背景和研究现状的问题。

(6)论题的前景和发展问题。

(7)有关论文中独特的创造性观点问题。

(8)与论题相关的基本理论和基础知识问题。

(9)与论题相关的拓展性问题。

(四)总结

上述所有的答辩程序一一进行之后,答辩过程也即将结束,答辩人应在最后对答辩过程进行总结陈述,具体包括回顾论文的撰写过程,论文的总结陈述和参加答辩的收获等。这部分内容是对之前答辩过程的总结,因而准备的内容不需要太多,可以对论文整体框架再次进行梳理,使答辩老师更加了解论文整体结构;可以对论文研究内容的前景做展望,表明论题的研究价值;也可以对论文研究内容的局限性做解释说明,表明该研究内容的进一步研究之处。

(五)致谢

致谢作为答辩过程中最后一个环节,代表着答辩过程的结束。在这个环节,应该感谢给予论文写作指导帮助的人。论文能够顺利通过答辩,指导教师的指导很重要,因此要特别感谢指导教师的辛苦指导。在此基础上,答辩过程中也有与答辩老师进行交流的过程,能够从中学习到一些专业知识,因此也要感谢答辩老师的帮助和指导,使得论文更加完善。最后,要感谢所有在论文撰写过程中提供帮助的人。这部分准备的内容要简短,但是表达感谢的态度要真诚。

三、论文答辩过程中的其他注意事项

1. 要有自信心

在答辩过程中,要有自信,克服紧张不安的焦躁情绪,在做足充分的准备之后要相信自己一定可以顺利完成答辩。要有礼有节,注意自身素养,保持自信的态度与答辩老师展开讨论,不卑不亢。以良好的精神面貌参加答辩会,才能更好地发挥自己的水平。

2. 阐述问题要重点突出

不管是阐述环节还是回答问题环节,都要掌握节奏,注意分寸,强调重点,研究深入的地方可以多讲一些,研究不够深入的地方尽量避开或者少讲。回答问题的过程中要抓住主要内容和中心思想,简单干脆地回答要害问题,即使遇到自己不会的问题,也不要避重就轻地回答,要实事求是地请教答辩老师。回答问题时要直接回答问题的重点,切忌回答问题时答非所问,指东道西。

3. 举止要得体

整个答辩过程中要保持微笑,举止文明。论文答辩也是学术交流的过程,是学生向答辩老师学习、请求指导的一个机会,因此,在答辩的过程中,学生应该尊重答辩老师,言行举止要讲文明、有礼貌,即使遇到难以回答的问题,也要尊重老师。答辩结束时,不管答辩过程情况如何,都应该大大方方有礼貌地退场。

4. 语速要适中

答辩过程中一定要使用普通话进行阐述交流,吐字要清楚,语言要流畅。答辩过程中要注意掌握语速,不要过快或者过慢,语速过快会给人一种仓促紧张的感觉,也容易使答辩老师听不清楚阐述回答的内容;语速过慢也会让答辩老师觉得学生对这个问题没有掌握、不熟悉或者没有理解。

5. 声音要洪亮

在答辩过程中,保持声音的洪亮可以使答辩老师能够听清楚学生阐述的内容以及回答的重点,使答辩老师不会因为没有听清楚而浪费提问问题。同时,声音洪亮是学生有自信心的体现,也是对答辩老师的尊重。

四、论文答辩后的修改与整理工作

学生在论文答辩通过后,应参照答辩老师和指导教师的意见,在一周之内修改好论文,经指导教师同意后定稿。定稿之后的论文需要进行整理与归档,学位论文的档案中应该包括学位论文、辅助材料以及学生的实习手册。整理好档案之后,按照要求规范地填写学生信息、各文件信息以及指导教师信息。最后,将学位论文以及相关文件的电子版发送至指导教师邮箱,经指导教师确认无误之后才算最终完成学位论文的答辩。

第三节 学士学位论文成绩评定与示例

一、学位论文成绩评定办法

学位论文成绩由3部分组成,即指导老师评阅成绩占30%,评阅老师成绩占30%,答辩成绩占40%。学位论文成绩可先按百分制给出,最终综合成绩按比例换算成等级制成绩,分为优秀(相当于90分以上)、良好(相当于80~89分)、中等(相当于70~79分)、及格(相当于60~69分)、不及格(相当于60分以下)。学生的学位论文综合成绩,由学位论文答辩委员会根据指导老师和评阅老师的意见以及学生的答辩情况,集体讨论进行评定,当学位论文答辩委员会经过充分讨论、协商而不能达成一致意见时,应通过答辩委员会全体成员无记名投票方式决议。学位论文的成绩,应在答辩结束后一日内由答辩委员会公布,在成绩公布前,任何人不得泄露成绩评定情况。

二、学位论文成绩评定标准

1. 优秀

(1)论文完全符合学位论文大纲的要求,全面完成了任务书规定的任务;在写作过程中,能灵活、正确、综合运用所学知识;具有较强的独立工作能力及查阅、使用技术资料和工具书的能力,有一定的独到见解和创新。

(2)论文立论正确,论据充分,符合有关政策,考虑问题全面,具有实用或重要参考价值。

(3)论文阐述周详,条理清晰,文理通顺,写作工整。

(4)在答辩过程中,报告简明、扼要,清晰透彻,回答问题正确无误。
(5)在学位论文写作过程中,工作态度很好。

2．良好
(1)论文符合学位论文大纲要求,较好完成了任务书规定的任务;在写作过程中,能运用所学知识;具有较强的独立工作能力及查阅、使用技术资料和工具书的能力。
(2)论文立论正确,论据充分,符合有关政策,具有参考价值。
(3)论文在主要问题上阐述周详,条理清晰,文理通顺,写作工整。
(4)在答辩过程中,在主要问题上报告简明、扼要,回答问题较正确。
(5)在学位论文写作过程中,工作态度好。

3．中等
(1)论文符合学位论文大纲的要求,完成了任务书规定的任务;在写作过程中尚能运用所学知识;具有一定的独立工作能力及查阅、使用技术资料和工具书的能力。
(2)论文立论较正确,论据较充分,符合有关政策、具参考价值。
(3)论文阐述不够周详,条理不够清晰,文理尚通顺,写作尚可。
(4)在答辩过程中,在主要问题上报告尚可,对主要问题的回答正确。
(5)在学位论文写作过程中,工作态度尚可。

4．及格
(1)论文基本符合学位论文大纲的要求,基本完成了任务书规定的任务;在写作过程中尚能运用所学知识;具有一定的独立工作能力及查阅、使用技术资料和工具书的能力。
(2)论文立论基本正确,无重大原则性错误,基本符合有关政策。
(3)论文文理不够通顺,写作不够工整,主要问题的阐述尚可。
(5)在答辩过程中,报告抓不住重点,表达不够清楚。主要问题经过启发后方能较正确地回答。
(6)在学位论文写作过程中,工作态度一般。

5．不及格
(1)论文不符合学位论文大纲的要求,未完成任务书规定的任务。
(2)论文立论错误,论述混乱,文字说明不清。
(3)严重违反有关政策。
(4)在答辩过程中,报告混乱。概念不清或错误。对主要问题回答错误,虽经启发仍不能正确回答。
(5)在学位论文写作过程中,工作态度差。

三、示例

为了更清楚直观地进行指导,我们为大家提供一个示例:

各位老师,下午好!我叫＊＊＊,是＊＊级＊＊班的学生,我的学号是＊＊＊。我的论文题目是××××××,论文是在＊＊导师的悉心指点下完成的,在这里我向我的导师表示深深的谢意,向各位老师不辞辛苦参加我的论文答辩表示衷心的感谢,并对4年来我有机会聆听教诲的各位老师表示由衷的敬意。下面我将本论文设计的目的和主要内容向各位老师做汇报,恳请各位老师批评指导。

首先,我想谈谈这个学位论文设计的背景、目的及意义。

其次,我想谈谈这篇论文的结构和主要内容。

最后,我想谈谈在写作过程中的不足以及今后继续改进的方向。

学位论文的写作过程,是我越来越认识到自己知识与经验缺乏的过程。虽然我尽可能地收集材料,竭尽所能运用自己所学的知识进行论文写作,但所得数据并不十分完备,对许多知识还是理解不深,论文还是存在一些不足之处,有待改进。请各位答辩老师多批评指正,使我在今后的学习中学到更多。

谢谢!

第二部分 硕士学位论文写作

第七章 硕士学位论文选题

硕士学位论文是继硕士学位学科课程教育和科学研究之后又一核心环节,并且被认为是最重要的环节。而选题是撰写硕士学位论文的重中之重。本章将从以下几方面对硕士学位论文的选题进行论述。

第一节 硕士学位论文选题概述

一、选题的概念

选题是根据选题的原则,按照选题的程序,确定研究的具体科学技术问题的过程。选题就是选择研究某一个专业或某一领域的某一方面,或解决某一问题,其本质是明确研究的目的与目标。科学研究中第一个重要的内容就是正确地发现和提出问题。所谓正确地发现和提出问题,就是说选题要符合科学认识规律,能够找到从已知信息通向未知信息的桥梁。因此,选择论题是论文写作中具有战略意义的首要问题。可以说,选题是研究工作者对某一问题在理论认识上和实验手段方面的概括。

二、选题的重要性

人美在眼睛,文美在标题。这就是说论文标题要像人的眼睛那样传神。标题是论文的聚光镜,"看书看皮,看报看题",这是入门的向导。俗话说:"题好一半文",可见题目的重要性。而选题,是论文写作的第一步,有举足轻重的作用。

写论文,第一步就是选题。写论文,功夫一半是在选题上。选题就是确定一篇论文的研究目标,题目选好了,就好比找到了储量既丰富,开采又便利的矿藏,研究越多,收获越多,兴趣也越大。如果题目选择不当,则会事倍功半。因此,选题是否恰当直接影响论文的质量,关系到论文的价值,决定着论文的成败,它直接关系着学术研究的质量和水平。科研人员的远见卓识,首先就表现在这里。爱因斯坦曾经说过:"提出一个问题往往比解决一个问题更重要。因为解决一个问题也许仅是一个数学上的或实验上的技能而已。而提出新的问题,新的可能性,从新的角度看旧的问题却需要有创造性的想象力,而且标志着科学的真正进步。"希尔伯特也认为"问题的完善提法意味着问题已经解决了一半,"因而选题一定要恰当。

在进行论文选题时,首先应当将论文的选题和中心论点,选题和标题区别开来。论文的选题和论文的中心论点不是一回事。前者是指作者有待解决和回答的客观存在的问题。后者是作者通过论文回答并解决这些问题的基本观点和见解。论点是对选题反复研究后所给予的答案。从选题到论点，中间必须经过认识的飞跃。论点明确之后，才能进入论文撰写阶段，故选题和论点是有区别的。

论文的选题和论文的标题也不同。选题是在教师的指导下确定的论述范围或研究方向，是解决前面所说的"写什么"的问题，它属于内容要素。标题是准确概括论文内容的一句话或一个词组，是根据内容来确定的，它可以在论文写成后加上去，也可根据内容改换，具有较大的随意性，属于形式要素。有的论文的标题明显地揭示出选题，读者从标题上就能看出作者要解决的是什么问题；有的论文仅从标题上看不出论文的内容，它只是起一个标识作用，不能揭示内容。所以，论文的标题和选题也是不同的。

三、选题的意义

(一) 选题决定着研究的方向和目标，弥补知识储备的不足

按照逻辑思维的顺序，我们在研究客观材料的过程中，随着思维的渐进深入，会有各种各样的想法、看法纷纷涌来。这期间所形成的种种想法和看法，都是十分宝贵的，但是不能统统写入论文，因为这些想法、看法尚处于分散状态，必须有一个选择、鉴别、归拢集中的过程。从对事物的个别认识上升到一般的共性的认识，从对象的具体分析中寻找彼此间的差异和联系，从输入大脑的众多信息中提炼形成自己的理念，并使其明确下来，这个从分散到集中、从分析到综合的认识发展过程，就是选题的确定过程。有了选题，就有了明确的写作方向和目标。只有确定了研究的方向和目标，才可能将精力集中，全力以赴，才能防止在许多问题间做漫无目的的游移，才能提高研究的效率。确定了研究课题，就等于给自己下达了任务，就会产生相应的压力感、责任感和紧迫感。

选题还有利于弥补知识储备不足的缺陷，有针对性地、高效率地获取知识，早出成果，快出成果。撰写学位论文，要先打基础后搞科研，大学生在打基础阶段，学习知识需要广博一些，在搞研究阶段，钻研资料应当集中一些。而选题则是广博和集中的有机结合，在选题过程中，研究方向逐渐明确，研究目标越来越集中，最后紧紧抓住选题开展研究工作。爱因斯坦说过："我不久就识别出那种能够导致深邃知识的东西，把许多充塞脑袋，并使它偏离主要目标的东西撇开不管。"要做到这一点，必须具备较多的知识积累。对于初写论文的人来说，在知识不够齐备的情况下，对准研究目标，直接进入研究过程，就可以根据研究的需要来补充有关的资料，有针对性地弥补知识储备的不足。这样一来，选题的过程也能帮助我们学习新知识、拓宽眼界和加深对问题的理解。

一般说来，每位硕士研究生都有自己感兴趣的、愿意长期研究的方向，学位论文的选题应当在自己的研究范围内进行选择。

(二) 选题决定着研究成果的价值和论文的成败

学位论文的价值当然取决于论文的最后完成情况和客观的评定。但是，选题有其不可轻视的作用。一个好的学位论文选题往往是撰写者广泛学习、深入实践、反复思考的结果，能否把撰写者学习和思考的结果凝练成为一个有价值的选题，直接影响到其研究成果的理论高度和社会功效。

选题的过程也是一个创造性思维的过程。大多数有经验的研究者都认为,"选好题,论文就成功了一半"。这不仅意味着好的选题是论文撰写者深思熟虑的结果,而且意味着好的选题会给论文撰写以好的引导,使论文撰写更易出新、更易成功、更具可行性、更有吸引力和影响力。正如我国著名哲学家张世英所说:"能提出像样的问题,不是一件容易的事,却是一件很重要的事。说它不容易,是因为提问题本身就需要研究。一个不研究某一行道的人,不可能提出某一行道的问题。也正因为要经过一个研究过程才能提出一个像样的问题,所以我们也可以说,问题提出像样了,这篇论文的内容和价值也就很有几分了。这就是选题的重要性之所在。"所谓选准了题,意思是所选课题有重要的价值,值得去研究探讨。选题与论文作者的知识结构相适应,作者经过深入研究有取得成功、获得成果的把握,对所选课题有能力、有条件完成,并能写出很好的论文。相反,如果选不准题,课题本身没有研究的价值,所选的课题与论文作者的知识结构不相适应或作者没有条件和能力去完成,就意味着失败。论文的选题有意义,写出来的论文才有价值,如果选定的题目毫无意义,即使花了很多的功夫,文章的结构和语言也不错,也不会有什么积极的效果和作用。

一个好的论文题目,能够提前对论文做出基本的估计。这是因为,在确定题目之前,作者要先大量地接触、收集、整理和研究资料,从对资料的分析、选择中确定自己的研究方向,直到定下题目。在这一研究过程中,客观事物或资料中所反映的对象与作者的思维运动不断发生冲撞,产生共鸣。正是在这种对立统一的矛盾运动中,作者产生了认识上的思想火花和飞跃。这种飞跃必然包含着合理的成分,或者是作者自己的独到见解,或者是对已有结论的深化,或者是对不同观点的反驳,等等。总之,这种飞跃和思想火花对于论文来讲,是重要的思想基础。

所以,选题除了考虑研究成果的价值以外,还需要考虑作者的知识结构、专业特长、研究能力、资料来源的难易程度等一些具体条件。如果所选课题与作者应具备的主客观条件相去甚远,那么研究很难取得成功。

(三)恰当的选题有利于提高硕士研究生的研究能力

对于硕士研究生来说,撰写学位论文并不是一件轻松的事。如果题目选得过大,往往因学力不足,难以驾驭,无法将其深入地研究下去;如果题目选得过小,手脚难以舒展,观点得不到应有的展开,论文内容空泛,论述肤浅,目光狭隘,缺少宏观气魄。因此,选题一定要恰当、适中,以利于研究的正常开展。

选题有利于提高作者的研究能力。通过选题,作者能对所研究的问题由感性认识上升到理性认识,加以梳理使其初步系统化。对问题的历史和现状进行研究,找出症结与关键,不仅可以使作者对问题的认识比较清楚,而且对研究工作也更有信心。科学研究要以专业知识为基础,但专业知识的丰富并不一定表明研究能力很强。有的人书虽然读得不少,但是忽视研究能力的培养,结果,仍然写不出一篇像样的论文来。可见,知识并不等于能力,研究能力不会自发产生,必须在使用知识的实践中,即科学研究的实践中,自觉地加以培养和锻炼才能获得和提高。选题是研究工作实践的第一步,需要积极思考,需要具备一定的研究能力,在开始选题到确定题目的过程中,从事学术研究的各种能力都可以得到初步的锻炼提高。选题前,需要对某一学科的专业知识下一番钻研的功夫,需要学会收集、整理、查阅资料等研究工作的方法。选题中,要对已学的专业知识反复认真地思考,并从一个角度、一个侧面深化对问题的认识,从而使自己的归纳和演绎、分析和综合、判断和推理、联想和发挥等方面的思维能力和研究能力得到锻炼和提高。

(四)选题在一定程度上标志着作者科研能力的高低

学位论文选题的新颖性、前沿性、规范性和吸引力是研究者研究能力的重要表现。研究者如果对所要研究问题的历史演变和发展趋势没有清晰的了解,拟出的选题就不可能具有前沿性;如果不具备丰富的知识,拟出的选题就不可能具有新颖性;如果没有深厚的语言表达功底和学术造诣,拟出的选题就可能是不规范的;如果没有对所处时代和学术领域气息的准确把握,就难以选出有吸引力的选题。

换个角度来看,选题,就意味着发现问题和提出问题,而发现问题和提出问题的能力,是一个人认识能力和认识水平的表现,是一个人创造能力大小的标志。发现和提出问题是打开未知世界大门的前提。越是前沿性的和尖端性的选题,越需要深厚的研究功底和精湛的学术造诣。所以,选题水平可以直接反映出作者科研能力的高低。

综上所述,选题在学位论文的撰写中起着重要作用,所以,一定要在认真研究资料的基础上,根据自己的能力、条件,扬长避短地选择所要研究的选题。

第二节 硕士学位论文选题的要求

一、选题的基本要求

硕士学位论文的一般要求,可以概括为坚持理论联系实际,立论要科学,观点要创新,论据要翔实,论证要严密。

撰写学位论文必须坚持理论联系实际的原则。理论研究,特别是社会科学的研究必须为现实服务,为社会主义现代化建设服务,为两个文明建设服务。理论来源于实践,又反作用于实践。科学的理论对实践有指导作用,能通过人们的实践活动转化为巨大的物质力量。科学研究的任务就在于揭示事物运动的规律性,并用这种规律性的认识指导人们的实践,推动社会的进步和发展。因此,学位论文在选题和观点上都必须注重联系社会主义现代化建设的实际,密切关注社会生活中出现的新情况、新问题。

二、选题的具体要求

选题要求具体体现在以下几方面。

(1)论文选题应密切关注经济社会发展的基本趋势,具有较强的实践价值和理论意义,应反映当前本专业及相关经济、管理领域的重要问题,不应与本学科有显著偏离。同时,提倡本学科、本专业的原创性研究。

(2)论文选题应体现硕士学位的特点,有数据、证据支撑,避免老生常谈,大题小做,大题泛做,纸上谈兵;提倡新题新做,小题大做,小题细做,问题深做。

(3)论文选题应虚实结合,以实为主,既要有理论分析,又要有业务方法的探讨。拟定的选题,必须结合实际,针对现实,以第一手资料为基础,必须符合事物发展的规律。

(4)论文选题应在导师指导下完成,学生应充分收集相关研究资料,了解已有相关文献和研究成果,并结合本人实际实习情况、研究兴趣、研究能力、前期研究成果等确定选题。导师应对选题的恰当性、选题方向、选题的具体内容等提出是否可行的明确意见。确有必要时,经充分协商,导师也可以根据本学科与专业的研究现状,结合学生本人的具体情况,提供参考选题。

(5)论文选题要有自己的见解,中心明确,避免综合论述,拼凑成章。选题时,要掌握前人和今人的研究成果,要了解该选题研究的现状以及发展的趋势。对于他人已解决了的问题,不必花力气重复进行研究。另外,不要人云亦云,凑热闹,找"热门",要经过深入研究,冷静地考虑,确有新见。

(6)论文题目应明确、具体,有很强的针对性,能反映出论文研究的核心问题,字数适当,一般以 20 个汉字为宜,最多不超过 25 个汉字,避免使用空洞、宽泛、似是而非、字数过少、简单含混的论文题目。

硕士学位论文选题除了遵循以上要求以外,各培养类型还应体现不同的特点,学术型论文选题侧重理论研究,专业型应体现实践技能的考查,注重学生发现、分析和解决实际问题的能力。会计专业型硕士应结合实习经历进行选题,工商管理硕士学员都有工作经历,他们应结合工作性质,选题时提倡密切联系企业管理实践,在形式上可以是专题研究,可以是高质量的调查研究报告或企业诊断报告,也可以编写高质量的案例。

三、选题应遵循的原则

客观上讲,要选择有科学价值、现实意义的选题;主观上讲,要选择自己感兴趣,有利于展开研究,自己可以驾驭的选题。这里所说选择有科学价值的、有现实意义的选题,其一是要有理论价值,就是指那些对本专业、本学科的建设与发展能起先导、开拓作用,对各项工作起重要指导、推动作用的重大理论问题。其二是实用价值,就是指那些经济发展实践中迫切需要解决的实际问题。即选题应该着重考虑的是人们在社会生活和工作中的重点、难点、疑点和人们关注的热点、争论的焦点问题。

具体可从以下几方面考虑。

1. 创造性原则

即在财会专业的研究中有新的发现、新的创造,选择会计建设中迫切需要解决的理论问题或会计工作实务中的新问题来研讨。

2. 学术性

学位论文的学术性主要体现在要求论文揭示研究对象的本质及其规律。学生应在所学的基本理论和专业知识之上,使学位论文的立论和论证能够尽量触及事物内部较深的层次,尽量揭示出事物的本质及其规律性。要做到这一点,选题的学术性至关重要。

3. 大小适宜

学位论文是学生系统地从理论高度分析、解决实际问题,如果题目过大,不易分析得深入透彻。同时,题目涉及面广,搜集材料过多,问题复杂,千头万绪,容易使论文显得零乱,不得要领。此外,选题过大,容易大而空,不能切实提出和解决理论和现实中的一些新问题,而只能泛泛而论。所以,学位论文选题忌太宽泛。反之,若选题选得过小,轻而易举,不费力气,三言两语,应付了事,就会欠缺学术性,对自己的学习也不会有帮助。因此,学位论文选题原则就是选择一个适中的,既是自己可能写好的,而又需要经过一番努力才能写好的内容。

4. 量力而行

学位论文选题要防止盲目性。克服盲目性,要考虑两点:一是必要性,二是可能性。所谓必要性就是你确定的学位论文题目有没有研究的价值或意义。而所谓可能性,就是要充分估计主客观条件,量力而行。

有了好题目未必每个人都能写出好论文,原因就在于每个人的主客观条件存在差异。个人的兴趣爱好、知识结构、独立研究能力、对所选题目的熟悉程度等,是主观条件。而资料来源、图书设备、所选选题的研究现状等,是客观条件。在写学位论文时,这两方面的因素要认真分析一下,量力而行,量体裁衣。量力而行,就是选择大小适宜,自己把握得了,材料比较丰富且易于收集的题目;量体裁衣,就是选择自己学有所得,学有所长,自己感兴趣的题目。

第三节 硕士学位论文选题的方向

一、选题的基本方向

选题是论文写作的第一步,也是十分重要的一步。会计学和工商管理学无论作为理论还是作为应用,值得研究的内容都很广泛,可以提炼出的论文题目很多,但论文写作只能选择一个最恰当的题目。

(1)针对自己最有兴趣的现象、问题选题。作者对选题涉及的问题或现象有一定的研究基础,或有强烈的研究欲望,才可能在选题确定之后,孜孜以求,最终写出有质量的会计论文。

(2)围绕会计工作实践选题。理论研究是指导实践的,因此,无论是会计专业还是工商管理专业的论文选题绝不可以脱离会计工作的实践。

(3)立足本专业学科的发展选题。科学在发展中,在它前进的每一步都会有新问题、新现象发生,都需要解决和解释,只有立足于本学科的发展选题,才能写出有新意的好文章。初写论文者易犯的毛病是选题过于宽泛,大而不当,论述起来面面俱到,很难深入研究,写不出独到的东西。这一点在选题时应避免。

会计学硕士研究生作为学历教育,重点是基础教育、素质教育和专业教育,偏重理论知识的掌握和学习,如财务理论、会计理论、审计理论、国际会计等会计相关知识。会计专业型硕士研究生学历教育面向会计职业,培养具备良好的职业道德和法制观念,系统掌握现代会计学、审计学、财务管理以及相关领域的专门知识和技能,对会计实务有充分的了解,具有很强的解决实际问题能力的高层次、应用型、国际化会计专门人才。两者的论文选题一般应集中在会计、财务、审计以及与之交叉的相关管理、税务、咨询、内控、战略、风险管理、信息技术等相关相近领域。

工商管理硕士(Master of Business Administration,MBA)是源于欧美国家的一种专门培养中高级职业经理人员的专业硕士学位。工商管理硕士作为一种专业硕士学位,与一般硕士学位有所不同。工商管理硕士研究生是培养能够胜任工商企业和经济管理部门高层管理工作需要的务实型、复合型和应用型高层次管理人才,而其他硕士研究生是培养具有扎实理论基础和较强的科研和教学能力的高层次科研型和教学型人才。因此,工商管理硕士研究生在选题时应结合工作性质,提倡密切联系企业管理实践。

学生的论文选题若具有很强的边缘性、交叉性、超前性,且与专业发展相关或具有指导意义,在得到导师和开题答辩会专家认可后,可不受以上范围限制。

二、选题的具体方向

1. 会计学术型硕士和会计专业型硕士选题方向

本专业学位论文的选题范围应当基于以下几方面。

(1) 会计基础理论。会计概念框架结构,会计基本假设,会计行为,会计本质特征问题研究,关于会计确认与计量相关问题的研究,会计理论结构问题研究,会计信息质量特征,中外会计界关于会计定义的比较分析,新环境条件下会计职能与作用相关问题研究,会计监督体系问题研究,新经济环境(知识经济)下的会计基本原则,现代企业制度,公司(企业)治理结构与会计监督问题研究,会计环境与会计目标,中外会计报告比较及启示等。

(2) 会计原则、准则。中外会计准则的比较研究,国际会计准则的借鉴与应用研究,会计的国际化与影响会计国际化的因素分析,基本会计准则与具体会计准则关系问题研究,具体会计准则实施过程中有关问题的研究等。

(3) 会计法律、制度及其他会计规范体系建设问题研究,关于会计法有关问题的研究,新会计法与会计监督体系问题研究,企业内部会计控制制度有关问题研究,国有资产监督管理问题研究,上市公司会计管制与会计信息披露相关问题研究,企业内部会计政策、会计制度及其他会计规范问题研究等。

(4) 会计基本方法及应用。会计方法的含义、内容、组成及其与会计职能的关系问题研究,会计方法的特点及其发展变化规律,会计方法的规范化、标准化、通用化研究,具体会计核算方法在企业会计工作中的应用问题研究等。

(5) 新兴会计学科。社会会计、物价变动会计、比较会计、人力资源会计、质量会计、决策会计、责任会计、税务会计、绿色会计等有关问题的研究。

(6) 特殊行业与特殊业务下的会计问题。事业单位会计相关问题研究,非营利组织会计的有关问题研究,金融企业会计研究,管理会计在银行管理中的应用,预算会计的确认基础,预算会计报表的研究,新会计法对预算管理的影响等。

(7) 会计工作和会计人员管理体制。不同经济性质、经营方式、经营规模条件下会计工作的组织与管理问题研究,会计人员素质、人才开发和职业道德问题研究,会计人员管理体制与会计工作管理体制相关问题研究等。

(8) 新经济环境条件下的会计问题。现代信息技术条件下的内部会计控制,现代信息技术条件下的会计职能的转变,现代信息技术对现代会计的影响,会计电算化条件下的舞弊及其防范研究,会计电算化条件下会计人员配备研究,手工会计与电算化会计的区别研究,金融工具会计相关问题研究,电子商务会计相关问题研究等。

(9) 审计理论与实践。虽然会计学术型和专业型硕士在选题方向上有相似之处,但是由于在培养方式方面有所不同,学术型论文选题侧重理论研究,体现学生扎实的理论基础和较强的科研能力;专业型应注重学生实践技能的考查,偏重于学生发现、分析和解决实际问题的能力。

2. 工商管理硕士选题方向

工商管理硕士是一种专业硕士学位,不同于学术型硕士,特别强调在掌握现代管理理论和方法的基础上,通过商业案例分析、实战观摩、分析与决策技能训练等培养学生的实际操作技能,使学生接受知识与技能、个性与心理、目标与愿望等方面的挑战,更具有职业竞争的实力。

围绕工商管理硕士的特点,可以选择的方向大致有战略管理、薪酬管理、绩效考核、企业文化、营销管理、产业集群发展、民营企业管理、产业发展管理、循环经济、城乡经济发展、银行管理、商业模式发展、自主创新、供应链研究、电子商务、企业核心竞争力、品牌发展等。

第四节 硕士学位论文选题的注意事项

一、选题基本注意事项

1. 选题要新颖

论文的选题要新颖,要有独到见解。一篇优秀的学位论文的前提是选题有新意。何为新意,就是论文中要有新观点、新看法、新见解。标题是一篇论文的灵魂,好的标题可以吸引人们的眼球,只有这样才能达到有所发现,有所创造,有所前进。为此,要做到以下几方面。

(1)尽量选择别人没写过的题目,老生常谈的题目除非有重大的新观点,否则就不要再写了。

(2)尽量选择别人尚未解决的问题进行研究,要认真进行文献阅读与综述,准确把握问题争论的分歧所在及形成原因。

(3)不要写介绍性的论文,即使是新知识的介绍也不适合作为学位论文的内容,学位论文必须是发现问题、分析问题和解决问题的原创性研究论文。

2. 选题要细化

论文的选题包括的范围要小、要具体。一般来说宜窄不宜宽,题目太大把握不住,难以深入细致,容易泛泛而论。有些学生认为学位论文上万字,论文的选题越大越好,其不知选题越大就越空洞,反而不能准确地、具体地去阐述。应该结合自己实际,从小处着手,仔细研究,把选题做精,做透彻,做具体。要使题目新颖,避免重复,方法之一就是尽可能地使题目细化。选题大只能说明对问题把握不准,对相关专业问题认识不深。细化题目的方法主要包括以下几种。

(1)细化研究视角,如"委托代理视角下的会计信息失真问题研究""论会计目标与会计信息的关系"等,都从一个视角深入研究某一个问题。

(2)细化研究方法,如"会计信息真实性的调查分析""股权结构对公司会计信息真实性影响的实证分析",都用一种方法深入研究某一个问题。

(3)细化研究环境,如"不变更会计师事务所情况下的审计意见购买研究""非活跃市场环境下的经济采购量研究",把某一个问题放到具体环境中去研究。

(4)细化研究内容,如"论合法性会计信息失真问题""折旧调节的危害与防治",最好只写一个问题,这样便于综述,容易创新。这是细化论文选题的主要方法。当然,写一个具体问题,并不是说就不能涉及其他问题,恰恰相反,要把一个问题写深、写透,就必须广泛联系,从各个角度、用各种方法进行研究,并充分考虑各种具体环境下该问题的解决办法。

3. 选题要有实用价值

论文的选题要有实用价值,不能脱离实际。有些学者认为,学问越深越好,应该选一些陌生的领域去研究。其实不然,论文的选题要和实际生活紧密联系,要从大众关心的话题中去挖掘,运用自己所学的知识去分析问题、解决问题,这样才具有现实意义。

4. 选题要规范

题目是论文内容的高度概括,力求简括,高度浓缩。拟定的题目应明确、具体、言简意赅,能概括论文的特定内容,有助于选定关键词,符合编制题录、索引和检索的有关原则。

5. 选题要体现兴趣

只有从自己平时所关注和积累的相关知识中,选择自己感兴趣的话题,据此潜心研究和挖掘,才能比较好地掌控和把握,确定为论文选题。论文写作时间相对较长,资料的收集和整理又很辛苦,没有兴趣甚至带有反感情绪是很难顺利完成的。

6. 选题要有准确的切入点

从何处入手,怎样选择一个恰当的切入点,是一个非常关键的问题,也是每位学生要特别注重的问题,因为选题的切入点恰当与否和准确与否,将直接决定论文的质量。

二、会计专业型硕士(MPAcc)选题的注意事项

会计专业型硕士与学术型硕士的培养目标和培养方式有所不同,会计专业型硕士更侧重于培养具有较强的解决实际问题能力的高层次、高素质、应用型的会计专门人才。因此,会计专业型硕士论文选题应紧密结合会计实务,更注重体现学生运用会计学科及相关学科的理论知识、方法等分析与解决会计实际问题的能力。

依据"2006 年全国会计硕士专业学位教育指导委员会及培养院校工作会议"决议,经 2006 年 8 月 23 日教指委评估指标体系修订会议完善,对会计专业型硕士论文提出了基本要求。为此,会计专业型硕士论文选题的要求如下:

(1)论文选题应具备较强的专业实践性。论文选题时应多反映现实生活中的热点、难点、焦点问题,论文研究成果也应更容易服务于现实工作。因此,与学术型硕士学位论文所做的理论性研究不同,专业型硕士学位论文更偏向于解决现实问题。

(2)论文选题应体现专业学位的特点。论文形式可以是研究或讨论会计实务问题的案例分析、调研报告或理论结合实务的专题研究,应有数据或实际资料做支撑,不提倡纯学术研究的文章。

(3)论文选题应结合自身的学习背景。对于会计专业型硕士来说,要通过学术研究,解决理论上、学术上某个重要问题,在学术上、理论上有所创新,有所突破,是比较困难的。鉴于学生的知识结构、理论素质和专业积累程度,选做学术性较强的选题,多为综合前人旧说。而结合实际选题,用已学过的理论知识分析解决现实经济问题,则针对性强,素材丰富,也容易写出水平和特色。

(4)论文选题应有前沿性。会计专业型硕士的培养目标,会计专业型硕士学位论文选题应有一定的理论意义和实践价值,所反映的是当前会计及相关领域的重点、难点、热点问题。

三、工商管理硕士选题注意事项

1. 题目不宜过大

举例:中国企业应对世界金融危机的策略研究、中外会计比较与中国会计改革模式选择。

2. 选题不能脱离工作实际

举例:我国证券业市场分析、房地产业市场营销研究。

3. 题目太小

举例:财务软件开发企业中研发团队管理的效果评估。

4. 题目空泛

举例:有关企业集团若干问题研究、产品开发市场战略研究、论企业成本控制。

5. 偏向理论研究

举例:基于模糊集的员工绩效评估方法研究。

6. 题目冗长

举例:中国银行山西省分行股份制改制时期人力资源绩效考评系统的研究。可改为中行山西分行人力资源绩效考评系统研究。

7. 选题过难

举例:中国资本市场运行机制研究。

8. 选题陈旧

举例:中国加入WTO的利弊及对机械工业的影响与对策、会计信息失真的治理研究。

9. 题目不符合专业要求(或无关紧要、不被常人理解)

举例:太原市南部地区河道管理研究、大同市草业发展战略研究。

10. 随大流或赶时髦

举例:知识经济下财务管理模式创新研究。

11. 用词不当

举例:晋中市发展县域经济的调查与对策研究、××公司质量管理现状与存在问题分析、××公司质量管理现状与对策建议分析、××项目可行性研究、××万柏林区十二五规划。

另外,像试论、浅析、初探、思考、探索、探析、刍议等措辞均不适用到论文题目中。

12. 使用领导讲话或新闻报道的题目

举例:全员参与管理,提高市场竞争力;践行科学发展观,打好节能减排攻坚战。

13. 与公共管理硕士(MPA)题目混淆

举例:徐州矿务集团总医院发展战略研究。

题目中的医院若是私立医院则此题目适合于工商管理硕士学员作为论文题目,若是公立医院则此题目更适合作为公共管理硕士学员的论文题目。

四、选题举例

(一)会计学术型硕士学位论文选题参考

1. 会计方面(含会计理论、财务会计、成本会计、资产评估)

(1)财务会计的公允价值计量研究。

(2)论企业分部的信息披露。

(3)金融衍生工具研究。

(4)我国证券市场会计信息披露问题研究。

(5)上市公司治理结构与会计信息质量研究。

(6)论上市公司内部控制信息披露问题。

(7)关于企业合并报表会计问题研究。

(8)我国中小企业会计信息披露制度研究。

(9)现行财务报告模式面临的挑战及改革对策。
(10)筹资会计问题研究。
(11)现行财务报告的局限性及其改革。
(12)关于资产减值会计的探讨。
(13)盈余管理研究。
(14)企业债务重组问题研究。
(15)网络会计若干问题探讨。
(16)财务报表粉饰行为及其防范。
(17)论稳健原则对中国上市公司的适用性及其实际应用。
(18)关于实质重于形式原则的运用。
(19)会计信息相关性与可靠性的协调。
(20)企业破产的若干财务问题。
(21)论绿色会计。
(22)环境会计若干问题研究。
(23)现代企业制度下的责任会计。
(24)人本主义的管理学思考——人力资源会计若干问题。
(25)试论知识经济条件下的人力资源会计。
(26)全面收益模式若干问题研究。
(27)企业资产重组中的会计问题研究。
(28)作业成本法在我国企业的应用。
(29)战略成本管理若干问题研究。
(30)内部结算价格的制定和应用。
(31)跨国公司转让定价问题的探讨。
(32)我国企业集团会计若干问题研究。
(33)高新技术企业的价值评估。
(34)企业资产重组中的价值评估。
(35)企业整体评估中若干问题的思考。
(36)规范会计研究与实证会计研究比较分析。
(37)对虚拟企业几个财务会计问题的探讨。
(38)知识经济下无形资产会计问题探讨。
(39)西方实证会计理论及其在我国的运用。

2.财务管理方面(含财务管理、管理会计)
(1)管理层收购问题探讨。
(2)MBO对财务的影响与信息披露。
(3)论杠杆收购。
(4)财务风险的分析与防范。
(5)投资组合理论与财务风险的防范。
(6)代理人理论与财务监督。
(7)金融市场与企业筹资。

(8)市场经济条件下企业筹资渠道。
(9)中西方企业融资结构比较。
(10)论我国的融资租赁。
(11)企业绩效评价指标的研究。
(12)企业资本结构优化研究。
(13)上市公司盈利质量研究。
(14)负债经营的有关问题研究。
(15)股利分配政策研究。
(16)企业并购的财务效应分析。
(17)独立董事的独立性研究。
(18)知识经济时代下的企业财务管理。
(19)现代企业财务目标的选择。
(20)中小企业财务管理存在的问题及对策。
(21)中小企业融资问题研究。
(22)中国民营企业融资模式——上市公司并购。
(23)债转股问题研究。
(24)公司财务战略研究。
(25)财务公司营运策略研究。
(26)资本经营若干思考。
(27)风险投资运作与管理。
(28)论风险投资的运作机制。
(29)企业资产重组中的财务问题研究。
(30)资产重组的管理会计问题研究。
(31)企业兼并中的财务决策。
(32)企业并购的筹资与支付方式选择研究。
(33)战略(机构)投资者与公司治理。
(34)股票期权问题的研究。
(35)我国上市公司治理结构与融资问题研究。
(36)股权结构与公司治理。
(37)经济价值增加值(EVA)——企业业绩评价新指标。

3. 审计方面
(1)关于 CPA 信任危机问题的思考。
(2)注册会计师审计质量管理体系研究。
(3)论会计师事务所的全面质量管理。
(4)注册会计师审计风险控制研究。
(5)企业内部控制制度研究。
(6)现代企业内部审计发展趋势研究。
(7)审计质量控制。
(8)论关联方关系及其交易审计。

(9)我国内部审计存在的问题及对策。
(10)论审计重要性与审计风险。
(11)论审计风险防范。
(12)论我国的绩效审计。
(13)萨宾纳斯—奥克斯莱法案对中国审计的影响。
(14)审计质量与审计责任之间的关系。
(15)经济效益审计问题。
(16)内部审计与风险管理。
(17)我国电算化审计及对策分析。
(18)浅议我国的民间审计责任。
(19)试论审计抽样。
(20)论内部审计的独立性。
(21)论国有资产保值增值审计。
(22)论企业集团内部审计制度的构建。

(二)会计专业型硕士学位论文选题参考

1. 会计方向
(1)现代企业制度与企业会计改革研究。
(2)中国会计法规体系的框架结构研究。
(3)基本会计准则与具体会计准则的关系研究。
(4)从会计舞弊案例看会计法规体系的改进与完善路径。
(5)社会经济环境对会计理论与方法的影响。
(6)中外会计差异研究。
(7)中外会计准则比较研究。
(8)会计模式问题研究。
(9)上市公司会计信息披露问题研究。
(10)具体会计准则实施过程中的问题研究。
(11)内部人控制现象的会计学分析。
(12)产权制度与现代企业会计研究。
(13)公司治理与会计信息质量研究。
(14)现代企业税务会计研究。
(15)企业管理创新的会计学分析。
(16)中外会计管理体制比较研究。
(17)财务总监制度研究。
(18)会计要素问题研究。
(19)资产减值会计研究。
(20)公允价值会计问题研究。
(21)集团公司合并会计报表问题研究。
(22)社会保障会计问题研究。
(23)环境会计问题研究。

(24)小企业会计制度研究。
(25)企业清算会计问题研究。
(26)会计教育问题研究。
(27)股票期权会计问题研究。
(28)借款费用资本化方法研究。
(29)企业所得税金会计问题研究。
(30)企业会计政策选择与管理行为优化。
(31)企业财务资源配置机制研究。
(32)企业财务信息披露制度研究。
(33)企业内部控制优化路径研究——以××企业为例。
(34)现代企业成本控制方法及其应用研究。
(35)××具体准则在我国企业的运用效果分析。
(36)企业会计准则的经济后果研究——以××行业为例。
(37)企业收益分配行为研究。
(38)公司治理效应与财务行为优化。
(39)企业无形资产会计问题研究。
(40)企业环境会计问题研究。

2. 财务方向

(1)现代企业财务管理目标问题研究。
(2)企业融资多元化问题研究。
(3)中小企业融资困境及治理问题研究。
(4)融资模式与公司治理结构问题研究。
(5)国有企业资本结构问题研究。
(6)企业财务风险现状与控制问题。
(7)企业财务危机与财务预警机制研究。
(8)国有企业债务重组问题研究。
(9)企业债转股相关问题研究。
(10)国有股减持与公司治理问题研究。
(11)企业财务管理体制问题研究。
(12)公司现金流量管理与控制问题研究。
(13)企业财务评价指标体系问题研究。
(14)EVA评价体系与公司绩效管理问题研究。
(15)现代企业内部控制问题研究。
(16)企业财务控制与公司价值管理问题。
(17)集团公司财务管理模式研究。
(18)集团公司融资模式问题研究。
(19)集团公司营运资金管理问题研究。
(20)集团财务公司运作与资金效率问题研究。
(21)汇率制度变更与企业融资国际化研究。

(22)现代企业投资风险及控制问题。
(23)企业营运资金管理效率问题研究。
(24)我国高校财务管理创新问题研究。
(25)我国高校融资模式与财务风险管理研究。
(26)公共资金管理效率问题研究。
(27)企业并购行为与融资策略问题研究。
(28)我国企业管理层收购的财务问题透视。
(29)企业纳税筹划相关问题研究。
(30)我国上市公司股权激励创新研究。
(31)财务理论与财务实践背离情况的调查及其协调对策研究。
(32)股权分置改革中的财务与会计问题研究。
(33)企业集团财务管理体制研究。
(34)企业财务管理体制创新。
(35)市场经济与财务管理运行机制。
(36)战略财务管理问题。
(37)EVA问题研究。
(38)债务重组的财务与会计问题。
(39)资本结构理论。
(40)股票期权制与企业理财。
(41)资金成本研究。
(42)员工认股权计划。
(43)企业财务能力分析。
(44)企业财务管理目标。
(45)财务风险管理。
(46)企业收益分配政策。
(47)企业适度负债研究。
(48)我国××企业实行民主理财的调查报告。
(49)企业财务控制机制。
(50)非持续经营企业的财务管理。
(51)管理层收购中的财务问题。
(52)企业绩效评价体系问题。
(53)建立具有中国特色的管理会计。
(54)当代管理会计理论与实务的新发展。
(55)当代管理会计在我国企业的应用。
(56)企业资本运营机制。
(57)国有资产保值增值与企业理财。
(58)行为财务的基本理论与方法问题。
(59)作业成本管理。
(60)现代成本控制体系。

(61)我国企业成本核算制度的改革路径。
(62)现金流量管理。
(63)投资组合理论与实践。

(三)工商管理硕士学位论文选题参考

1. 战略管理研究方向

(1)某某公司发展战略研究。
(2)某某公司多元化战略研究。
(3)某某公司产品多元化战略研究。
(4)某某公司核心能力构建研究。
(5)某某公司竞争战略研究。
(6)某某公司战略实施研究。
(7)某某公司价值创新战略研究。
(8)某某公司蓝海战略研究。
(9)某某公司低成本战略研究。
(10)某某公司差异化战略研究。

2. 市场营销管理研究方向

(1)某某公司营销战略研究。
(2)某某公司产品广告策略研究。
(3)某某公司产品促销策略研究。
(4)某某公司产品定价策略研究。
(5)某某公司分销策略研究。
(6)某某公司品牌建设研究。
(7)某某公司终端营销网络建设研究。
(8)某某公司销售队伍建设研究。
(9)某某公司顾客关系管理研究。
(10)某某公司客户满意度研究。

3. 人力资源管理研究方向

(1)某某公司员工关系管理研究。
(2)某某公司激励机制研究与设计。
(3)某某公司薪酬方案设计研究。
(4)某某公司绩效考评方案设计研究。
(5)某某公司员工培训方案研究。
(6)某某公司员工招聘方案设计研究。
(7)某某公司员工职业生涯管理方案研究。
(8)某某公司员工满意度研究。
(9)某某公司员工激励对策研究。
(10)某某公司企业文化建设研究。

4. 财务管理研究方向

(1)某某公司财务战略研究。

(2)某某公司价值评估体系研究。
(3)某某公司内部财务控制研究。
(4)某某公司资本经营研究。
(5)某某公司资金控制体系研究。
(6)某某公司财务预警体系研究。
(7)某某公司税务规划研究。
(8)某某公司 ERP 信息化研究。
(9)某某公司成本管理研究。
(10)某某公司投资价值研究。

5. 生产与运作管理研究方向
(1)某某公司 OEM 管理研究。
(2)某某公司生产流程优化研究。
(3)某某公司物流系统规划研究。
(4)某某公司生产计划与控制系统优化研究。
(5)某某公司生产现场整体优化研究。
(6)某某公司生产设施规划研究。
(7)某某公司 ISO 管理研究。
(8)某某公司供应链管理研究。
(9)某某公司 6σ 管理研究。
(10)某某公司全面质量管理研究。

6. 其他研究方向
(1)某某公司企业形象识别系统研究。
(2)某某公司跨文化管理研究。
(3)某某公司公共关系机构职能研究。
(4)某某公司创建学习型组织研究。
(5)某某公司知识产权保护策略研究。
(6)某某公司投资项目评价研究。
(7)某某公司新产品开发研究。
(8)某某公司管理信息系统规划研究。
(9)某某公司电子商务模式研究。
(10)某某公司电子商务解决方案研究。
(11)某某公司知识管理研究。
(12)某某公司客户管理系统研究。
(13)某某公司物流系统的优化研究。
(14)某某公司管理层收购研究。
(15)某某公司员工持股计划研究。
(16)某某公司银行信用卡风险管理策略研究。
(17)某某公司进出口业务风险分析与对策研究。
(18)某某公司产品出口策略研究。

第八章 硕士学位论文开题报告

在确定了学位论文的题目之后,学生需要构思和论证研究的目标,选择适当的方法,展开对问题的实际研究工作,最终得到一个有意义的结论。实际上,开题报告正是一个构思研究方案的过程,通过这一过程,学生能够明确研究什么,为什么研究,如何研究。当然,开题报告这一环节设立的另一重要原因是为了能够督促学生认真、仔细地完成这一阶段性任务,并且能够方便学校和指导教师有效地检查学位论文工作质量和进度。因此,要完成一篇高质量的学位论文,开题报告是一个非常重要的环节。

本章内容主要分为四节,分别对开题报告的基本内涵、开题报告的撰写、开题报告的写作技巧和误区、开题报告答辩做了介绍,以保证学生对开题报告有更加深刻的认识。

第一节 硕士学位论文开题报告概述

一、开题报告的含义和特点

1. 开题报告的含义

开题报告的英文名称是 proposal,有时我们也称开题报告为论文申请报告或论文研究方案报告。

开题报告描述论文研究工作的轮廓,是学生同指导教师前期进行论文交流的重要形式。开题报告其实就是在选题方向确定之后,学生在调查研究的基础上撰写的报请指导教师和导师组批准的选题计划。它主要说明选题是否合适,方法是否得当,框架是否紧凑,思路是否清晰,进度安排是否合理等问题,也可以说是对论文写作内容的论证和设计。

一般来说,开题报告需要回答三方面的问题,即计划研究什么,为什么研究,如何进行研究。只有很好地回答了这三方面的问题,才能确定所选择的论文题目是有意义的,整个研究方案是可行的,即学生对相关的文献和有关问题已有了较好的了解,并且掌握了适当的解决论文中所提出问题的方法。

总之,开题报告是对论文研究的目的和计划的陈述,它提供充足的证据,说明所要从事的研究具有价值,并且研究计划是可行的。

2. 开题报告的特点

开题报告是学位论文答辩委员会对学生答辩资格审查的材料之一。

开题报告表述的内容比较紧凑,以"是什么""为什么""怎么样"为整篇报告的主要线索,即所要写的论文是什么,为什么要写该篇论文以及如何写作。"是什么"就是论文的选题,"为什么"就是指论文的立论依据,"怎么样"就是论文的研究方案。

开题报告主要包括立论依据、研究方案、论文大纲和主要参考文献等四方面。由于开题报告是用文字体现的论文总构想,因而篇幅不必过大,但要把计划研究的内容、如何研究、预期达到的目标等主要问题写清楚。

二、撰写开题报告的目的和意义

1. 撰写开题报告的目的

开题报告作为学位论文的重要质量保证环节,每一部分的撰写都有着不同的目的。开题报告涵盖了立论依据、国内外研究现状、研究思路、可能遇到的问题和相应的解决办法、预期达到的目标、进度安排和参考文献等内容,各部分具体写作目的如下:

(1)通过对立论依据的陈述总结,表明这一问题值得深入探讨,以及研究该问题最终所取得的结果也将是有价值和意义的。

(2)通过对相关理论和现有研究成果的回顾和评价,展示学生对所要研究的问题已经有足够的了解,并有可能较好地完成研究工作;现状综述部分的写作,使研究目的更加明确。

(3)通过确定研究思路,选择可行的研究方法,搭建研究的基本框架,说明学生已经具备了完成所设定研究目标的能力和技能。

(4)通过对可能遇到问题的假设,表明了学生对可能出现的问题,如理论知识的欠缺、统计软件应用生疏、计算机应用能力较低、文字表达能力有限等做出了基本的判断;通过对相应解决办法的提出,表明学生会尽力做好前期工作,力争将困难程度降到最低,以保证研究的顺利进行。

(5)通过对预期达到目标的设定,可以对研究过程提供指导,方便随时调整,以防结论偏离最初目标。

(6)通过对研究进度安排的确定,表明学生对此项研究工作,有着明确的时间规划和研究内容设置,以保证学生能够按照规定的时间完成相应的研究工作。

(7)通过对参考文献的专门列示,表明在进行研究前,学生已经了解了前人的研究成果,做好了大量的知识储备。

2. 撰写开题报告的意义

撰写开题报告,作为学位论文的第一个写作环节,具有非常重要的意义。

会计学硕士学位论文的撰写需要耗费较长的时间,满足较多的要求,完成繁杂的工作准备,而且论文的选题一旦确定无法更改,开题报告正好能够为此做好把关工作,防止学生进行无效、反复的研究。

通过撰写开题报告,学生可以把自己对选题的认识理解程度和准备工作情况加以整理、概括,以便使具体的研究目标、步骤、方法、措施、进度、条件等得到更明确的表达,从而为日后研究工作提供指导,使后续环节能够顺利进行。

开题报告要求搭建论文的基本框架,确定论文的提纲(详细到三级目录),概述论文每部分的主要研究内容,即在开题报告中已经确定了论文的主体架构,这不仅为论文的写作提供了充分的前期准备,而且能够保证论文的连贯性、系统性和完整性。

总之，开题报告是选题阶段的主要文字表现，它实际上是连接选题过程中备题、开题、审题及立题这四大环节的强有力的纽带。

三、开题报告的内容

开题报告是研究工作有序进行的文字依据，也是论文的基本框架。通常开题报告的主要内容应包括以下几部分。

(1)标题。开题报告的标题即论文的题目。

(2)立论依据。开题报告中立论依据部分一般包括选题背景、研究意义或目的。

(3)国内外研究现状。

(4)研究方案。研究方案包括研究方法、研究的基本框架、研究内容与研究思路。

(5)可能遇到的问题及解决的初步设想。

(6)预期达到的目标。

(7)论文工作量与经费来源。

(8)论文的进度安排。

(9)参考文献。

第二节　硕士学位论文开题报告的撰写

学生对于所要研究的问题有了深入的了解后，可以开始撰写开题报告。下面按照开题报告中每部分出现的先后顺序，逐一介绍其写作方法及要求。

一、标题

1. 含义

开题报告的标题就是论文的题目，是整篇论文的论题中心，它同论文所要研究的内容是密切相连的。因此，开题报告的标题应当精练并完整表达论文的本意。一个好的论文标题应该能有效地反映论文的基本思想，一看到题目，就可以大致了解学生在论文中要写什么。

2. 写作要求

拟定论文标题时要尽可能做到以下几点。

(1)要体现专业性，符合本学科专业的学术要求和规范。

(2)要有问题导向，有针对性，从题目表述就可以看出论文研究的核心问题。

(3)标题一般采取中性表达，文题相对，用词造句要科学、规范。要将研究的问题准确地概括出来，反映出研究的深度、广度以及研究的性质。

(4)标题应该简明，要用尽可能少的文字表达，字数一般不超过25个汉字，如果字数太长或因研究需要，可以添加副标题。

3. 几种培养类型标题的区别

对于会计学术型硕士，在确定开题报告的标题时应该以理论研究为主，因此所选择的标题更注重理论探讨这一方面，如"作业基础的预算方法探讨""执行非审计业务对审计独立性的影响"等。

会计专业型硕士学位论文要体现专业学位特点,突出学以致用,注重解决实际问题,标题及后续的研究工作应体现学生运用会计学科及相关学科的理论、知识、方法分析和解决会计实际问题的能力,具有创新和实用价值。论文形式上可以是研究报告、调研报告或案例分析报告等。

工商管理硕士学员在确定开题报告的标题时,与会计专业型硕士所选择的标题有相似的部分,即两者都注重理论联系实际,偏向于解决实际问题。但由于工商管理硕士学员有一定的工作经验,因此,开题报告的标题针对的是其所在单位的相关问题的研究。把在校所学和单位所做紧密联系,正符合了工商管理硕士的培养目的。

虽然会计学术型硕士、会计专业型硕士和工商管理硕士在确定开题报告的标题时侧重点有所不同,但都应遵循上述的原则和要求选择恰当的标题,以保证后期研究工作的顺利开展。

二、立论依据

(一)选题背景

1. 含义

开题报告的选题背景,实际上就是学生所选研究问题的发展状况。在写作时对选题背景的描述,其实也就是对该问题发展状况的描述,也是对学生在怎样的形势之下选择了这个题目的回答。

选题背景可以分为宏观层面的背景和微观层面的背景。宏观层面的背景,即宏观的环境,如当前社会经济的总体发展状况、政治政策因素等;微观层面背景,即微观的环境,如某行业的发展水平、某企业的发展状况等。在此部分的写作中,应对不同层面的背景进行分别论述。

2. 写作要求

选题背景的写作应主要表达学生所选的研究问题是有现实背景而且有实际价值的。

在进行研究背景的写作时,内容方面应"由大到小"分为三个部分,即宏观层面的背景部分、微观层面的背景部分和最后的引出研究问题部分。第一部分,即宏观层面的背景,在写作时应联系所选题目,从社会大环境入手分析当前形势,如上面提到的经济环境、政治因素等。第二部分,即微观层面的背景,仍应以所选研究问题为中心,从所选行业或企业的角度出发,说明即将进行的研究对行业或企业具有重要的意义。第三部分,即引出研究问题并表明该问题有研究价值,并应用事实、数据来提出现实问题,着重强调所研究问题的重要性,让读者对这些问题产生兴趣,认识到这些问题亟待解决或解释。最后在写作时可以有一个承上启下的过渡句或总结句作为结尾。

此部分可根据学生个人安排,将内容分为两段、三段或多段,每一段都应表述清晰,段落之间应注意连贯。一般在开题报告中,选题背景的字数要求为1 000字左右,篇幅一页左右。

3. 写作举例

以《我国上市公司慈善捐赠行为及其与企业绩效关系的实证研究》这一硕士学位论文为例,阐述该论文开题报告中的研究背景:

随着企业的经营活动与政治、经济和社会的联系越来越紧密,企业的行为对利益相关者的影响日益加大。企业履行社会责任已经不只是道德问题,它还关系到企业能否可持续发展。随着全球商业竞争的加剧,出于资源和成本的考虑,企业开始改变传统的社会公益行为,转而将公益慈善整合到企业总体战略规划之中,意图实现经济利益和社会利益的双赢。作为企业社会责任的一种有效的表现形式,企业慈善捐赠行为得到了较快的发展。近年来企业慈善捐赠的领域更为广泛,涉及教育、文化艺术、医疗卫生等领域;捐赠资源也非常丰富,除了资金之外,还包括产品、设备、人员等;且更注重捐赠成效,企业都希望其慈善捐赠可以达到预期目标。可以预见,随着国际化程度的提高和慈善理念的逐步成熟,所有企业都将在一定程度上参与捐赠活动,而且慈善捐赠的行为也将逐步纳入企业的管理之中,成为企业发展战略不可缺少的一部分。

2008年5月12日四川汶川大地震的发生,使中国企业的社会责任感得到了空前的强化,社会各界纷纷慷慨解囊,献出爱心。上市公司在这一危难时刻也纷纷捐款捐物,奉献爱心。截至2008年5月底,已有200多家上市公司共捐款超过30亿元,占上市公司一季度净利润总额的1.38%。尽管慈善捐赠已成为一种普遍的企业行为,但根据经典的企业理论,现代企业的最高目标是股东利益最大化。然而,捐赠却意味着企业要将一部分资源用于不以获利为目的的活动中,这无疑会增加的运营成本。目前有一种观点认为,企业进行慈善捐赠,会增加经营成本,导致盈利减少,从而降低绩效;而另一种观点则认为企业的慈善捐赠行为有利于改善企业在利益相关者中的形象,尤其是对提升企业品牌知名度有较大影响,从而吸引更多的消费者选择该企业的产品,进而提升企业绩效,促进企业可持续发展。

公司为什么要捐赠?在建设和谐社会成为新的发展理念的今天,企业在公益事业面前究竟应该扮演什么样的角色?以股东利益最大化为目标的公司管理当局,能否成功实现商业运营、公司治理与社会责任之间的平衡?慈善捐赠是否会提升企业绩效?对这些问题的回答,需要对我国特殊背景下捐赠与绩效的关系进行实证探讨。本文通过对我国上市公司的慈善捐赠行为展开研究,分析慈善捐赠行为的行业特点及数量特点,结合公司的财务业绩,探究其是否存在一定的关系。

该部分内容分为三个段落。在第一段中,"政治""经济""社会"等的快速发展与变革给企业及利益相关者带来了影响,同时"全球商业竞争"加剧导致企业逐渐改变传统公益行为,这种对社会背景的变化与企业关系的论述,正好引出了"企业慈善捐赠行为"这一关键点。随后作者对"企业慈善捐赠行为"的重要性和必要性进行了说明,并对其近年来的发展做了简单的介绍,以此让读者了解到"企业慈善捐赠行为"值得重视。在第二段中,从汶川地震的爱心捐赠这一案例和相关数据着手,提出了现实的问题,即企业慈善捐赠行为会提升企业绩效、促进企业发展还是会减少企业盈利、降低企业绩效。在本段中,作者所提出的两种观点之间的矛盾说明了这一选题值得研究,这一问题也有待解决。在最后一段中,作者则提出了更多方位、更深层次的问题,来告诉读者这一问题值得进一步探讨。

(二)研究意义(或目的)

1. 含义

研究意义(或目的),就是阐述为什么要对所选问题进行研究,也就是指其重要性。

研究意义可以分为理论意义和实践意义(实际意义)。理论意义主要是对理论或前人研究结论的补充和完善,而实践意义(实际意义)则是指该研究对企业、社会的具体指导价值。学生在写作时,应有这两方面的阐述。

2. 写作要求

研究意义(或目的)的写作应分为理论意义和实践意义(实际意义)两个部分。理论意义的写作,主要是在阅读相关文献的基础上,通过对所选问题的深入探讨,回答遗留的问题,补充之前的结论,丰富对该问题的研究。对于实践意义(实际意义)的写作,更侧重于为某行业、某企业的现实问题提供指导,即主要通过对所选问题的研究,得出相应的研究结论,提出对解决现实问题的实际建议和对策。

写作此部分时一般分为两个段落,即将理论意义和实践意义(实际意义)分段论述,要求实际、客观,且具有针对性。字数要求500字左右,占半页左右的篇幅。

3. 写作举例

以《我国上市公司慈善捐赠行为及其与企业绩效关系的实证研究》这一硕士学位论文为例。

(1)理论意义。

关于企业慈善捐赠对企业绩效的影响研究,国内外虽然有了一定的研究,但是仅仅停留在二者有无关系上,对于企业慈善捐赠对企业绩效的影响程度却少有研究,不少文献仅停留在从伦理、法律等层面进行研究。本文以我国上市公司为研究对象,研究我国上市公司的慈善捐赠行为及其对企业绩效的影响机理,并通过实证分析其影响程度,在理论上丰富对该领域的研究。

(2)实践意义。

面对激烈的竞争和多变的环境,慈善捐赠日趋成为企业提高竞争力的重要手段。跨国公司以成熟的慈善理念通过广泛的社区参与活动,将慈善捐赠行为和企业战略紧密联系在一起,形成了一套规范化、制度化的运作机制。这显然对我国企业提出了严峻的挑战,即如何将慈善捐赠行为和企业的发展战略联系起来提升竞争优势实现持续发展。因此,本文在对我国上市公司慈善捐赠行为进行研究的同时,对于我国企业在未来竞争中慈善战略的选择也具有重要的理论意义和参考价值。

我们可以很清楚地看到,在上述举例中,理论意义的重点是,通过对"上市公司"这一研究对象的"慈善捐赠行为"及"对企业绩效的影响"的分析探讨,在"理论上可以丰富对该领域的研究",即主要对之前的研究进行了理论上的补充。而实践意义明显偏向于"对于我国企业在未来竞争中慈善战略的选择也具有重要的理论意义和参考价值",即对企业的日后发展提供实际意义上的指导。侧重点的不同,也正是理论意义和实践意义在写作上的不同。

对于立论依据的写作,学生应按照上述要求进行。只有明确了为什么要进行某一研究,才能保证后续研究工作的顺利开展,也才能保证论文的写作有价值、有意义。

三、国内外研究现状

1. 含义

研究现状,也可以称为文献综述,是指对知识形成的历史过程进行的梳理总结。它与发展现状不同,发展现状主要表明某一研究当前的发展状况和发展程度,研究现状则主要侧重于某一研究的产生和发展,对其发展过程中产生的疑问、得出的结论、有待解决的问题进行的系统论述。

研究现状的写作,是基于所选研究题目,通过搜集大量相关资料,并进行分析、阅读、整理、提炼,最后在开题报告中对该研究做综合性的阐述。研究现状部分一般分为国内研究现状和国外研究现状,在写作时对这两方面都应有所涉及。

2. 重要性

在题目选定的情况下,研究现状就是整个论文构思与写作的基础,因为只有全面、深刻地阅读、理解了国内外同行的最新研究进展,才能明确本论文研究工作的起点;只有清晰地梳理出以往学科发展的历史脉络和主要路径,才有可能把握学科发展的未来趋势和走向;只有敏锐地发掘出学术界共同面临而又亟待解决的问题,才能正确选择自己研究的方向和切入点。因此,写好研究现状就等于凝练出了有价值的问题,找到了研究的突破口。

研究现状的价值是多方面的,其中一个重要价值就是为本选题提供启示,也就是说,通过研究现状的综述为本选题奠定知识基础,从综述中找到选题的重要依据,或许是新选题新研究,或许是旧选题新研究,或许是旧选题补充研究,总之只有在对研究现状进行综述的基础上才可能知道选题在所属研究领域中的地位,这是研究创新和进步的根本标志所在。

3. 写作要求

(1) 文献数量要求。对于开题报告中研究现状部分的写作,硕士研究生一般要求的文献数量为50篇以上,其中国内文献的数量及论述应多于国外文献,国外的相关文献应为30%左右。

(2) 文献顺序要求。由于研究现状的写作分为国外研究现状和国内研究现状两个部分,因此应将两个部分分开论述,不可混为一谈。在写作时,一般先写国外研究现状部分,再对国内研究现状进行论述。

(3) 文献思路要求。研究现状撰写时的思路有两种:一种是按照引用文献的时间顺序进行写作,另一种是按照具体内容的分类进行写作。

按照时间顺序的先后来写,由远及近,先写国外的研究现状,再写国内研究现状,并按时间顺序将以往研究分成几个发展阶段,再对每个阶段的进展和主要成就进行陈述和评价。这种方法的优点是能较好地反映以往不同研究之间的前后继承关系,梳理出清晰的历史脉络。

以研究内容为主线,其实是分别对不同的观点或流派进行追溯,每个方面按照时间顺序表述。这种方法的优点是能从横向的比较中发现问题和不足。

(4) 现状综述。除了对国内外研究现状的陈述之外,现状综述也是本部分不可缺少的重要组成内容,它不仅仅是对前文的总结,也是对下文的引出。现状综述一般写在国内外研究现状之后,一段或两段为宜,可以以小标题形式将上述内容进行概括。现状综述首先应总结现在的研究进展程度,其次指出还需要研究的问题,最后落脚到所研究的方面,这样就起到了承上启下的作用。

(5) 篇幅、格式要求。在国内外研究现状部分,可以对每一个学者的观点或结论进行分段落陈述,每段150字左右,大约4行即可。

硕士学位论文的开题报告中,一般要求国内外研究现状部分的总字数为5 000字左右,篇幅4~6页。

4. 常见错误

在国内外研究现状综述的撰写中,常见的错误有以下几种。

(1) 只简单罗列他人观点,未对已有研究成果进行分类、归纳和提炼。这样就难以理清已有成果之间的前后继承或横向关联关系,也不易区分哪些是主要问题,哪些是次要问题,从而难以从整体上把握学科前沿领域的发展趋势。

（2）虽然对已有成果进行了归纳或梳理，但未做系统、深入的分析、评价。对已有成果进行分析、评价，找到矛盾和症结所在，进而凝练出有价值的科学问题是国内外研究现状部分要解决的基本问题。如果国内外研究现状综述的撰写是述而未作，那么，充其量只是陈述了他人的观点，不能达到通过分析、评说而捕捉到创新机遇的目的。

（3）虽然对已有成果进行了分析、评价，但是对问题的提炼不够精确。对他人成果进行评价并不是最终目的，只有在评说他人的基础上挖掘出待研究的问题，才达到了对文献进行综述的目的。

5. 写作举例

以《我国上市公司慈善捐赠行为及其与企业绩效关系的实证研究》这一硕士学位论文为例。

通过文献回顾可知，现有的研究还存在着以下不足：

（1）目前企业慈善捐赠行为的研究国内外仍处于开创阶段，并未形成系统的理论体系，目前的研究主要集中于社会学和法学领域，且大都为定性描述。关于企业慈善捐赠对企业绩效的影响研究，已有的文献仅侧重于对企业慈善捐赠与企业绩效有无关系的研究，虽然认为二者呈正相关关系的结论较多，但很少涉及企业慈善捐赠对企业绩效的影响程度的研究，研究的深度不够。理论界在"捐赠—绩效"的关系研究中并未形成统一的理论框架，运用单一的理论对于复杂的现实状况进行解释说服力不够强，并且从不同的理论角度去解释都会得出不一样的结论。另外在实证方面，也鉴于企业绩效的多种计量方式难以统一，捐赠行为的影响因素复杂且难以量化，因而得出的结论也是不一致的。

（2）以往的实证研究更多的是侧重于宏观的分析，没有考虑到企业慈善捐赠的行业特点。事实上，每个行业都有不同的特点，行业间必然存在差异，对不区分行业而进行的分析未必能准确反映二者之间的关系。关于企业的不同特征对捐赠行为的影响的研究也较少，例如，由于企业所处的生命周期、企业价值观、企业战略选择的不同，对捐赠行为的影响也会不同。

（3）管理学界主要关注的是企业社会责任这一整体与绩效的关系，较少单独将慈善责任剥离出来进行研究，导致捐赠在企业战略中的地位被低估。特别是有关捐赠行为的动机、实施效果、管理及慈善捐赠对企业绩效的影响等问题仅仅散见于一些文献资料之中，至于实证方面则更显薄弱，且研究仍然存在很多不清晰的地方，需要进一步分析和探讨。当前缺乏对企业慈善捐赠行为的系统性研究，应从捐赠行为的前提、动机、方式、管理以及绩效等方面全方位地予以探讨；而慈善捐赠行为影响企业绩效和竞争优势的研究，仅在企业社会责任和利益相关者文献中略有提及，使得慈善捐赠这一重要的社会公益行为在企业竞争战略中的作用被大大低估了。因此有必要明晰捐赠行为的重要地位，揭示其不同于其他企业社会责任的特异性。

（4）虽然波特的战略慈善观已得到了西方一系列实证研究的证实，但是，中国企业的慈善行为具有鲜明的特色，"捐赠的中国式问题"使得国外的结论可能并不能解释中国的实际。中国的慈善机制与国外相比还是存在着很大的差距，而且中国具有特殊的国情和体制，悠久的中华民族传统道德观念对捐赠行为产生影响及国有企业政府管制制度使得中国企业的捐赠也处于一种特殊的环境中。如果单一地搬用国外的理论来解释中国的捐赠行为是非常局限的做法。我们希望在国外现有的理论基础上，通过研究能构建出一个适合自己国情的理论框架来解释中国的捐赠行为。因此，必须采用管理学实证研究方法，提供捐赠与绩效这一命题在我国特殊国情下的独特解释。

作者分别从四方面对国内外研究现状进行了综述,并提出了相应的问题和值得继续研究的部分。第一,总结得出研究中对"企业慈善捐赠行为与企业绩效"二者"呈正相关关系的结论较多",但"研究的深度不够";第二,主要提出了"实证研究更多的是侧重于宏观的分析,没有考虑到企业慈善捐赠的行业特点"这一问题;第三,通过大量的文献阅读,发现对"慈善捐赠行为与企业绩效的研究较少";第四,因为"中国企业的慈善行为具有鲜明的特色",所以国外结论并不能解释中国的实际,因此希望"通过研究能构建出一个适合自己国情的理论框架来解释中国的捐赠行为"。这四方面其实都是在大量阅读相关文献的基础上,总结了国内外研究现状,发现了遗留和有待解决的问题,从而进一步表明这一选题值得深入研究。

其实,不论是对国内外研究现状的描述,还是现状综述部分的总结,都应该注意必须以所选问题为中心,而不能只是简单罗列他人的观点,在写作时应表明的是,这一问题有深入研究的价值和意义。

四、研究方案

研究方案是开题报告中相当重要的一部分,它基本上确定了论文的框架、内容,是论文的简要雏形。研究方案中一般包括研究方法、研究的基本框架、研究内容和研究思路。下面分别就这四部分内容进行阐述。

(一)研究方法

1. 含义

研究方法是对研究对象进行描述、调查、分析的手段。具体的研究方法应根据研究问题来选用,并保证能回答该问题。将问题和方法直接相联系,可以在调查方法、数据、假设的互相作用基础上进行一系列逻辑推理,从而得出合理的结论。

2. 分类

研究方法运用的好坏建立在对研究问题深入了解的基础之上,有时可能对研究问题的不了解,导致不能选择出适当的研究方法。实际上,研究方法不具体是目前学生在写开题报告时普遍存在的问题。在此,我们对会计学专业中常用的研究方法进行简单的描述。

(1)调查法。调查法是研究中最常用的方法之一。它是有目的、有计划、有系统地搜集有关研究对象现实状况或历史状况的材料的方法。调查方法是科学研究中常用的基本研究方法,它综合运用历史法、观察法等方法以及谈话、问卷、个案研究、测验等科学方式,对教育现象进行有计划的、周密的和系统的了解,并对调查搜集到的大量资料进行分析、综合、比较、归纳,从而为人们提供规律性的知识。

调查法中最常用的是问卷调查法,它是以书面提出问题的方式搜集资料的一种研究方法,即调查者就调查项目编制成表格,分发或邮寄给有关人员,请示填写答案,然后回收、整理、统计和研究。

(2)文献研究法(查找文献法)。文献研究法是根据一定的研究目的或论题,通过调查文献来获得资料,从而全面、正确地了解、掌握所要研究问题的一种方法。文献研究法被广泛用于各种学科研究中。其作用有以下几个:①了解有关问题的历史和现状,帮助确定研究论题;②形成关于研究对象的一般印象,有助于观察和访问;③得到现实资料的比较数据;④有助于了解事物的全貌。

(3)实证分析法。实证分析法是社会科学研究方法之一,它着眼于当前社会或学科现实,通过事例和经验等从理论上推理说明。实证分析要运用一系列的分析工具,诸如个量分析与总量分析、均衡分析与非均衡分析、静态分析与动态分析、定性分析与定量分析、逻辑演绎与经验归纳、经济模型以及理性人的假定等。

3. 写作要求

关于研究方法的写作,首先应该在查阅文献的基础上,对相关的方法进行评价;其次要对所选择的方法进行讨论,重点说明为什么选择这一方法;最后,应该详细描述如何使用所选定的方法进行研究,如对于数据的搜集过程(使用公布的数据、案例研究、问卷调查等)、文献的来源和使用方式做出详细的描述,并具体说明数据的分析方法。

一般情况下,硕士学位论文会使用两到三种研究方法。在开题报告中,对于每种研究方法应分段描述,每段 3~5 行,120 字左右。

尽管不同研究方法有不同的应用过程,但是,解决问题的方法要明确、过程要具体,方法的选择以及数据的搜集和分析要适合论文的研究目标,这是学生写开题报告时要特别注意的。

(二)研究的基本框架

1. 含义

研究的基本框架事实上是论文的一个整体框架,是最终论文各级标题的集合。它要求简明扼要,具有高度的概括性。

2. 写作要求

由于开题报告中研究的基本框架就是论文的主体架构,因此在搭建框架时必须清晰、简洁、明确,体现出层层递进的关系。

研究框架一般可分为五个部分或六个部分,分别为绪论、相关理论、现状及存在问题分析、模型设计、实证研究和结论对策。

研究的基本框架一般要求具体到三级目录,但应注意各级标题都不应过长,内容不能重复,也不能在标题中出现标点符号。

3. 常见错误

在硕士学位论文框架的搭建过程中,经常出现的错误有以下几种。

(1)搭建"平、空、虚、泛"的研究框架。有的学生开题之初就立意高远,他们或者是要奠定某研究(或某学科)的理论基础,或要提供某问题的全面解决方案,也有的要构建某研究领域的方法体系。由于目标定得过高,在研究安排上就力求"全面""系统",这样就使研究本身涉及的领域过宽,超出自身的驾驭能力。这种框架往往使研究思路过于发散,不能通过思维聚焦而产生创新。

(2)频繁使用生涩、怪诞的词汇。有的学生在开题报告的各级标题中使用各种时髦的词汇和令人费解的语句,使读者难以理解其真实内涵。这种错误有两种表现形式:第一,自己"创造"了一些"新概念",但这些概念同论文的内容和整个逻辑体系又难以兼容;第二,生搬硬套其他学科或日常语言中的一些新鲜词汇。这些都不应出现在开题报告和论文中。

(3)过早地做出判断或给出结论。研究框架一般仅是大致划定一个研究范围,表示研究展开的逻辑,此时,还难以有结论性观点或成熟的推断。如果在开题报告阶段就轻易地得出结论,那么,后续的研究就可能受到先前判断的局限,或者围绕着如何使先设定的结论自圆其说来进行,这恰恰违背了科学推理的基本原则。

4. 写作举例

《我国上市公司环境会计信息披露质量影响因素研究——以制造业为例》这一论文的目录如下：

第1章　绪论
　　1.1 研究背景及意义
　　1.2 国内外研究现状
　　　　1.2.1 国外研究现状
　　　　1.2.2 国内研究现状
　　　　1.2.3 国内外研究现状综述
　　1.3 研究内容与方法
　　　　1.3.1 研究内容与框架
　　　　1.3.2 研究方法
第2章　我国上市公司环境会计信息披露的相关理论
　　2.1 环境会计信息披露
　　　　2.1.1 环境会计与环境会计信息披露的界定
　　　　2.1.2 环境会计信息披露的原则
　　　　2.1.3 环境会计信息披露的内容
　　　　2.1.4 环境会计信息披露的方式
　　2.2 环境会计信息披露的理论基础
　　　　2.2.1 可持续发展理论
　　　　2.2.2 社会责任理论
　　　　2.2.3 信息不对称理论
　　　　2.2.4 委托代理理论
　　　　2.2.5 利益相关者理论
第3章　我国上市公司环境会计信息披露质量与特点分析
　　3.1 上市公司环境会计信息披露现状
　　　　3.1.1 上市公司发展规模
　　　　3.1.2 上市公司环境会计信息披露的形式
　　　　3.1.3 上市公司环境会计信息披露的数量
　　3.2 上市公司环境会计信息披露质量
　　　　3.2.1 上市公司环境会计信息披露质量的论述依据
　　　　3.2.2 上市公司环境会计信息披露质量的衡量方法
　　3.3 上市公司环境会计信息披露质量的特点
第4章　我国上市公司环境会计信息披露质量影响因素模型设计
　　4.1 研究假设
　　　　4.1.1 企业内部影响因素
　　　　4.1.2 企业外部影响因素
　　4.2 样本选取与数据来源
　　　　4.2.1 样本选取

4.2.2 数据来源

4.3 研究变量的设计

4.3.1 因变量的设计

4.3.2 自变量的选取

4.4 模型构建

第5章 我国上市公司环境会计信息披露质量影响因素实证分析

5.1 描述性统计分析

5.2 相关性分析

5.3 多元回归分析

5.3.1 模型拟合优度分析

5.3.2 模型显著性检验

5.4 实证结论

第6章 研究结论及改进对策

6.1 研究结论

6.2 改进对策

上述示例中所列出的框架主要分为六部分,分别为绪论、基本理论、现状及特点分析、模型设计、实证分析和结论对策。从中还可以看出,每级标题简单明确,无怪诞词汇,标题结尾无标点符号。该框架中,除了第六部分结论对策以外,其余五部分均具体到了三级标题。如第四部分"我国上市公司环境会计信息披露质量影响因素模型设计"中假设的说明、样本的选取、数据的来源、变量的设计都将三级标题列示出来,可以让读者清楚地知道在研究中要做什么、要如何去做。这一框架是对研究工作的系统、完整的概括,是对发现问题、分析问题、解决问题这一过程的全面陈述。学生在写作时可参考上述示例,保证框架的连贯、完整。

(三)研究内容

1. 含义

研究内容则是以文字的方式对框架的展开,是对框架进行更加具体化的描述,它要求更详细、明确。但写出来的研究内容切忌笼统、模糊,更不能把写作的目的、意义当作研究内容。

2. 写作要求

研究内容的写作,应与框架保持一致,因为框架是研究内容的主体,研究内容是框架的展开。

研究内容的写作,应基于框架中确定的标题,按照框架的先后顺序,先对每一部分的主要内容用一句话进行总结,或直接将框架中的一级标题作为每一段落的中心句,再根据每部分框架对研究内容展开更加详细的论述。

研究内容的写作,可分段列示,每一部分为一段,每一段 4~5 行,150 字左右,总字数大约 700 字。

3. 重要性

研究内容是整个开题报告的核心,它的重要性体现在以下几方面。

(1)研究内容是对框架的进一步展开,它实际上是对文献综述中前人研究成果的进一步补充和完善。

(2) 研究内容搭建起整个研究的基本架构,下一步研究就是按此架构深入开展。研究内容安排得合理,就会使整个研究少走弯路,顺利达到预期结果。

(3) 研究内容的确定又是设计技术路线和选择研究方法的依据。

4. 写作举例

仍以《我国上市公司环境会计信息披露质量影响因素——以制造业为例》为例,其研究内容如下。

本文共分六大部分,结构安排如下:

第一章:绪论。本章主要介绍本论文的选题背景与意义、国内外文献综述、研究内容与方法等。首先通过分析国内上市公司环境整体的发展规模和环境会计信息披露的现状,指出上市公司披露环境会计信息的相关意义;其次从国外、国内两个角度对已有相关研究进行归纳分析,从而为本研究提供参考和启发;再次是对本文研究内容、研究思路和框架进行初步设计,并介绍本文将重点采用的几种研究方法。

第二章:我国上市公司环境会计信息披露的理论分析。本章首先介绍环境会计信息披露的相关概念,包括环境会计以及环境会计信息披露的定义、披露的原则内容和方式,接着介绍环境会计信息披露所遵循的五个理论,包括可持续发展理论、社会责任理论、信息不对称理论、委托代理理论和利益相关者理论,为本文实证研究的研究假设提供理论基础。

第三章:我国上市公司环境会计信息披露质量与特点分析。首先,选取我国制造业上市公司 2011—2013 年年度报告以及与环境相关的报告,从企业规模、信息披露形式和数量三个方面进行研究,分析目前企业环境会计信息披露的现状。其次,从环境会计信息披露的论述依据和衡量方法两个方面入手详细地阐明上市公司环境会计信息披露的质量状况,并指出其存在的问题以及表现的特点。

第四章:我国上市公司环境会计信息披露质量影响因素模型设计。本章首先根据前面阐述的理论,借鉴前人的研究成果,提出研究假设,然后指出样本的选取与数据来源,最后是设计自变量和因变量来构建实证模型。

第五章:我国上市公司环境会计信息披露质量影响因素的实证分析。对前一章选取的自变量和因变量进行描述性统计分析、相关性分析,对构建的模型进行回归检验分析,以此验证假设,得出实证结果。

第六章:研究结论及改进对策。针对第五章的实证结果,得出研究结论并提出对应的政策建议。

对于研究内容部分的举例,首先可以看到的是,作者根据之前的框架,将研究内容分为六章进行表述,每部分条理清晰,思路完整。其次,每段中的第一句话都是本段的总结性文字,也是框架中的一级标题,紧随其后的是对该章内容详细的解释。最后,每章的文字都能清楚、明确地表达所做的研究工作是什么,如第三章,选取相关报告,"从企业规模、信息披露形式和数量三方面进行研究,分析目前企业环境会计信息披露的现状",再从"论述依据和衡量方法两个方面入手详细地阐明上市公司环境会计信息披露的质量状况",最后"指出其存在的问题以及表现的特点"。从中可以看出,作者要做的是分析披露现状,阐明披露质量状况,分析成因和特点。

(四)研究思路

1. 含义

研究思路事实上与研究的基本框架是一致的,它们都是研究工作的过程的体现。在开题报告中,研究思路一般会用研究路径图来描述。研究路径图是用简洁的图形、表格、文字等形式将论文各部分之间的逻辑关系表达清楚的一种图表。它是研究思路最清晰、直观的体现。

2. 研究路径图画法

一般按照箭头所指方向,将研究路径图的画法分为三种:

第一种:一级标题为主线,二级标题在主线右侧;

第二种:一级标题为主线,二级标题在主线左侧,研究方法在主线右侧;

第三种:一级标题为主线,研究方法在主线右侧。

3. 画法举例

仍以《我国上市公司环境会计信息披露质量影响因素——以制造业为例》为例,研究路径图如图 8-1~图 8-3 所示。

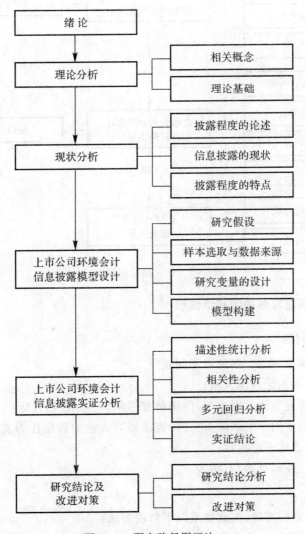

图 8-1 研究路径图画法一

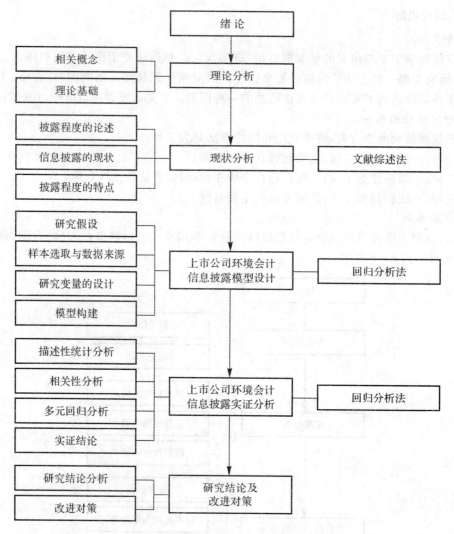

图 8-2 研究路径图画法二

五、可能遇到的问题及解决的初步设想

(一)可能遇到的问题

在研究过程中,学生可能会遇到以下问题:

(1)资料不足,相关理论知识欠缺;

(2)研究工具和研究方法运用生疏,使得研究结果达不到预期目标;

(3)对于会计学专业的学生来说,论文的完成需要大量的数据作为支撑,但数据搜集难度大、计算量大,可能会造成一定困难;

(4)阶段目标和任务不具体、不明确。

(二)解决方法

面对以上可能遇到的问题,在此提出以下解决方法:

(1)大量阅读与研究相关的文献并补充理论知识,进行知识储备;

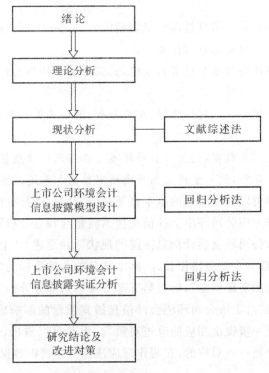

图 8-3 研究路径图画法三

（2）熟悉研究工具及研究方法，对研究过程进行适当的调整和修改，使得研究结果能够尽量达到预期的目标；

（3）对于工作量较大的研究，如数据难以搜集和计算的，应提前动手，以保证研究工作和论文写作的顺利进行；

（4）阶段目标和任务不明确的学生，可寻求指导教师的帮助，以保证合理地安排研究工作。

在研究过程中，难以避免遇到各种各样的问题，但为了保证研究工作和论文写作的顺利进行，除了做好基本的准备之外，也应寻找合适的方法，尽可能解决问题，以达到最终目标。

六、预期达到的目标

1. 含义

预期达到的目标是指，通过对所选问题的不断分析和深入研究，最终可能会取得什么样的研究结果，这一研究结果在实际应用、理论研究方面存在什么样的意义。预期达到的目标是在研究正式开始前对结果的合理预设。

2. 写作要求

一般情况下，研究工作是提出问题、分析问题和解决问题的过程。因此，预期达到的目标可根据这三个方面层层推进，达到最终目的。开题报告中，可以确定两个或三个预期达到的目标，对每一个目标应分段进行 60 字左右的清楚的描述。这部分总体字数要求 180 字左右。

值得注意的是，学生应根据对研究工作的了解和认识，客观地确定预期达到的目标，不应过分夸大可能取得的结果，不应有意渲染研究结果的重要性，也不应把未经论证的结论视为自己的贡献。

3. 写作举例

以《我国上市公司环境会计信息披露质量影响因素研究——以制造业为例》这一论文的开题报告为例,其预期达到的目标部分写作如下:

(1)分析上市公司环境会计信息披露的现状,论证环境会计信息披露运用于上市公司绩效提升的必要性和重要性。

(2)结合所选取的上市公司的特殊情况,综合分析,选取合适的因变量和自变量指标,得出本文适用的实证模型。

(3)运用上市公司的相关数据,对上市公司环境会计信息披露质量的影响因素进行实证分析,并对其分析结果进行评价,进一步提出相应的研究结论和改进对策。

在这一示例中,我们可以联系研究的基本框架和研究内容进行分析。在该论文的框架中,第三部分的标题为"我国上市公司环境会计信息披露质量与特点分析",因此,本部分内容所对应的目标就是"分析上市公司环境会计信息披露的现状",并论述对"上市公司绩效提升的必要性和重要性";框架第四部分主要是模型设计,则本部分的预期目标为"选取合适的因变量和自变量指标,得出本文适用的实证模型";框架第五部分和第六部分分别为实证分析和结论对策,因此,最后的预期目标为"对上市公司环境会计信息披露质量的影响因素进行实证分析,并对其分析结果进行评价,进一步提出相应的改进对策"。由此可以看出,预期目标都是与论文的基本框架,或者说研究计划一一对应的,在写作时应注意与之前内容保持协调。

七、论文工作量与经费来源

(一)论文工作量

论文的工作量一般主要来源于两个部分。一部分是研究工作前期,学生需要查阅大量的图书资料、期刊文献,并且补充更深层次、更多方面的理论知识,以保证对所研究问题的深入了解。另一部分来源于研究工作中期,学生需要学习各种研究方法,并且需要对 Excel、SPSS 等数据分析软件熟练使用,以便为进行模型设计和大量的数据分析做好准备。

(二)经费来源

一般情况下,硕士学位论文经费主要来源于研究生的培养经费。

八、论文的进度安排

1. 含义

论文的进度安排,就是指在规定的时间内,学生按照学校的要求,从文献资料的搜集,到论文主题的撰写,再经过论文的不断修改,直至最终定稿的整个写作计划的安排。一般情况下,每个培养类型的进度安排都是相同的。

2. 写作要求

在写作时应严格按照学校的时间规定,客观、真实地安排论文的进度。若无特殊情况,均不允许出现拖延、迟缓等现象。

此部分一般分为资料收集、论文写作、论文修改和定稿答辩四个步骤,每个步骤都应写清楚具体起止时间,四个步骤的时间应连续无间隔。

3. 写作举例

(1)2013年12月到2014年6月。资料的收集与深入学习相关理论知识阶段。

(2)2014年7月到2014年11月。开始论文主体的写作,到11月底完成论文主体。

(3)2014年12月到2015年3月。完成论文的初稿,并进行细节完善,准备预答辩。

(4)2015年4月。最后进行完善,准备毕业答辩。

学生可以参考此写作示例,按照学校规定,适当修改自己的进度安排。应注意的是,进度安排要合理、实际,语句表述应简洁、明了。

九、参考文献

(一)含义、类型和区别

1. 含义

在学术研究过程中,对某一著作或论文的参考或借鉴,它是为撰写或编写论文和著作而引用的有关文献信息资源。不论是在开题报告还是在学位论文中,参考文献都是不可或缺的一部分。

在学术论文后列出参考文献,其目的有三点:反映真实的科学依据;体现严谨的科学态度,分清是自己的观点或成果还是别人的观点或成果;对前人的科学成果表示尊重,同时也是指明引用资料出处,便于检索。

2. 类型

参考文献的类型包括专著、论文集、期刊、学位论文、报告、专利、论文集中的析出文献、数据库等。

3. 参考文献和注释的区别

在写作时,应注意区分参考文献和注释。注释是对正文中某一内容做进一步解释或补充说明的文字,即作者进一步解释自己所要表达的意思,而参考文献指作者引文的出处,一律放在论文最后。

(二)文献检索

1. 文献检索的方法

(1)直接法。直接法是指直接利用检索工具(系统)检索文献信息的方法,这是文献检索中最常用的一种方法。它又分为顺查法、倒查法和抽查法。

1)顺查法。顺查法是指按照时间的顺序,由远及近地利用检索系统进行文献信息检索的方法。这种方法能收集到某一论题的系统文献,适用于较大论题的文献检索。例如,已知某论题的起始年代,现在需要了解其发展的全过程,就可以用顺查法从最初的年代开始,逐渐向近期查找。

2)倒查法。倒查法是由近及远,从新到旧,逆着时间的顺序利用检索工具进行文献检索的方法。此法的重点在近期文献。使用这种方法可以最快地获得最新资料。

3)抽查法。抽查法是指针对项目的特点,选择有关该项目的文献信息最可能出现或最多出现的时间段,利用检索工具进行重点检索的方法。

(2)追溯法。追溯法是指不利用一般的检索工具,而是利用已经掌握的文献末尾所列的参考文献,进行逐一的追溯查找"引文"的一种最简便的扩大信息来源的方法。它还可以从查到的"引文"中再追溯查找"引文",像滚雪球一样,依据文献间的引用关系,获得越来越多的相关文献内容。

(3)综合法。综合法又称循环法,是把两种方法加以综合运用的方法。综合法既要利用检索工具进行常规检索,又要利用文献后所附参考文献进行追溯检索,分期分段地交替使用这两种方法,即先利用检索工具(系统)检到一批文献,再以这些文献末尾的参考目录为线索进行查找,如此循环进行,直到满足要求时为止。综合法兼有直接法和追溯法的优点,可以查到较为全面而准确的文献,是实际中采用较多的方法。对于查新工作中的文献检索,可以根据查新项目的性质和检索要求将上述检索方法融汇在一起,灵活处理。

2. 文献检索的途径

现实中有许多获取文献的途径,以下是一些可借鉴的方式。

(1)在图书馆和资料室中查找。图书馆和资料室是文献的集中场所,为会计研究提供大量直接的、现实的资料。这里的图书馆和资料室并不仅仅局限于学校内部,可以是其他学校,或者政府图书馆。

(2)在学术期刊中查找相关的论文,尤其是核心期刊。会计学专业学生应留意每年会计类核心期刊的变化情况。

(3)查找以往学生的论文。

(4)参加相关的学术研讨会和学术会议,了解这一领域的研究现状。各种学术会议的论文能突出地表明当前学术研究方向,可通过这种方式并获取文献。

(三)写作要求

1. 一般要求

一般的硕士学位论文开题报告在文献综述之后要列出主要参考文献,学生应注意以下几点要求。

(1)参考文献一般应是学生直接阅读过的对学位论文有参考价值的发表在正式出版物上的文献,除特殊情况外,一般不应使用间接参考文献。

(2)参考文献应具有权威性,学生应选取核心及以上期刊的论文作为参考。

(3)参考文献的选用要注意时间,尽可能应用最新的文献,一般应选取近5年的期刊论文,或可选取近8年的著作等作为参考文献。

(4)引用他人的学术观点或学术成果,必须列出参考文献。

(5)参考文献按在整个论文中引用的次序列出。

(6)参考文献的数量:硕士学位论文参考文献一般为50篇以上,其中外文参考文献应在15篇左右。

2. **参考文献格式**

(1)连续出版物。

[序号]主要责任者.文献题名[J].刊名,出版年份,卷号(期号):起止页码.

[1]王海粟.浅议会计信息披露模式[J].财政研究,2004,21(1):56-58.

(2)专著。

[序号]主要责任者.文献题名[M].出版地:出版者,出版年:页码.

[2]马沛生.化工热力学[M].北京:化学工业出版社,2005:5.

(3)论文集。

[序号]主要责任者.文献题名[C].出版地:出版者,出版年份:起始页码.

[3]伍西甫.西方文论选[C].上海:上海译文出版社,1979:12-17.

(4)学位论文。

[序号]主要责任者.文献题名[D].保存地:保存单位,年份.

[4]董丁稳.基于安全监控系统实测数据的瓦斯浓度预测预警研究[D].西安:西安科技大学,2012.

(5)报告。

[序号]主要责任者.文献题名[R].报告地:报告会主办单位,年份.

[5]冯西桥.核反应堆压力容器的 LBB 分析[R].北京:清华大学核能技术设计研究院,1997.

(6)专利文献。

[序号]专利所有者.专利题名[P].专利国别:专利号,发布日期.

[6]姜锡洲.一种温热外敷药制备方案[P].中国专利:881056078,1983-08-12.

3. 常见错误

有的学生认为,参考文献的编排只是全部研究的辅助环节,因此,没有给予足够的重视,这其中有许多技术环节需要引起注意。在参考文献的编排中常见的错误有以下几种。

(1)为了显示资料搜集的系统和全面,将尽可能多的参考文献编入其中,以多取胜。这种做法的直接后果是将一些貌似相关、实则无用的研究成果编入参考文献之中,或将一些内容相同,甚至是重复研究的成果也误当重要文献列入。

(2)为了证明对国外研究进展的全面把握,将自己从来没有看过的外文资料也编入参考文献,甚至将那些以自己不懂的语言出版的文献也列入其中。

(3)为了表明研究基础的雄厚,将学位论文研究相关性不大的成果也列入参考文献,不能以与论文的相关程度来决定文献的选取。

由于参考文献的格式比较复杂,且要求较多,因此,学生在阅读、选用参考文献时一定要按照上述要求进行,以保证所列示的参考文献对于论文有实际参考价值。

第三节 硕士学位论文开题报告的写作技巧和误区

一、写好开题报告的技巧

1. 提出问题注意"层次"

选题是撰写学术论文的第一步,选题是否妥当,直接关系到论文的质量,甚至关系到论文能否成功。不同于政策研究报告,学术文章聚焦理论层面、解决理论问题。有的学生的选题不具有新颖性,内容没有创新,仅仅是对前人工作的总结,或是对前人工作的重复。在选题时要坚持先进性、科学性、实用性及可行性的原则。在提出问题时,要以"内行"看得懂的术语和逻辑来表述。可以从以下角度进行选题。

(1)与自己实际工作或科研工作相关的、较为熟悉的问题。

(2)自己从事的专业某问题发展迅速,需要综合评价。

(3)从掌握的大量文献中选反映本学科的新理论、新技术或新动向的题目。所选题目不宜过大,越具体越容易搜集资料,从某一个侧面入手,容易深入。

2. 瞄准主流文献,随时整理

文献资料是撰写学术论文的基础,文献越多,就越好写。选择文献时应选择本学科的核心期刊、经典著作等,要注意所选文献的代表性、可靠性及科学性;选择文献应先看近期的(近3~5年),后看远期的,广泛阅读资料,有必要时还应找到有关文献所引用的原文阅读,在阅读时,注意做好读书卡片或读书笔记。整理资料时,要注意按照问题来组织文献资料,写文献综述时不是将看过的资料都罗列和陈述出来,而是要按照一定的思路将其提炼出来。只有这样,才能写出好的文献综述,也才能写出好的开题报告,进而为写出好的论文打下基础。

3. 研究目标具体而不死板

一般开题报告都要求明确学位论文的研究目标,但笔者认为,研究目标不宜规定得太死板,这是因为,即使条件一定,目标是偏高还是偏低,往往难以准确判断,研究工作本身,涉及求知因素,各个实验室条件不同,具体研究时条件也不同。学位论文选题和研究目标体现了研究工作的价值特征。

二、开题报告的撰写误区

由于对开题报告或者开题报告中某部分内容认识不够深刻,不少学生在写作时并不能很好地通过搜集好的资料将自己的研究选题衬托出来,反而成了开题报告的漏洞,学生应注意开题报告撰写时存在的几个误区。

1. 把"主题编织"当作"文献综述"

开题报告的文献综述理应围绕拟要研究的问题,阐述别人在该问题上已解决了哪些问题,还有哪些问题有待深入研究,进而通过揭示这些有待深入研究的问题为自己的研究指明努力的方向。

由于学生不清楚文献综述的要义,开题报告的文献综述大多写成了"主题编织",即围绕某一研究主题罗列相关的文献,其样式是某学者就某主题说了些什么,某学者就某主题又说了些什么,某学者就某主题还说了些什么。这种仅仅将文献的作者、题目、核心观点一一列出,而没有运用分析与综合、比较与归纳、抽象与概括等方法对文献去粗取精、去伪存真的做法,看似完整、深刻,但深究起来,这样的文献综述只是与该研究的主题相关而已,除了告诉别人一些相关的知识外,并没有衬托出自己研究的独特价值。

2. 把"研究理由"当作"研究问题"

开题报告的首要任务是清晰地阐明研究问题,其道理无须多讲,因为任何研究都是对问题的研究,而不是对知识的宣讲。

因此,在开题报告答辩会上,老师经常追问的是"你要研究的问题是什么"。此时,多数研究生都会流露出一脸迷茫、困惑的神色。一方面,研究生深知研究问题的重要性,另一方面心里又犯嘀咕:开题报告写了那么多内容,尤其是有专门的"问题提出"或"问题缘起",难道老师还没有看出研究问题来?其实,这里的奥秘在于有的研究生只是在"问题提出"或"问题缘起"中阐述了研究的必要性,错把"研究理由"当成了"研究问题"。

3. 把"研究方法的列举"当成"研究方法的运用"

如果说问题提出和文献综述旨在阐明研究问题的话,那么研究方法则是阐释如何解决拟要研究的问题的。而阐释如何解决拟要研究的问题并不是列举各种研究方法,而是展示研究方法的运用。但是,多数开题报告对于研究方法的阐述存在着简单列举的弊端,错把"研究方法的列举"当成了"研究方法的运用"。

比如,"本研究运用文献法、历史法、访谈法、调查法等研究方法",并简单摘抄些各种研究方法的阐述,从而把研究方法的运用变成了研究方法的讲解。更有甚者把不同层次的研究方法杂列在一起,诸如列举调查法、访谈法、质的研究和叙事研究等,而不知质的研究、叙事研究并不是一种具体的研究方法,而是一种研究范式。质的研究通常是与量的研究相对而言的,它常采用调查研究法尤其是观察法和访谈法。叙事研究也不是与调查研究并列的研究法,与叙事研究并列的通常是实证研究。况且,调查法如果不特别注明是"问卷调查",那么通常意义上的调查法就包含着访谈法。

三、如何走出开题报告的撰写误区

1. 把"主题编织"转化为"问题先导"

"问题先导"即以拟研究的问题为中心,充分、全面地展示、陈述与问题有关的文献,还有哪些问题有待进一步追问和解答,或者陈述对已解决问题所采用的不同的研究方法或材料。它与"主题编织"的根本区别在于组织、阐述已有研究成果的主线、目的与思路的差异。"问题先导"以拟要研究的问题为主线,"主题编织"则以拟要研究的主题为主线。

"问题先导"的文献综述需要搞清楚拟要研究的问题是什么,这个拟要研究的问题又包含着哪些子问题,各个要解决问题之间是怎样的逻辑关系。可以说,"问题先导"的文献综述不仅可以在搞清楚别人就某问题已解决了什么、还有哪些问题有待深入研讨的基础上避免了主题编织的错误,而且还能衬托出拟研究问题的价值,从而进一步搞清所研究问题的意义。

2. 清楚什么是研究问题

通俗地讲,"研究问题"就是困惑或矛盾,是在理论或实践中存在但还没有探究或解释清楚的疑问,它主要有三种表现:①现有的研究没有意识到或没有发现的新问题;②已有的研究还没有运用或运用得不够成熟的视角和方法;③研究者直觉地预感到可能成立的新观点。

研究问题大多要经历研究方向的确定、相关文献的研读、研究问题的初定与研究问题的论证等反复酝酿的过程。即在选题之初,研究生通常是在已有的知识积累与实践经验的基础上,结合自己的兴趣和志向大致确定一个研究方向或领域,只有借助相关文献的研读才能够使研究问题逐渐清晰、明确与具体。因为相关文献的研读会告诉研究者在某一研究领域,学者们都解决了哪些问题,还有哪些问题没有解决。只有清楚了已有研究成果的不足或缺陷,研究问题才能初定下来。而开题报告就是在研读相关文献资料的基础上,对选题的必要性和创新性进行的分析,即对初定的研究问题的再认识、再分析和再论证。

3. 研究问题应如何解决、叙述和呈现

举例来说,调查法是用来解决问题,拟解决问题,并如实地描述和展示出来的一种方法。开题报告的"研究方法"就是用来陈述研究问题如何解决的,它与拟要研究的问题具有内在的一致性。从一定意义上说,虽然许多研究方法有着比较广泛的适应性,但是问题不同,解决问题的角度、路线、方法往往也不同,因此,研究方法的阐述不仅仅要与拟要研究的中心问题相对应,而且要与研究内容中的具体问题基本对应。因此,在阐述研究方法时,正确的做法是首先对研究内容所涉及的问题加以归类,然后根据各类问题设计适合的研究方法。

当然,解决某一问题,不仅需要一些具体的研究方法,而且需要一套基本框架。其实,从研究方法的功能上看，众多的研究方法大致可划分为相互关联的三个层次：①获取研究资料和对资料做形式处理的方法，比如，观察法、调查法、实验法、文献法等，均属于获取研究资料的方法，而对资料（文字、数据、音像记录等）做形式处理的方法则有量化和非量化的方法；②搭建理论框架和论证阐释观点的方法，比如，理想类型法、系统法等就具有搭建理论框架的功能，而体现"分析—论证"和"理解—阐释"的典型方法则有叙事研究、比较研究、历史研究、个案研究等；③指导研究的理论视角，即提出问题、分析问题与解决问题的特定角度，选择什么样的理论视角，确定怎样的理论框架，对于开题报告的质量来说，更具有决定性的意义。

虽然开题报告作为学位论文的预演和雏形，出现这样或那样的认识误区实属正常，对于这些认识误区也大可不必大惊小怪或者上纲上线，但如果这些认识误区不能得到及时矫正，使之延伸到学位论文中，则会对学位论文造成难以弥补的损害。因此，走出开题报告撰写的误区不仅是为了保证开题报告的质量，更是为了提升学位论文的品质。

第四节 硕士学位论文开题答辩

一、开题答辩的重要性

开题答辩是学生对自己所选题目的写作总结，是以口头问答的方式进行考核和评审的学术活动。开题答辩主要考查学生的选题是否合理，学生对其选题是否有能力独立完成，以及学生的思辨能力等，这对于一名硕士研究生是非常重要的。开题答辩的重要性体现在以下几方面。

1. 开题答辩是一种交流，是导师启发学生从而提高学生能力的机会

答辩本身体现了学生与答辩委员会导师的双向交流。导师通过评审开题报告，对其所涉及的选题范围、研究思路、专业理论、论点论据等方面的情况，综合性地提出问题，学生对导师的问题进行回答，由此形成了双向的思想交流。同时，开题答辩中导师还会提出一些疑点、缺点甚至错误，学生在论文写作时必须解决导师提出的这些疑难问题，从而使得最终的论文有较高的质量。

2. 开题答辩是导师集思广益的结果

开题答辩是学生对所选题目的一种口头说明，首先向开题答辩委员会进行陈述，其次导师对学生的基本学术知识和基础研究能力进行提问考察，最后由他们对选题及其内容进行讨论、评议，确定是否批准这一选题。开题报告作为对学生答辩资格审查的依据材料之一，答辩委员会给予高度重视，进行充分讨论和分析，最终给出一个较为细致全面的答辩意见，因此这一考核过程不可或缺且相当重要。

3. 开题答辩是完成论文写作工作的关键

良好的开端是成功的一半，因此，好的开题答辩是论文写作成功的一半。对于选题、主要框架、研究方法等主要内容，开题报告中已经详细阐述，学生通过答辩的形式将这些内容表达出来。答辩委员会经过讨论所选题目是否有继续研究的价值、所使用的研究方法是否可行、所搭建的整体结构是否合理、所需数据信息是否能够顺利取得等问题，决定该选题是否通过。这一过程在很大程度上可以避免学生在后期论文写作过程中走弯路、走错路，可以使论文写作工作顺利进行。

二、开题答辩过程

首先必须从思想上重视答辩,任何公开场合的报告都是展现自己的机会,效果优劣对成绩的评定有很多潜在的影响。其次应重视准备过程,注意报告内容的整体和布局,材料的筛选,逻辑的理顺,幻灯片的美化,演讲语言的简练和准确,对报告内容的熟悉和理解,对规定时间的严格把握。尽量做到事无巨细,胸有成竹。以下从三个环节来说明应该如何重视开题报告答辩的过程。

1. 开题答辩前

答辩前除了要写好开题报告的书面部分,熟悉所涉及的参考文献,还要掌握选题所涉及的相关概念、理论、研究方法等,并做好相关笔记,以备答辩中被问及。答辩之前可以进行演练,将自己所要陈述的内容撰写成稿件进行练习,保证开题答辩过程流畅、顺利。

答辩前几天应该了解答辩的时间、地点以及流程,自己所在的小组排序等问题。熟悉答辩环境,消除紧张心理。检查资料是否准备齐全,准备好纸笔,方便记录答辩老师的提问。同时,对答辩着装进行准备,尽量做到干净整洁、素雅大方。

2. 开题答辩中

首先是自我介绍,包括姓名、导师以及选题题目,其次陈述研究背景、研究意义、研究现状、论文大纲、研究方法、后期可能会遇到的问题以及计划安排等。陈述采取口述方式,内容上要重点突出、观点明确、思路清晰、详略得当。总之,务必将问题表达清楚,以便答辩委员会老师进行提问。

在回答答辩教师提出的问题时,要注意礼貌、落落大方,回答问题要简明扼要、抓住要领,陈述观点时要中心突出,观点事实清楚,层次分明,语速适中,口齿清晰,态度谦恭。如果遇到不太确定或者不会的提问,可以礼貌地承认,在后期的论文写作中努力解决,同时用笔记下所有问题。此外,同学之间可以互相帮助,结束答辩的同学可以帮助正在答辩的同学记下答辩老师的提问,避免漏掉重要问题。

3. 开题答辩后

开题答辩后的总结是一项十分重要的工作,它可以帮助学生发扬优点,总结不足。开题答辩后应该对自己在答辩过程中的表现进行总结,这样能够发挥自己的特长,改正之前的错误。此外,也应该对他人的表现进行总结,吸取经验和教训。多方面的总结,可以使学生积累更多的经验,使学生在正式答辩时发挥得更加出色。

对答辩中答辩老师提出的问题与自己的导师及时进行交流,或者也可以请教答辩委员会的其他老师,找到解决问题的方法,将问题解决清楚,待质疑问题解决后就可以根据开题报告所列提纲开始进行论文的撰写工作。

三、注意事项

一场完美的开题答辩,除了答辩前、中、后的准备工作外,还应注意以下事项。

1. 陈述方面

陈述时不宜照本宣科。由于情绪紧张、对开题报告内容不熟悉等原因,很多学生在答辩时会按照预先准备好的稿子加以复述。答辩是一个学生与答辩老师进行思想交流的过程,若是一味地读稿子,不如让答辩老师自己浏览手中的报告原件。所以应该脱稿陈述,并与答辩老师之间有眼神的交流,让他们知道自己非常渴望得到反馈意见和建议,这样才能更好地为学位论文的撰写打下基础。同时眼神的交流也表达了对老师尊敬。

2. 其他方面

开题答辩应尽量做到着装简洁大方,仪态端庄。幻灯片演示文稿要做到模板淡雅大方,语言精练,具有高度概括性,避免大篇幅粘贴原稿文字。陈述时要避免晃动身体。此外,一定要学会控制时间,在规定时间内完成陈述,重点陈述研究思路、方法,其他简要陈述。

答辩工作完成之后一定要认真总结分析,将老师提到的问题认真记录。在进行论文写作时,要随时注意答辩老师提出的这些问题。

开题答辩是开题报告最后一个环节,也是至关重要的一部分,对于整个学位论文的写作起着关键的作用。做好这一环节,才能保证论文写作的顺利进行,保证论文的最终质量。

第九章 硕士学位论文的撰写

第一节 硕士学位论文概述

一、基本概念

(一)学术论文的概念

GB 7713—87对学术论文定义如下:学术论文是某一学术课题在实验性、理论性或观测性上具有创新性的科学研究成果和见解的科学记录,或是某种已知原理应用于实际中取得新进展的科学总结,用以提供学术会议上宣读、交流、讨论,学术刊物上发表,或作其他用途的书面文件。

可见,学术论文应当具备以下两个要点。

(1)学术论文应当是学术研究活动的结果,非学术活动不会形成学术论文,无学术活动不能形成学术论文。学术研究活动是探求事物真相、真理、规律等的活动,其表现形式是多种多样的,如科学实验、社会调查、实地观察、历史考察、比较鉴别、推论演绎、归纳总结等。

(2)学术论文可以有多种分类。学术论文按用途可分为交流论文、发表论文和考核论文等,考核论文分为课程论文、学年论文和学位(毕业)论文。

(二)学位论文的概念

学位论文不同于工作总结、新闻报道、教材编写和计划文件等。学位论文是指为了获得所修学位,要求被授予学位的人所撰写的文章。根据《中华人民共和国学位条例》的规定,学位论文分为学士论文、硕士论文、博士论文三种。本章所要介绍的学位论文的撰写是指硕士学位论文的撰写,主要包括会计学术型硕士学位论文的撰写、会计专业型硕士学位论文的撰写和工商管理硕士学位论文的撰写。

二、撰写硕士学位论文的意义

(一)培养科研能力

撰写硕士学位论文,能使学生了解科学研究的过程,掌握进行科学研究的基本程序和方法,综合运用所学知识独立地提出问题、分析问题和解决问题,并将结果以学位论文的形式反映出来。在撰写学位论文的过程中,可以学习和掌握很多研究方法,如学习和掌握检索、收集和阅读文献的方法。撰写论文是在学习文献知识的基础上进行创造性的研究活动,是创造性地运用所学的理论与方法,尝试创新的实践活动,从而培养科学研究能力。

(二)扩展知识领域

撰写硕士学位论文的过程不仅能够加深和巩固在课堂上所学的知识,根据研究的需要运用这些知识,还能够学习到在课堂上未涉及的其他学科的知识。在撰写学位论文的过程中,所学到的知识会变得更加广、更加深、更加新。①广:需要学习与研究项目相关的各种知识,有本专业的专业知识,还有其他学科知识、各种法规和政策等。②深:要深入学习与研究项目相关的本学科专业知识,对密切相关的主要专业文献进行反复的精读和研读,掌握其精华。③新:在文献综述过程中,重点是学习与研究近期的相关文献资料,掌握该研究项目的理论前沿和发展趋势。

(三)提高写作水平

写作是以语言文字为工具和载体,以篇章化的表达形式,反映对客观事物认知结果的过程。撰写学位论文,以语言文字为信号,收集、筛选、储存、加工信息后,进行写作和反复修改,进而提高写作水平。

(四)强化计算机应用能力

撰写硕士学位论文的过程需要应用到 Word,Excel,SPSS,Eviews 等计算机软件。应用软件,熟悉软件的操作过程,强化计算机的应用能力。

(五)检验学习成果

撰写硕士学位论文是对学生在学校期间所掌握知识进行的综合检验,着重考查学生运用所学知识对某一问题进行探讨和研究的能力,同时,也是对学生资料收集能力、写作能力、英文翻译能力和软件应用能力的考查。

三、硕士学位论文的内容要求

(一)会计学术型硕士学位论文的内容要求

(1)论文必须在指导教师指导下由学生本人独立完成,学生须综合运用所学的理论知识进行创新性的研究,使结果具有一定的参考意义。

(2)论文必须体现本学科、本专业的最新研究成果,运用所学理论和专业知识,加强对本专业知识的理解,深化对相关理论的研究。

(3)通过对经济管理等相关问题的描述或揭示,运用实证分析方法,分析论证数据之间的相互关系,得出论文的研究结论或验证假设。

(4)论文的观点明确、方法运用得当、假设合理、结论准确,对前人的理论研究成果有一定的推广作用。

(5)论文的写作格式规范,应符合硕士学位论文的写作要求,具体格式见本书附录四。

(二)会计专业型硕士学位论文内容要求

会计专业型硕士学位论文应遵循以下基本要求。

(1)论文需要学生在导师指导下独立完成,要求学生掌握基本知识,运用相关的会计理论,解决实际问题,具有独立承担经济管理类专门技术工作或解决实际业务问题的能力。

(2)论文必须体现本学科、本专业的最新研究成果,应坚持理论与实践相结合,能够运用所学理论和相关专业知识,以科学的研究方法解决管理问题以及相关专业问题。

(3)论文应体现"问题导向"。通过对现实经济管理等相关问题的描述或揭示,明确提出拟研究的问题。通过论文研究,不仅能提出解决问题的办法、措施或实施方案,而且具有一定的可操作性。

(4)政策建议或应用建议应具有参考价值,对经济社会发展、学科与专业发展具有一定的指导意义和实践价值。

(5)论文的写作格式规范,应符合硕士学位论文的写作要求,具体格式见本书附录四。

(三)工商管理硕士学位论文内容要求

由于工商管理硕士与会计专业型硕士都属于专业型硕士,论文的内容要求基本相同,具体的内容要求可参见"会计专业型硕士学位论文内容要求"。

四、硕士学位论文写作时应注意的问题

硕士学位论文的写作计划应从查阅资料、选题开始,直到参加并完成论文答辩为止。为了保证学位论文的质量,应注意以下四点。

(一)提高认识

撰写硕士学位论文对于提高学生知识水平,特别是解决问题的能力具有显著作用,因此学生应为此付出较多的时间和精力。同时,要想提高学生对写好学位论文意义的认识,学校应当坚持标准、严格要求。因此,要想保证论文的顺利完成,应在思想上高度重视。

(二)及时写作

硕士学位论文总是随着研究的深入而逐步完成的,不可能在短时间内一蹴而就。在开题报告完成后,学生需要按照开题报告中研究框架与时间的阶段性要求进行写作,从而及时、合理地完成学位论文的写作,避免研究框架与时间分配不合理导致的写作问题。因此,及时写作是完成一篇高质量论文的必然要求。

(三)反复修改

硕士学位论文初稿完成后,学生应在指导教师的指导下进行修改,主要检查工作量是否饱满,论文写作详略是否得当,论文内容是否充实,论文的假设是否合理,格式是否规范等。

(四)逐步完善

硕士学位论文是科学研究成果的表现形式,必然有一个逐步完善的过程,在写作过程中必然还会发现新的问题,在已经取得初步成果的基础上需要进一步调查研究、分析论证、不断完善,从而得出具有一定科学价值的结论。

第二节 会计学术型硕士学位论文写作方法

学位论文是表明学生进行科学研究取得一定的成果或有了新的见解,以此为内容撰写而成的学术论文,是学位申请、评审、授予的依据。会计学术型硕士学位论文一般包括的主要内容有序页、摘要(中英文)、绪论、理论、论证和结论部分。

一、序页写作

序页是除论文正文部分以外的内容,包括封面、授权文字和目录。

封面一般包括四项内容:论文题目、作者信息(学位申请人姓名、指导教师姓名)、学科信息(学科专业、学科类别)和提交日期。论文题目用词要简练,指出研究问题所在,字数不能多,不超过25字,英文题目也类似,不超过25个词。作者信息包括学位论文作者和指导教师的署名,作者即学位申请人。

授权文字指有关学位论文知识产权权属及论文研究成果的独创性的声明,表示作者对学位论文享有著作权,同时,对论文内容,包括论点、结论和数据事实所承担学术责任。

目录是论文的提纲,表明各章节的名称及相应的页码。编写目录时,要分清层次,注意同一标题在论文题目与章节题目中不得重复出现。目录要求自动生成。

二、摘要写作

摘要是论文中不可缺少的一部分。论文摘要是一篇具有独立性的短文,有其特别的地方。它建立在对论文进行总结的基础之上,用简单、明确、易懂、精辟的语言对全文内容加以概括,留主干去枝叶,提取论文的主要信息。作者的观点、论文的主要内容、研究成果等,都应该在摘要中体现出来。好的摘要便于索引与查找,易于收录到大型资料库中并为他人提供信息。因此摘要在资料交流方面承担着至关重要的作用。

(一)书写摘要的基本规范和原则

(1)论文摘要分为中文摘要和外文(一般为英文)摘要。摘要在篇幅方面的限定,不同的学校有不同的要求,通常一篇专业学位论文的中文摘要不超过500个汉字,英文摘要不超过300个实词,中英文摘要应一致。

(2)摘要是完整的短文,具有独立性,可以单独使用。即使不看论文全文,仍然可以理解论文的主要内容、作者的新观点和想法、论文所要实现的目的、采取的方法、研究的结论。

(3)文字简明扼要,不容赘言,提取重要内容,不含前言、背景等细节部分,不含原始数据,不加评论和注释。采用直接表述的方法,删除不必要的文学修饰。摘要中不应包括作者将来的计划以及与主题无关的内容,做到用最少的文字提供最大的信息量。

(4)摘要中不使用特殊字符,也不使用图表和由特殊字符组成的数学表达式,不列举例证。叙述完整,表述准确。

(二)摘要的四要素

摘要的四要素包括目的、方法、实证结果和研究结论。

(1)目的:指出研究的范围、重要性、任务和前提条件,它不是主题的简单重复。

(2)方法:简述论文的写作流程,即研究了哪些主要内容,在这个过程中都做了哪些工作,包括对象、原理、条件、程序、手段等。

(3)实证结果:通过调研、观察取得的原始数据,运用定量分析方法,进行分析研究,得出实证研究结论。

(4)研究结论:根据实证研究结论,结合论文其他部分的研究成果,最终得出研究结论和政策建议。

(三)摘要的撰写步骤

摘要作为一种特殊的陈述性短文,具有独特的写作格式要求。摘要的具体写法如下。

1. 中文摘要

(1)从摘要的四要素出发,通读论文全文,仔细将文中的重要内容一一列出,特别是每段的主题句和论文结尾的归纳总结,保留梗概与精华部分,提取用于编写摘要的关键信息。

(2)检查上述信息能否完全、准确地回答摘要的四要素所涉及的问题,并要求语句精练。若不足以回答问题,则重新阅读论文,摘录相应的内容进行修正。

(3)将这些零散信息,组成符合语法规则和逻辑规则的完整句子,再进一步组成通畅的短文,通读此短文,反复修改,达到摘要的写作要求。

2. 英文摘要

英文摘要的内容应与中文摘要的内容保持一致,它主要是对中文摘要的翻译。在英文摘要写作时应注意以下几点。

(1)英文摘要的写作方法要依据公认的写作规范。

(2)按照正确的语法规范翻译摘要,不允许使用翻译软件。

(3)尽量使用简单句,表达要求准确完整。

(4)使用标准英语书写,避免使用口语,应使用易于理解的常用词,不用生僻词汇。

(5)作者所做工作用过去时,结论用现在时。

(6)多使用主动语态。

3. 关键词

关键词是为了文献标引工作,从论文中选出来用以表示全文主题内容信息的单词术语。每篇论文选取3~5个词作为关键词,以显著的字符另起一行,排在摘要的下方。必须使用汉语主题词表中列示、提供的规范词。为便于国际交流,应标注与中文对应的英文关键词。

关键词分为中文关键词和与之对应的英文关键词,分别置于中文摘要和英文摘要之后。为便于检索,不能使用过于宽泛的词语。选择关键词既可以从论文的各级标题入手,也可以从论文本身的内容选取,将选出的关键词按照所涉及领域的范围从大到小顺序列出。

(四)中文摘要举例

摘 要

随着我国市场经济的建立以及资本市场的不断完善,企业的自主权不断提高,企业的筹资方式和途径不断增加,负债成为企业资金的一种主要来源,负债经营也成为企业的一种主要经营方式。新能源行业的蓬勃发展,对我国经济的可持续发展起着重要的推动作用,而我国新能源上市公司的负债经营的成效又会对新能源行业的健康稳定发展有着举足轻重的作用。

本文利用我国新能源上市公司的年报数据,分析了该行业上市公司的负债经营现状。并且从企业自身各个方面出发,以该行业上市公司的主要财务指标为基础,采用因子分析法、相关性分析法和线性回归模型实证分析了我国新能源上市公司的负债经营的影响因素。结果表明,企业的盈利能力和规模与负债经营有正相关关系。最后,在现状和实证分析的基础上提出了优化企业负债经营的对策建议。

[关键词] 新能源;负债经营;现状;影响因素

三、绪论写作

绪论是一篇论文的"纲",后续的各章是"目",纲举目张,绪论写好了,整篇论文的结构和内容就基本定型了。因此,绪论对于硕士学位论文而言,并非可有可无,而是关键。一般而言,绪论应该包括选题背景、研究目的及研究意义,国内外研究现状,研究内容和研究方法。

(一)选题背景、研究目的及研究意义

1. 选题背景

论文中选题背景的介绍应由大到小,层层递进。此部分可分为三段写。第一段:从社会现象着手去写。从社会现象联系到所要研究的问题。第二段:提出所研究的问题在社会大背景下的重要性。第三段:结合整个行业或具体某个企业,提出对这个选题的特别看法,说明为何会选此题。最后,强调研究内容对整个行业或某个企业的重要性并切入主题。此部分篇幅占1页左右,约1 000字。

2. 研究目的

论文的研究目的是要解决哪些具体问题,达到什么样的预定目标,即本论文写作的目标定位。确定目标时要紧扣主题,用词要准确、精练、明了。此部分篇幅占1/4页,约200字。

在写研究目的时,常见的问题是不写研究目的、扣题不紧、用词不准确、预期目标过高。因此,在写作论文研究目的时,一方面要考虑论文本身的要求,另一方面要考虑实际条件与自身科研能力。

3. 研究意义

意义,就是其重要性。研究意义,就是写此论文的重要性。因此,研究意义部分可以从以下三方面去写:论文的研究有什么实际作用,论文研究的学术价值是什么,对今后相关的学术研究会产生怎样的影响。此部分篇幅占1/3页,约600字。

(二)研究现状

研究现状不同于发展现状,在写研究现状时,最忌讳将两者的含义搞混,把研究现状写成了发展现状。研究现状是对某一问题研究的总结,而发展现状强调的是对一个问题的发展状况及发展程度的说明。

此部分主要包括的内容有国外研究现状、国内研究现状和文献综述。在撰写之前,要先把从网络上、图书馆收集和阅读过的,与所写学位论文选题有关的专著和论文中的主要观点归类整理,找出论题产生、发展至今的主要研究方向,从中选择最具有代表性的观点。

1. 国内外研究现状

国内外研究现状部分,应先写国外研究现状,再写国内研究现状。具体写法有两种,一种是按照国内外文献时间顺序写,另一种是按照研究内容划分,分别从几个方面阐述,每个方面也应按照时间顺序排列。国外研究现状字数可略少于国内研究现状字数。此部分篇幅占近3页,约2 800字。

2. 文献综述

文献综述起到承上启下的作用,此部分主要总结之前学者在本研究领域做了什么,做得如何,有哪些问题解决了,哪些问题尚未解决,以便为自己开展论文研究提供背景和起点,也有利

于为自己所研究的论题找到突破口和创新之处。因此,写作此部分内容,可遵循以下三个步骤:第一步,总结国内外的研究现状;第二步,评述之前学者相关研究的不足之处;第三步,写出本论文的研究方向。此部分篇幅占 1/3 页,约 300 字。

(三)研究内容和研究方法

1. 研究内容

研究内容部分可不画研究思路图,主要把论文共有几部分组成,每一部分所写的主要内容写出即可。大致框架如下:

本文共分为 n 部分(n 代表数字 1,2,3…这里论文共分几章,n 就为几),结构安排如下:

第一部分:×××。××××(用简练的语句概括出第一部分所研究的主要内容)。

第二部分:×××。××××(用简练的语句概括出第二部分所研究的主要内容)。

……

第 n 部分:×××。××××(用简练的语句概括出第 n 部分所研究的主要内容)。

2. 研究方法

研究方法部分应写出本论文所用到的研究方法,以及本论文如何运用此方法进行写作。研究方法主要有文献综述法和实证分析方法等。

(四)绪论写作时的注意事项

绪论部分可参照开题报告进行写作。此外,写绪论部分应注意:由于硕士学位论文均需要查重,因此可将国内外研究现状的内容适当缩减,其中国内研究现状写 2 000 字左右,国外研究现状写 800 字左右。

四、理论章写作

绪论写毕,在论文论证章开始之前,作者需要将自己写本论文所需的理论支撑一一按顺序阐述出来。理论章安排一章即可。在理论章,可具体写论文中每一个用到的理论的发展过程、概述、在本论文中的应用和在本论文中的作用及意义等。这里只写论文中用到的理论,没有用到的理论,不应出现。

注意:①不用有争议的理论。②由于硕士学位论文需要查重复率,此部分应适当阐述,只挑重点内容去写,避免概念介绍太多。此部分篇幅要求三页,约 3 000 字。

五、论证章写作

硕士学位论文在有了绪论和理论做支撑之后,接下来应写发展现状部分。可将发展现状放在论证章之前,独立成章,也可将此部分作为论证章的一小节。

论证章一般可安排一至两章。一种写法是将论证章安排为一章,直接写实证研究,即把论证的全过程统写为一章;另一种写法是将论证章安排为两章,实证部分的第一章可安排为论文研究方法的介绍、研究模型的设计,实证部分的第二章可通过上一章的论文研究设计来进行实证部分的具体分析、研究。论证章具体章数自定,具体写作过程如下:首先,论证章应先简要阐述论题的发展现状;其次,根据发展现状提出存在的问题;再次,根据提出的问题分析问题可能的成因,做出研究假设;最后,对实证部分所提出的假设进行论证,具体的论证内容可包括样本的选取与数据的来源、变量的选取与模型的构建、进行实证分析和得出实证结果。

六、结论章写作

论证章所做出的结论为实证结果,不是研究所得的结论。论文的结论章应是学位论文的最终的、总体的总结,换句话说,结论应是整篇论文的结局、是整篇论文的归宿,而不是某一局部问题或某一分支问题的结论,也不是正文中各段的小结的简单重复。结论应当体现作者更深层的认识,且是从全篇论文的全部材料出发,经过推理、判断、归纳等逻辑分析过程而得到的新的学术总观念、总见解。结论应该准确、完整、清晰、精练。

在总结学位论文的研究结论时,可以根据实证结果另起一章得出论文所需的研究结论。结论章一般包括的内容有研究结论及对策建议。

(一)研究结论

研究结论是将前文内容与实证结果加以归纳总结,得出具体的研究成果。

研究结论的写作应呼应前文,如现状综述部分会对本论文的研究方向进行相关的说明,结论写作也应按前文的相关内容进行归纳、总结,并且应紧扣实证研究的结果,不能偏离所研究的内容。研究结论部分的内容应清晰明了、层层递进、分条概述。研究结论一般应采用小标题的形式,得出的结论不宜过多,两至三个。此部分篇幅占大半页,约600字。

(二)对策建议

对策建议部分应紧扣论文研究内容,分条概述,内容与结论部分一一对应,即针对结论中发现的问题提出可参考的建议,从而使得文章内容完整、结构分明,给利益相关者提供可以参考的意见。此部分篇幅占一页半,约1 500字。

七、参考文献

在学术论文后一般应列出参考文献,目的有两点:①体现严肃的科学态度,分清是自己的观点或成果还是别人的观点或成果;②对前人的科学成果表示尊重,同时也是为了指明所引用资料的出处,便于检索。

学位论文的撰写应本着严谨、求实的科学态度,凡有引用他人成果之处,均应按论文中所引用的先后次序列于参考文献中;凡是引用或参考的有关著作和论文,均应以上标的形式在论文中标注出来。

参考文献部分应包括中文参考文献和英文参考文献,中英文参考文献的比例为2∶1,共计不少于50篇,且中文文献应是近五年在核心及以上等级期刊上所发表的论文,英文文献最晚也应是近八年的论文,著作类文献选取时间可适当放宽。

八、致谢

学位论文中的致谢是对论文指导者或者提供帮助者的一种尊重。它能有效促进互帮互助的社会风气,展示团队合作的价值。

按照规定,致谢语句可以放在正文后,体现对下列方面的致谢:国家科学基金、资助研究工作的奖学金基金、合同单位、资助和支持的企业、组织或个人,协助完成研究工作和提供便利条件的组织或个人,在研究工作中提出建议和提供帮助的人,给予转载和引用权的资料、图片、文献、研究思想和设想的所有者,其他应感谢的组织和人。学位论文中的致谢主要感谢指导教师和对论文工作有直接贡献及帮助的人士和单位。

学生应认真回顾自己的论文撰写过程,写出自己的真实情感,对指导教师或者提供帮助者表示感谢。应注意不要将此部分写成心得体会,保证用词准确。此部分篇幅占半页,约500字。

九、附录

对于一些不宜放入正文中,但对学位论文又是不可缺少的部分,或有重要参考价值的内容,可列入学位论文附录中。

附录部分对论文起到补充说明的作用,可以是论文中过多的数据、图表及调查问卷。此部分表明实证中所用到的数据真实有效,对结论的准确得出起到支撑作用。此部分篇幅根据论文的具体情况而定。

第三节 会计专业型硕士学位论文写作方法

会计专业型硕士是经教育部、国务院学位办批准设立的一种专业学位,培养具有良好职业道德,系统掌握现代会计理论与实务以及相关领域的知识与技能,具备会计工作领导能力的高素质会计人才。会计专业型硕士学位论文应紧密结合实际,通过论文研究来发现问题、分析问题、解决问题,从而提高解决实际问题的能力。

会计专业型硕士学位论文一般采用案例分析、调研(调查)报告、专题研究、组织(管理)诊断等形式。

一、案例分析型论文

案例是对组织特定管理情境真实、客观的描述和介绍,是组织管理情境的真实再现。案例大体可以分成两种,一种是决策型案例,具体包括对策型案例、政策制定型案例和定义问题型案例;另一种是事实说明型案例,具体包括说明型案例和概念应用型案例。

案例分析型论文是采用案例分析的方法,通过对相关案例的深入剖析,挖掘典型的实际问题,充分利用相关专业理论对实际问题进行分析,从而解决实际问题的一种论文形式。

(一)案例分析型论文的选题

案例分析型论文应以特定企业、组织的某一特定管理事件为依据和研究对象。所选案例应为学生所熟悉,具有真实性、代表性和实用性。选题要体现理论与实践的结合,同时应能够展现足够的案例细节供讨论和探索,避免案例空洞无物。若无新的视角或新的方法,尽量避免选择人尽皆知的案例重复研究。

(二)案例分析型论文的内容及要求

案例分析是在发现并创作典型事例的基础上,综合运用会计相关专业知识和技能,分析案例发生的背景,提炼案例所涉及的核心问题,探索并分析各种解决问题的可能方案和取得结果的过程。

案例分析型论文应在符合论文标准(规范)的前提下符合以下基本要求。

(1)案例的选题必须来源于会计实践的事例,具有典型性、重大性、代表性等鲜明特点,能体现或印证相关理论。

(2)决策型案例应在描述案例发生的背景和情境的基础上,归纳待解决的核心问题,探索解决问题的各种可行的备选方案,分析各个备选方案的特征及实施过程与可能的结果,并提出推荐方案及其理由。

(3)事实说明型案例应在描述案例发生的背景和情境的基础上,提炼案例所包含的核心问题,运用相关理论或专业知识分析和评价该案例,总结相应的经验、教训,并从中得出启示。

(4)案例描述必须实事求是,尊重事例的客观性。

(5)分析方法和分析过程必须科学严谨。

(6)案例分析可以形成明确的结论,也可以形成开放性的结论。

(三)案例分析方法

根据案例对象的经营情况,收集第一手资料、访谈内容和统计资料,围绕组织管理问题对某一管理情景进行客观描述,避免就事论事。应综合运用所学的理论和方法,从分析问题出发,揭示问题的本质,找出存在问题的深层次原因。

(四)案例分析成果

案例分析应是一篇独立完整的作品,能够体现硕士学位论文水平;能应用或印证会计及相关领域的某些理论,能启发读者进行讨论、评判和借鉴。

(五)撰写要求

绪论。简述选题背景、研究目的和意义、主要研究内容和结论等。

案例背景。详尽叙述案例的背景、案例的主题、面临和需要解决的问题、需要做出的决策、需要采取的行动以及实际状况。要求呈现完整的事例。

案例分析。应用会计学科的相关理论、方法和技术,多角度地分析案例所反映的主题、问题、过程与结果,评估其优劣成败、利弊得失,并在此基础上进行深入探讨,总结相应的经验和教训。

解决和实施方案。概括论文所应用或印证的主要理论,提炼出自己的新观点或新见解,提出可以得出的启示,进一步揭示研究的意义和价值;提示读者进行讨论、评判和借鉴的要点或方向;对未来提出展望与建议。

二、调研(调查)报告型论文

调研(调查)报告型论文是运用科学的调查研究方法,通过对某行业、企业或其他组织的调查研究,提出有关决策建议,并形成相应的研究报告的论文形式。调研(调查)报告类的会计硕士专业学位论文,应运用科学的调查分析方法(如问卷调查、访谈等),对调查对象进行充分的调查、分析,了解调查对象的性质、特点、现状和存在的问题,并提供有关的决策建议,在此基础上,结合学位论文的规范要求进行撰写。

(一)调研(调查)报告型论文的选题

调研(调查)报告所调研的问题应主要界定为会计或相关管理领域以及交叉领域的问题。选题主要分为两类:第一类,介绍经验的调研(调查)报告,主要反映具体企业或单位典型的、具备示范效果的经验,可以为同类单位提供借鉴;第二类,反映现象的调研(调查)报告,客观、真实地反映经济生活中出现的各种现象,提供给企业或组织领导、政府部门参考。

调研(调查)报告型学位论文的标题一般采用完全式,由调查对象、事由(调查内容)、文种类别(调查或调查报告)三要素组成。

(二)调研(调查)报告型论文的研究内容

调研(调查)报告是企业或有关组织为实现特定的目标,对某一会计或相关管理领域的问题展开调查研究,经过资料收集和处理,科学的分析研究,揭示事物的本质和规律,得出符合实际的结论,并针对存在或可能存在的问题提出建议或解决方案,形成的汇报性应用文书。

会计硕士调研(调查)报告型学位论文应在符合论文标准(规范)的前提下注意以下基本要求。

(1)调研(调查)报告的选题必须来源于会计实践的典型问题,要求调研主题鲜明、具体且具有一定的社会、经济价值。调研内容应能全面系统揭示调研主题所涉及的包括内外部因素在内的各个方面,具有一定的广度和深度,所进行的调研工作须有一定难度,且需较大工作量。

(2)调研方法和程序科学合理,确保所收集的资料全面、准确、可靠、适用。选用科学、合理、严谨的资料、数据处理与分析技术,确保处理与分析结果的可靠性。

(3)调研必须实事求是,尊重事例的客观性。

(4)调研(调查)报告的体例格式应符合国家通行范式。

(三)调研(调查)报告型论文的研究方法

作为学位论文,需要根据调查对象的特点,分析比较并合理选择调查方法。应对调查范围的选择、调查表设计思路、预备调查和正式调查过程、样本选择及其依据、数据处理方法的选择、数据的处理等过程进行具体阐述。

(四)研究成果

调研(调查)报告型论文应是一篇独立完整的作品,能够体现硕士学位论文水平。应全面描述和剖析调研主题,给出明确的调研结论,并针对存在或可能存在的问题给出相应的对策和建议。

(五)撰写要求

调研(调查)报告型论文一般应包括绪论、调研设计、调研实施、资料和数据的处理与分析、结论与建议等内容。

绪论。简要介绍国内外现状及相应的研究概况,研究目的和意义,调研的核心问题和主要内容,调研的时间、地点、对象、范围、程序,调研的方法等。

调研设计。包括对调研对象、调研内容、调研方法、调研过程、调研问卷等内容的设计。

调研实施。包括组织调研人员,采用各种有效的方法,对调研对象实施调研,获取第一手和第二手资料的过程。

资料和数据的处理与分析。采用科学适用的方法和技术,对各种第一手和第二手资料及数据进行处理和分析。

结论与建议。就调研主题,对调研对象存在的问题或者调研结果应用于实际中可能出现的问题,通过科学论证,提出调研结果,并提出相应的对策或建议。对策及建议应具有较强的理论与实践依据,具有可操作性及实用性。

一篇完整的调研(调查)报告型论文,还须指出调研的局限性,如有必要,还应提供附件。

三、专题研究型论文

专题是指围绕某个或某类问题而形成的相关问题的集合。专题研究则是指对典型、具有代表性的问题进行深入、专注的研究。专题研究型论文是针对现实中的某个或某类问题，运用相关理论和方法进行深入、系统的分析研究，并提出一定的应用领域拓展、移植或方法的创新。专题研究型论文应主要着眼于实际应用研究，通过解决某个具体企业或组织的具体问题，揭示若干具有指导性的思路、方法、方案、措施与政策等。

(一)专题研究型论文选题

专题研究型论文应源于对企业、组织经营发展现状的翔实分析，发现其急需解决的某些或某种问题。选题应当体现一个"专"字，要针对现实、具体的会计或管理相关问题展开，体现"小题目、大文章"的特点，避免空泛、广博及宏观的选题。专题必须具有代表性、普遍性或者独特性、典型性，通过研究揭示若干具有指导性的思路、方法、方案、措施与政策等。

(二)专题研究型论文的内容

专题研究指对会计或相关管理领域实务问题的专门研究，可以是对一个企业、组织管理，甚至行业管理过程中的专门问题的研究，也可以是对企业、组织所面临的会计实务及管理相关问题所做的对策研究。

论文撰写应在符合论文标准(规范)的前提下注意以下基本要求。

(1)专题研究型论文的选题必须来源于会计或相关管理领域的重大典型问题，研究主题鲜明，研究层次和范围适当，避免大而泛的选题，且具有一定的社会、经济价值。

(2)应针对研究问题查阅文献资料，掌握国内外研究现状与发展趋势，全面系统揭示研究主题所涉及的包括内外部因素在内的各个方面，对拟解决的问题进行理论分析、模拟或试验研究。

(3)所研究的内容应具有一定的普适性或前沿性，并具有一定的广度和深度。所进行的研究工作须有一定难度，且需较大的工作量。

(4)专题研究应综合运用基础理论和专门知识，采取规范、科学和合理的定性或定量研究方法开展工作，研究方案可行，数据翔实准确，分析过程严谨。不提倡纯理论性的专题研究。

(三)专题研究方法

综合运用相关理论和方法对所研究的专题进行分析研究，采取规范、科学、合理的方法和程序，通过资料收集、实地调查、数据统计与分析等技术手段开展工作，资料和数据来源可信。

(四)研究成果

专题研究型论文应是一篇独立完整的作品，能够体现硕士学位论文水平。应有助于解决会计或相关领域的实际问题，具有一定先进性和应用价值或推广价值。

(五)撰写要求

由于专题研究型论文的选题多种多样，其写作形式也较为多样化。正文一般包括绪论、基本理论阐述、分析与论证、结论等内容。

绪论。简述选题背景、研究目的和意义、相关文献综述或相关理论介绍、所研究专题的来源、典型性和代表性、主要研究思路和内容等。

基本理论阐述。主要阐述分析用到的基本理论、基本观点,运用理论知识解决实际问题。

分析与论证。运用相关理论、方法和技术,对研究专题进行全面、科学的分析论证,做出全面深入的说明、分析、评估或解释。如有必要,应提出对策与建议或前景展望。

结论。概括论文所应用或印证的主要理论,提炼新观点或新见解,得出启示,进一步揭示研究的意义和价值。提示读者进行讨论、评判和借鉴的要点或方向,并对未来提出展望与建议。

四、组织(管理)诊断型论文

组织(管理)诊断型论文就是分析和调查组织实际经营状态,归纳总结其性质和特点,发现存在的问题,并以建设性报告方式,提供一系列的改善建议。采用组织(管理)诊断方式的会计硕士专业学位论文,需要运用相关会计或管理理论及方法,在对组织调查分析的基础上,找出被诊断组织在经营管理中存在的一个或几个问题,进行定量或定性分析,找出产生问题的原因,提出具体改善方案。除诊断报告本身的要求外,还应体现出学位论文的研究性、思想性和实践性。

(一)组织(管理)诊断型论文的选题

应尽量以作者所在或实习过的组织为对象,在对目标组织基本情况、运作流程有一定了解的基础上,找出目标组织在经营管理中存在的一个或几个问题,作为深入研究的对象。

(二)组织(管理)诊断型论文的研究内容

诊断是找出组织管理中存在的问题,并为其解决问题的过程。因此组织(管理)诊断型论文的主要研究内容应包括针对组织的诊断过程及发现问题的描述,诊断过程的理论依据、国内外相同组织的对比分析,提出诊断意见、改进方案和具体措施的设计。其中,明确诊断问题、调查信息分析、提出建议方案是组织(管理)诊断型论文的主要研究内容。

(三)组织(管理)诊断型论文的研究方法

综合运用基础理论和专业知识对被诊断组织进行分析研究。诊断过程包括预调研、实情调查、信息分析等环节,可采用调查问卷、面谈、资料统计等不同方法。注意借鉴经过长期实践摸索出来、行之有效的定性与定量诊断方法,确保组织(管理)诊断的客观性。

(四)研究成果

组织(管理)诊断型论文的结果应注重实效,提出的方案应具有科学性、合理性。根据诊断发现的问题,提出系统的改进方法。

(五)撰写要求

绪论。介绍目标组织的背景和现状,阐述对组织(管理)诊断的典型性、必要性和重要性,并简述该组织(管理)诊断的主要内容。

组织现状调查与分析。设计调查方案,运用适当的调查方法,对组织现状进行描述与分析。可以是对组织现状的全面调研和分析,但一般应有所侧重。

组织管理问题诊断。整理调研资料,采用科学合理的方法对调查资料和数据进行汇总、处理和分析,对组织管理问题进行评价和判定,重点在于"问题点"的提炼,并进一步分析和揭示该"问题点"产生的原因或因素,为解决方案提供事实依据。

对策或建议。针对被诊断组织存在的问题及其原因,提出改进目标、原则和思路,设计系统、科学的改进方案,提出方案实施的具体办法,并分析对策在解决问题过程中可能出现的新困难、新问题及相应的保障措施。对策及建议应具有较强的理论与实践依据,具有可操作性及实用性。

总结。系统概括论文研究所涉及的所有工作及其主要结论。阐明组织(管理)诊断的科学性及解决方案的应用价值,并分析研究中存在的不足以及下一步研究方向。

五、其他

除上述类型之外,允许学生选择软件开发、制度设计、多学科交叉领域的选题并进行研究。

注意:会计专业型硕士的学位论文,无论采用案例分析、调研(调查)报告、专题研究、组织(管理)诊断还是其他等不同形式,在论文最后都应有参考文献、附录和致谢这三部分,这三部分的具体要求与写法同"第二节会计学术型硕士学位论文写作方法"。

六、会计专业型硕士学位论文的基本结构及范文大纲

(一)案例分析型论文的基本结构及范文大纲

1. 案例分析型论文的基本结构

(1)案例描述

(根据研究内容,设定子标题)

(2)案例分析

(运用专业理论,分析案例中的问题,不应只说现象,没有理论分析)

(3)案例启示

(应提升分析高度,实现由点到面的对问题的认识)

2. 案例分析型论文的范文大纲

题目:Q公司并购D公司的财务风险案例研究

1 绪论

  1.1 本文研究的背景

  1.2 本文研究的目的和意义

  1.3 外资并购风险及其识别

2 案例描述

  2.1 目标企业D公司概况及重组动因

  2.2 并购方Q公司概况及并购战略目标

  2.3 并购重组方案

3 案例分析

  3.1 知己知彼:并购风险的前期调查分析

  3.2 精打细算:并购价值及并购成本估算

  3.3 风险博弈:谈判中协议条款安排

  3.4 财务整合:保证并购协同效应的实现

4 案例启示

  4.1 并购调查是规避风险、降低并购成本的重要措施

4.2 合理的价值预测是规避定价风险的保证

4.3 并购协议条款安排是防范风险的法律武器

4.4 争取政府、有关部门及其他利益相关者的支持

4.5 财务整合是关键

(二)问卷型论文的基本结构及范文大纲

1. 问卷型论文的基本结构

(1)研究目的

(2)调研内容

(3)问卷设计

(4)样本选择

(5)调查方法

(6)调查结果

(7)结果分析

(8)对策与启示

2. 问类型论文的范文大纲

题目:天津市高校内部审计状况

1 调研的组织实施

  1.1 研究的目的和意义

  1.2 调查内容

  1.3 样本构成

  1.4 调研方法

2 调研结果分析

  2.1 内部审计机构建设分析

  2.2 内部审计工作情况分析

  2.3 技术应用及信息化建设分析

  2.4 职业教育与岗位培训分析

3 高校内部审计发展的思考

  3.1 提高内部审计地位

  3.2 推进内部审计创新

  3.3 打造内部审计队伍

(三)专题型论文的基本结构及范文大纲

1. 设计型论文的基本结构

(1)问题的提出

(2)现状描述或问题分析

(3)方案设计

(4)模拟运行或预期效果

(5)运用中应注意的问题

2. 设计型论文的范文大纲

题目：基于 ERP 的 L 集团公司全面预算管理

1. L 集团公司简介
  1.1 L 集团公司生产经营情况
  1.2 L 集团公司组织机构情况
2. ERP 平台基础上 L 集团的全面预算模式
  2.1 L 集团公司业务性质及特点
  2.2 L 集团公司基于 ERP 预算管理的条件
  2.3 销售预算与 ERP 的销售模块相集成
  2.4 采购预算与 ERP 中生产模块、物流模块相集成
  2.5 专项预算与 ERP 项目模块相集成
  2.6 资本性支出预算与 ERP 财务模块、生产模块中的生产能力计划相集成
  2.7 财务预算与 ERP 财务模块、车间管理模块及存货模块相集成
  2.8 全面预算管理模式存在的问题
3. L 集团公司基于 ERP 实施全面预算管理的流程设计
  3.1 明确公司战略
  3.2 建立预算体系
  3.3 预算的分发与编制
  3.4 预算的提交、审批、执行与控制
  3.5 预算的分析与考核
4. L 集团公司推行 ERP 为平台全面预算管理需要完善的基础工作
  4.1 客户产品资源销售数据库
  4.2 建立完善产品 BOM 数据信息
  4.3 依据 BOM 和工艺路线，制定材料定额及工时定额
  4.4 成本核算实现按产品零部件归集成本费用
  4.5 成本核算中实现半成品的还原
  4.6 建立完善的财务核算与预算的分解结构

(四)诊断型论文的基本结构及范文大纲

1. 诊断型论文的基本结构
(1)问题的提出
(2)现状描述
(3)发现的问题
(4)原因剖析
(5)对策建议

2. 诊断型论文的范文大纲
题目：基于"哈佛分析框架"的 A 钢铁企业财务分析研究
第一部分 引言
一、研究目的和意义
二、核心概念

(一)财务分析概念的界定
(二)哈佛分析框架
三、研究的思路和框架
第二部分 A钢铁企业及财务分析现状
一、A钢铁企业情况简介
(一)企业性质及主要业务
(二)企业组织架构及人员构成
(三)企业近三年主要经营业绩
二、A钢铁企业财务分析的特点与做法
(一)钢铁企业财务分析特点
(二)A钢铁企业财务分析的做法
第三部分 基于"哈佛分析框架"的A钢铁企业财务分析诊断
一、A钢铁企业财务分析问题
(一)战略分析缺失,分析缺乏宏观性和导向性
(二)会计分析薄弱,分析缺乏可比性和可靠性
(三)财务分析不健全,分析缺乏全面性和深入性
(四)前景分析不到位,分析缺乏前瞻性和预见性
二、A钢铁企业财务分析问题产生原因
(一)财务分析重要性认识不足
(二)财务分析重点不突出
(三)财务分析缺乏创新
(四)财务分析与实际应用"油水分离"
(五)财务分析监管力度不够
(六)财务分析人员自身素质缺失
第四部分 基于"哈佛分析框架"的A钢铁企业财务分析改进
一、A钢铁企业财务分析问题解决
(一)发挥战略分析效用
(二)提高会计分析质量
(三)健全财务分析体系
(四)强化前景分析预测
二、A钢铁企业财务分析改进
(一)提高财务分析的重视程度
(二)突出财务分析重点
(三)增强财务分析创新意识
(四)融合财务分析与实际应用
(五)强化财务分析监管
(六)提高财务分析人员素质
第五部分 结束语

第四节 工商管理硕士学位论文写作方法

一、工商管理硕士的特点

工商管理硕士是一种专业硕士学位,与一般硕士学位有所不同。

(一)培养对象

工商管理硕士的招生对象一般为在职大学本科毕业生、大专毕业生、同时具有三年以上工作经验的国家机关、事业单位干部和工商企业管理人员及技术人员。

(二)培养方式

工商管理硕士教育从本质上讲是一种职业训练,特别强调在掌握现代管理理论和方法的基础上,通过商业案例分析、实战观摩、分析与决策技能训练等培养学生的实际操作技能,使学生接受知识与技能、个性与心理、目标与愿望等方面的挑战,更具有职业竞争的实力。而其他研究生则侧重于理论学习、学术研究。

(三)培养目标

工商管理硕士培养的是能够胜任工商企业和经济管理部门高层管理工作需要的务实型、复合型和应用型高层次管理人才,而其他硕士培养的是具有扎实理论基础和较强的科研和教学能力的高层次科研型和教学型人才。

二、工商管理硕士学位论文的撰写要求

工商管理硕士学位论文写作,是工商管理硕士学习过程的一个重要组成部分,既是对相关知识的一次总结,也是实践经验和理论知识的结合。一方面,工商管理硕士学位论文的写作与其他论文的写作相似,同样有论题、论点、论据等。另一方面,工商管理硕士学位论文又有自身的一些特点和要求,存在明显的倾向:针对现实经济、管理问题开展研究,特别面向微观问题,面向工作中的实际问题,是对学生综合能力的检验和发掘。

工商管理硕士学位论文的类型与会计专业型硕士学位论文的类型基本相同,共有 4 种:案例分析、调查报告、专题研究与企业诊断。另外,工商管理硕士学位论文与会计专业型硕士学位论文在研究内容、研究方法、研究成果和撰写的要求上基本相同,主要根据选题方向的不同来区分两者的差别。因此,本节将不再介绍工商管理硕士学位论文的具体写法与要求(详见会计专业型硕士学位论文写作方法),主要以举例的形式来呈现与会计专业型硕士学位论文的区别。

三、工商管理硕士学位论文的研究内容

例 1
论文题目:资源型企业核心竞争力评价研究
1 绪论
    1.1 研究背景
    1.2 研究意义

  1.2.1 现实意义
  1.2.2 理论意义
 1.3 研究方法和技术路线
 1.4 论文框架结构
2 资源型企业核心竞争力理论研究综述
 2.1 资源型企业概念研究综述
 2.2 资源型企业评价研究综述
 2.3 文献研究述评
3 资源型企业核心竞争力评价模型构建
 3.1 资源型企业核心竞争力要素维度分解
  3.1.1 资源型企业核心竞争力的概念界定
  3.1.2 资源型企业核心竞争力的特征分析
  3.1.3 资源型企业核心竞争力的影响因素分析
  3.1.4 资源型企业核心竞争力的要素维度分解
 3.2 资源型企业核心竞争力测评指标体系的构建
  3.2.1 测评指标体系的构建思路
  3.2.2 测评指标体系的构建原则
  3.2.3 指标体系设计及释义
 3.3 带权重的测评指标体系的构建
  3.3.1 基于 Dephi 法的维度精简和指标筛选
  3.3.2 基于 AHP 法的指标体系确定
   3.3.2.1 AHP 方法的基本原理
   3.3.2.2 AHP 方法的求解过程
  3.3.3 测评指标体系的求解过程
   3.3.3.1 确定评价对象
   3.3.3.2 构造层级模型
   3.3.3.3 计算判断矩阵
   3.3.3.4 确定指标权重
4 TBGS 企业核心竞争力实证分析
 4.1 TBGS 企业概况
 4.2 TBGS 企业核心竞争力要素分析
  4.2.1 资源综合利用水平分析
  4.2.2 人力资源水平综合分析
  4.2.3 企业文化建设水平分析
  4.2.4 企业战略能力综合分析
  4.2.5 企业组织运转灵活性分析
  4.2.6 企业市场营销能力分析
 4.3 基于模糊综合评判法的企业核心竞争力测评研究
  4.3.1 模糊综合评判法

   4.3.1.1 模糊综合评判法介绍
   4.3.1.2 模糊综合评判法计算步骤
  4.3.2 TBGS 企业核心竞争力实证分析研究
   4.3.2.1 受众样本选取及分析
   4.3.2.2 问卷调查结果统计分析
   4.3.2.3 企业核心竞争力的模糊综合评判
 4.4 评价结果分析
  4.4.1 企业核心竞争力总体评价结果分析
  4.4.2 企业核心竞争力优势分析
  4.4.3 企业核心竞争力劣势分析
5 资源型企业核心竞争力提升路径分析
6 结论与展望

例 2

论文题目：平阴县农村信用合作联社网点优化研究

1 绪 论
 1.1 研究的背景和意义
  1.1.1 研究的背景
  1.1.2 研究的意义
 1.2 研究的思路与方法
  1.2.1 研究思路
  1.2.2 研究方法
 1.3 国内外研究现状
  1.3.1 国外研究现状
  1.3.2 国内研究现状
2 银行网点设立的相关理论
 2.1 网点设立的基本原则
  2.1.1 利润最大化原则
  2.1.2 需求与供给相平衡
  2.1.3 市场细分原则
  2.1.4 可持续发展的原则
 2.2 相关技术分析工具
  2.2.1 波特五力分析模型
  2.2.2 SWOT 分析模型
3 平阴联社网点管理现状及分析
 3.1 网点管理的研究思路
 3.2 网点管理现状
  3.2.1 网点布局现状
  3.2.2 网点功能定位现状
  3.2.3 网点软件建设现状

3.2.4 网点硬件建设现状
3.2.5 网点产品建设现状
3.2.6 网点考核现状
3.3 运用相关技术分析工具对现状进行分析
3.3.1 运用波特五力分析模型进行分析
3.3.2 运用 SWOT 分析模型进行分析
4 平阴联社网点管理中存在的问题
4.1 网点布局中存在的问题
4.1.1 城区各金融机构网点过度集聚
4.1.2 内部竞争影响整体经营效益
4.1.3 城区网点占地多采用租赁制,经营成本大
4.1.4 乡镇网点按行政区划设立,未充分考虑经营利润
4.2 网点功能定位存在的问题
4.2.1 功能定位不准确
4.2.2 信贷管理部门设置不理想
4.3 网点软件建设存在的问题
4.3.1 信息系统架构有待优化
4.3.2 人员素质有待加强
4.4 网点硬件建设存在的问题
4.4.1 网点硬件投入不足
4.4.2 便民服务机具选址不尽合理
4.5 网点产品建设存在的问题
4.5.1 未对客户进行有效的市场细分
4.5.2 城区市场缺乏有竞争力产品
4.6 网点考核中存在的问题
4.6.1 任务的下达未考虑当地经济增速
4.6.2 考核未考虑网点之间的差异
4.6.3 考核未到个人容易出现分配不均
5 网点优化的思路及对策
5.1 网点优化的思路
5.1.1 优化的原则
5.1.2 优化的目标和规划
5.1.3 分析影响网点业务发展的主要因素
5.2 网点优化的对策
5.2.1 网点布局优化
5.2.2 网点功能优化
5.2.3 网点软件优化
5.2.4 网点硬件优化
5.2.5 网点产品优化

5.2.6 网点考核优化
　5.3 网点优化的保障措施
　　5.3.1 决策保障
　　5.3.2 人力保障
　　5.3.3 资金保障
　　5.3.4 制度保障
　　5.3.5 科技保障
　　5.3.6 安全保障
6 结论
致谢
参考文献
　附录A 影响营业网点业务发展的影响因素调查问卷

第十章　硕士学位论文答辩

第一节　硕士学位论文答辩准备

一、答辩的目的及意义

所谓答辩，就是有"问"有"答"，也可以"辩"。硕士学位论文答辩，要求学生在答辩会上宣讲自己的学位论文，并当面回答答辩专家提出的问题，也可以就一些学术观点展开辩解。学位论文答辩可以反映学生全部学业的综合水平，也是学校审查学位论文质量、检验论文的真实性以及考查学生的理论功底、应变能力、表达能力的手段之一。对学生而言，论文答辩有利于进一步陈述、补充论文内容，促进论文水平的提高，也有利于发挥和展示其个人的才能。学位论文答辩是整个论文写作的重要组成部分。一场精彩、成功的论文答辩，不仅可以引导学生深化对研究内容的认识，还可以帮助学生发现自己论文写作方法上的不足。

二、答辩前的准备工作

（一）全面熟悉自己所写的论文

答辩是学校对硕士论文成绩进行考核、验收的一种形式。学生要明确目的、端正态度、树立信心，通过论文答辩这一环节，提高自己的分析能力、概括能力及表达能力，在反复阅读、审查自己论文的基础上，写好答辩报告书（占时小于 20 分钟）。撰写的答辩报告书要特别注意以下几点：①突出选题的重要性和意义；②陈述论文的主要观点与结构安排（这部分只简要说明大致框架，不要详细论述内容）；③认真准备答辩过程中的工作，例如注意自己的仪态与仪表，就怎样和答辩老师沟通，准备周详的讲述材料和方案等。由于答辩人太多，学生要制作一个图文并茂的简要提纲，并反复熟悉，争取脱稿；看着讲稿或者读 PPT 进行答辩，效果会比较差。

（二）资料准备

参加答辩会需携带的物品。

(1)硕士论文的底稿。

(2)答辩报告书。

(3)主要参考资料。答辩时虽然不能依赖这些资料，但带上这些资料，当遇到一时记不起来的问题时，稍微翻阅一下有关资料，就可以避免出现答不上来的尴尬和慌乱。

(4)记录用稿纸。答辩时把专家所提出的问题和有价值的意见、建议记录下来。通过记录,不仅可以缓解紧张心理,而且还可以更好地吃透专家所提问题的要害和实质,同时还可以边记边思考,使思考的过程变得更加自然。

(三)答辩前要做到心中有数

回答答辩提问时须知。

(1)应用能力与知识宽度的准备。

(2)做好常规性问题的准备。

(3)细节问题不可忽视。

(4)对自身能力的考查。

(5)对论文应用性的把握。

要进行答辩,首先就要明确论文答辩想考查研究生什么。硕士教育重在训练科学的思维、如何将科学成果转化为学术文章甚至是创造社会效益。因此,通过论文答辩可以考查的内容如下:①论文的真实性,实事求是乃科学研究的基础,论文本身必须真实可靠,弄虚作假难逃答辩委员会专家们的质疑,如果在这方面出现问题,论文势必不能通过专家评审;②考查相关知识与应用能力;③考查研究生的综合素质,包括答辩者的表达能力;④成功的演讲是自信和技巧的结合,扎实的专业知识和细致周到的答辩准备工作是成功的前提,使用一些答辩技巧也不可缺少,可以充分展示整理研究材料、展示研究成果的能力,让别人知道自己都做了什么。要想这场战争获胜,就必须对答辩的目的、程序、可能遇到的问题及解决方法进行深入剖析,做到胸有成竹,不要紧张,要以必胜的信心、饱满的热情参加答辩。

(四)答辩 PPT 的制作

1. 答辩 PPT 的制作要求

(1)答辩 PPT 的篇幅。硕士论文答辩所用的 PPT 一般为 15~20 页,陈述时间控制在 20 分钟之内,除去首页和篇章标题页和致谢等无实质内容页面,真正需要陈述的内容为 15 页左右。

(2)首页和最后一页。PPT 的首页和最后一页内容一般选择特征性图片,最好是校园风情照片,用于等待答辩前播放或者回答问题时播放。

(3)母版。由于科学研究的严肃性,PPT 母版应选择深底浅字。Office 里面附带的母版较少且过于单调,最好自己设计或从网上下载。

(4)内容。标题页的内容包括课题名称、学生和导师姓名等,也可加上课题资助项目来源。字体和编排均应适当严肃,避免花哨。每页 8~10 行字或一幅图,必须列出要点、关键内容。

2. 答辩 PPT 的制作方法

(1)对论文的内容进行概括性的整合。在展现每部分内容时,原则是图的效果好于表的效果,表的效果好于文字叙述的效果。最忌满屏幕都是文字。

(2)能使用图表的地方尽量使用图表,确实需要文字的地方,要将文字内容高度概括,使其简洁明了,并用编号标明。

(3)内容和基调。背景适合深色调,例如深蓝色,字体用白色或黄色的黑体字,显得庄重。

值得强调的是,无论用哪种颜色,一定要使字体和背景形成明显反差。

3.答辩PPT的制作技巧

(1)PPT模板的具体制作过程。以下是制作PPT模板的两种常规方法(以下以WPS为例)。

1)方法一是通过"新建或者打开一个新文件(见图10-1),选择格式(见图10-2)—背景(见图10-2)—填充效果(见图10-3)—图片(见图10-4)—选择图片—插入—确定—全部应用"的流程来创建PPT模板。

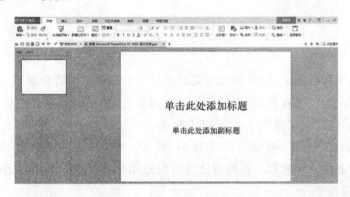

图 10-1

图 10-2

图 10-3

图 10-4

这样,背景图就加进去了,但是还没有完成。接下来是最关键的步骤:一定要记得保存,选择"文件",点"保存",在"保存类型"下拉菜单里一定要选"演示文稿设计模板",而且不能改变默认的保存路径。这样就创建成了一个 PPT 模板。

2)方法二是通过"视图—母版—PPT 母版,插入—图片—来自文件"的流程来创建 PPT 模板,此后的处理和方法一相似。这种方法还可以对图片进行修饰,调整大小,加入新的元素,创建单独的标题模板等。

之后在已经创建好的模板上加入文字,具体操作如下:在创建好的 PPT 母版上点开文本框—输入文字—调整好位置—关闭母版视图(见图10-5)。

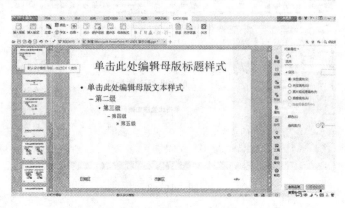

图 10-5

如果需要在 PPT 模板上加入图片,具体操作如下:在创建好的 PPT 母版上插入图片—来自文件—保存(在"保存类型"下拉菜单里选"演示文稿设计模板",见图10-6)。

(2)研究思路图的具体制作过程。使用研究思路图是制作高质量 PPT 的一个重要法宝,特别在描述研究过程的时候,最好用研究思路图进行说明。有许多专业软件可用于研究思路图的制作,但 PowerPoint 本身自带的绘图工具,功能也很强大。利用组织结构图可直接制作研究思路图,但模式较为固定。剪贴画是新手最喜欢插入的内容,但一般在学术 PPT 中,剪贴画不易插入太多,因为剪贴画会减少学术分量。制作 PPT 时要学会利用自选图形制作直接需要的研究思路图。自选图形中有些是标注,可直接插入文字,图形则必须利用文本框重新插入。

只要有足够的耐心,任何形式的研究思路图都可做出来。在做研究思路图之前一定要注意图形之间连接的次序,最有用的工具是"组合"和"叠放次序"。组合工具可把多个小图拼合起来,避免减少重复劳动。"叠放次序"可以利用图形颜色的差异把不需要的部分遮盖住。此工具使用恰当,既可减少工作量也可利用多个图形的相互关系创造出复杂且美观的图形。

图 10-6

4. 学位论文 PPT 制作的要点、结构

(1)要点。制作 PPT 时应注意以下几个要点。

1)PPT 制作需要对论文选题、方法、结论、相关文献非常熟悉。

2)演示文稿尽量做得简洁、漂亮、得体。

(2)结构。

基本信息(1张):论文题目、姓名、学号、指导教师。

研究背景(1张):重点概括论文正文中的研究背景。

研究现状(1张):分别概述国内和国外研究现状,并写出现状综述。

研究目的和意义(1张):概述正文中的目的和意义。

研究方法(1张):列出论文所使用的研究方法。

基础理论(1张):概述所运用的基本理论。

研究内容(1张):从开题报告中列出的论文一级标题摘取。

研究框架(1张):根据论文的写作思路和结构,画出研究思路图。

实证分析(2~3张):将实证的过程和结果简明扼要地列示出来。

研究结论(1张):最好逐条列出所得到的最终结论,并做出简要说明。

对策建议(1张):逐条列出论文的对策和建议。

部分参考文献(1张):列出部分重要参考文献。

尾页(1张):建议写出"请各位老师提出修改意见,谢谢!"此类的话。

5. 制作规范

(1)字号标准:学位论文题目:72号;章标题:44号;节标题:36号;正文内容:28号。

(2)字体标准:宋体为主;行间距:1倍行距。

(3)排版标准:每页内容不宜过多,一般不超过页面的 2/3。

(4)字体颜色标准:根据背景选择颜色,同一张PPT最好颜色一致,禁止使用跟背景色相似的颜色。当出现文字公式混编的情况时,用文本框将公式组合起来。禁止使用备注。如必须用备注做提示,请将其放到PPT页面里。PPT内容应准确无误,无错别字,语法语句通顺。

(5)文字要求:作为PPT的主体,文字的表达和处理非常重要,要求做到:①文本框内的文字,一般不必用完整句子表达,尽量用提示性文字,避免大量文字的堆砌。做到让观众在1分钟内看完,且不觉吃力。②要比例适宜,避免内容全部缩在半张PPT内,也不要"顶天立地",不留边界。

(6)篇幅要求:一般应将正文内容做简要概括以后制作成PPT,严禁将论文内容大段粘贴复制在演示文稿上。

(7)放映要求:建议按照PPT的默认效果放映,尽量少使用动画效果。

第二节 硕士学位论文答辩流程

现场答辩是论文答辩的关键所在,答辩人能否通过答辩,全看在现场答辩中的表现。所以答辩人答辩时必须做到脱稿。脱稿汇报时,要观点明确、突出重点、掌握时间、声音洪亮、态度诚恳。

以下是现场答辩的流程。

1. 开场白

答辩开始时要向专家问好,开场白是整个论文答辩的正式开始,它可以吸引注意力、预告答辩的目的。好的开始是成功的一半,要切合主题、符合答辩基调、运用适当的语言进行答辩。应避免负面开头,如自我辩解等(如"我最近找工作压力太大,准备不充分……""我工作太忙,准备不太好……"),这样既体现出对答辩委员会专家的不尊重,也是个人自信不足的表现,各位专家对答辩人的第一印象会大打折扣。牢记谦虚谨慎是我国的传统美德,但是谦虚并非不自信。此外也要避免自我表现、洋洋得意、寻求赞赏。过度的表现,会引起答辩委员会专家的反感。(如"经过这么多年的思考,我认为我的这种制度设计已经达到最科学,最完美的……")

2. 陈述论文

陈述时应注意:掌握时间、扼要介绍、沉着冷静、声音洪亮、吐字清晰、抑扬顿挫。表达时要淋漓尽致,语气上要用肯定的语言,是即是,非即非,不能模棱两可。内容上紧扣主题,表达上富于感染力,可使用适当的手势,以取得答辩的最佳效果。

答辩会上要用洪亮的声音来进行答辩。这样能增强胆量,减少怯场;引起专家的注意力;使自己更富激情,进而感染专家。当然,要想实现语言的流畅性、信服力,需要看临场发挥。

3. 回答质询问题

质询问题一般针对论文中的主要内容来进行提问,也有根据论文的细节问题和数据来源问题来进行提问。一般情况下,质询问题难度适中,就是考查你对自己的论文的通篇内容是否熟悉,是否理解。所以应答此类问题时,不要太过紧张,在头脑中组织好语言,有逻辑地来进行回答。

答辩人宣讲论文完毕后,要集中注意力记录专家提出的问题,以便做出完整的答复;并将

PPT返回到"基本信息"页,以便专家准确提问。通常,经过短暂的准备后,答辩人用大约10分钟的时间对专家提问做出认真回答。

4. 回答专家问题

当质询问题回答结束后,答辩委员会专家将会随机提出问题。如果没有听清问题,可以进行追问,但是一旦理解错误将会非常被动。对于专家提问不管妥当与否,都要耐心倾听,不要随便打断别人的问话;同时对于专家提出的问题,应当回答完整,力求准确。对于所做出的回答自我感觉良好时,不要流露出骄傲情绪。如果确实不知如何回答时,应直接向专家说明,不要答非所问。对没有把握的问题,不要强词夺理,实事求是地表明自己对这个问题还没有深入研究。总之,在答辩中,应态度诚恳、有礼有节,表现出对专家的尊重和感谢。注意答辩不纯粹是学术答辩,也有少许的非学术成分,要显示出自己各方面的成熟,证明自己已具备一定的学术研究能力。

当答辩委员会的专家对答辩人所做的回答不太满意时,还会进一步提出问题,以求了解论文作者是否切实掌握此问题。遇到这种情况,答辩人如果有把握讲清问题,就可以申明理由进行答辩;如果不太有把握,可以审慎地回答,能回答多少就回答多少,即使讲得不确切也不要紧,只要是同问题有所关联,专家会引导和启发答辩人切入正题;如果确实是自己没有掌握问题,就应该实事求是地讲明自己对这个问题还没有思路,表示今后一定认真研究这个问题,切不可强词夺理,进行狡辩。

在答辩中,有时答辩专家会提出与答辩人的论文中基本观点不同的观点,然后请你谈谈看法,此时就应全力为自己观点辩护,反驳与自己观点相对立的思想。答辩专家在提问的问题中,有时是基础知识性问题,有时是学术探讨性问题,对于前一类问题,要答辩人做出正确、全面的回答,不具有商讨性。而后一类问题,是没有定论的,持有不同观点的人可以互相切磋商讨。如果所写论文的基本观点经过深思熟虑,又是言之有理、持之有据,能自圆其说,就不要在答辩专家提出不同的见解时,放弃自己的观点。否则,就等于是自己否定了自己。要知道,有时答辩专家提出的与论文相左的观点,并非其本人观点。提出问题的目的,是想听取答辩人对此类观点的评价和看法,也可能是考验答辩人的答辩能力和对自己观点的坚定程度。即使是提问专家自己的观点,也应该抱着"追求真理"的态度,与之展开辩论。不过,与答辩专家辩论时要注意分寸,运用适当的辩术。一般来说,应以维护自己的观点为主,反驳对方的论点时,要尽可能采用委婉的语言,用旁说、暗说的办法,潜移默化地把自己的观点告诉对方,让他们能够理解答辩人的观点,让提问专家在接受答辩人的意见的同时,自尊心也不会受到伤害。

5. 结论和致谢

答辩结束前一定要进行致谢。论文答辩之后,答辩人应该认真听取答辩委员会的评判,进一步分析、思考答辩专家提出的意见,总结论文写作的经验教训。一方面,要搞清楚通过这次学位论文写作,自己学习和掌握了哪些科学研究的方法,在提出问题、分析问题、解决问题以及科研能力上得到了哪些提高,还存在哪些不足,作为今后研究其他课题时的借鉴。另一方面,要认真思索论文答辩会上答辩专家提出的问题和意见,精心修改自己的论文,加深研究,求得纵深发展,取得更大的成果,使自己在知识的掌握和能力的运用上有所提高。

第三节 硕士学位论文答辩技巧及注意事项

一、学位论文答辩技巧

1. 表述技巧

答辩人首先要介绍一下论文的概要,这就是所谓"自述报告",须强调一点的是"自述"而不是"自读"。这里重要的技巧是必须注意不能照本宣读,把报告变成了"读书","照本宣读"是第一大忌。这一部分的内容可包括研究背景、国内外研究现状、选题目的和意义、研究方法、研究内容。做到概括简要、言简意赅。不能占用过多时间,一般以20分钟为限。

在表述过程中尽量做到词约旨丰,一语中的。要突出重点,把自己的最大收获、最深体会、最精华与最富特色的部分表述出来。这里要切忌,第一主题不明;第二内容空泛,东拉西扯;第三平平淡淡,没有重点。

2. 听取技巧

在听取答辩专家提问时需要掌握下述技巧要领。

(1) 沉着冷静,边听边记。
(2) 精神集中,认真思考。
(3) 既要自信,又要虚心。
(4) 实事求是,绝不勉强。
(5) 听准听清,听懂听明。

3. 回答技巧

在回答问题时,所要掌握的技巧是了解每个问题所要作答的"中心""症结""关键"在哪里,从哪一个角度去回答问题最好,应举什么例子来证明。回答问题的内容实质上是一段有组织的"口头作文",这就要做到下述几点。

(1) 一问一答,有问必答。
(2) 条理清晰、层次分明。
(3) 用词恰当、语言流畅。
(4) 口齿清楚、语速适度。
(5) 心态平和、态度谦虚。

二、专家提问

1. 答辩委员会专家可能提出的问题

答辩人陈述结束后,答辩专家将会提出问题,进行答辩,时间为20~30分钟。一般包括:需要进一步说明的问题;论文所涉及的有关基本理论、知识和技能;考查答辩人综合素质等方面。

答辩专家可能提出的问题一般来源于以下几方面。

(1) 来自论文内容的问题:论文的研究方法是否可行、论文框架是否合理、实证分析的过程是否正确、研究结论是否有参考价值、数据是否具有代表性、政策建议是否和研究结论相关。

(2)来自论文格式的问题：论文格式、参考文献的规范性，语法语句措辞的正确性等。

(3)来自PPT的问题：PPT的内容和正文的一致性。

(4)其他问题：和论文相关性不大的问题。

2.如何回答答辩委员会专家提出的问题

针对前面可能遇到的问题，在回答答辩专家的现场提问时，应注意从以下几方面入手。

(1)遇到论文内容的问题：根据答辩专家提出的具体问题，应结合论文内容，一一进行回答，做到有理有据。对于答辩专家提出的正面问题，可以做深入细致地回答，如果提出的是反面问题，首先阐述自己的见解，如果确实有误，应虚心接受答辩专家意见，事后与指导老师共同商讨解决。

(2)遇到PPT和论文格式的问题：遇到PPT和格式问题，先承认自己错误，虚心接受批评，按照正确的规范格式改正。

(3)其他问题：到了提问环节，专家提问不管妥当与否，都要耐心倾听，不要随便打断别人的问话。对专家提出的问题，当回答完整、自我感觉良好时，不要流露出骄傲情绪。如果确实不知如何回答时，应直接向专家说明，不要答非所问。

总之，答辩中应实事求是、不卑不亢、有礼有节，表现出对专家的尊重和感谢。注意答辩不纯粹是学术答辩，非学术成分大约占一半，要显示出自己各方面的成熟，要证明自己有了一定的学术研究能力。

3.学位论文答辩常见问题举例

在学位论文答辩中，通常还会遇到以下一些问题。

(1)为什么选择这个论题？

(2)研究这个论题的意义和目的是什么？

(3)全文的基本框架、基本结构是如何安排的？

(4)全文的各部分之间逻辑关系如何？

(5)在研究本论题的过程中，发现了那些不同见解？对这些不同的意见，是怎样逐步认识的？又是如何处理的？

(6)论文的主要观点是什么？理论依据是什么？

(7)调查问卷的发放对象、数量以及效度、信度的分析

(8)模型构建的依据是什么？

(9)实证结果是如何得出的？

(10)实证的立证依据是什么？

(11)研究结论是如何得出的？

(12)研究假设验证结果是否得当？

(13)对策建议是否和研究结论相关？

(14)参考文献的篇数、新旧、规范性是否符合要求？

(15)还有哪些问题自己还没有搞清楚，在论文中论述得不够透彻？

(16)答辩专家有不同观点。

(17)论文虽未论及，但与其较密切相关的问题还有哪些？

对以上问题应仔细想一想，必要时要用笔记整理出来，写成发言提纲，在答辩时用。这样

才能做到有备无患,临阵不慌。

4. 结论及致谢

根据实证研究的过程与前期叙述,逐条得出研究结论,并一一解释说明,避免从论文中整段摘录。在致谢时,应对论文的写作有过帮助的人表示感谢。

成功的答辩是自信和技巧的结合。不过扎实的专业知识和细致周到的答辩准备,也是能使答辩成功的不可或缺的因素。一些答辩技巧也是必不可少的,它可以起到充分展示研究材料、展示研究成果的作用,让别人知道自己的付出。要想答辩成功,就必须掌握答辩的要领、注意事项、技巧和解决问题的方法。

5. 答辩注意事项

(1) 避免出现紧张情绪。

(2) 避免材料准备不足。

(3) 避免陈述时间过长或过短。

(4) 避免PPT大段文字粘贴、模板花哨。

(5) 避免陈述声音过小。

(6) 避免回答问题答非所问。

(7) 避免着装过于随意。

附 录

附录一 西安科技大学学士学位论文表格

❖ 毕业设计(论文)指导教师评审意见书

西安科技大学
毕业设计(论文)指导教师评审意见书

姓 名		学 号		专业及班级	
评审意见：					
学生毕业设计(论文)工作期间表现的整体评价：					
评阅成绩：					

指导教师职称

年　月　日

❖ 毕业设计(论文)任务书

西安科技大学
毕业设计(论文)任务书

姓 名		学 号		专业及班级	

设计(论文)题目：

完成日期：　　　年　　月　　日

具体要求：

指导教师职称

　　　　　　　　　　　　　　　　　　　　年　　月　　日

学院审核意见

教学院长(签名)

　　　　　　　　　　　　　　　　　　　　年　　月　　日

❖ **毕业设计(论文)评阅教师评审意见书**

西安科技大学
毕业设计(论文)评阅教师评审意见书

姓 名		学 号		专业及班级	

评阅意见：

评阅成绩：

评阅教师职称

年　月　日

❖ 毕业实习报告

西安科技大学

毕业实习报告

年　　级：_____

学　　号：_____

姓　　名：_____

专　　业：_____

指导教师：_____

201××年××月

会计系
毕业实习评价表

学生姓名		性别		学号	
以下内容由指导教师填写（打钩"√"选择）					

	评价项目	评价结论	打钩	评价结论	打钩	评价结论	打钩
	实习单位选择	实际意义大		实际意义适中		实际意义小	
	实习工作量	超负荷		饱和		不饱和	
	实习态度	认真		一般		不认真	
	实习进度	按计划执行		一般		未按计划执行	
	实习日志	认真完整		一般		不认真不完整	
对实习报告评价	实习目的	明确		一般		不明确	
	实习过程和内容	完整		一般		不完整	
	实习发现问题和对策	合理		一般		不合理	
	实习总结和心得体会	合理中肯		一般		不合理不中肯	
	实习效果	优　良　中　差				

综合评语
（是否完成了规定任务、效果是否符合要求等）
指导教师签名：
年　月　日

毕业实习报告

姓 名		班级		实习时间	始	年 月 号
					止	年 月 号
实习单位						
实习地点						
实习目的						

（严格参照毕业论文排版要求，进行排版）

❖ 英文翻译

西安科技大学

英文翻译

姓　　　名：
学　　　号：
指导教师：
专　　　业：
班　　　级：
时　　　间：

会计系
英文翻译评价表

学生姓名		性 别		学 号	
外文文献标题					
外文文献出处					

以下内容由指导教师填写(打钩"√"选择)

评价项目	评价结论	打钩	评价结论	打钩	评价结论	打钩
是否外文期刊文献	是		否			
与本人论文相关	完全相关		一般		不相关	
翻译工作量	超负荷		饱和		不饱和	
翻译态度	认真		一般		不认真	
翻译进度	按计划执行		一般		未按计划执行	
翻译训练效果	优		良	中	差	

综 合 评 语
（是否完成了规定任务、效果是否符合要求等）

指导教师签名：

年　月　日

注1：此表与翻译文本一起装订。

注2：为了加强学生外语应用能力的训练，每位同学至少选择与本专业相关外文文献一篇(10 000英文字符)，翻译成中文。外文文献及中文译文不装订进论文中，只形成单行本放入档案袋即可。

❖ 毕业设计(论文)开题报告

西安科技大学

毕业设计(论文)

开题报告

题目 _____

院、系(部)   管理学院

专业及班级 _____

姓名 _____

指导教师 _____

日期   20××年××月××日

会计系
20××届毕业论文开题审查表

毕业论文题目		可转换公司债券发行动机的实证研究			
学生姓名		性 别		指导教师	
学　　号		专 业	会计学	班 级	

以下内容由评审教师填写（打钩"√"选择）
通过对该同学毕业设计（论文）开题报告的审查我们认为： ●毕业设计（论文）题目：　　□合适　　□较合适　　□欠妥　　□建议修改 ●毕业设计（论文）工作量：　□偏大　　□饱满　　□较饱满　　□偏少 ●本人与他人的选题有无区别：□有区别　　□区别不明显　　□无区别 ●该生对题目的理解：　　　　□较好　　□一般　　□较差 ●该生对应完成的研究内容：　□明确　　□较明确　　□不明确 ●该生论文的研究思路/提纲：□合理　　□较合理　　□不合理 ●该生所制定的进度安排：　　□合理　　□较合理　　□不合理 ●开题报告撰写情况：　　　　□较好　　□一般　　□较差
审查组对该同学开题报告审查结论： 　　□通过　　□不通过（并决定一周后，即：＿＿月＿＿日＿＿时，该同学重新开题） 其他建议：

评议组老师签名：		日期	2016 年 4 月 6 日

注：此表与开题报告一起装订。

西安科技大学毕业设计(论文)开题报告

题 目		选题类型	

一、选题依据(简述国内外研究现状,说明选题目的、意义,列出主要参考文献)

二、主要研究内容、论文大纲及工作方法或工作流程

三、毕业设计(论文)工作进度安排

	难度	B	分量	A	综合训练程度	A	是否隶属科研项目	否	是否具有创新性	是
指导教师评审意见	请在以下□中打钩评价： • 格式规范：□完全符合　□正确　　　□不合格 • 目的态度：□明确端正　□一般　　　□不重视毕业论文写作,需提高认识 • 内容策划：□非常完善　□合理　　　□不具体,需修改 • 研究思路：□清楚严密　□合理　　　□不明确,需修改 • 工 作 量：□充分　　　□合理　　　□不足,需增加研究内容 • 进度安排：□合理　　　□不合理 • 教师意见：□同意开题　□推迟开题　□不予开题 指导教师签字：_____ 　　　　　　　　　　　　　　　　　　　　　　　　2016 年 4 月 5 日									
学院毕业设计(论文)指导委员会审核意见 (公　章)	 　　　　　　　　　　　　　　　　　　　　　　　教学院长：_____ 　　　　　　　　　　　　　　　　　　　　　　　　年　月　日									

西安科技大学毕业论文选题变更审批表

申请人		学号		专业及班级	
原选题目					
现选题目					
变更理由	申请人： 　　年　月　日				
指导教师意见	指导教师签字：_____ 　　年　月　日				
系或专业指导小组意见	组长签字：_____ 　　　　　　　年　月　日				
学院审批意见	教学院长（主任）：_____ 　　年　月　日				

❖ 毕业设计(论文)答辩成绩及综合成绩

西安科技大学
毕业设计(论文)答辩成绩及综合成绩

姓 名		学 号		专业及班级	
答辩委员会评定成绩					
评委1		评委2		评委3	
评委4		评委5		评委6	
评委7		评委8		评委9	
评委10		评委11		评委12	

毕业设计(论文)答辩委员会意见及答辩成绩：

　

　

　

　

　

答辩小组组长(签名)：

年　月　日

毕业设计(论文)综合成绩：

　

　

学院毕业设计(论文)：
领导小组组长(签名)：

年　月　日

附录二 西安科技大学关于硕士学位论文开题报告的规定

学位论文开题报告是研究生完成学位论文、保证学位论文质量的一种集体把关形式。它有助于研究生做好论文的各项准备工作,有助于研究生较好地了解论题中应注意处理和解决的主要问题,有助于加强本学科的学术交流。为了保证和促进研究生按期完成开题报告,特制定本规定。

一、选题的原则

1. 选题应紧密结合学科发展时间,硕士研究生的选题应对科技发展或经济建设有一定的理论和实用价值。
2. 要充分结合指导教师的研究方向和研究生自身的基础,以利于发挥指导教师专长和调动研究生的主观能动性和创造性。
3. 要充分考虑开展工作的必要条件以及在规定的学习年限内取得创造性成果的可能性。

二、开题报告的内容

1. 选题的背景及研究的意义。
2. 选题研究领域国内外的研究动态及发展趋势。
3. 选题拟采取的研究方案、技术路线。
4. 选题在研究过程中可能遇到的困难和问题,提出解决的初步设想。
5. 选题预期达到的目标。
6. 论文工作量与经费的来源。
7. 选题研究的进度安排。
8. 参考文献。

三、组织与管理

1. 硕士研究生开题报告以学科专业为单位由学科负责人组织进行,组成5~7人的评审小组。
2. 硕士研究生的开题报告在第三学期或第四学期初进行,因故不能按期进行开题报告,必须及时办理延期手续,经指导教师和院(系、部)主管领导同意签字后,报研究生部批准。
3. 开题报告拟采用两级制:通过,不通过。对未通过者,必须在三个月内在学科所在学位评定分委员会重做开题报告。仍未通过者,按《西安科技大学研究生中期考核记筛选办法》处理。
4. 开题报告通过后,可进入论文写作阶段。原则上不可再随意更改题目,如确有特殊原因需更改题目,须由研究生写出书面报告,经指导教师同意签字,院(系、部)负责人审批后,报研究生部备案,并在1~2月内重新做开题报告。
5. 开题报告完成后,经指导教师、学科及所在院(系、部)签署意见,研究生应在3日内将开题报告和选题情况报研究生部审批并备案。

四、开题报告撰写要求

开题报告字数为 1 万字左右,小四号宋体字,用 A4 复印纸打印。硕士论文开题报告的参考文献应为 50 篇以上,其中外文资料应占 1/3 以上。

附录三 西安科技大学学术性文献资料获取渠道

学术文献资料的获取渠道一般有以下几种。

(1)图书馆期刊资料。图书馆学术期刊阅览室凡是带有"会计""审计""财经""管理"等字眼的期刊都可以参考。

(2)中国知网/维普/万方资料。学生可以按"西安科技大学大学主页—图书馆—电子资料—中国知网/维普/万方"这一流程获取资料,英文的有"ScienceDirect"等。这些数据库的查阅权都是学校买下的,在校园网内查阅都是免费的。

(3)数据库。会计及相关专业在论文写作时需要大量的数据支撑,一般可以通过万德数据库、国泰安数据库等常用数据库来取得相关数据。

(4)网站资料。一般常用的网站资料主要来源于中国证券网、财经网等。

(5)统计年鉴。统计年鉴也是学生撰写论文的一种资料查阅方式。

附录四 西安科技大学硕士学位论文写作规范

为适应我国社会主义现代化建设的需要,培养社会主义市场经济所需的高层次人才,不断提高我校研究生学位论文质量,特制定本规范。

一、学位论文用字、打印、用纸

(1)学位论文用纸一律为 A4 纸。

(2)论文打印要求加页眉,在每一页的最上方,用 5 号楷体,居中排列,页眉之下双画线。页眉应写章次及章标题,页码写在页脚居中。

(3)论文要求打印。汉字一律使用规范的简化字,不得使用不合规定的繁体字、简化字、复合字、异体字或自造汉字。论文正文用小四号宋体字。文内标题采用 3 级标注,即 1,1.1,1.1.1。

(4)论文版心要求:每页页边距上边 35 mm,下边 30 mm;左、右留边 25 mm。每页字数为 34(行)×38(字);页眉为 25 mm;页脚为 20 mm。

二、论文顺序和装订

论文顺序依次为封面、声明、中文摘要、英文摘要、目录、主要符号表、正文、结论、致谢、参考文献、附录、攻读学位期间发表的论文、专利、获奖及社会评价情况。主要符号表和附录可按需列入。

硕士学位论文装订 11 本:评阅 2 本,答辩 5 本,指导教师 1 本,研究生 1 本,交校图书馆 1 本(含电子版),交研究生院学位办 1 本。

装订后论文规格 206 mm×293 mm。

三、学位论文前置部分

前置部分包括封面、声明、中文摘要、英文摘要、目录及主要符号表。

(一)封面

按国家规定的格式前往研究生院指定印刷点印制。

密级:秘密、机密、绝密、内部事项。

分类号:按学科类别,利用《中国图书资料分类法》确定论文的分类号,或前往图书馆查阅。

论文题目:中文(包括副标题和标点符号)不超过 20 字,英文为中文标题的正确译文。

指导教师:为招生时所确定的指导教师(或经研究生院同意更换的指导教师)姓名及职称、协助指导的指导教师不填。

学科门类:填"法学""理学""工学""管理学""经济学"。

(二)声明

学位论文独创性说明

本人郑重声明:所呈交的学位论文是我个人在指导教师指导下进行的研究工作及其取得研究成果。尽我所知,除了文中加以标注和致谢的地方外,论文不包含其他人或集体已经公开发表或撰写过的研究成果,也不包含为获得西安科技大学或其他教育机构的学位或证书所使用过的材料。与我一同工作的同志对本研究所做的任何贡献均已在论文中做了明确的说明并表示了致谢。

学位论文作者签名: 日期:

学位论文知识产权声明书

本人完全了解学校有关保护知识产权的规定,即研究生在校攻读学位期间论文工作的知识产权单位属于西安科技大学。学校有权保留并向国家有关部门或机构送交论文的复印件和电子版。本人允许论文被查阅和借阅。学校可以将本学位论文的全部或部分内容编入有关数据库进行检索,可以采用影印、缩印或扫描等复制手段保存和汇编本学位论文。同时本人保证,毕业后结合学位论文研究课题再撰写的文章一律注明作者单位为西安科技大学。

保密论文待解密后适用本声明。

学位论文作者签名: 指导教师签名: 日期:

(三)摘要

1. 中文摘要

在论文的第一页,简要说明研究工作的目的、方法、成果和结论,重点说明本论文的成果和新见解。中文摘要字数为 500~1 000 字左右。中文摘要中除个别英文缩写外,一律用汉字写成,不得出现公式、图、表和参考文献等。

2. 英文摘要

(1) 用词应准确,使用本学科通用的词汇。

(2) 关键词按相应专业的标准术语写出。

(3) 中、英文摘要的内容一致。

3. 学位论文中英文摘要排版要求

(1) 学位论文中文、英文摘要不加页眉和页脚,不标页码。

(2) 版心与正文要求相同。

(3) 中文摘要排版要求:

(以下标题和内容为四号黑体,1.5 倍行距)

论文题目:

专业:

硕士生:×××(签名)

指导教师:×××(签名)

摘 要

……(摘要正文部分采用小四号宋体字,单倍行距。)

(以下标题为小四号黑体,1.5 倍行距,内容为小四号宋体)

关 键 词:

研究类型:

(4) 英文摘要排版要求:

1) 英文摘要字体采用 Times New Roman

2) 英文摘要排版要求如下:

(以下标题和内容为四号字体加黑,1.5 倍行距)

Subject:

Specialty:

Name:×××(Signature)

Instructor:×××(Signature)

ABSTRACT

(英文摘要内容采用小四号字体,单倍行距。)

(以下标题为四号加黑,内容为小四号字体,1.5 倍行距)

Key words:

Thesis:

(四) 关键词

(1) 关键词应选取能反映论文主体内容的词或词组,每篇选取 3~5 个。

(2) 关键词应尽可能从《汉语主题词表》中选取,新学科的重要术语也可选用。

(3) 中外文关键词应一一对应,分别排在中外文摘要下方。

论文的类型,论文类型分理论研究、应用研究、用于生产、其他四种,作者根据自己的工作,选择一种。

(五)目录

(1)目录中章、节号均使用阿拉伯数字,如章为1,分层次序为1.1及1.1.1等3个层次。章为小四号黑体字,节为小四号宋体字。

(2)目录中章节应有页号,页号从正文开始至全文结束。

(3)目录页号另编,并加页眉。

(六)主要符号表

(1)全文中常用的符号及意义在主要符号表中列出。

(2)符号排列顺序按英文其他相关文字顺序排出。

(3)主要符号表页号另编,并加页眉。

四、学位论文主体部分

主体部分包括绪论(引言、前言)、正文、结论、致谢及参考文献。

主体部分层次格式:

1　×××(三号黑体、三倍行距)……(居中排)章节层次

1.1　×××(四号黑体、二倍行距)……(不接排)节级层次

1.1.1　×××(四号楷体、二倍行距)……(不接排)

(1)×××(小四号宋体)××(接排)条款层次

①×××(小四号宋体)××(接排)

硕士学位论文为3万~5万字(含图表)。

(一)绪论

绪论应简要说明研究工作的目的、范围、相关领域的前人工作和知识空白、理论基础和分析、研究设想、研究方法和实验设计,预期结果和意义等。应言简意赅,不要与摘要雷同,不要成为摘要的诠释。一般教科书中有的知识,在绪论中不必赘述。

(二)正文

学位论文的正文是核心部分,占主要篇幅,包括理论分析、数据资料、实验方法、仪器设备、材料原料、实验结果、现场试验与观测,以及图表,形成的论点和结论。

由于研究工作涉及的学科、选题、研究方法有很大的差异,对正文内容不能作统一的规定。但是,必须实事求是,客观真实,合乎逻辑,层次分明。论文不得模糊研究生与他人的工作界限,参考或引用了他人的学术成果或学术观点,必须在引用处注出参考文献序号,严禁抄袭、占有他人的成果。

(三)结论

结论是最终和总体的结论,不是正文中各段的小结的简单重复。结论应该准确、完整、明确、精炼。语句不能模棱两可,含糊其词。

可以在结论中提出建议、研究设想、仪器设备改进意见、尚待解决的问题等。

(四)致谢

可以在正文后对以下相关单位、组织或个人表示致谢。

(1)指导教师。

(2)国家科学基金、合同单位、资助或支持的企业、组织或个人。

(3)协助完成研究工作和提供便利条件的组织或个人。

(4)在研究中提出建议和提供帮助的人。

谢词谦虚诚恳,实事求是。

(五)参考文献

1. 一般要求

(1)参考文献一般应是作者直接阅读过的对学位论文有参考价值的发表在正式出版物上的文献,除特殊情况外,一般不应间接使用参考文献。

(2)参考文献应具有权威性,要注意应用最新的文献。

(3)引用他人的学术观点或学术成果,必须列在参考文献中。

(4)参考文献在整个论文中按出现的次序列出。

(5)参考文献的数量。硕士学位论文参考文献一般约在30~50篇,其中外文参考文献应在10篇左右。

2. 参考文献的著录格式(依据国家标准 GB/T 7714 — 2005)

A. 连续出版物

[序号]主要责任者.文献题名[J].刊名,出版年份,卷号(期号):起止页码.

[1]程远平,李增华.煤炭低温吸氧过程及其热效应[J].中国矿业大学学报,1999,28(4):310-313.

B. 专著

[序号] 主要责任者.文献题名[M].出版地:出版者,出版年:页码.

[3] 马沛生.化工热力学[M].北京:化学工业出版社,2005:5.

C. 会议论文集

[序号] 析出责任者.析出题名[C]//编者.论文集名.(供选择项:会议名,会址,开会年)出版地:出版者,出版年:起止页码.

[6]孙品一.高校学报编辑工作现代化特征[C]//中国高等学校自然科学学报研究会.科技编辑学论文集(2).北京:北京师范大学出版社,1998:10-22.

D. 专著中析出的文献

[序号] 析出责任者.析出题名[M]//专著责任者.书名.出版地:出版者,出版年:起止页码.

[12]罗云.安全科学理论体系的发展及趋势探讨[M]//白春华,何学秋,吴宗之.21世纪安全科学与技术的发展趋势.北京:科学出版社,2000:1-5.

E. 学位论文

[序号] 主要责任者.文献题名[D].保存地:保存单位,年份.

[7]董丁稳.基于安全监控系统实测数据的瓦斯浓度预测预警研究[D].西安:西安科技大学,2012.

F. 报告

[序号] 主要责任者.文献题名[R].报告地:报告会主办单位,年份.

[9]冯西桥.核反应堆压力容器的 LBB 分析[R].北京:清华大学核能技术设计研究院,1997.

G. 专利文献

[序号] 专利所有者.专利题名[P].专利国别:专利号,发布日期.

[11]姜锡洲.一种温热外敷药制备方案[P].中国专利:881056078,1983-08-12.

H. 国际、国家标准

[序号] 标准代号.标准名称[S].出版地:出版者,出版年.

[1]GB/T 16159-1996.汉语拼音正词法基本规则[S].北京:中国标准出版社,1996.

I. 报纸文章

[序号]主要责任者.文献题名[N].报纸名,出版年-月-日(版次).

[13]谢希德.创造学习的思路[N].人民日报,1998-12-25(10).

J. 电子文献

[序号] 主要责任者.电子文献题名[文献类型/载体类型].电子文献的出版或可获得地址(电子文献地址用文字表述),发表或更新日期/引用日期(任选):

[21]姚伯元.毕业设计(论文)规范化管理与培养学生综合素质[EB/OL].中国高等教育网教学研究,2005-02-02:

附:参考文献著录中的文献类别代码

普通图书:M　会议录:C　汇编:G　期刊:J　学位论文:D　报告:R

标准:S　专利:P　数据库:DB　计算机程序:CP　电子公告:EB

(六)论文的插图、表格、公式

1. 插图

(1)所有插图按分章编号,如第 1 章,第 3 张图为"图 1.3",所有插图均需有图题(图的说明),图号及图题应在图的下方5号宋体居中标出。

(2)一幅图如有若干分图,均应编分图号,用(a),(b),(c)……按顺序编排。

(3)插图须紧跟文述。在正文中,一般应先见图号及图的内容后再见图,一般情况下不能提前见图,特殊情况需延后的插图不应跨节。

(4)图形符号及各种线型画法须按现行的国家标准。

(5)坐标图中坐标上须注明标度值,并标明坐标轴所表示的物理量名称及量纲(沿坐标轴指向顺序标出),应按国际标准(SI)标注,例如:kW,m/s,N.m 等。

(6)提供照片应大小适宜,主题明确,层次清楚,照片一定要有放大倍数。

(7)图应具有"自明性",即只看图、图题和图例,不阅读正文,就可理解图意。

(8)插图中须完整标注条件,如实验条件、结构参数等。

(9)图中用字最小为5号字。

(10)使用他人插图须注明出处。

2. 表格

(1)表格应按章编号,如表2.1,并需有表题(表的说明),表格应为三线表(特殊情况例外)。表内同一栏的数字必须上下对齐。表内不宜用"同上""同右""//"和类似词,一律填入具体数字或文字。表内"空白"代表未测或无此项。

(2)表号标题(5号宋体加黑)应从表格上居中排列。

(3)表格的设计应紧跟文述。若为大表或作为工具使用的表格,可作为附表在附录中给出。

(4)表中各物理量及量纲均按国际标准(SI)及国家规定的符号和法定计量单位标注。

(5)使用他人表格须注明出处。

3. 数学、物理和化学式

(1)公式均需有公式号。

(2)公式号按章编排,如式(2.3),公式居中,编号右对齐。

(3)公式中各物理量及量纲均按国家标准(SI)及国家规定的法定符号和法定计量单位标注,禁止使用已废弃的符号和计量单位。

(4)公式中用字、符号、字体要符合科学规范。较长的公式,转行时居中排列,转行只能在 +,-,*,/处,上下式尽可能在等号"="处对齐。

五、附录部分

附录是作为论文主体的补充项目,并不是必需的。

1. 附录

附录的内容包括下述几部分:

(1)正文中过长的公式推导与证明过程可在附录中依次给出;

(2)与本文紧密相关的非作者自己的分析,证明及工具用表格等;

(3)在正文中未列出的实验数据。

2. 攻读学位期间所发表的论文、专利、获奖及社会评价

在学位论文的最后,应附上研究生本人在攻读学位期间所发表的论文(写法同参考文献)、获得的专利、获奖、鉴定及工程实践的社会评价及有关资料(一般只写目录清单即可)。

六、学位论文详细摘要

学位论文详细摘要仅要求硕士研究生撰写。

学位论文详细摘要可供答辩委员会成员和出版学位论文摘要汇编时使用。

详细摘要应具有独立性和自含性,应能概括论文的要点和主要结论,充分反映论文的研究成果和价值。这种摘要应控制在 5 000 字左右,它实际上是硕士学位论文的缩影。包括以下内容:

(1)从事研究工作的目的和重要性;

(2)研究内容和过程的概括性叙述;

(3)获得的主要结论,论文的新见解中,这是本摘要的中心内容;

(4)必要的少量图表;

(5)结论的意义。

附录五 西安科技大学硕士学位论文的管理办法

一、硕士学位论文流程规范

硕士学位论文是研究生获得学位的重要依据,也是衡量研究生教育质量的重要指标之一。硕士学位论文从选题、定稿到通过答辩,一般要经过若干环节。规范硕士学位论文的撰写与答辩流程,有助于学院(培养单位)、指导教师和学生依照流程完成硕士学位论文工作的各个环节,有效保证学位论文的质量。会计学术型硕士、会计专业型硕士和工商管理硕士学位论文的撰写和答辩,一般流程如图1所示。

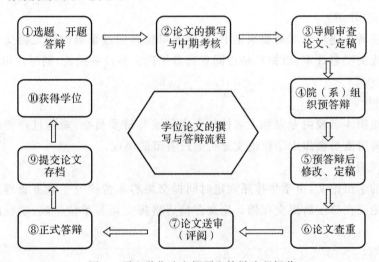

图 1 硕士学位论文撰写和答辩流程规范

1. 选题、开题答辩

学生应及时与指导教师沟通,讨论学位论文方向与选题。一般需考虑指导教师研究领域或专长,学生实习经历、个人兴趣和工作意向,选择并确定学位论文选题;根据培养单位要求,由学生填写开题报告(一般包括文献梳理、问题提出和论文大纲),由本学科5名专家召开论文开题会,对学生的论文选题、研究方法、研究框架等内容提出指导意见,得出是否同意其开题的结论。原则上论文开题至正式答辩的间隔期不应少于3个月。

2. 论文撰写与中期考核

在论文开题基础上,进一步对中外文献进行深度梳理、搜索、收集数据,设计调查问卷、开展实地调查或进行实证分析,撰写论文初稿;在论文计划进度过半时,由培养单位组织5名专家对学生学位论文进展情况进行中期考核或检查,了解学位论文进展以及存在的问题,提出改进、完善的建议。

3. 指导教师审查论文、定稿

学生根据开题报告的要求,进行撰写,并按计划提交,由指导教师修改。教师具有对学生学位论文质量把关的责任和义务。指导教师认为学生论文达到质量要求时,可同意学生论文定稿。

4. 院(系)组织预答辩

学生按照学位论文基本要求完成学位论文初稿,由学科负责人组织5名专家对学位论文进行预答辩,做出是否同意继续后续答辩的结论,并对学位论文中存在的问题提出修改意见。

5. 预答辩后修改、定稿

学生针对预答辩中存在的问题进行修改,进一步完善学位论文。定稿环节学生应认真审视论文题目及文题相符情况,核实数据,理清层次,修饰语言和规范格式。预答辩和正式答辩的间隔时间一般为1个月以上。

6. 论文查重(重复率检测)

按照培养单位的规定,对定稿后的学位论文进行形式审查和查重(重复率检测)。重复率应控制在20%以下。

7. 论文送审(评阅)

论文作者签署不违反学术道德承诺书,由培养单位将通过审查的论文提交3名校外专家进行答辩前的论文匿名评审,以做出是否同意其参加论文答辩的结论,同时提出两到三个质疑问题。

8. 正式答辩

培养单位组织4名校内专家和1名校外专家组成答辩委员会,对通过评阅的学位论文进行正式答辩。答辩委员会做出学位论文是否通过答辩的决议。

9. 论文提交存档

通过答辩的学位论文,由学生按照规定时间提交培养单位研究生教务管理部门存档。需要适度修改的论文在修改后提交存档。论文存档后将提交培养单位学院、学校两级学位委员会会议。

10. 获得学位

论文通过培养单位学位委员会会议的学位申请人,由培养单位授予硕士学位。

二、论文各阶段的管理办法

学位论文是硕士研究生毕业阶段的重要环节。为加强我校硕士研究生培养过程的管理,保证硕士研究生培养的质量,进一步提高硕士学位论文水平,结合我校实际情况,特规定以下管理办法。

(一) 选题、开题答辩

1. 选题

(1)加强领导,认真做好选题组织工作。

进一步规范程序,明确标准,严格执行,精心做好思想动员工作,使广大师生统一认识,端正态度,积极参与,正确对待学生学位论文工作。广泛征集形式多样的高质量选题,并结合学生个性发展和就业需要,加强与企事业单位联系,争取实践机会,以满足学生发展需要。

(2)注重创新,确保选题质量。

学位论文选题应满足教学基本要求,符合专业培养目标,体现时代特点,符合社会发展、科技进步的需要,并具有创新性;80%的选题力争来自生产和社会实际,反映所实习企业实际情况,并能解决实际问题;选题难度不能低于培养目标的基本要求,并能使多数学生在规定的时间内完成规定的任务;选题应重视综合训练,培养学生文献检索、外语水平、计算机应用、写作水平等各方面能力,从而达到培养目标的要求。

(3)强化管理,规范选题程序。

由指导教师初步确定学位论文候选题目,论文指导委员会就候选题目难易程度、工作量大小及所具备的条件等方面进行审题,审查通过后确定为学位论文选题,供学生选择,题目一经确定,不得随意更改。

2. 开题答辩

(1)开题答辩委员会成员组成。

开题答辩委员会由5名本校专家组成。

(2)开题答辩的组织实施。

开题答辩的时间要求。开题答辩时间一般放在研究生第三学期十一月份到第四学期三月份之前,由答辩秘书提前通知具体时间和地点,分组情况一般按二级学科或导师所属系确定。

(3)开题的程序。

1)个人申请。符合开题要求和条件的研究生可申请开题,并做好开题前相关准备工作。

2)答辩汇报。开题报告会由答辩小组组长主持,采取个人阐述和答辩相结合的方式进行,个人阐述时间不少于15分钟。由答辩小组对论文选题、研究思路以及论文撰写计划进行点评和提问。

3)审查评议。开题报告结束后,考核小组进行集体评议,根据考核内容严格审核,并填写学位论文开题报告审查意见。开题报告会的考核过程和相关材料,由考核小组秘书负责记录汇总。

4)备案抽查。开题报告工作完成后,学院应在1周内将开题报告完成情况报研究生院备案。研究生院将组织专家对开题报告进行抽查。

(4)开题结果的处理。

1)开题报告通过者,在1周内根据考核小组的评议意见对原报告进行修改完善,经导师同意签字后将开题报告送交所在学院保存,至学位论文答辩结束后,一同归入学位档案。未通过开题报告者,在1～2个月内重新做开题报告,如仍未通过,需在下一年开题,同时学位论文答辩时间顺延。

2)开题报告通过后,原则上不再变动。若要更改选题须本人提出书面报告,经导师同意签字,所在学科负责人以及学院主管领导审批后,报研究生院备案,并在1个月内按照开题报告程序重新进行开题。更改选题后,论文工作开始时间从上交新开题报告之日算起。

(二)预答辩

预答辩形式与正式答辩形式相同,论文可以暂不装订,但是论文排版格式和内容必须符合硕士学位论文的要求。

1. 预答辩委员会成员组成

预答辩委员会成员与开题答辩委员会人员构成相同。

2. 预答辩的组织实施

(1)预答辩时间。预答辩一般放在研究生第五学期结束前的最后1周进行,由答辩秘书提前通知具体时间和地点,分组情况一般按二级学科或导师所属系确定。

(2)预答辩要求材料。①预答辩秘书应认真做好预答辩记录;②预答辩结束后,各培养单位应按要求提交预答辩小组成员名单、预答辩记录(重点是预答辩小组给出的论文完善或修改意见)和预答辩结论等信息。

3. 预答辩的流程

(1)预答辩委员会主席宣布预答辩开始,并介绍预答辩委员会组成人员,宣布预答辩学生顺序。

(2)论文预答辩人开始陈述其学位论文的核心内容。内容采用PPT演示,陈述时间20分钟。要求陈述清楚、条理清晰、内容精练。

(3)论文预答辩人陈述完毕后,预答辩委员会委员就论文提出修改意见,论文预答辩人记录下所提出的问题。

4. 预答辩结果的处理

(1)通过预答辩的学生,根据答辩委员会的意见修改论文,准备申请正式论文答辩。

(2)未通过预答辩的学生,经过院学术委员会审议,延期6个月进行论文答辩申请;未参加预答辩的学生,没有资格申请正式的学位论文答辩。

(三)答辩

1. 答辩委员会成员

培养单位组织4名校内专家和1名校外专家组成答辩委员会,校外专家担任答辩主席。

2. 答辩组织实施

(1)答辩要求时间。答辩一般放在研究生第六学期六月份进行,由答辩秘书提前通知具体时间和地点,分组情况一般按二级学科或导师所属系确定。

(2)答辩要公开进行。在答辩前一周,张贴海报公布学位论文题目、答辩时间、答辩地点、报告人等,组织相关学科教师和研究生参加。

(3)答辩要求材料。①答辩秘书在答辩前负责每位学生论文及论文评阅意见表的送达及评阅意见的回收。②答辩秘书检查答辩材料。主要材料包括申请硕士学位论文答辩资格审查表、硕士学位论文答辩申请书、五本学位论文、硕士学位论文答辩情况表、硕士学位论文送审意见表、硕士学位论文答辩委员会成员审批表、答辩人研究生期间的学习成果和学术研究成果材料等。

(4)答辩的会务工作由答辩秘书安排、执行。

3. 答辩程序

(1)答辩委员会主席介绍答辩委员会组成情况,主持答辩委员会各项议程。

(2)宣读论文外审专家的评阅意见,答辩人回答外审专家的问题。

(3)答辩人用PPT展示论文的主要内容,要求详略得当、重点内容突出,陈述口齿清楚、声音洪亮、条理清晰,时间为20分钟。

(4)答辩委员提问,答辩人回答相应问题,提问时间一般不少于15分钟。

(5)休会,答辩人和导师回避(导师如为答辩委员不必回避)。

(6)答辩委员会举行内部会议,画圈评议,表决论文的写作水平及答辩情况,形成答辩委员会决议,并就是否建议授予硕士学位进行不记名投票表决。在答辩委员会成员2/3以上(含2/3)同意时方可做出建议授予硕士学位的决定。

(7)复会,答辩委员会主席宣布答辩委员会决议及投票表决结果。

(8)答辩委员会主席宣布答辩委员会答辩结束。

4. 答辩结果的处理

(1)硕士学位论文答辩委员会对答辩人是否通过学位论文答辩、是否建议授予学位进行不记名投票表决,全体委员 2/3 以上同意为通过。

(2)答辩委员会对是否推荐为优秀论文进行不记名投票表决。经全体委员半数以上同意推荐为优秀论文。答辩委员会决议推荐为优秀论文的,可参加校级、省级优秀硕士学位论文的评选。

(3)经答辩和投票未通过,但答辩委员会认为可以进一步修改的论文,经不记名投票,过半数委员通过,可在一年内继续修改、重新答辩。如果答辩委员会未做出修改论文、重新答辩的决议,则本次申请无效。

5. 学位论文成绩评定

学位论文最终成绩＝学位论文写作成绩×70%＋学位论文答辩成绩×30%

评价结果分为优秀、良好、中等、及格、不及格五种。优秀:成绩≥90分;良好:90分>良好成绩≥80分;中等:80分>成绩≥70分;及格:70分>成绩≥60分;不及格:成绩<60分。

(1)学位论文成绩评定指标体系。

1)学位论文写作的成绩评定指标体系分为 4 个一级指标、10 个二级指标,具体见表1。

表 1 学位论文写作成绩评定指标体系

一级指标	二级指标	评价观测点	成绩评定
1.选题(20分)	1.1 论文价值与意义(20分)	选题来源于会计或相关管理实践	
2.资料及方法(35分)	2.1 理论与文献综述(5分)	文献资料搜集的全面性、新颖性,总结归纳、评书的客观性、正确性	
	2.2 研究方法(10分)	运用科学、合理的研究方法和研究工具,研究过程设计与论证合理、充分	
	2.3 数据与资料(10分)	具有第一手资料、调查数据或统计数据;研究资料翔实,资料运用合理、得当	
	2.4 研究深度与工作量(10分)	工作量饱满(论文数据量、分析程度及篇幅等)研究工作深入,有难度	
3.成果(30分)	3.1 成果的可靠性(10分)	研究成果明确、具有可信度,研究成果具有合理性、先进性	
	3.2 成果的实用性(10分)	研究成果具有实践应用价值,预计可产生经济效益或社会效益	
	3.3 结论的创新性(新颖性)(10分)	具有运用新思路、新视角、新方法解决问题的能力	

续 表

一级指标	二级指标	评价观测点	成绩评定
4.写作(15分)	4.1 基础理论和专业知识(5分)	论文以相关学术理论为支撑,合理运用专业知识分析问卷,理论与分析紧密结合	
	4.2 论文写作规范性(10分)	恪守学术道德和学术规范;逻辑严谨,文字通顺流畅;引注、参考文献(中外文)、图表等准确、规范。	

2)学位论文答辩的成绩评定指标体系分为5个一级指标、14个二级指标,具体见表2。

表 2 学位论文答辩成绩评定指标体系

一级指标	二级指标	成绩评定
1.内容陈述(30分)	1.1 声音洪亮(5分)	
	1.2 吐字清楚(5分)	
	1.3 条理清晰(10分)	
	1.4 掌握程度(10分)	
2.PPT制作(25分)	2.1 制作效果的美观性(5分)	
	2.2 制作结构的合理性(10分)	
	2.3 制作内容的完整性(10分)	
3.外审回答(20分)	3.1 回答思路清晰(10分)	
	3.2 回答内容准确、不偏离问题(5分)	
	3.3 态度谦虚、诚恳(5分)	
4.问题答辩(20分)	4.1 回答思路清晰(10分)	
	4.2 回答内容准确、不偏离问题(5分)	
	4.3 态度谦虚、诚恳(5分)	
5.其他(5分)	5.1 着装得体(5分)	

附录六 西安科技大学优秀学位论文开题报告

❖ 优秀学位论文开题报告一

西安科技大学

毕业设计(论文)

开题报告

题目：基于因子分析法的我国汽车制造业上市公司投资价值研究

院、系（部）：　　管理学院　　

专业及班级：　　会计学1202班　　

姓　　　名：　　梁小甜　　

指 导 教 师：　　杨利红　　

日　　　期：　　2016年4月2日

会计系
2016 届毕业论文开题审查表

毕业论文题目		基于因子分析法的我国汽车制造业上市公司投资价值研究				
学生姓名	梁小甜	性别	女	指导教师	杨利红	
学　号	1202010202	专业	会计学	班　级	12级2班	

以下内容由评审教师填写（打钩"√"选择）

通过对该同学毕业设计（论文）开题报告的审查我们认为：

- ●毕业设计（论文）题目： 　□合适　　□较合适　　□欠妥　　□建议修改
- ●毕业设计（论文）工作量： □偏大　　□饱满　　□较饱满　　□偏少
- ●本人与他人的选题有无区别：□有区别　　□区别不明显　　□无区别
- ●该生对题目的理解： 　　　□较好　　□一般　　□较差
- ●该生对应完成的研究内容： □明确　　□较明确　　□不明确
- ●该生论文的研究思路/提纲：□合理　　□较合理　　□不合理
- ●该生所制定的进度安排： 　□合理　　□较合理　　□不合理
- ●开题报告撰写情况： 　　　□较好　　□一般　　□较差

审查组对该同学开题报告审查结论：

　　　□通过　　□不通过（并决定一周后，即：＿＿月＿＿日＿＿时，该同学重新开题）

其他建议：

评议组老师签名：		日期	2016年4月6日

注：此表与开题报告一起装订。

西安科技大学毕业设计(论文)开题报告

题 目	基于因子分析法的我国汽车制造业上市公司投资价值研究	选题类型	应用研究

一、选题依据(简述国内外研究现状,说明选题目的、意义,列出主要参考文献)

(一)选题背景及意义

1. 选题背景

2015年三月份,李克强在国务院常务会议中,部署加快实施"中国制造2025",推动我国制造业转型升级,此次会议审议通过了《中国制造2025》,此举说明制造业得到了国家政策的大力支持。制造业直接体现了一个国家的生产力水平,它是衡量国家发展程度的重要标志之一,也是衡量国家综合国力的标志之一。

证券投资市场是金融市场的重要组成部分,以其奇特的魔力吸引、联结着融资者、广大投资者和经营管理者。我国自1990年初建立证券交易所以来,证券市场取得了巨大发展,推动着中国经济体制和社会资源配置方式不断变革。当中国经济从计划体制转型为市场体制后,证券投资者的投资理念不断更新,越来越多的人接受了价值投资理念。

在国家政策和市场需求不断推动下,我国汽车制造业的发展规模将会高速增长,投资价值也会进一步提升。投资价值研究所采用的模型有股利折现法、贴现现金流量模型、资本资产定价法、相对价值法等,但这些方法都适合于公司管理人员进行价值评估,因为这些方法需要得到被投资公司内部相关信息进行计算研究,这些信息中小投资者很难得到。基于此,本文收集汽车制造业上市公司相关财务数据,研究影响其投资价值的因素,进而利用因子分析法建立投资价值评估模型,为中小投资者在选择股票时,提供一种较科学有效的定量化投资依据。

2. 研究意义

通过对上市公司投资价值的研究,可以为投资者的投资提供定量化的依据。同时,选取我国汽车制造业上市公司为研究对象,可以使问题更具体,使结果更有针对性,更有效。因此,这一问题的研究,对促进企业提高绩效管理水平和增值能力以及引导投资者正确投资,具有重要的理论意义和实践意义。

2.1 理论意义

基于相关模型对汽车制造业上市公司投资价值进行计算分析,具有重要的理论意义。汽车行业在国民经济发展中有着举足轻重的地位,在国家政策的大力支持下其投资价值会进一步提升,因此研究其投资价值对规范证券市场行为,优化公司治理结构,改进公司管理方式,提高绩效水平及提高社会经济资源配置效率等经济目标具有重大的理论意义。

2.2 现实意义

通过对汽车制造业上市公司投资价值的研究,具有以下几个方面的现实意义:

(1)引导投资者获取较高回报。伴随着经济的不断增长,我国的国民生产总值不断攀升,普通老百姓的收入也在不断上升,当物质生活满足后人们会越来越关注理财问题,很多人投资理财会选择购买上市公司的股票。但普通大众对各个上市公司的情况缺乏足够的了解，他们仅凭分散的财务指标很难判定公司的真实业绩，因此对上市公司的投资价值进行分析，有助于他们科学决策，从而获取较高的回报。

(2)促进制造业上市公司健康发展。通过深入研究中国汽车制造业上市公司经营状况，来体现制造业上市公司的投资价值，提出有针对性的价值提升政策，促使我国上市公司提高经营效率，提升投资价值水平，获得投资者一致好评。同时也能增强中国上市公司的抗风险能力，促进中国上市公司的稳定健康发展。

(3)加强对汽车制造业上市公司经营者的监管和约束。如今的企业都是所有权与经营权相分离，并且我国汽车制造业上市公司股权结构复杂，出资人缺位与越位的现象普遍存在，公司股东对经营者的监管力度不够，导致经营者不规范的经营管理行为损害投资者及其他利益相关者的利益。因此有必要通过对公司经营者的经营业绩进行分析研究，从而加强各阶层对经营者的监督管理。

(二)选题目的

本文通过对我国汽车制造业上市公司行业分析、投资价值影响因素的分析及相关的财务指标的计算，系统地对我国汽车制造业上市公司的经营管理水平及所处的行业状况进行观察。在此基础上，建立汽车制造业上市公司价值投资评价指标体系，然后采用综合评估体系中的因子分析方法，对我国汽车制造业上市公司进行综合分析，再根据所得综合因子得分与当前股价进行对比分析，然后得出本文结论。为中小投资者的投资决策提供可以定量化的依据。希望对本领域的研究工作提供一些参考。

(三)国内外研究现状

1. 国外研究现状

1.1 投资理论的两个流派

资本主义国家关于投资理论主要分为两个流派——基本分析流派和技术分析流派。基本分析流派的观点是：证券市场的内在经济因素决定了证券价格的变化，也就是说，未来的某个时期某支证券的市场价格会趋向于其内在价值。技术分析流派是以股票的历史价格和股票交易量为基础来预测未来市场的整体趋势和单个证券走向的。

基本分析流派的代表人物是本杰明·格雷厄姆，他作为价值投资的鼻祖，在1934年出版的《证券分析》一书中首次提出了价值投资这一术语。书中，本杰明·格雷厄姆将证券分析分成预期法、横断法以及安全边际法。技术分析理论的主要代表理论有波浪理论、线理论和道氏理论等等。美国人查尔斯亨利道(Charles.H.Dow)提出了道氏理论，并与琼斯共同创立了著名的道·琼斯工业平均指数，道·琼斯工业平均指数是评价经济运行情况的一个先行指标，其主要目的是为了度量股市市场的表现。20世纪20年代末，艾略特(Palph Nelson Elliot)发现了波浪理论。波浪理论认为：证券市场中某个价格向上或向下的变化都会引起另一个相反方向的变动。

1.2 上市公司价值评估方法

当前研究中采用的典型理论及方法主要有股利折现法、有效市场理论模型、资本资产定价法、相对价值法等。

(1)第一种是股利折现法,它认为一家企业的价值等于其未来股利或现金流的净现值。Kaplan and Ruback(1994)以1980—1989年美国51个高融资公司为样本,将这些公司的市价与预测自由现金流折现值进行比较,发现对于公司价值问题的研究,该法比市场比较法准确性要好。Lee and Swaminathan(1999)以道琼斯工业股票指数样本为研究对象,发现股票价值与股价最终会呈现收敛,股价在长时期内必定回归内在价值。

(2)第二种是有效市场理论。Fama和Blume以滤嘴法则检验美国1956—1958年道琼斯工业股价指数的日收盘价是否符合弱式有效市场假设。结果发现技术分析无法获得超额报酬。支持弱势有效市场假设。

(3)第三种是资本资产定价法。西方证券市场对于CAPM模型的早期实证趋向于支持其正确性。如Black,Scholes,Fama的研究发现,高β值比低β值的股票获得更高的平均收益。20世纪80年代以后,研究者开始研究除β系数外的股票其他特性,发现模型是不完全的,β系数不能完全解释资本资产的定价,而能影响资本资产定价的异常因素又不断出现。已被实证的异常因素有规模效应、每股收益与市价比、每股现金流量与市价比、每股净资产与市价比和季节效应等。

(4)第四种是相对价值法。这种方法把对比作为确定价值的基础如果几家公司基本属性、从事的业务相同或相近,那么它们应符合相同的估值尺度。在实际估值判断中,最常见的估值尺度或估值参数是市盈率(P/E,价格/净资产,价格/销售额,价格/息税前净利润等等)。

1.3 财务指标评估

20世纪70年代,麦尔尼通过对1971年30家美国跨国公司的绩效进行深入分析之后,发表了《跨国公司财务控制系统实证调查》一文,文中强调最常用的公司绩效评价指标是净资产回报率,其次是预算比较和历史比较。Graham认为一家公司的投资价值主要是由该公司的资产、利润、股利及其财务的稳健性决定的,他建议投资者们应当将他们的投资目标锁定于那些价格没有偏离其"内在价值"的股票,股票价格低于其内在价值的股票将会为投资者提供一定的安全保障以及更多的盈利空间。以会计分析为基础,指出投资价值分析是对企业过去的财务状况和经营成果的分析,通常包括对企业的营运能力、盈利能力、短期偿债能力、长期偿还能力等方面进行的分析与评价。

2. 国内研究现状

国内学者一般认为一家上市公司的基本情况决定了它的投资价值。而对投资价值的影响因素分内外两个方面,从内部因素来说,主要是企业的发展前景,公司经营效率等等,外部因素则包括宏观经济、行业发展、市场情况等等。

目前我国学者对制造业上市公司的投资价值方面的研究,有大量的文献。

李丹、金燕华(2007)通过对我国制造业上市公司资本结构与绩效相关性的研究,得出与非上市公司不同,制造业上市公司的绩效不仅体现在财务报表上,同时也反映在资本市场里。适度的股权集中度与绩效呈正相关的关系,流通股比例与绩效呈正相关的关系,负债比例与绩效呈负相关的关系。

石研宏、周慧滨(2012)通过实证研究证实发现我国上市银行的盈余手段受公允价值计量影响程度不同,对公允价值反应灵敏的盈余平段并未干扰我国上市银行盈余信息质量,同样对公允价值反应不灵敏的盈余手段对我国上市银行盈余管理程度影响也有限。可见,公允价值计量并非银行盈余管理的决定性因素;现阶段,我国上市银行盈余管理空间未扩大。为了巩固公允价值计量在我国上市银行内运行的良好环境,务必切实落实谨慎适用公允价值计量,强化银行内部治理,建立公允价值信息管理体系等措施。相信这对促进公允价值推广,保障我国上市银行会计信息质量,具有一定的积极意义。

李岩松、马朝阳(2012)通过选取1 182个数据样本对我国制造业上市公司资本结构、多元化和企业绩效的相关性做了实证研究,得出结论是企业的多元化经营主要集中在医药和石油、金属非金属、机械这样的传统产业。企业绩效与负债水平呈现先增后减的非线性关系,比较合理的资本结构区间应该在20%～30%之间,资产负债率不超过55%基本可以认为是比较合理的负债规模,处在55%～60%时公司的管理者就应该注意防范可能出现的财务风险,而高于此范围的公司则处在比较危险的境地。

李阳、王甲林、朱永明(2013)通过因子分析从12个评价指标里选取了4个公因子,分别代表盈利能力、偿债能力、流动能力和周转能力。从因子分析结果中可以看出各个上市公司四个公因子的具体得分排名情况,这样可以给决策者提出一些从微观指标层面评价公司财务绩效的建议,进而各个公司可以从改善得分评价较低的公因子出发,以提高公司整体的财务绩效。作者从分析中发现我国汽车整车类上市公司整体财务绩效欠佳,主要是以下几个原因所致,公司的盈利能力不足、资产利用率过低、现金流量质量较低、资金周转能力有限或者公司规模过大过小等。上汽集团、福田汽车和宇通客车三家公司由于有自己的核心品牌,创新能力比较高,因此财务绩效评价排名靠前,这些原因都会影响到企业的综合财务绩效效果。虽然相关研究可以为决策者提供一定的建议,但是目前中国汽车类行业财务绩效评价还处在一个发展的阶段,即使是评价结果有偏差,但是还是有很大的发展空间。

安烨、邓江湖(2013)以市场经济最基本的规律——价值规律为理论依据,发现:第一,我国上市公司股票市场运行严重偏离上市公司投资价值。第二,投资价值与股票市场表现波动性较大,从现有数据来看,尚不能发现其变动趋势,也不能证明我国股票市场正在从无效率市场到弱有效市场转变。第三,投资价值的分析结论具有较强的参考价值。

于帅、沈英(2013)通过选取在2009年到2011年沪、深两市的432家制造业上市公司作为研究样本,利用总体样本分析并总结制造业上市公司内部控制信息披露现状所产生的问题,并分析其产生原因,最后提出完善上市公司内部控制信息披露的建议。通过以上分析总结:关于披露内部控制自我评价报告以及注册会计师审计报告的披露情况不是特别乐观。沪市制造业上市公司的披露位置主要集中在"公司治理结构",所占比例是。深市制造业上市公司的披露位置主要集中在"公司治理结构"和"其他",分别所占比例是40.58%和40.24%。

徐大明、钟子亮(2013)从财务弹性与盈利能力的基本概念和基本理论着手,以上市制造业企业为样本,研究了上市制造业企业的财务弹性盈利能力的现状,并从企业财务弹性视角来分析它对盈利能力的影响。在实证分析中,能过建立回归分析模型,分别证明了两者的相互关系。具体研究结论如下:我国上市制造业公司的财务弹性与盈利能力相关。我国上市制造业企业的财务弹性整体处于较低水平,盈利能力有提升的空间。我国上市制造业公司可以通过加强企业日常财务管理工作来提高盈利能力。

钟华、白硕(2014)运用SPSS19.0统计软件对选取的上市汽车公司的财务信息进行正向化和标准化处理,然后进行因子分析适度性检验,运用选取的盈利能力指标、营运能力指标、0偿债能力指标、投资者获利能力指标以及成长能力指标等5个方面14个具体评价指标构建模型,对上市汽车公司的财务数据进行分析评价、对上市公司进行综合得分排名分析,并对综合得分排名结果进行分析评价。得出结论如下:第一,除排名前列的汽车上市公司的盈利能力以及营运能力较强,排名中下游的上市公司的盈利能力以及营运能力较差,行业总体表现为盈利营运能力较差;同时表现出经营现金流质量不高,资产管理能力较差;第二,我国整体的汽车整车制造企业的发展不均衡、不协调,虽然大部分企业的平均绩效水平高于行业平均水平,但是发展营运盈利等能力发展不均衡,造成企业经营发展受影响;第三,偿债能力、成长能力以及投资者获利能力相对比较薄弱;第四,汽车企业的自主创新研发能力等综合经营管理能力较差;第五,而结合我国汽车行业的发展现状来看,我国汽车制造业上市公司企业的规模比较小,资比较分散,资金利用不充分,管理机制、管理结构以及财务系统不健全,在自主品牌、研发创新能力以及处于微笑价值链的位置等领域与欧美等汽车制造发达的西方国家存在的较大差距。

任为之、吕江林(2014)利用数据包络分析法(模型)来对有上市银行的经营效率进行分析,文中投入产出指标从人力,物力,财力三个大方面的六个财务指标分类选取,对有上市银行的整体投资价值进行分析,较为客观的分析评价出值得投资的上市公司。得出了结论:非国有控股上市银行更加具有投资价值。

陈晓、徐莉(2014)通过对财务分析视角下医药类上市公司的分析得出影响医药商业类上市公司投资价值的关键因素主要有会计政策、短期资产质量、资产周转率、医药商业类上市公司资源、治理结构、知识积累和创新网络等。

代新新、宋华(2014)运用定性与定量相结合方法和比较分析方法,结合招商银行基本素质分析和财务分析,运用市净率(估值模型和经济增加值)估值模型对招商银行投资价值进行评估,估算出招商银行的投资价值范围,最终得出结论如下:招商银行基本素质来看,招商银行凭借差异化的经营策略和较强的核心竞争优势,行业中一直处于股份制银行中的领头羊,行业地位紧随大型商业银行之后,自身的成长性可期。

韩福州、吴少平(2014)通过在财务分析视角下电子商务上市公司可持续发展的研究,得出电子商务上市公司并没有实现可持续增长,实际增长率远高于可持续增长率,过高的增长率通过发行新股票、增加负债以及采用较低的股利分配政策来维持。电子商务上市公司的可持续增长率逐年下降,从财务指标来看,主要是销售净利率、总资产周转率和收益留存率的下滑引起的,反映了电子商务上市公司的盈利能力逐年下降,资产管理能力略显不足,同时内源性融资逐年减少的情况。

3. 现状综述

通过以上的分析可以看出,国内外对制造业上市公司投资价值的研究已经取得了丰富的理论成果。汽车制造业上市公司在国民经济中占有重要的作用,其投资价值受到大家普遍的关注。但仍存在以下的不足:一方面是基于相关模型,对汽车制造业上市公司的财务数据计算分析,得出其投资价值的优劣,这样的文献并不多见。每个公司都有三大报表,通过分析这三大报表,可以了解公司目前存在的问题,从而对公司下一步的战略选择提供依据,也可以给投资者,债权人等利益相关者的投资提供建议。另一方面是目前投资价值研究所采用的模型有股利折现法、贴现现金流量模型、资本资产定价法、相对价值法等,这些对中小投资者有很大的弊端,因为基于上述模型的财务数据只有所有者,经营者可以得到,中小投资者很难得到这些数据。

本文通过搜集汽车制造业上市公司的财务数据,基于因子分析法建立相关的模型,为中小投资者的投资决策提供依据。并且得出汽车制造业上市公司投资价值的优劣,从而对债权人、投资者等利益相关群体的决策起到了参考作用。

参考文献

[1] Dezhi Li, Kai Guo, Jia You, Eddie Chi-Man Hui. Assessing Investment Value of Privately-owned Public Rental Housing Projects with Multiple Options [J]. Habitat International, 2016, 53.

[2] Han Jinshan, Tong Tong. The Changing Trend of China's Power Project Investment Value: An Empirical Study Based on Panel Data Model[J]. Nankai Business Review International, 2013, 42.

[3] Chen Liu, Yang Liu. Investment Value Evaluation of Hi-Tech Industry: Based on Multi-Factor Dynamic Model[J]. Open Journal of Business and Management, 2014, 0203.

[4] 刘建容,潘和平.基于财务指标体系的中国上市公司投资价值分析[J].管理学家:学术版,2010(5):16-25.

[5] 代新新.招商银行投资价值分析[D].合肥:安徽大学,2014.

[6] 田璐.我国新能源行业上市公司投资价值分析[D].长春:吉林大学,2009.

[7] 石萌.现阶段商业银行投资价值分析[D].成都:西南财经大学,2014.

[8] 任为之.我国上市银行投资价值研究[D].南昌:江西财经大学,2014.

[9] 冯重阳.中国上市银行股票投资价值的相关统计分析[D].北京:首都经济贸易大学,2014.

[10] 符盈.我国四家上市银行的投资价值分析和比较研究[D].武汉:武汉理工大学,2010.

[11] 周娜.基于EVA模型的上市银行投资价值分析[D].南京:南京大学,2012.

[12] 石研宏.公允价值对我国上市银行盈余管理影响研究[D].长沙:中南林业科技大学,2012.

[13] 于帅.我国制造业上市公司内部控制信息披露研究[D].延边:延边大学,2013.

[14] 李岩松.制造业上市公司资本结构与企业绩效实证研究[D].西安:西北工业大学,2007.

[15] 李丹.我国制造业上市公司资本结构与绩效相关性的研究[D].北京:北京化工大学,2007.

[16] 向文祺.我国制造业上市公司存货管理影响因素的实证研究[D].北京:北京化工大学,2013.

[17] 闫丽超.中小企业板制造业上市公司资本结构与绩效相关性研究[D].兰州:兰州商学院,2013.
[18] 杨琼.我国医药制造业上市公司股权融资偏好研究[D].济南:山东大学,2013.
[19] 黄瑜.基于财务战略矩阵视角的通信设备制造业财务战略研究[D].成都:西南财经大学,2013.
[20] 张莲银.我国制造业财务困境预警研究[D].成都:西南财经大学,2013.
[21] 马杰.基于动态视角的我国制造业上市公司财务预警研究[D].长沙:湖南大学,2010.
[22] 姚滨.论上市公司的投资价值分析[D].厦门:厦门大学,2002.
[23] 颜源.关于A项目投资可行性分析研究[D].北京:对外经济贸易大学,2006.
[24] 张显峰.基于成长性和创新能力的中国创业板上市公司价值评估研究[D].长春:吉林大学,2012.
[25] 张广宏.上市公司竞争力及其评价分析[D].福州:福建农林大学,2013.
[26] 夏凌.基于杜邦财务分析体系的W股份公司盈利能力研究[D].昆明:云南师范大学,2014.
[27] 苏东兴.制造业ERP中财务系统实施管理研究[D].北京:首都经济贸易大学,2010.
[28] 林艳红.中国制造业上市公司财务风险评价实证研究[D].北京:北京化工大学,2010.
[29] 吴一玉.基于因子分析法的通信设备制造业上市公司财务分析[D].武汉:武汉理工大学,2011.
[30] 谭清云.我国制造业上市公司财务预警模型分析[D].长春:吉林财经大学,2012.
[31] 赵文君.创业板上市公司的投资价值研究[D].成都:西南财经大学,2013.
[32] 刘长华.基于财务报表的投资价值分析[D].成都:西南石油大学,2013.
[33] 季侃.我国财务分析师盈余预测的有效性研究[D].大连:东北财经大学,2012.
[34] 钟华.我国汽车制造业上市公司经营绩效评价研究[D].重庆:西南大学,2014.
[35] 李阳.汽车制造业上市公司财务绩效评价研究[D].郑州:郑州大学,2013.
[36] 范艳艳.对我国汽车制造业上市公司经营绩效的评价研究[D].大连:东北财经大学,2011.
[37] 张超.我国汽车制造业上市公司资产负债率研究[D].北京:北京交通大学,2015.
[38] 杨琦.我国汽车制造业上市公司资本结构研究[D].武汉:武汉理工大学,2007.
[39] 郑向前.基于因子分析法对我国生物制药上市公司投资价值分析[D].成都:西南财经大学,2010.
[40] 倪德岭.基于因子分析法的上市公司业绩评价模型[D].石河子:石河子大学,2007.
[41] 王在峰.基于因子分析法的EMC型上市公司投资价值评价研究[D].成都:西南财经大学,2013.

二、主要研究内容、论文大纲及工作方法或工作流程

(一)研究内容

本文基于因子分析法,结合企业内外部环境,充分剖析我国汽车制造业上市公司发展现状和存在的问题,并在相关模型计算分析下,得出汽车制造业上市公司投资价值的排名,最后提出进行投资决策的政策及建议。本文的研究主要分为五章,研究思路和章节概括性内容具体如下:

第一章,绪论。本章在分析研究背景和研究意义的基础上,介绍本文的研究内容和研究方法。并对国内外的研究现状进行了总结。

第二章,汽车制造业上市公司行业分析。本章对汽车制造业上市公司行业特点、发展现状和趋势进行阐述。

第三章,我国汽车制造业上市公司投资价值理论分析。本章对汽车制造业上市公司投资价值分析理论进行概述,说明影响上市公司投资价值的因素,也对影响上市公司投资价值的内外部因素进行分析,这样会后面的实证研究做好铺垫。

第四章,我国汽车制造业上市公司投资价值实证研究。本章选取研究样本,构建投资价值模型,对原始数据进行处理,在进行相关性检验后开始进行实证分析,得出相关排名情况。并对实证分析结果进行说明。

第五章,结论。通过以上的分析研究得出结论,同时为利益相关者提供可以参考的建议。

(二)论文大纲

1.绪论
    1.1 选题背景,目的及研究意义
    1.2 国内外研究现状
        1.2.1 国外研究现状
        1.2.2 国内研究现状
        1.2.3 现状综述
    1.3 研究内容和研究方法
2.汽车制造业上市公司行业分析
    2.1 汽车上市公司行业发展现状
    2.2 汽车上市公司发展趋势
3.我国汽车制造业上市公司投资价值理论分析
    3.1 上市公司投资价值理论概述
    3.2 影响上市公司投资价值的因素分析
4.实证研究
    4.1 研究样本的选取与数据来源
    4.2 投资价值模型的构建
        4.2.1 构建投资价值评价指标体系

4.2.2 构建投资价值评价模型
 4.3 原始数据处理
 4.4 相关性检验
 4.5 实证分析
  4.5.1 数据计算结果
  4.5.2 平均排名情况
5.研究结论及投资建议
 5.1 研究结论
 5.2 建议
参考文献
致谢

(三)研究方法

本文采用了多种评价方法,主要有以下几种方法。

(1)文献综述法。运用该方法研究国内外关于上市公司投资价值分析的相关文献,对有关问题的历史和现状进行了解,这样有助于形成关于研究对象的一般印象,可以获得相关的比较资料,有助于对事物的全貌进行了解。

(2)因子分析法。运用 Excel,SPSS 等统计软件,对所选取的 84 家汽车制造业上市公司财
务数据进行分析,得出其排名情况,从而探究其投资价值。

(四) 研究路径图

本文的研究路径图如图 1 所示。

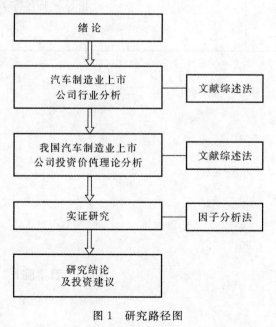

图 1　研究路径图

三、毕业设计(论文)工作进度安排

2016年3月28日至4月6日　　完成论文开题报告并进行开题答辩；
2016年4月7日至4月20日　　完成规定的英文文献翻译训练；
2016年4月21日至5月20日　 形成论文初稿并在老师指导下修改定稿；
2016年5月21日至6月9日　　完成论文二稿、三稿并根据导师意见修改完善论文；
2016年6月10日至6月15日　 毕业论文评阅和答辩。

	难　度		分　量		综合训练 程度		是否隶属 科研项目		是否具有 创新性	
指导教师评审意见	请在以下□中打钩评价： ・格式规范：□完全符合　　□正确　　　　□不合格 ・目的态度：□明确端正　　□一般　　　　□不重视毕业论文写作,需提高认识 ・内容策划：□非常完善　　□合理　　　　□不具体,需修改 ・研究思路：□清楚严密　　□合理　　　　□不明确,需修改 ・工 作 量：□充分　　　　□合理　　　　□不足,需增加研究内容 ・进度安排：□合理　　　　□不合理 ・教师意见：□同意开题　　□推迟开题　　□不予开题 　　　　　　　　　　　　　　　　　　　指导教师签字：_____ 　　　　　　　　　　　　　　　　　　　　　　　2016年4月5日										
学院毕业设计(论文)指导委员会审核意见 (公　章)	教学院长：_____ 　　　　　　　　　　　　　　　　　　　　　　　年　月　日										

❖ 优秀学位论文开题报告二

西安科技大学

毕业设计(论文)

开题报告

题　　目： LD集团财务风险评价及其预警研究

院、系（部）： 管理学院

专业及班级： 工业工程

姓　　名： 邓　敏

指 导 教 师： 杨利红

日　　期： 2015年12月20日

目 录

1 选题背景和研究意义 …………………………………………………………… 204
　1.1 选题背景 ………………………………………………………………… 204
　1.2 研究意义 ………………………………………………………………… 204
　　1.2.1　理论意义 …………………………………………………………… 204
　　1.2.2　实际意义 …………………………………………………………… 204
2 国内外研究现状 ………………………………………………………………… 205
　2.1 财务指标体系研究现状 ………………………………………………… 205
　　2.2.1　舞弊理论 …………………………………………………………… 205
　　2.2.2　现状分析 …………………………………………………………… 205
　2.2 财务风险评价模型研究现状 …………………………………………… 206
　2.3 研究现状综述 …………………………………………………………… 208
3 主要研究内容、方法及技术路线 ……………………………………………… 208
　3.1 研究内容 ………………………………………………………………… 208
　3.2 研究的基本框架 ………………………………………………………… 209
　3.3 研究方法 ………………………………………………………………… 210
　3.4 技术路线 ………………………………………………………………… 210
4 本论文研究目的、创新点及困难 ……………………………………………… 210
　4.1 研究目的及创新点 ……………………………………………………… 210
　4.2 研究中可能出现的困难 ………………………………………………… 211
5 论文研究的进度安排 …………………………………………………………… 211
6 参考文献 ………………………………………………………………………… 211

1 选题背景和研究意义

1.1 选题背景

2008年在遭遇金融危机后,我国房地产市场开始呈现先抑后扬的走势。购房需求的加大、产业资本的转移等因素使得房地产行业迅速升温,进而房价一路飙升,2010年达到了顶峰状态。"限购、限贷"等一系列调整政策相继出台,使得高温的房地产行业得到了一定的控制。2012年后,在坚持国家宏观政策的情况下,房地产市场处于健康发展的状态。虽然之后的房地产行业出现下降趋势,但是仍占总 GDP 的27%左右,如2014年国内生产总值为635 910.0亿元,全国建筑业总产值为176 713.42亿元,约占总 GDP 的27.79%。从数据可以看出,房地产行业已经成为影响我国宏观经济稳定和协调发展的支柱性和先导性产业。

房地产行业本身是一个较为特殊的行业,是集房地产开发建设、经营销售、配套管理及服务为一体的行业,与其他施工企业相比房地产行业的主要特点在于投资额度较大,生产周期较长,政策调控风险较大,故房地产行业属于高风险、高收益的行业。加之房地产的资金获取通道主要有银行贷款、预售款、垫资等,因其资金链条易断裂,进而加剧了房地产行业本身的财务风险。一般情况下,房地产企业出现了财务危机,必然会给企业的经营状况带来影响,甚至会导致企业的经营失败,这就促使企业更加重视财务风险的重要性。如何准确评价和应对企业的财务危机已成为一个研究的课题,被越来越多的学者所重视。因此在企业的经营过程中注重对财务风险的评价、研究和控制具有相当重要的意义。本论文就是在这样的市场环境下,结合行业领头企业之一的 LD 集团公司,研究了房地产企业财务风险评价及其预警的问题。

1.2 研究意义

房地产行业具有高负债、高报酬、高风险的独特特征,使房地产公司本身的财务风险较大,加之外部宏观环境的影响,使得财务风险危机已成为很多房地产企业生存发展迫切需要解决的现实问题,如果能在发现问题时及时地采取防范措施,是包括成功企业在内的任何企业急需解决的问题。以下将从理论和实际两方面对本论文的研究意义进行阐述。

1.2.1 理论意义

本论文的理论意义主要从理论的角度进行分析,运用归纳、实证等办法,对 LD 集团公司的财务状况进行分析。

1)对财务风险及预警理论做一个全面的阐述,包括财务风险及预警的定义、范围、方法和特征。对财务风险及预警进行一个全面的总结,并作为构建财务预警模型的依据。

2)将已有的财务风险预警模型归纳总结,结合本论文的特点选择适当的预警方法,完善财务预警模型。

1.2.2 实际意义

本论文主要对 LD 集团公司的财务风险及其预警进行研究,并结合 LD 集团公司的特征,借助于其他房地产企业财务预警研究的成果,完善财务风险预警模型,以帮助财务信息使用者便捷地了解公司的财务状况,提高预测风险的能力。借助预警模型,分析了 LD 集团公司的财务状况,投资者可以科学地规避财务风险;银行等金融机构通过预警模型的分析,可以对 LD 集团公司财务状况进行评估,合理地进行贷款,加强对抵押贷款的控制;借助预警模型的分析,提高审计人员的评估能力,降低审计风险。为此,建立并完善一套有效的企业财务风险评价及预警系统,对于财务信息使用者具有重大的实际意义。

2 国内外研究现状

2.1 财务指标体系研究现状

在进行财务指标的选取时,大多数学者都会遵循科学性、系统性、可靠性和可比性的原则。众所周知,在建立财务指标体系的过程中,指标的准确性和恰当性对模型的构建起着决定性的作用。本论文将从国内、国外两方面阐述财务指标体系的研究现状。

2.1.1 国外研究现状

1932 年 Fitz Patric 采用了一元判别分析方法,该方法是其最早应用于预测财务危机,并开展的单变量破产预测研究的一个方法。结果显示:净资产收益率和权益负债比率的判别能力最强。

1968 年 Stephen A. Ross(斯蒂芬·罗斯)的论文中认为债务融资产生的风险与公司股东的风险存在着相关性。在此之后,Altman 将 5 个财务变量作为评价企业财务危机的判断变量。进而,学者在进行财务指标的应用和选取时,需要进行深入的探索。

1980 年 Ohlson 将企业规模、财务结构、经营绩效及流动性作为研究的四个主要因素,最早提出并使用了多元逻辑回归模型。但由于计算过程较为复杂,该模型并没有得到广泛应用。

1995 年野田武辉将报表中的收益性、流动性、安全性和成长性四个基本要素列入了评价企业风险的指标。

之后,风险值屡次被学者应用于财务风险评价工具中,财务风险管理又迈出了一大步。

2.1.2 国内研究现状

结合国外学者的研究成果及我国上市公司的具体情况,我国在财务指标体系构建上也取得了很大的进步。归纳总结如下:

2007 年郝维,黄凡从财务治理水平和财务管理水平两方面选取了 15 个指标,包括资产负债率、利息保障倍数、流动比率、应收账款周转率、主营业务收入增长率、净资产收益率、经营活动现金流入比例、现金流动负债比、投资治理机制、对外担保比例等,结合层次分析法(AHP)确定其权重,最后采用风险综合评分计算其评价指数,研究结果将企业集团财务风险划分为安全区、预警区和危机区三个区域。

2007 年徐慧芳从财务指标和非财务指标两方面入手,从财务指标中选取了流动比率、股权债务比率、利息保障倍数等 13 个指标,非财务指标中选取了人力资源状况、产品市场占有能力、基础管理水平和创新及公司潜在发展能力四个指标,通过财务指标和非财务指标的结合,使其全面地反映公司的财务风险。

2010 年韩玲珍以上市公司财务风险的 21 个财务变量为基础,建立了多元判别模型。

2010 年田芬通过从筹资、投资和运营三个环节进行风险评估,建立了以 21 个指标的财务风险评价指标体系。

2012 年周俊颖采用了因子分析法,从筹资风险、投资风险和发展能力中选取了资本金构成比率、流动比率、速动比率、净资产增长率、有形净值负债率、销售利润率、总资产报酬率、资本利润率、成本利润率、每股净资产增产率、每股收益增长率、净资产收益率作为财务风险的评价指标,随机性抽取了 19 家上市公司 2009 年的年度财务报表,运用 SPSS 软件进行实证分析。结果显示:第一,指标、样本的选取比较合理;第二,采用因子分析可以得到各个公司的财务风险得分,并显示得出的结论能够真实地反映公司财务风险管理的状况。

2012 年黄涛首先提出了财务风险的成因,即筹资风险,该论文认为一个企业没有借入资金,就不会发生财务风险,财务风险的实质就是企业负债经营所产生的风险;其次提出了财务风险和规避风险的方法;最后从获利能力、经济效率、偿债能力等指标确立了财务风险指标体系。

财务指标所反映的是企业已经发生了的经营状况,其代表着企业的过去,而风险评估和财务预警是指企业的未来,则在考虑财务指标的过程中,非财务指标也不容忽视。由于本论文侧重点不同,在此仅考虑财务指标。

2.2 财务风险评价模型研究现状

2.2.1 国外研究现状

1932 年 Fitzpatrick 把备选方案的每一个财务指标进行比较,结果表明在众多指标中,权益负债比率和净资产收益率的判别能力最强。

1966 年 Beaver 采用了单变量分析法,从 79 家失败企业中选取合适的财务比率指标,寻找显著性的变量,并选择了 79 家正常的企业,将选择的 30 个财务比率进行比较。结果显示:总负债对总资产比率、税后净利对总资产比率和现金流量对总负债比率三个财务指标最显著。

1968 年 William·Beaver 在《会计评论》上的一篇论文中提出了单变量预测模型。在该论文中,他运用单变量预警分析法建立了财务危机预警模型。研究显示,判定企业的财务状况比率依次为:债务保障率,资产收益率和资产负债率。

1968 年 Edward Altman(爱德华·阿尔曼教授)利用了多元线性判别方法创立了 Z-Score 模型,对 33 家破产的公司和同样数量的非破产公司进行了研究。研究显示模型的预测精度为 94%,财务指标预测比较强的三个指标分别是:息税前利润/总资产、销售/总资产和股权的市场价值/资产。

1977 年 Altman 提出了 ZETA 模型,该模型相对于 Z-Score 模型能更精确地预测企业财务危机。他利用了 ZETA 模型,剖析了 53 家破产企业和 58 家非破产企业。结果显示:该模型更优于单变量模型和 Z-Score 模型。

1980 年 Ohlson 采用了多元逻辑回归的方法,剖析了破产的 105 家公司和 2 058 家公司组成的非配对样本。结果显示:资本结构、公司规模、变现能力和公司业绩对于财务危机预测能力的显著性最高,该方法能够解决会计比率属于正态分布的假设等问题,并且在今后的财务风险预警研究中占据主流地位。

1982 年 Raman 利用了逐步判别分析法,从证券评级中选择会计指标,对其进行预警研究。结果显示:清偿能力在财务预警中起主要作用。

1984 年 Cascy 和 Bartczak 利用多元判定分析和条件逐步逻辑回归分析,通过对 60 家破产公司和 230 家财务正常的公司进行分析,结果显示:运营现金流指标并不能预警公司是否陷入危机,而盈利能力、负债比率、债务与股本的比率、流动资产储备、资本稳定程度等指标对企业的财务危机预测能力最佳。

1999 年 TiraPat 和 Nitayagasetwat 利用了多元逻辑回归模型,将泰国企业作为样本,对其破产情况进行了研究。结果显示:在一定程度上财务危机的影响因素包含宏观经济条件的影响,并且证实了通货膨胀的敏感度与企业陷入财务危机有一定关系,即敏感度越高企业的财务风险越大。

Wilkins 认为审计师的意见在一定程度上反映公司将来是否会陷入财务危机,他的研究在一定程度上否定了 Technical default 的观点。

2006 年 Elloumi 和 Gueyie 对 92 家加拿大公司进行了研究,结果发现董事会的构成与结构的不合理也会使企业陷入财务危机中。

其他的非统计类方法主要有:递归划分算法(Frydman,Altam 和 Kao,1985)、神经网络模型(Coats 和 Fant,1991)、基于灾害理论的预测方法(Gregory－Allen 和 Henderson Jr,1991)、基于混沌理论的预测方法(Lindsay 和 Campbell,1994)、实验法(Kim 和 McLeod Jr,2002)和基于期权理论的预测方法(Charitou 和 Trigeorgis,2003)。

2.2.2 国内研究现状

对于财务风险预警的研究我国起步相对较晚,大部分都是借鉴国外的研究方法和经验,并且结合企业自身的特点,构建符合整个行业的财务风险预警模型。虽然取得了一定的成果,但是对于房地产公司而言,大部分学者仍然停留在定性研究和对已构建出的预警模型进行实证研究的层面。因此,以中国房地产公司为基础构建财务危机预警模型,对其深入的研究目前还处在尝试阶段。

1986 年吴世农、卢贤义的论文中建立了财务风险预测模型。该论文从财务困境和财务正常的公司中各选 70 家公司作为样本,并选择单变量判定分析将 21 个财务指标进行对比分析,确定其 6 个预测指标,再利用多元线性回归分析、单一线性判定分析和逻辑分析三种方法,构建了三种不同的预测模型。

1999 年陈静利用了单变量判别和二类线性判定,对 27 公司的财务数据进行了对比分析。结果显示,在风险预测方面的效果较好 4 个指标为资产负债率、流动比率、总资产收益率和净资产收益率。

2000 年陈晓、陈治鸿对 Logistic 模型进行检验。该论文中他们选取了 ST 和非 ST 公司作为样本,结果发现 Logistic 模型评价准确率高达 87%。

2002 年李华中利用贝叶斯方法和 Logistic 方法,选取了全部 ST 公司作为失败类样本,其中将 2002、2003 年非 ST 类个股样本作为预测之用。结果显示:模型具有很强的判别分类能力,该模型可用于风险预测和评价。

2003 年于萍构建了多元线性判别模型,选取了 15 家 ST 房地产公司和非 ST 公司的财务数据作为样本,构建了财务危机精测模型。

2005 年梁琪建立了预警模型,并利用主成分分析法对 Logistic 方法进行降维,在解决共线性问题后建立了预警模型,用以提高模型预测的准确率。

2006 年周赟和唐炜通过对 2003 年房地产行业的财务数据进行比较,发现财务指标在两类公司中有较大的差异,而且这种差异与财务困境的年份呈现正相关。

2007 年龙胜平和郑立琴利用主成分分析法和 Logistic 回归分析的方法,构建了财务风险预警模型,且对国内 2005 年房地产公司的财务数据进行实证分析。结果表明通过对 28 个指标分析选出了流动比率、股东权益周转率、总资产周转率等 11 个财务指标,经验证该 11 个财务指标对房地产公司有较好的预测能力。

2008 年史家龙利用 Fisher 和 Logistic 方法建立预警模型,选取了沪深两市 2007—2008 年 248 家样本公司,通过 T 检验法与主成分分析法对指标进行筛选,判别的准确率均超过了 90%,预警效果良好。

2008年徐凤菊、王凤基于现有的财务风险研究理论,以主成分分析法为基础构建了预警模型,并进行实证分析研究。该论文选择了总资产报酬率、净资产收益率等18个财务指标,运用SPSS统计软件对样本进行实证分析。研究结果显示,在忽略不同行业的财务比率不同的情况下,主成分分析法对于企业财务危机有较准确地预测性。

2011年刘先伟、陶萍利用了Logistic模型,选择了17个财务指标,对我国2010年24家上市公司进行了分析并对其财务状况做出预测。

2011年严碧红、马广奇利用Z-Score模型,对61家深市上市房地产企业进行实证研究,并提出了相应的防范意见。结果显示,除了公司内部的财务问题,宏观经济政策对房地产行业的影响也很大。

2012年沈洪涛以中国有色金属业为基础,选取了33个财务指标,进行了相关性的检验,分析各个指标的相关性,并建立财务预警模型。结果显示,该模型的预测能力较强,已达到100%。

2012年张荣艳、廖萌利用Z计分模型进行检验并选取2008—2010年房地产行业的110家公司,结果证明在公司有较大财务风险时其模型确实有一定的检测效果,但并不符合模型"预警"的初衷。

2.3 研究现状综述

从财务指标体系和评价模型的国内外研究现状可以看出,基本上所有的财务风险预警模型都是由国外的学者提出,国内学者通过借鉴国外学者的预警模型,找到影响财务风险的评价指标,确定其权重,构建模型。定量分析财务数据,似乎很受学者青睐。但是由于一些指标无法量化,非财务指标无法提供数值等使得定量分析产生一定的局限性,此时凭借着财务人员的工作直觉、从业经验进行定性分析无疑是不错的选择,进而定性分析也越来越被学者重视。已有的文献中,大多数学者都从定量或定性单方面进行研究,不能较为准确地进行财务风险预警,故本论文采取定量和定性相结合的方法进行研究。此外,通过对各个模型的分析总结,考虑其实用性和便利性,本论文将采用功效系数法构建财务风险预警模型。

3 主要研究内容、方法及技术路线

3.1 研究内容

本论文分七章对LD集团的财务评价指标进行分析,并建立风险预警模型,进而达到察觉风险信号的目的。

第一章 绪论。本章主要阐述研究背景,研究方法与意义,研究思路和基本框架,对国内外财务风险及预警的相关文献、相关模型进行综述,由此突出了本论文研究的主要问题。

第二章 财务风险及预警的相关概述。本章阐述了财务风险的概念、类别、特征和财务风险预警、财务风险预警系统的概念。

第三章 LD集团财务风险现状分析及其原因。本章主要介绍了LD集团财务现状并进行现状分析等。

第四章 LD集团财务评风险价指标的建立。本章主要介绍了指标选取和财务评价指标的建立。

第五章 LD集团财务风险预警模型的构建。本章主要是讲述了评价指标的筛选及运用功效系数法构建财务预警模型。

第六章 LD集团财务预警的实证研究。主要是从预警模型的应用、财务结果分析、模型结果与财务分析结果的比较进行验证模型的可行性。

第七章 结论与展望。

3.2 研究的基本框架

1 绪论
 1.1 研究背景及意义
  1.1.1 研究背景
  1.1.2 研究意义
 1.2 研究框架、研究思路和方法
  1.2.1 研究框架
  1.2.2 研究思路与方法
 1.3 研究现状概述
  1.3.1 国内外研究现状
  1.3.2 研究综述
2 财务风险及预警的相关理论
 2.1 财务风险的概述
  2.1.1 财务风险的概念
  2.1.2 财务风险的类别
  2.1.3 财务风险的特征
 2.2 财务风险预警的概述
  2.2.1 财务预警的概念
  2.2.2 财务风险预警系统的概念
3 LD集团财务风险现状分析及其原因
 3.1 LD集团财务现状
 3.2 LD集团财务风险现状分析
 3.3 LD集团财务风险形成的原因
4 LD集团财务风险评价指标的建立
 4.1 指标选取
 4.2 财务评价指标的建立
5 LD集团财务预警模型的构建
 5.1 评价指标的筛选
 5.2 运用功效系数法构建财务预警模型
6 LD集团财务预警的实证研究
 6.1 预警模型的应用
 6.2 财务结果分析
 6.3 模型结果与财务分析结果的比较
7 结论与展望
 7.1 结论

7.2 展望

3.3 研究方法

本论文采用规范研究与实证研究相结合的方法,设计出财务风险预警模型,从而判断 LD 集团是否有风险的存在。

(1)归纳研究方法。在查阅国内外相关著作、文献的基础上,归纳总结财务风险指标和预警模型的含义、分类以及特征等。

(2)功效系数法。采用功效系数法,建立完善的财务风险预警模型。

(3)实证研究。模型结果与财务分析结果进行比较,检验该模型的实用性。

3.4 技术路线

本研究的研究框架如图 1 所示。

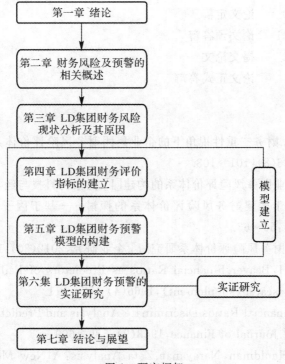

图 1　研究框架

4 本论文研究目的、创新点及困难

4.1 研究目的及创新点

本文采用规范研究与实证研究相结合的方法进行论述。实证研究部分将建立较完善的财务风险评价及预警模型,及时、准确地监测、评价 LD 集团的财务风险现象。本文研究要达到以下目的。

(1)构建财务风险评价体系,建立完善的财务风险评价及预警模型。

(2)准确地监测、评价和控制 LD 集团的财务风险问题,为经济市场稳定、健康地发展奠定坚实的基础。

(3)可能的创新点:修订评价体系,完善财务检验模型。

4.2 研究中可能出现的困难

研究过程中可能遇到的困难主要在于:财务数据收集难度大。本论文的完成需要大量财务数据做支撑,数据收集量比较大,又因为财务数据属于财务机密,所以数据收集难度大。

5 论文研究的进度安排

2014.9 — 2014.11	撰写开题报告
2014.11 — 2014.12	开题答辩
2014.12 — 2015.2	进一步收集资料和数据
2015.2 — 2015.9	完成论文初稿
2015.9 — 2015.10	论文定稿
2015.10 — 2015.11	论文预答辩
2015.11 — 2016.2	提交论文
2016.2 — 2016.3	论文正式答辩

6 参考文献

[1] 郝维,黄凡.财务二重性视角下的企业集团财务风险评价体系研究[J].工业技术经济,2007,26(8):101-103.

[2] 徐慧芳.企业财务风险评价体系的构建[J].内蒙古科技与经济,2007(8):223-224.

[3] 周俊颖.关于构建财务风险评价体系的探讨——基于因子分析法[J].财会观察,2012(104):62-63.

[4] 黄涛.企业财务风险评价体系研究[J].企业研究,2012(20):139.

[5] William H, Beaver. Financial Ratios as Predictors of Failure[J]. Journal of AccountingResearch(supplement),1966(4):77-111.

[6] Altman. Financial Ratios Discriminate Analysis and Prediction of Corporate Bankruptcy[J]. Journal of Finance,1968(9):589-609.

[7] Altman, Hanldman, Narayanan. Zeta Analysis: A New Model to Identify Bankruptcy of Corporation[J]. Journal of Banking and Finance,1977(1):29-54.

[8] Ohlson. Financial Ratios and the ProbabilisticPrediction of Bankuptcy[J]. Journal of Accounting Research,1980(19):109-131.

[9] Kyong Joo Oh, Tae Yoon Kim, Chiho Kim. An early warning system for detection of financial crisis using financial market volatility[J]. Expert Systems,2006,23(1):83-96.

[10] 龙胜平,郑立琴.我国房地产企业财务风险预警模型研究[J].求索,2007(6):18-20.

[11] 徐凤菊,王凤.基于主成分分析法的财务风险评价模型[J].会计月刊,2008(12):48-50.

[12] 严碧红,马广奇.基于 Z—Score 模型的我国房地产业上市公司财务风险的实证分析[J].财会研究,2011(5):37-41.

[13] 沈洪涛.上市公司财务风险评价模型实证研究——基于中国有色金属业的证据[J].会计与审计,2012(7):248-250.

[14] Vesna Bucevska. An analysis of financial crisis by an early warning system model:The case of the EU candidate countries [J].Business and Economic Horizons,2011,4(1):13.

[15] Ali Serhan Koyuncugil and Nermin Ozgulbas. Financial early warning system model and data mining application for risk detection[J].Expert Systems With Applications,2012,39(6):6238-6253.

[16] 江洪.DLX 集团财务风险评价及预警研究[D].阜新:辽宁工程技术大学,2007.

[17] 吴世农,卢贤义.我国上市公司财务困境的预测模型研究[J].经济研究,2001(6):15-19.

[18] 袁康来,李继志.财务危机预警实证研究[M].北京:社会科学文献出版社,2009.

[19] 尤雨佳.国有上市公司财务风险预警模型及应用[D].重庆:重庆大学.2012.

[20] 杨军芳.房地产企业财务风险实证分析及测度[J].财会通讯,2011(12):57-59.

[21] 马永红.关于房地产企业财务风险分析及防范措施的研究[J],中国总会计师,2011(96):50-51.

[22] 马忠华,夏继强.财务预警方法评析[J].会计之友,2012(3):22-25.

[23] 张友棠.财务预警系统管理研究[M].北京:中国人民大学出版社,2004:22-32.

[24] 吴星泽.财务危机预警研究:存在问题与框架重构[J].会计研究,2011(2):13-17.

[25] 王丹.国内外财务风险预警研究文献综述[J].合作经济与科技,2012(1):10-13.

[26] 张友棠.财务预警系统管理研究[J].财会通讯,2004(1):35-39.

[27] 财政部企业司.企业财务风险管理[M].北京:经济科学出版社,2004:5-10.

[28] 吴德进.房地产泡沫——理论、预警与治理[M].北京:社会科学文献出版社,2007:13-18.

[29] 桂琳.房地产业上市公司财务风险评价研究[D].武汉:华中农业大学,2010:32-37.

[30] 王楠.企业财务风险预警应用研究[D].西安:长安大学,2005.

[31] 刘际陆,耿洪勋.财务危机预测的功效系数法实例[J].风险管理,2007(6):35.

[32] 胥蔚,蒋葵.房地产企业财务风险及其防范[J],财会通讯,2008(1):111-112.

[33] 田高良,王晓经,赵红建.企业财务预警方法评析[J].预测,2002,21(6):23-27.

[34] 陈静.上市公司财务恶化预测模型的实证研究[J].会计研究,1999(4):32-38.

[35] 周首华,杨济华,王平.论财务危机的预警分析——F 分数模式[J].会计研究,1996(8):8-11.

[36] 张玲.财务危机预警分析判别模型及其应用[J].预测,2000(6):38-40.

[37] 史富莲,石亚玲.Z 值模型在房地产业上市公司财务预警分析中的应用[J],会计之友,2007(12):91-92.

[38] 梁琪.企业经营管理预警:主成分分析在 logistic 回归方法中的应用[J].管理工程学报,2005,19(1):100-103.

[39] 王春峰,万海晖.基于神经网络技术的商业银行信用风险评估[J].系统工程理论与实践,1999,19(9):24-32.

[40] 杨保安,季海,徐晶.BP 神经网络在企业财务危机预警之应用[J].预测,2001(2):49-68.

[41] 史家龙,陶亚民,卢晓东.基于统计和非统计模型的公司财务困境预警指标研究[J].陕西农业科学,2008,54(2):195-215.

❖ 优秀学位论文开题报告三

西安科技大学

毕业设计(论文)

开题报告

题　　目：我国上市公司环境会计信息披露

质量影响因素研究——以制造业为例

院、系（部）：　　管理学院

专业及班级：　　会计学1班

姓　　名：　　曹庆娜

指 导 教 师：　　杨利红

日　　期：　2014年12月20日

目 录

1 选题的背景及研究意义 …………………………………………………………… 216
　1.1 选题背景 ………………………………………………………………………… 216
　1.2 研究意义 ………………………………………………………………………… 216
2 国内外研究现状 …………………………………………………………………… 217
　2.1 国外研究现状 …………………………………………………………………… 217
　2.2 国内研究现状 …………………………………………………………………… 219
　2.3 文献综述 ………………………………………………………………………… 222
3 本文拟采用的研究方案、技术路线 ……………………………………………… 223
　3.1 研究方法 ………………………………………………………………………… 223
　3.2 研究的基本框架 ………………………………………………………………… 223
　3.3 研究内容 ………………………………………………………………………… 225
　3.4 研究路径图 ……………………………………………………………………… 225
4 论文研究中可能遇到的困难及解决的初步设想 ………………………………… 225
5 预期达到的目标 …………………………………………………………………… 227
6 论文工作量与经费来源 …………………………………………………………… 227
7 课题研究的进度安排 ……………………………………………………………… 227
8 参考文献 …………………………………………………………………………… 227

1 选题的背景及研究意义

1.1 选题背景

恩格斯曾经在《自然辩证法》中写道:"我们不要过分陶醉于我们对自然的胜利。对于每一次这样的胜利,自然界都报复了我们。每一次胜利,在第一步确实都取得了我们预期的效果,但是,在第二步和第三步却有了完全不同的、出乎预料的影响,常常把第一步的结果又取消了。"这一精辟论述既客观地总结了人类社会在发展与进步过程之中与资源环境不可割裂的相互依存关系,又对人类社会发出了必须重视与保护资源环境的忠告。然而,随着近现代工业企业的迅速发展,企业在创造极大的生产力和物质财富的同时,也向自然界排放了越来越多的污染物,导致了人们赖以生存的环境急剧恶化。现如今,环境污染问题变得日益突出,在某种程度上,它已经成为人类进行可持续发展的最大障碍。

从全球范围来看,环境污染的形式主要表现为温室效应、酸雨污染、臭氧层破坏、土地沙漠化、水资源污染以及城市大气污染等等,并由此而引发的一系列危害事件对人们的生命和财产造成了巨大损害。改革开放以来,我国一直处在加速工业化和城市化的进程中,经济增长基本建立在高投入、高消耗、高污染等粗放型情况下,发达国家上百年出现的分阶段解决的环境问题,中国在快速发展的 20 多年中集中表现出来,环境问题已经成为制约中国经济和社会发展的主要瓶颈之一,能否解决环境问题成为一个迫切而现实的考验。

在全球环境持续恶化,发展问题变得日益突出的背景下,由 183 个国家代表团参加的联合国里约环境与发展会议在 1992 年通过了《21 世纪议程》,在其中有 200 多处的地方提到了"无危害环境"这一概念,会议上还正式提出了"环境友好"的理念。随后,环境友好型技术和产品基本上都得到了各国的大力提倡和研发。2005 年党的十六届五中全会上第一次提出了要建设环境友好型社会,把建设资源节约型、环境友好型社会作为国民经济与社会发展中长期规划的一项很重要的战略任务。之后,党的十七大又提出了要把建设环境友好型社会放在工业化、现代化发展战略的突出位置上,真正落实到每个单位、每个家庭中去。应该说,"环境友好"的概念已经渗透到生活的方方面面。

在这样的背景下,传统的会计核算将环境信息完全排除在外,已不能适应建设环境友好型社会的要求。环境会计的出现为企业的利益相关者提供了一个了解企业环境破坏、环境保护行为的途径。企业的环境会计信息能够更加充分、有效地说明企业的环境破坏及环境保护行为,对企业的利益相关者来说更有用。但是,目前在国内环境会计还处于研究阶段,环境会计信息的披露缺乏系统、完善的披露体系,环境会计信息的披露缺乏相应的法律法规的支持,缺乏披露的动力,缺乏统一的披露形式。

因此,本文将从影响上市公司环境会计信息披露质量的因素入手,进行深入探索研究,并针对这一问题提出相应的改进策略,希望能为上市公司环境会计信息披露提供帮助。

1.2 研究意义

本文对环境会计信息披露质量的影响因素进行研究,目的在于发现影响我国上市公司环境会计信息披露质量的因素,从而使上市公司披露的环境会计信息更好地满足利益相关者的信息需求。对上市公司环境会计信息披露质量的影响因素进行研究的具体意义主要表现在以下几方面。

1.2.1 推动了我国会计学科在前沿问题上的研究发展

对上市公司环境会计信息披露的影响因素研究,是目前我国会计界研究的热点和难点问题。虽然在我国会计界关于环境会计信息披露影响因素的研究已经有人陆续用实证研究的方法进行分析,但其理论深度和实证分析还有待于进一步提高,本文将继续对这一问题做深度研究,有助于加快我国环境会计研究的创新,希望能给未来各企业运用这一体系进行企业环境会计信息披露提供理论依据。

1.2.2 加速了企业对资源的有效利用和配置

加强环境方面的核算有利于合理核算企业成本,增强企业的危机感与警觉性;有利于抑制企业的短期行为,引导企业从长期利益出发;有利于促使企业履行社会责任,把企业自身的发展和社会的发展协调起来;有利于合理配置资源,降低社会总成本,增强整个社会的发展潜力;有利于促使企业关注环境问题,加大环保投入。而这些都是和可持续发展的内涵相符合的,同时也是可持续发展战略所要达到的目标。

1.2.3 有助于政府管理部门制定合理的环保法律法规

结合我国各地区上市公司的发展现状,对其环境会计信息披露程度的影响因素进行深度研究,一方面可以使政府管理部门利用其研究成果制定出更科学、实际的环保法律法规;另一方面也促使企业披露更多、更真实的环境会计信息,承担应有的甚至更多的环境保护责任。

2 国内外研究现状

2.1 国外研究现状

在国外,环境会计的研究始于20世纪70年代。当时,随着经济的快速发展和人口急剧膨胀,环境问题的日益恶化,一些学者开始把环境保护与会计问题结合起来进行研究。以1971年F.A.Beams的《控制污染的社会成本转换研究》和1973年J.T.Marlin的《污染的会计问题》为代表的学术文章的发表,标志着国外环境会计研究的开始。而一方面,环境会计信息披露作为环境会计研究的重要内容,引起了众多学者和政府部门的关注;另一方面,企业环境会计信息披露作为可持续发展战略的重要组成部分,受到各国政府的高度关注。纵观全球,国外学者们已对企业环境会计信息披露从多个视角、不同方面进行了深入的研究并取得了丰富的成果。

2.1.1 关于环境会计信息披露内容的相关研究

Jerry G.Kreuze(2000)和Gale E.Newell(2000)对环境信息披露做出了以下解释:介绍与公司有关的环境法律法规;现在和将来公司需负担的环境义务与环境责任;对环境事项详尽的说明;公司为解决环境问题制定的战略或计划;发生为完成环境义务或责任的成本支出;关于环境事项的保险理赔;环境责任对财务状况产生的影响;企业的产品、原料等在各个方面对生态环境的影响;公司在废弃物回收利用和节能减排方面的政策,以及在企业内部的实施情况;公司在环境问题方面已确认或已得到的奖励。

M.Ali.Fekrat(2006),Caria.Inclan(2006)和Davia Petro(2006)则认为,环境会计信息中显示内容有会计、财务资料和信息,环境诉讼信息,环境污染信息。

ISO 1400是由国际标准化组织制订的环境管理体系标准,代表着一个较高层次的环境管理水平。它要求企业的环境报告书必须包含下列项目:①环境方针及目标;②环境管理体系;③环境绩效评估(包括能源的节省、废弃物的排放、法律法规的遵守);④改善的机会;⑤独立验证报告。

此外,有关环境信息披露的具体内容每个国家都不相同。美国上市公司的环境会计信息披露一般会涉及三方面的内容,包括环境政策、环境负债和环境成本。日本在上市公司的环境报告书中明确要求企业对环保收益、环保活动和环保成本所发生的经济利益等进行披露。欧洲发达国家的在上市公司环境会计信息披露中大致对以下信息进行说明:该公司适用的环境政策,公司在重大环境问题方面的目标和产生的影响,公司连续多年的环境业绩的主要数据及在重大环境事项方面是否遵守法律法规的情况等。

2.1.2 关于环境会计信息披露方式的相关研究

联合国在1997年举行的第九届会议上认为,报表附注中应说明与环境有关的或有负债、税收影响等事项。

联合国国际会计和政府间专家工作组发布的《关于环境措施会计信息的揭示》中建议:在公司发布的董事会报告中,要求企业充分披露与环境相关的法律、本企业的污染排放物标准和相关标准的执行情况等;在财务报表附注中,要把如何将这些支出资本化和摊销的情况进行说明等。

根据 Holland 等在2010年的研究中我们可以发现,美国公司对环境会计信息的披露主要集中在企业年报中,首先是在"管理者讨论分析"中,其次是在"报表附注"中。挪威、法国、瑞典、西班牙和葡萄牙等欧洲国家也倾向于在年度报告中披露环境信息,只是他们通常在"健康、安全和环境"中对环境信息进行说明。

2.1.3 关于环境会计信息披露水平影响因素的研究

国外学者从外部环境和内部影响因素两方面来阐述影响企业披露环境会计信息质量的因素。

El-Gazzar(1998)通过实证研究发现,随着机构投资者持股比例的增多,公司的环境信息披露水平也有所增加,说明随着机构投资者的增多,外部对企业环境信息的需求量增加,迫使经理层增加环境信息披露。Ruland(2000)运用实证研究,假设披露环境预测信息的公司往往拥有更多的外部所有权,结果通过了检验,假设成立,说明外部所有权比例越高,公司经理层越倾向于披露环境预测信息。

Simon,Kar shun Wong(2001)的研究比较全面,独立董事能促使董事会更加对投资者负责,从而减少经理人员利用不对称信息获得的不法利益,从而使公司披露更多的信息。通过研究发现,独立董事比例与上市公司披露程度正相关,但不显著;除此之外,设立审计委员会的公司自愿披露环境信息的程度更高;Eng,Mak(2003)研究发现,独立董事比例与上市公司环境信息自愿披露水平负相关。

在公司发展规模方面,国外学者关于公司发展规模这一影响因素的研究比较多。Chow and Wong-Boren(1987),Craswell and Taylor(1992)的研究发现,相对于规模较小的公司而言,规模较大的公司需要筹集更多的外部资金,因此为了获得投资者的青睐,大公司有动力更多地披露环境会计信息,以减少由于信息不对称而产生的代理成本。Lang lundhokm(1993)采用 FAF 评分等级对自愿性信息披露影响因素进行了研究,研究发现:公司规模越大,相应的评分等级就越高。Mickinnon,Dalimuthe(1993)对澳大利亚65家多元化上市公司自愿性信息披露影响因素研究,他们认为在65家多元化公司中,规模越大,自愿性信息披露程度越高。然而,也有部分学者通过研究发现公司规模与环境会计信息披露成负相关或者是不相关。

Rafael La Porta，Florencio Lopez-de-Silane(1999)的实证研究却发现二者存在显著的负相关关系。Lynn(1992)通过研究得出同样的结论：公司规模与环境会计信息披露水平没有关系。

在公司绩效方面，Belkaoui(1976)及Bowman(1978)通过实证研究发现，公司绩效与环境信息披露水平呈正相关关系；然而，Freedman和Jaggi(1982)、Ingram和Frazier(1980)等通过研究却得出截然相反的结论，公司绩效与环境信息披露水平呈负相关关系。

在公司盈利能力和成长能力方面，Miller(2002)研究发现，盈利水平越高，代表公司未来的成长性就越强。成长性较好的公司，为了向市场传递公司盈利水平较好的信号，避免公司价值被低估，则会倾向于披露更多的信息。然而，也有少数学者研究发现，两者不存在相关关系。而Cowen，Parker(1987)通过研究发现，成长性指标披露与社会责任的披露没有显著的关系。

在公司负债能力方面，Ferguson et al(2002)的研究结果发现，随着公司资本结构中负债程度的提高，公司财务失败的风险将大大提高，公司为了增强股东和债权人的信任，会自愿提供更多的环境信息以及时反映公司的财务状况。Ferguson(2002)采用债务比率作为负债程度的指标。研究发现，公司债务比率越高，财务风险就越大，此时管理当局迫于公司债务人偿还债务的压力，被迫披露高水平的信息。然而，Jensen(1986)同样也采用公司负债率作为负债程度指标。研究发现公司负债率越高，反而会降低自愿性信息披露水平。Chow and Wong-Boren(1987)通过对墨西哥制造业的上市公司的研究发现：公司负债程度与信息披露不存在关系。

在公司所有权方面，Haskins等(2000)通过对欧美与亚洲大量上市公司进行比较，研究发现欧美的上市公司股权集中度较低，分布较为分散，数量众多的股东对上市公司环境会计信息披露程度要求非常严格，公司自愿性环境会计信息披露程度就越高。

在行业差异方面，Deegan和Gordon(1996)分行业对上市公司进行实证研究证明，行业差异对上市公司环境会计信息披露程度具有显著性影响。然而Eraven和Marston(1999)通过对上市公司的研究，却得出不同的结论，认为行业差异与自愿性环境信息披露水平无关。

2.1.4 关于环境会计信息披露发展情况的研究

联合国在1991年召开的第9届国际会计和报告标准政府间专家工作组会议中发表了《对于政府及信息利用者考虑的结论》，并要求在企业的年度财务报告中对相关的环境信息进行披露。1997年12月讨论并通过了权威性的企业环境财务会计和报告国际指南——《企业层次的环境财务会计和报告》，1998年第15届政府间专家工作会议上讨论并通过了《环境会计和财务报告的立场公告》，这份文件更加全面、系统地对环境会计的相关定义、确认条件、计量方式做了详细解释。美国在环境会计信息披露相关研究方面一直处于领先地位，并形成了一套完整的环境会计信息披露体系。在美国，主要从环境成本和环境负债的报告方面对环境会计信息披露进行理论研究。加拿大特许会计师协会(CICA)在理论和实践上对上市公司环境会计信息披露情况进行了深入研究，取得了丰富的研究成果，先后出版了许多与环境会计相关的研究报告，如《环境审计与会计职业界的作用》《环境成本与负债：会计与财务报告问题》《环境绩效报告》《加拿大的环境报告：对1993年度的调查》《废弃物管理系统：执行、监督与报告准则》等，这些从环境成本、环境负债、环境报告、环境审计等方面进行了规范。

2.2 国内研究现状

相比国外而言，我国对环境会计研究比较晚，以葛家澍《九十年代西方会计理论的一个新思潮——绿色会计理论》论文的发表，拉开了我国环境会计研究的帷幕。随后我国的环境会计研究发展较快,2001年中国会计学会成立环境会计专业委员会,并召开了专题研讨会。而在环境会计领域,首先进入实务的是环境信息披露。纵观我国学者对环境会计信息披露方面的研究文献,大多以规范研究为主,即使进行了一些实证研究,也以描述性统计为主,对环境会计信息披露水平影响因素的研究也是近几年才开始,取得了一定的成果。

2.2.1 关于环境会计信息披露内容的相关研究

孟凡利(2009)从环境会计概念、理论体系、信息系统等几个方面进行了阐述。认为实行环境会计最主要和最基本的就是对外披露环境会计信息,环境信息披露的最基本目标就是提供有用的环境会计信息即企业会计要向信息使用者提供环境信息和与环境有关的财务信息,从而充分满足他们了解和决策的需要,而环境会计信息披露内容包括企业的财务和经营状况在环境问题的影响。本书认为企业在信息说明的信息应该主要体现在环境问题的财务影响和环境绩效两个方面。李连华、丁庭选(2010)认为环境会计信息披露内容包括基本背景方面的环境信息,企业污染排放方面的环境信息,企业环境业绩方面的信息,与环境有关的财务方面的信息,环境信息的质量保证方面的情况。肖淑芳(2007)、黄其秀(2008)、周一虹,孙小雁(2007)等通过对上市公司的研究发现企业披露的环境信息主要集中在资源税、资源补偿费、排污费、绿化费、环保投资和环境相关认证等环境绩效信息等内容,披露中货币形式占主要部分,集中在报表附注中出现,并作为一个与环境相关的明细科目加以列示。郑永生、胡曼军(2009)认为现阶段环境会计的信息披露应该包含以下内容:企业资产、负债因环境问题产生的变化;环境问题对企业收入与支出的影响;环境问题对企业现金流造成的影响;与环境问题相关的会计政策与会计制度等。王鹏(2009)认为环境信息披露应当是环境会计的主要表现形式。我国目前的环境信息披露主要是针对企业的环境状况所做的披露,包括治理环境的费用、由于环境因素对企业经营状况的影响、以及"绿色产品"和"绿色经营"带来的收益等。胡晓玲(2012)认为上市公司是我国环境会计信息披露的主体,其披露的内容通常包括存在的环保问题和采取的环保应对方式。

2.2.2 关于环境会计信息披露方式的相关研究

关于环境会计信息披露方式普遍有两种观点:一种是采用独立的环境报告;另一种是补充报告方式,即在现有财务会计报告的基础上,通过将有关财务影响直接列入现有报表的有关项目之中,增加会计科目、会计报表、补充资料和报告内容的方式报告企业环境会计信息。但是,学者们对于到底用何种方式披露比较合适,还没有统一标准。李建发等(2007)认为,我国企业目前应首先考虑采取独立环境会计报告模式报告环境信息,待将来我国制定和颁布环境会计具体准则后,再采用补充环境会计报告模式。胡晓玲(2012)认为我国企业披露环境会计信息主要有五种形式,即包含于年度报告;内部工作会议记录;单独报告;包含于会计报表附注;包含于董事长报告。孙兴华等(2008)则主张采用补充报告方式,并建议环境会计报表包括环境资产负债表、环境利润表和环境会计报表附注三部分。除了上述两种报告方式,也有学者提出在环境会计信息进行披露时应结合两种报告方式。翟春凤、赵磊(2009)提出在我国,重污染行业应采用独立报告模式,非重污染行业应采用补充披露的模式。肖华等(2008)提出改进《环境信息公开办法》,增加环境会计、环境报告审计、环境业绩指标的内容以提高环境信息披露的决策有用性。

2.2.3 关于环境会计信息披露水平影响因素的研究

我国对于环境会计信息披露影响因素的研究以实证研究为主,汤亚莉等(2006)以沪、深两市全部 A 股上市公司为研究对象,对 2001、2002 年年度报告的董事会报告中披露了环境信息的 60 家上市公司进行研究,实证结果表明,公司规模、企业绩效与环境会计信息披露水平正相关。

李正(2008)以我国上海证券交易所 2003 年 521 家上市公司为研究样本,检验了企业进行社会责任信息披露的影响因素。实证结果表明,资产规模、负债比率与公司的社会责任信息披露显著正相关;企业污染越严重,越倾向于披露企业社会责任信息;净资产收益率、ST 类公司与企业社会责任信息披露显著负相关。尚慧君、耿建新等(2007)对 1992—2002 年沪、深两市的上市公司进行了实证分析,发现污染越严重的企业,越倾向于披露环境信息。

沈洪涛(2007)以 1999—2004 年在上海和深圳证券交易所上市的石化塑胶行业的 A 股公司为研究对象,通过对公司年报内容进行分析,构建了公司社会责任信息披露指数。通过实证检验发现:公司规模与盈利能力与公司社会责任信息披露正相关,公司财务杠杆和再融资需求与公司社会责任信息披露没有关系,公司上市地点和披露期间在内的披露环境对其社会责任信息披露有显著影响。

马连福、赵颖(2007)以在深圳证券交易所上市的公司为样本,对上市公司社会责任信息披露程度及其影响因素进行了实证研究。研究表明,公司绩效、行业属性及规模是影响我国上市公司社会责任信息披露的重要因素,而独立董事比例及董事长与总经理是否二职合一两个公司治理结构变量对社会责任信息披露的没有显著影响。

朱金凤、薛惠锋(2008)以 2006 年沪市 A 股制造业 248 家上市公司作为研究样本,采用内容分析的方法,使用 VEDI 来表示上市公司的自愿性环境信息披露水平,通过实证检验了公司特征与自愿性环境信息披露的关系。研究发现:公司规模、行业类型与自愿性环境信息披露具有正相关关系,规模较大的上市公司,其环境会计信息披露水平越高;重污染行业上市公司也会披露更多的环境信息;而公司得盈利能力、财务杠杆不影响自愿性环境信息披露水平。

李晚金、匡小兰、龚光明(2008)以 2004 年之前在沪市上市的 201 家 A 股上市公司为研究对象,对上市公司近三年的环境信息披露水平及其影响因素进行了实证研究。通过研究发现,公司规模、公司绩效、法人股比例对上市公司环境信息披露水平影响显著,而资产负债率、直接控股股东性质、股权集中度、董事长与总经理是否二职合一及独立董事比例等因素对环境信息披露水平没有显著影响。

张俊瑞等(2008)以中国化工行业 2003—2005 年的上市公司作为研究样本,从公司财务会计的角度,分析了公司财务治理因素对上市公司自愿性环境会计信息披露的影响。通过实证检验,公司规模、盈利能力与环境会计信息披露水平正相关,但公司总体自愿性披露水平不高。

阳静、张彦(2008)以已披露环境信息的 46 家上市公司为研究对象,从流通股比例、盈利水平、公司所在地区、独立董事比例、会计事务所类型等方面,对上市公司环境信息披露的影响因素进行了实证研究。实证结果表明,流通股比例、盈利水平和独立董事比例对环境信息披露行为有显著影响。

蒋麟凤(2010)选取 2008 年 242 家沪深市上市公司作为研究样本,从公司治理角度实证分析了其与环境会计信息披露间的关系。结果表明,环境会计信息披露与高管持股比例显著负相关,与企业规模显著正相关。

蒙立元、李苗苗、张雅淘(2010)选取沪市制造业中重污染行业公司为研究样本,对我国上市公司治理结构与环境会计信息披露之间的关系进行了实证研究。研究发现:是否设立审计委员会、董事持股人数比例、董事长是否兼任总经理是影响环境会计信息披露的重要因素,而独立董事比例则对披露没有显著影响。

乔钊(2012)构建了我国医药类上市公司环境会计信息质量评价指标体系。应用模糊评价法、层次分析法将定性和定量分析结合起来,对会计信息质量评价方法进行了探讨。

王小红、王海民、李斌泉(2011)选取2008年和2009年28家陕西省上市公司作为研究样本,从影响效应域角度实证分析了其与环境会计信息披露间的关系。结果表明,企业的偿债能力、企业规模和独立董事所占比例对陕西省上市公司环境会计信息披露影响为正相关。其他能力指标在分样本和综合样本检验结果中表现不尽一致。

姜艳、王翠兰、杨美丽(2012)选取2009年和2010年63家山东省制造业和采掘业上市公司作为研究样本,从影响效因素角度实证分析了其与环境会计信息披露间的关系。结果表明,我国上市公司环境会计信息披露水平较低,公司之间披露水平差异较大;企业规模、发展能力、行业差异与上市公司环境会计信息披露水平正相关;盈利能力与上市公司环境会计信息披露水平负相关;财务杠杆、独立董事比例、股权集中度、董事长与总经理分离和地区差异与上市公司环境会计信息披露水平不存在显著的相关性。

2.2.4 关于环境会计信息披露发展情况的研究

近几年,由于我国自然资源浪费以及环境污染问题日益严重,企业环境信息披露问题也引起了政府有关部门和其他利益相关者的高度关注。面对艰巨的环境保护任务,我国会计界的许多学者对环境会计信息披露问题进行了深度研究,并取得了丰富的研究成果,但是与其他国家相比,我国对于环境会计信息披露的研究还处于初级阶段。

赵丽萍、张欣、丁鹏艳(2008)选取了2007年沪市A股造纸印刷业、金属非金属业、石油化学塑胶塑料行业的166家上市公司为样本,对我国重污染行业的上市公司环境会计信息披露现状进行了研究。研究发现,随着我国相关政策法规的出台以及投资者、债权人社会公众等利益相关者对环境问题的关注,使得上市公司环境会计信息披露比例逐步提高且意愿较强,但是与我国相关法规的信息披露要求还有很大的差距。

综上,虽然我国对环境信息披露的影响因素也进行了较多的研究,但是专门针对环境会计信息披露水平的研究比较少,实证研究方面仍然不及国外发达国家。在实证因素的选取方面虽然也涉及了较多,但是大部分都集中在某个具体层面,未能全面考虑公司治理特征以及外部环境的影响因素,样本数据的选取期限较短,不具有连续性,不能充分地反映上市公司环境会计信息披露的程度变化状况。此外,在实证检验中,由于选取的环境会计信息披露水平的评价指标不同,选取的样本覆盖程度不同,造成了企业环境会计信息披露与其影响因素之间的相关性方向也不一致。考虑到以上研究的缺点和局限性,本文将研究重心放在了我国制造行业,综合考虑制造业的行业性质,试图从多个方面选取影响因素,以弥补前人在其选取上的不足。在样本数据的选取上,选择我国制造业上市公司2011—2013年连续三年的财务报告及环境报告说明书,对其披露的环境会计信息及其影响因素进行实证分析,使得出的实证结果更有说服力,对提高制造业上市公司环境会计信息披露水平具有更大的现实意义。

2.3 文献综述

综上所述,国外研究多是以美国、澳大利亚及西欧等发达国家为对象进行的,其结论可能并不适用于发展中国家。因为,不同国家的社会责任与环境信息披露不尽相同,经济发展水平可能是影响信息披露的一个重要因素。虽然我国对环境信息披露的影响因素也进行了较多的研究,但是专门针对环境会计信息披露水平的研究比较少,实证研究方面仍然不及国外发达国家。在实证因素的选取方面虽然也涉及了较多,但是大部分都集中在某个具体层面,未能全面考虑公司治理特征以及外部环境的影响因素,样本数据的选取期限较短,不具有连续性,不能充分地反映上市公司环境会计信息披露的程度变化状况。此外,在实证检验中,由于选取的环境会计信息披露水平的评价指标不同,选取的样本覆盖程度不同,造成了企业环境会计信息披露与其影响因素之间的相关性方向也不一致。考虑到以上研究的缺点和局限性,本文将研究重心放在了我国制造行业,综合考虑制造业的行业性质,试图从多个方面选取影响因素,以弥补前人在其选取上的不足。在样本数据的选取上,选择我国制造业上市公司 2011 — 2013 年连续三年的财务报告及环境报告说明书,对其披露的环境会计信息及其影响因素进行实证分析,使得出的实证结果更有说服力,对提高制造业上市公司环境会计信息披露水平具有更大的现实意义。

3 本文拟采用的研究方案、技术路线

3.1 研究方法

3.1.1 文献综述法

通过搜集和分析文献资料,明确目前国内外环境会计信息披露的研究现状和需要进一步研究的问题,得出本文的研究重点,并广泛吸纳相关学科的研究成果,将研究学者的相关理论运用到本文当中,使本文的研究更加充实、理性、科学。

3.1.2 理论分析与实证分析相结合

本文介绍了环境会计及其信息披露的相关理论及其方法,并重点对我国制造业上市公司环境会计信息披露影响因素的理论和方法进行了全面、系统的研究,在此基础上,提出研究假设,采用统计学原理进行统计调查、抽样、数据采集及数据分析处理;采用综合分析法对上市公司环境会计信息披露的实证结果进行综合分析。在实证部分,由于所涉及的计算量较大,采用了 Excel 和 SPSS 等统计软件进行运算。

3.1.3 定性分析与定量分析相结合

本文采用了大量的定性分析,例如,在国内外研究现状综述部分以及上市公司环境会计信息披露相关理论部分。同时,为使论据更具有说服力,论文也使用了定量分析法,包括环境会计信息披露指标的计算和各影响因素指标的计算。这两种分析法相结合,使得文章的论点更具有可信性,从而更好地揭示研究内容。

3.2 研究的基本框架

第 1 章 绪论
  1.1 研究背景及意义
  1.2 国内外研究现状
    1.2.1 国外研究现状
    1.2.2 国内研究现状
    1.2.3 国内外研究现状综述
  1.3 研究内容与方法

1.3.1 研究内容与框架
1.3.2 研究方法
第2章 我国上市公司环境会计信息披露的相关理论
  2.1 环境会计信息披露
    2.1.1 环境会计与环境会计信息披露的界定
    2.1.2 环境会计信息披露的原则
    2.1.3 环境会计信息披露的内容
    2.1.4 环境会计信息披露的方式
  2.2 环境会计信息披露的理论基础
    2.2.1 可持续发展理论
    2.2.2 社会责任理论
    2.2.3 信息不对称理论
    2.2.4 委托代理理论
    2.2.5 利益相关者理论
第3章 我国上市公司环境会计信息披露质量与特点分析
  3.1 上市公司环境会计信息披露现状
    3.1.1 上市公司发展规模
    3.1.2 上市公司环境会计信息披露的形式
    3.1.3 上市公司环境会计信息披露的数量
  3.2 上市公司环境会计信息披露质量
    3.2.1 上市公司环境会计信息披露质量的论述依据
    3.2.2 上市公司环境会计信息披露质量的衡量方法
  3.3 上市公司环境会计信息披露质量的特点
第4章 我国上市公司环境会计信息披露质量影响因素模型设计
  4.1 研究假设
    4.1.1 企业内部影响因素
    4.1.2 企业外部影响因素
  4.2 样本选取与数据来源
    4.2.1 样本选取
    4.2.2 数据来源
  4.3 研究变量的设计
    4.3.1 因变量的设计
    4.3.2 自变量的选取
  4.4 模型构建
第5章 我国上市公司环境会计信息披露质量影响因素实证分析
  5.1 描述性统计分析
  5.2 相关性分析
  5.3 多元回归分析
    5.3.1 模型拟合优度分析

         5.3.2 模型显著性检验
    5.4 实证结论
第 6 章 研究结论及改进对策
    6.1 研究结论
    6.2 改进对策

3.3 研究内容

本文共分六大部分,结构安排如下:

第一部分:绪论。本章主要介绍本论文的选题背景与意义、国内外文献综述、研究内容与方法等。首先通过分析国内上市公司环境整体的发展规模和环境会计信息披露的现状,指出上市公司披露环境会计信息的相关意义;其次从国外、国内两个角度对已有相关研究进行归纳分析,从而为本研究提供参考和启发;再次是对本文研究内容、研究思路和框架进行初步设计,并介绍本文将重点采用的几种研究方法。

第二部分:我国上市公司环境会计信息披露的理论分析。本章首先介绍环境会计信息披露的相关概念,包括环境会计以及环境会计信息披露的定义、披露的原则内容和方式,接着介绍环境会计信息披露所遵循的五个理论,包括可持续发展理论、社会责任理论、信息不对称理论、委托代理理论和利益相关者理论,为本文实证研究的研究假设提供了理论基础。

第三部分:我国上市公司环境会计信息披露质量与特点分析。首先,本章选取我国制造业上市公司 2011 年—2013 年年度报告以及与环境相关的报告,从企业规模、信息披露形式和数量三个方面进行研究,分析目前企业环境会计信息披露的现状。其次,从环境会计信息披露的论述依据和衡量方法两方面入手详细地阐明上市公司环境会计信息披露的质量状况,并指出其存在的问题以及表现的特点。

第四部分:我国上市公司环境会计信息披露质量影响因素模型设计。本章首先根据前面阐述的理论,借鉴前人的研究成果,提出研究假设,然后指出样本的选取与数据来源,最后是设计自变量和因变量来构建实证模型。

第五部分:我国上市公司环境会计信息披露质量影响因素的实证分析。对前一章选取的自变量和因变量进行描述性统计分析、相关性分析,对构建的模型进行归回检验分析,以此验证假设,得出实证结果。

第六部分:研究结论及改进对策。针对第五章的实证结果,得出研究结论并提出对应的政策建议。

3.4 研究路径图

研究路径图如图 1 所示。

4 论文研究中可能遇到的困难及解决的初步设想

(1)因变量的衡量即环境会计信息披露质量的衡量。本文运用环境会计信息披露指数的大小来确定环境会计信息披露水平。然而,企业环境会计信息披露指数又包括了很多的条目,这些条目的选取就需要通过阅读大量的参考文献和相关的环保法规,结合企业的实际情况,总结归纳而成,需要一定的理论功底和总结归纳能力,并且为了确保准确性和科学性还需要进行必不可少的复查工作。

附　录

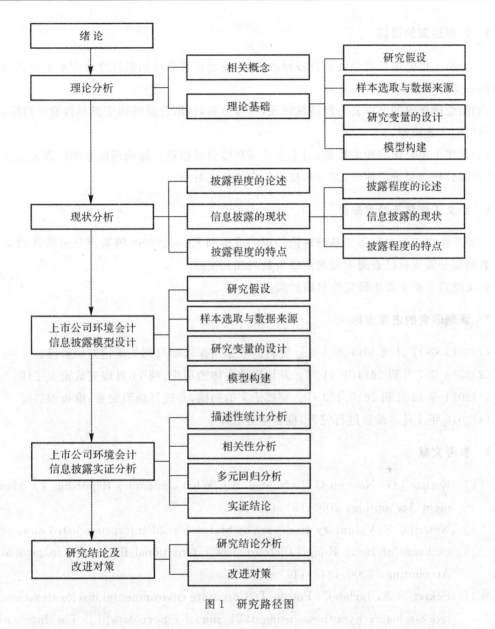

图 1　研究路径图

(2)以前学者的研究成果统一性较差,给作者的研究造成一定困惑。到目前为止,关于企业环境会计信息披露的文献很多,但是其研究成果往往不一致,这对后人在借鉴相关文献时构成一定困惑。

(3)有些影响企业环境会计信息披露质量的因素难以得到量化。比如,通过相关的理论基础,我们可以发现政府政策和公众意识会影响企业的环境会计信息披露,但是政府政策和公众意识用什么指标来衡量,所选取的指标是否具有代表性,在论文的后期研究中需要通过大量的数据研究来验证。

(4)本论文的完成需要大量的数据作为支撑,数据收集强度较大,且数据的计算量很大,这都需要投入精力收集数据并借助数据分析软件进行计算。

5 预期达到的目标

(1)分析上市公司环境会计信息披露的现状,论证环境会计信息披露运用于上市公司绩效提升的必要性和重要性。

(2)结合所选取的上市公司的特殊情况,综合分析,选取合适的因变量和自变量指标,得出本文适用的实证模型。

(3)运用上市公司的相关数据,对上市公司环境会计信息披露质量的影响因素进行实证分析,并对其分析结果进行评价,进一步提出相应的改进对策。

6 论文工作量与经费来源

主要工作在于论文写作前基础理论知识的准备和 Excel、SPSS 等数据分析软件的学习使用。数据部分需要自己查阅大量的网络资料与期刊文献。

论文经费主要来源于研究生科研经费。

7 课题研究的进度安排

(1)2013 年 12 月到 2014 年 6 月。资料的收集与深入学习相关理论知识阶段。

(2)2014 年 7 月到 2014 年 11 月。开始论文主体的写作,到 11 月底完成论文主体。

(3)2014 年 12 月到 2015 年 3 月。完成论文的初稿,并进行细节完善,准备预答辩。

(4)2015 年 4 月。最后进行完善,准备毕业答辩。

8 参考文献

[1] Kreuze J G, New ell G E, New ell S J. What companies Reporting[J]. Management Accounting, 2000,(6):44-45.

[2] Newell G E. Voluntary disclosure by State—owned enterprises listed on the stock exchange of Hong Kong [J]. Journal of International financial management and Accounting, 2000,13(2):125-151.

[3] Fekrat M A, Inclan C, Petroni D. Corporate environmental disclosures:Competitive disclosure hypothesis using 1991 annual report data[J]. The International Journal of Accounting, 2006(31):175-195.

[4] Inclan C. How the economic consequences of voluntary environmental information disclosure[J]. The British Accounting Review,2006(12):34-35.

[5] Petro D. Corporate social and environmental reporting:A review of the literature and a longitudinal study of UK disclosure[J]. Accounting Auditing and Accountability Journal, 2006(8):47-77.

[6] El-Gazzar. An evaluation of environmental disclosures made in corporate annual reports[J]. Accounting Organizations and Society, 1998,7(l):53-63.

[7] Ruland. Accounting, Auditing and Reporting Issue Associated with Environment

Contingencies[J]. Journal of Corporate Accounting and Finance, 2000,03.

[8] Simon, Kar shun Wong. Accounting for Environment Insurance Products: What You Need To Know[J]. Corporate Accounting and Finance, 2001(6):43 - 45.

[9] Eng L L, Mak Y T. Corporate governance and voluntary disclosure [J]. Journal of accounting and Pulicy, 2003(22):325 - 345.

[10] Chow C, Wong-Boren A. Voluntary financial disclosure by Mexican Corporations [J]. The Accounting Review, 1987, 62(3):553 - 541.

[11] Craswell A T, Taylor S K. Discretionary disclosure of reserves by oil and gas companies: Aneconomies analysis[J]. Journal of Business, Finance and Accounting,1992(19):295 - 309.

[12] Lang M, Lundholm R. Cross-sectional determinants of analyst ratings of corporate disclosures [J]. Journal of Accounting Research, 1993, 31(2):246 - 271.

[13] Mckinnon J L, Dalimunthe L. Voluntary Disclosure of Segment information by Australian Diversified Companies[J]. Accounting and Finance, 1993(5):31 - 50.

[14] Rafael La Porta, Florencio Lopez-de-Silane, Andrei Shleifer. Corporate ownership around the world [J]. Journal of Fniance.1999(54):471 - 518.

[15] Lynn M. A note on corporate social disclosure in Hong Kong [J]. The British Accounting Review, 1992, 2(2):105 - 110.

[16] Belkaou A. The impact of the disclosure of the environmental effects of Organizational behavior on the market [J]. Financial Management, 1976(5):26 - 31.

[17] Bowman E. Strategy annual reports and alchemy [J]. California Management Review, 1978(20):64 - 71.

[18] Freedman M, Jaggi B. Pollution disclosures, pollution performance and economic Performance [J]. 1982(10):167 - 176.

[19] Ingram R, Frazier K. Environmental performance and corporate disclosure [J]. Journal of Accounting Research,1980(18):614 - 622.

[20] Miller. Environmental Disclosures in the Annual Report-Extending the Applicability and Predictive Power of Legitimacy Theory[J]. Accounting, Auditing and Accountability Journal,2002,15(3):344 - 371.

[21] Cowen S, Erreril L, Parker L. The impart of corporate characteristics on social responsibility disclosure: a typogy and frequency-based analysis [J]. Accounting Organizations Society, 1987(12):111 - 122.

[22] Ferguson, Lam, Lee. Voluntary disclosure by State-owned enterprises listed on the stock exchange of Hong Kong [J]. Journal of International financial management and Accounting, 2002, 13(2):125 - 151.

[23] Jensen, Michael. Agency costs of free cash flow. Corporate and takeovers[J]. American Economics Review.1986(76):323 - 329.

[24] Haskins. An evaluation of environmental disclosures made in Corporate annual reports[J]. Accounting,Organizations and Society,2000,7(1):53-63.

[25] Deegan C,Rankin M. Do Australian companies report Environmental news objectively? An analysis often environmental disclosures by firms Prosecuted successfully by the EnvironmentalProtection Authority[J]. Accounting,Auditing &Accountability Journal,1996,9(2):50-67.

[26] Eraven,Marston. Voluntary Social Reporting:An Iso—Beta Portfolio Analysis [J]. Accountin Review,1999(55):467-479.

[27] 孟凡利.论环境会计信息披露及其相关的理论问题[J].会计研究,2009(4):16-25.

[28] 李连华,丁庭选.环境会计信息披露问题研究[J].财会研究,2010(1):58-61.

[29] 肖淑芳,胡伟.我国企业环境信息披露体系的建设[J].会计研究,2007(3):48-52.

[30] 黄其秀.我国上市公司环境信息披露问题研究[M].成都:西南财经大学,2008.

[31] 周一虹,孙小雁.中国上市公司环境信息披露的实证分析——以2004年沪市A股827家上市公司为例[J].南京审计学院学报,2007(11):22-25.

[32] 郑永生,胡曼军.企业会计信息披露内容探析[J].财会通讯,2009(11):13-15.

[33] 王鹏.环境会计与环境信息披露探讨[J].芜湖职业技术学院学报,2009(1):25-27.

[34] 胡晓玲.借鉴日本经验完善我国环境会计信息披露制度[J].会计论坛,2012(1):32-34.

[35] 李建发,肖华.我国企业环境报告:现状、需求、未来[J].会计研究,2007(4):42-50.

[36] 孙兴华,王兆蕊.绿色会计的计量与报告研究[J].会计研究,2008(3):54-57.

[37] 翟春凤,赵磊.我国企业环境会计信息披露存在的问题及对策[J].会计实务,2009(31):40-42.

[38] 肖华.公共压力与公司环境信息披露[J].会计研究,2008(5):41-44.

[39] 汤亚莉,陈自力,刘星,等.我国上市公司环境信息披露状况及影响因素的实证研究[J].管理研究,2006(1):158-159.

[40] 李正.企业社会责任信息披露影响因素实证研究[J].特区经济,2008(8):324-325.

[41] 沈洪涛.公司特征与公司社会责任信息披露——来自我国上市公司的经验证据[J].2007(3):9-16.

[42] 马连福,赵颖.上市公司社会责任信息披露影响因素研究[J].证券市场导报,2007(3):4-9.

[43] 朱金凤,薛惠锋.公司特征与自愿性环境信息披露关系的实证研究——来自沪市A股制造业上市公司的经验数据[J].预测金融,2008(5):58-63.

[44] 李晚金,匡小兰,龚光明.环境信息披露的影响因素研究——基于沪市201家上市公司的实证检验[J].财经理论与实践,2008(5):47-51.

[45] 张俊瑞,郭慧婷.企业环境会计信息披露影响因素研究——来自中国化工类上市公司的经验证据[J].统计与信息论坛,2008(5):32-34.

[46] 阳静,张彦.上市公司环境信息披露影响因素实证研究[J].会计之友,2008(11):89-90.

[47] 蒋麟凤.公司治理、财务状况与环境会计信息披露[J].财会通讯,2010(6):21-23.

[48] 蒙立元,李苗苗,张雅淘.公司治理结构与环境会计信息披露关系实证研究[J].财会通讯,2010(3):20-23.

[49] 乔钊.医药类上市公司环境会计信息披露质量评价研究[D].长沙:中南大学,2012.

[50] 王小红,王海民,李斌泉.上市公司环境会计信息披露影响效应域研究——以陕西省上市公司为例[J].当代经济科学,2011(7):115-128.

[51] 姜艳.我国上市公司环境会计信息披露水平影响因素研究——基于山东省制造业和采掘业的经验数据[D].泰安:山东农业大学,2012.

[52] 姜艳,王翠兰,杨美丽.国内外环境会计信息披露制度的比较研究[J].财会通讯,2012(1):137-139.

[53] 赵丽萍,张欣,丁鹏艳.我国重污染行业环境信息披露的现状与思考——以2007年沪市A股166家上市公司为例[J].环境保护,2008(8):25-28.

附录七　西安科技大学优秀学位论文

❖ 优秀学位论文一

论文题目:汽车制造业上市公司投资价值研究

专　　业:会计学

学　　生:梁小甜

指导老师:杨利红

摘　要

汽车行业是国民经济的支柱产业之一,在我国国民经济中占据着举足轻重的地位。在经历了快速增长到稳定增长的阶段后,我国居民的人均汽车持有量得到大幅度提升,但由于我国人口数量多,汽车人均保有量还远远没有达到国际平均水平。且伴随着我国经济的蓬勃发展,证券市场越来越规范化,价值投资理念逐步深入人心。故投资者对汽车行业的投资热情不断升温。但普通投资者对汽车行业的情况缺乏足够的了解,他们靠分散的财务指标难以正确判断一个公司的投资价值。

本文以我国汽车行业为研究对象,分析该行业现状与未来发展倾向,并对投资价值的内外部影响因素进行研究。然后收集汽车公司财务数据,利用因子分析法建立投资价值评估模型,进而对我国汽车公司的投资价值进行实证研究。最终得出我国84家汽车制造业上市公司的综合得分排名情况及反映公司各个能力的因子得分排名情况,从而给利益相关者提供一些参考建议。

[关键词]汽车制造业上市公司;投资价值;分析

[论文类型]应用型

Title: Research on the Investment Value of the Listed Companies in Automobile Manufacturing Industry

Major: Accounting

Name: Liang Xiaotian

Supervisor: Yang Lihong

ABSTRACT

The automotive industry is one of the pillar industries of the nationaleconomy, which occupies a pivotal role in our national economy. The automotive industry has experienced rapid growth stage to steady growth stage, the amount of cars per capita holdings of residents has been greatly improved, but as China's large population, the per capita car ownership is still far from the international average. As China's economy is booming, the securities markets have become increasingly standardized, value investment philosophy gradually has been accepted. Therefore, investors enthusiasm for the automotive industry continues to heat up. But ordinary investors lack adequate understanding of the listed companies in the automotive industry, dispersed financial indicators are difficult to help them to judge a company's true performance.

In this paper, we regard the listed companies in the automotive industry as an object to analyze the current situation and the development of trend of the industry, and internal and analysis internal and external factors affecting the value of the investment. Then collect financial indicators of automotive industry, Establish correlation model with Factor Analysis, and begin analyze empirically the investment value of listed companies in China's automobile industry. We finally obtain overall ranking score of 84 listed companies in the automotive industry and score ranking reflecting the Ability of each factor of the company, and give investors some reference to the relevant recommendations.

[Keywords]Automotive Industry Listed Companies ;Investment Value;Analysis

[Type of Thesis]Application Research

目　录

1 绪论 ··· 234
　1.1 选题背景、目的及研究意义 ·· 234
　　1.1.1 选题背景 ·· 234
　　1.1.2 研究目的 ·· 234
　　1.1.3 研究意义 ·· 234
　1.2 国内外研究现状 ·· 234
　　1.2.1 国外研究现状 ·· 234
　　1.2.2 国内研究现状 ·· 234
　　1.2.3 现状综述 ·· 234
　1.3 研究内容和研究方法 ·· 236
　　1.3.1 研究内容 ·· 236
　　1.3.2 研究方法 ·· 236
2 汽车制造业上市公司行业分析 ··· 236
　2.1 汽车上市公司行业发展现状 ·· 236
　2.2 汽车上市公司发展趋势 ·· 239
3 我国汽车制造业上市公司投资价值理论分析 ··· 239
　3.1 上市公司投资价值理论概述 ·· 239
　3.2 影响上市公司投资价值的因素分析 ·· 239
　　3.2.1 外部因素对上市公司投资价值的影响 ······································ 239
　　3.2.2 内部因素对上市公司投资价值的影响 ······································ 239
4 实证研究 ·· 241
　4.1 研究样本的选取与数据来源 ·· 241
　4.2 投资价值模型的构建 ·· 241
　　4.2.1 构建投资价值评价指标体系 ·· 241
　　4.2.2 构建投资价值评价模型 ·· 241
　4.3 原始数据的处理 ·· 242
　　4.3.1 同趋化处理 ·· 242
　　4.3.2 标准化处理 ·· 242
　4.4 相关性检验 ·· 242
　4.5 实证分析 ·· 242
　　4.5.1 数据计算结果 ·· 242
　　4.5.2 平均排名情况 ·· 242

5 研究结论及投资建议 ……………………………………………………… 254
5.1 研究结论 ………………………………………………………………… 254
5.2 建议 …………………………………………………………………… 255
5.2.1 对投资者建议 ……………………………………………………… 255
5.2.2 对国内汽车公司发展建议 ………………………………………… 255
参考文献 ……………………………………………………………………… 256
致谢 …………………………………………………………………………… 257
附表 …………………………………………………………………………… 258

1 绪论

1.1 选题背景、目的及研究意义

1.1.1 选题背景

2015年3月,李克强在国务院常务会议中,部署加快实施"中国制造2025",推动我国制造业转型升级,此次会议审议通过了《中国制造2025》,此举说明制造业得到了国家政策的大力支持。制造业直接体现了一个国家的生产力水平,它是衡量国家发展程度的重要标志之一,也是衡量国家综合国力的标志之一。

证券投资市场是金融市场的重要组成部分,以其奇特的魔力吸引、联结着融资者、广大投资者和经营管理者。我国自1990年初建立证券交易所以来,证券市场取得了巨大发展,推动着中国经济体制和社会资源配置方式不断变革。当中国经济从计划体制转型为市场体制后,证券投资者的投资理念不断更新,越来越多的人接受了价值投资理念。

在国家政策和市场需求不断推动下,我国汽车制造业的发展规模将会高速增长,投资价值也会进一步提升。投资价值研究所采用的模型有股利折现法、贴现现金流量模型、资本资产定价法、相对价值法等,但这些方法都适合于公司管理人员进行价值评估,因为这些方法需要得到被投资公司内部相关信息进行计算研究,这些信息中小投资者很难得到。基于此,本文收集汽车制造业上市公司相关财务数据,研究影响其投资价值的因素,进而利用因子分析法建立投资价值评估模型,为中小投资者在选择股票时,提供一种较科学有效的定量化投资依据。

1.1.2 研究目的

本文着眼于我国汽车制造业上市公司投资价值,通过对其行业、投资价值影响因素及相关财务数据的分析,得出样本公司的经营管理水平。基于此,建立评估汽车行业投资价值的指标及评估模型,采用因子分析法,对样本公司进行综合分析,最终得出本文结论。为广大中小投资者在选取股票时,提供可以定量化的投资依据,同时也为公司的经营管理者提供可以参考的公司价值评估方式。

1.1.3 研究意义

研究上市公司投资价值,对规范证券市场行为,优化公司治理结构,改进公司管理方式,提高经营绩效水平及社会经济资源配置效率等经济目标具有重大的理论意义。

研究上市公司投资价值,在引导投资者获取较高回报、促进制造业上市公司健康发展方面具有一定的现实意义。如对上市公司投资价值进行分析,有助于普通大众科学决策,从而获较高回报。研究公司经营状态,提出有针对性的价值提升策略,促进上市公司稳定健康发展。

1.2 国内外研究现状

1.2.1 国外研究现状

Charles H.Dow 提出道氏理论后,与琼斯共同创立了著名的道琼斯工业平均指数,它是评价经济运行情况的一个先例指标,其主要目的是为了度量股市市场的表现。

Palph Nelson Elliot 在1920年末,发现了波浪理论。波浪理论认为,证券市场中某个价格向上或向下的变化都会引起另一个相反方向的变动。

Kaplan 和 Ruback(1994)以美国 51 个高融资公司 1980—1989 年的数据为样本,将这些公司的市价与预测自由现金流折现值进行比较,发现在公司价值问题研究方面,股利折现法比市场比较法准确性要好。

Lee 和 Swaminathan(1999)以道琼斯工业股票指数样本为研究对象,发现股票价值与股价最终会呈现收敛,股价在长时期内必定回归内在价值。

Fama 和 Blume 以滤嘴法检验美国 1956—1958 年道琼斯工业股价指数的日收盘价是否符合弱势有效市场假设。结果发现技术分析无法获得超额报酬。支持弱势有效市场假设。

Black,Scholes,Fama 的研究发现,高 β 值比低 β 值的股票得到了更高的均等收益。1980年后,相关学者开始探索除 β 系数外,股票所具有的其他特征,发现模型不是非常完美的,对于资本资产的定价,β 系数并没有给予充分的解释,而对资本资产定价造成干扰的异常因素接连不断地出现。已被实证的异常因素有规模效应、每股收益与市价比、每股现金流与市价比、季节效应等。

1.2.2 国内研究现状

对上市公司的投资价值方面的研究,我国学者有大量的文献。

李阳、甲林、朱永明(2013)采用因子分析法,从 12 个评价指标中提取了 4 个公因子,分别代表流动能力、周转能力、偿债能力和盈利能力。利用因子分析法,可以得出样本公司四个公因子的得分排名情况,从而给投资者者提供了一些评价公司财务绩效的方向,各个公司也可以从提高得分较低的公因子出发,以改善公司整体的财务绩效。

安烨、邓江湖(2013)研究的理论依据是价值规律,通过研究发现我国上市公司价值与其股票市场的状况存在很大的偏差。上市公司投资价值与股票市场,从现有数据来看,没有发现其变动趋势。但对公司投资价值进行分析所得到的结论,对股市具有很大的参考价值。

于帅、沈英(2013)着眼于 432 家制造业上市公司 2009—2011 年这三年的财务数据,研究并总结出上市公司在内部控制信息披露方面存在的问题,并探索其产生根源,最终提出关于改善内部控制中信息披露的合理建议。

钟华、白硕(2014)运用 SPSS19.0 统计软件,收集汽车公司相关财务数据,并进行分析研究,得出样本公司综合得分及排名情况。最终发现排名越靠前的汽车公司,其盈利能力、营运能力越强;排名越靠后的汽车公司,其盈利能力、营运能力越差。

代新新、宋华(2014)采用定性与定量相结合法、比较分析法,结合招商银行财务数据进行分析,通过市净率计算出招商银行的投资价值范围,最终得出招商银行优势是差异化的经营策略与较强的核心竞争力,使得其在行业中一直位于领先地位,其未来发展潜力很大。

1.2.3 现状综述

通过以上的分析可以得出,国内外对制造业公司投资价值方面的探索,已取得了丰富理论成果。但仍存在以下的不足:一方面是基于相关模型,对汽车制造业上市公司的财务数据计算分析,得出其投资价值的优劣,这样的文献并不多见。另一方面目前投资价值研究所采用的模型有股利折现法、贴现现金流量模型、资本资产定价法、相对价值法等,这些对中小投资者有很大的弊端,因为基于上述模型的财务数据只有所有者、经营者可以得到,中小投资者很难得到这些数据。

本文通过搜集汽车制造业上市公司的财务数据,基于因子分析法建立相关的模型,为中小投资者的投资决策提供一种可以参考的投资价值评价模型,使得中小投资者拥有理想思维进行投资决策,从而获得超额收益。

1.3 研究内容和研究方法

1.3.1 研究内容

本文基于因子分析法,结合企业内外部环境,充分剖析我国汽车行业发展现状与存在的问题,并在相关模型计算下,得出汽车公司关于价值的综合得分值及排名,最后对投资者、企业经营管理者提出建议。本文的研究主要分为五章,章节概括性内容如下:

第一章:绪论。本章在综述研究背景、研究意义后,介绍本文的研究内容、研究方法。并对国内外的研究现状进行总结。

第二章:汽车制造业上市公司行业分析。本章对汽车行业发展现状、未来发展趋势进行阐述。

第三章:我国汽车制造业上市公司投资价值理论分析。本章对汽车公司投资价值理论进行概述,对影响公司投资价值的内外部因素进行阐述,为实证分析做好铺垫。

第四章:实证研究。本章选取研究样本,构建投资价值模型,对原始数据进行处理,在进行相关性检验后开始进行实证分析,得出相关排名情况。并对实证分析结果进行说明。

第五章:结论。通过以上的研究得出结论,同时为投资者、经营管理者提供可以参考的建议。

1.3.2 研究方法

本文运用了很多方法,主要有以下几种。

(1)文献综述法。运用该方法分析国内外关于公司投资价值研究的相关文献,对本文研究课题的历史与现状进行了解,这样有助于拥有研究对象相关资料,有助于对课题进行较为全面的了解。

(2)因子分析法。运用Excel、SPSS等统计软件,对所选取的84家汽车制造业上市公司财务数据进行分析,得出其排名情况,从而探究其投资价值。

2 汽车制造业上市公司行业分析

2.1 汽车上市公司行业发展现状

我国汽车行业经历"十五""十一五"高速增长后,"十二五"时期进入中低速前进的新常态。其目前的发展现状如下所示:

2.1.1 我国汽车行业产销量

我国汽车产销量在2015年继续位于世界第一,且产量、销量均超过2 400万辆(见表2-1)。

表 2-1 2015年中国品牌汽车前十家企业销量排名　　　单位：万辆

排名	汽车		乘用车		商用车	
	企业名称	销量	企业名称	销量	企业名称	销量
1	上汽集团	229.01	上汽集团	198.37	北汽集团	49.48
2	中国长安	153.83	中国长安	118.18	东风集团	43.73
3	东风集团	121.85	东风集团	78.12	中国长安	35.64
4	北汽集团	115.07	长城汽车	75.32	上汽集团	30.64
5	长城汽车	85.27	北汽集团	65.58	华晨汽车	25.26
6	安徽江淮	58.79	吉利控股	56.19	安徽江淮	24.18
7	华晨汽车	56.90	奇瑞汽车	49.86	一汽集团	17.52
8	吉利控股	56.19	比亚迪汽车	44.49	中国重型	15.82
9	奇瑞汽车	51.78	安徽江淮	34.62	重庆力帆	14.42
10	一汽集团	50.24	一汽集团	32.72	长城汽车	9.95
10家企业合计		978.93		753.45		266.64
中国品牌企业合计		1 197.05		876.76		323.29
占行业比例		81.78%		86.23%		82.48%

注：以上企业数据均按集团口径统计。

由表 2-1 可知，排名前十的汽车生产企业销售汽车的情况占中国汽车企业合计的 80% 以上，说明在我国汽车行业中，实力强的企业基本上引领了整个汽车市场。上汽集团在汽车与乘用车的销量上均为第一，北汽集团在商用车的销量上位于第一。

2.1.2 我国汽车行业市场占有率

从图 2-1 可知，汽车市场在过去的一年里，上汽的销售量最大，占到汽车销售市场的 23.84%，下来是东风、一汽、长安和北汽，分别占到汽车销售市场的 15.74%、11.56%、11.29%、10.12%。

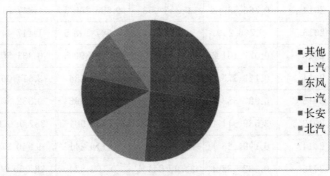

图 2-1 2015年国内汽车公司销量市场占有率

2.1.3 我国汽车行业投资价值

衡量投资价值的指标有很多,本文选取偿债能力、营运能力、盈利能力、发展能力这四个方面财务指标对汽车行业进行分析。

本文选取速动比率来表示汽车制造业公司的偿债能力。从表 2-2 可以得出,2013—2015 年样本公司的均值分别为 10.12,11.98,7.81。2014 年的均值最大,但其标准差也最大,表明 2014 年汽车行业偿债能力波动较大。2015 年标准差在这三年中最小,为 15.29,说明 2015 年汽车行业的偿债能力趋于稳定。2013—2015 年偿债能力的最大值与最小值均存在较大差距,表明我国汽车行业的偿债能力存在很大差异。

本文选取总资产周转率来表示汽车制造业公司的营运能力。从表 2-2 可以得出,三年营运能力的均值依次为 0.81,0.77,0.71,呈现出下降的趋势,表明我国汽车行业营运能力逐年下滑。三年营运能力的标准差逐年下降,表明汽车行业营运能力波动程度趋于平缓。

本文选取净资产收益率来表示汽车制造业公司的盈利能力。从表 2-2 可以得出,2014 年盈利能力的均值、标准差和最大值均为最大,说明 2014 年汽车行业盈利能力状况好,但不稳定。2013 年与 2015 年相比,2015 年均值大于 2013 年,且标准差 2015 年小于 2013 年,表明 2015 年汽车行业盈利能力有了较大的提高。

本文选取总资产增长率来表示汽车制造业公司的发展能力。从表 2-2 可以得出,2013 年发展能力的均值、标准差和最大值均最大,说明此时汽车行业虽然发展状况良好,但不稳定。2014 年发展能力的最大值、标准差、均值都最小,说明 2014 年汽车公司发展能力虽然趋于平稳,但总体状况不好。相比 2014 年,2015 年汽车行业的发展情况得到改善,总体状态向好。

从以上的分析可以看出,我国汽车行业在 2015 年总体状况趋于平稳,盈利能力与发展能力得到了较大幅度的提高,投资价值进一步提升。

表 2-2 汽车类上市公司价值分析统计表

	年 份	平均值	标准差	中位数	最大值	最小值
偿债能力	2013	10.119 772	25.834 512	3.458 737 2	161.290 32	0.132 832 8
	2014	11.978 448	32.691 294	3.009 507 5	243.072 44	0.236 163 7
	2015	7.807 059 6	15.294 51	3.338 047 4	116.238 52	0.236 111 7
营运能力	2013	0.813 618 1	0.364 825 2	0.739 397	1.806 373	0.218 37
	2014	0.766 539 8	0.353 053	0.695 205 5	1.847 215	0.053 191
	2015	0.706 259	0.312 131 2	0.647 148 5	1.447 443	0.158 315
盈利能力	2013	0.077 161 2	0.159 256 9	0.092 899 5	0.331 597	−1.141 08
	2014	0.123 575 2	0.403 511 6	0.090 586	3.514 069	−0.748 382
	2015	0.087 383 2	0.088 572 1	0.082 598	0.332 809	−0.121 99
发展能力	2013	3.589 511 1	31.402 728	0.131 901	287.966 17	−0.199 777
	2014	0.199 126 1	0.291 603 1	0.119 241	1.940 579	−0.273 41
	2015	0.682 582 4	3.798 841 4	0.103 824	33.060 058	−0.197 88

2.2 汽车上市公司发展趋势

现如今,环保成为大家日益关注的焦点。汽车行业也不例外,新能源汽车正在强劲成长中。据中汽协提供,2016 年 1~3 月,我国新能源汽车产量为 62 663 辆、销量为 58 125 辆,同比分别增长 1.1 倍、1 倍。其中增长最为明显的是纯电动汽车,它的产量是 46 348 辆、销量是 42 131 辆,同比都增长了 1.4 倍;插电式混合动力汽车增长的也十分显著,其产量是 16 315 辆、销量是 15 994 辆,同比分别增长 46% 和 43%。

从上述可以看出,我国汽车行业发展趋势是新能源汽车。在全球范围内,新能源汽车是个全新的产业、全新的领域,未来具有广阔的市场前景。自从我国开始征收机动车环境税后,环境税再次引起人们的关注,促使一些企业关注于未来的发展。如长安汽车,发布旗下首款纯电动车型"逸动 EV"后,制定的战略目标为企业未来发展方向是新能源领域,并且企业后续规划了多达 9 款车型来扩充其新能源产品阵容。新能源诠释了长安汽车在新能源研究领域的实力。

3 我国汽车制造业上市公司投资价值理论分析

3.1 上市公司投资价值理论概述

公司内在价值简称为公司价值。国内外学者对"价值"一词在有着诸多解释。最著名的是格雷厄姆、费雪两人的观点。

格雷厄姆界定的价格是被事实所确定的,这些事实包括公司的收入、拥有的财产、派发的股息和未来预期回报。与品牌、专利等资产相比,他更注重上市公司的有形资产;费雪认为企业的特征之一是"价值",它是指公司凭借高于一般水平的能力促进利润渐渐增加,费雪重视公司未来的发展状况,看重那些增加公司价值的指标。

格雷厄姆强调,在投资决策时要运用相关分析媒介,得到价格、价值的比值,然后在其中探求较小的股票,这时当价格上升,可以获得超出股票均等涨幅的收益,这便是价值投资;费雪则认为,为得到逾额利润,投资赢利水平高于平均值的公司,需与杰出的管理者进行合作,这便称为是价值投资。

综上所述,我们可以得出投资价值中的价值是企业的内在价值,这个价值是指企业所取得的收入、拥有的资产、未来的收益、投资获利能力和出色的管理者。

3.2 影响上市公司投资价值的因素分析

3.2.1 外部因素对上市公司投资价值的影响

影响上市公司投资价值的因素众多,其中最重要的因素是外部影响因素。因为外部变化决定了证券市场的总体变化,证券市场的发展跟外部环境息息相关。外部因素主要包括汽车行业因素、宏观经济环境。

(1)汽车行业因素。

1)汽车行业的发展阶段。影响汽车行业价值的一大重要成分是其发展阶段。每个行业的成长历程都会有四个阶段,即首创阶段、增长阶段、成熟阶段和衰退阶段。处于首创阶段的汽车行业,由于其未来的发展具有不稳定性,投资风险过高,故不适合进行价值投资。同样处于衰退阶段的汽车行业不具有投资价值,因为此时汽车行业的发展前景不好。处于成熟阶段的汽车行业,人们更愿意去进行投资,因为此时的投资会取得稳定的回报,但此时汽车行业的发展速度逐渐放慢。因此,处于增长阶段的汽车行业,最值得投资,因为此时汽车行业发展速度快,前景美好,投资者投资后可以取得丰厚的回报。毫无疑问,我国的汽车行业如今正处于增长阶段,具有广阔的投资前景。

2)汽车行业的竞争力。行业竞争力是指在市场竞争中,个体在经营过程中有效利用资源创造巨额收益,为行业创造活力,促进行业的持续健康发展。汽车行业的竞争力体现在市场中所表现出来的偿还债务能力、日常经营能力、未来获利能力和发展潜力等。我国汽车行业虽取得了跨越式成长,但个人汽车的持有量与国际平均水平对比仍有一定差距,这说明我国汽车市场成长空间巨大,竞争力会进一步提升。

(2)宏观经济因素。

1)货币政策。汽车行业的发展状况在很大程度上取决于国家实行的是扩张性还是紧缩性的货币政策。扩张性的货币政策是央行通过增添货币供应量带动总需求的增长。货币供应量较多地超过市场正常运行对货币的现实需要量,主要功能是促进社会总需求的增长;紧缩的货币政策是央行通过缩减货币供应量来压制经济的作用,在这种形势下,人们获得信贷很困难,利息率也会增加,此时人们购买汽车的欲望会减少。

2)财政政策。汽车行业的成长去向与财政政策密不可分。财政政策有扩张性的财政政策、中性财政政策和紧缩性财政政策,扩张性财政政策是凭借财政分派措施来增添和鼓动社会总需求,措施有降低税率,增加国债等;紧缩性财政政策指通过财政分派方式来降低和压制总需求,措施有抬高税率,缩减国债等;中性财政政策指财政分派方式对市场总需求的影响保持中立。

3.2.2 内部因素对上市公司投资价值的影响

汽车行业的价值不仅受到外部因素的作用,而且要受到行业内部因素的作用。在这里我们主要分析的内部影响因素有组织结构、股权结构、内部控制制度和管理层持股。

(1)组织结构。组织结构分为四种,每个公司根据自己主营业务选取不同的结构。一个公司选取不同的组织结构,其在进行决策和收集信息时存在不同,从而影响一个公司的行为,进而对其发展产生一系列的影响。因此投资者进行投资时,理当对被投资企业的结构给予一定的关注。

(2)股权结构。一个公司的股权结构影响着所有者行为。在股份制公司,股东通过公司董事会、股东代表大会,参与公司的决策,在投票时实施一股一票,这对于小股东而言,投票的意愿不会太积极。此外,投资者凭其投入资本的多少享有公司的利润分派,这也造成了大小所有者之间行为的差别。由此我们得出结论为,投入资本越多的股东越能积极行使股东权力,反之则比较消极。

(3)内部控制制度。公司的内部控制制度在企业日常经营中有着不可或缺的作用,如果企业内部控制制度不合理,很容易产生混乱和腐败,这会让投资者对企业的经营能力产生怀疑。一般而言,内控实施状况好的企业,可以给投资者信心,其投资价值较大;反之,内控实施状况较差的企业,投资者一般都会给予否定的态度。

(4)管理层持股。管理层持股可以将管理者的利益与所有者的利益结合在一起,激励管理层将个人的发展与公司的目标相结合,从而做出更符合公司战略目标的决策,增加公司的价值。

4 实证研究

4.1 研究样本的选取与数据来源

本文研究样本来自于国泰安数据库、新浪财经网等,根据证券会 2012 版行业分类,我国汽车制造业上市公司共有 98 家,剔除两家 ST 公司,两家已经退市的公司,10 家 2013 年后上市的公司,本文的研究样本共有 84 家。选取 2013—2015 年各个汽车公司的年度财务数据。

4.2 投资价值模型的构建

4.2.1 构建投资价值评价指标体系

本文参考相关学者的理论,选取偿债能力、营运能力、盈利能力和发展能力这四个指标,进行本文投资价值的研究(见表 4-1)。

表 4-1 汽车上市公司评价投资价值的指标体系

指标类型	指标编号	指标名称	指标性质
偿债能力	X_1	流动比率	适度指标
	X_2	速动比率	适度指标
	X_3	资产负债率	适度指标
营运能力	X_4	应收账款周转率	正指标
	X_5	存货周转率	正指标
	X_6	流动资产周转率	正指标
	X_7	总资产周转率	正指标
盈利能力	X_8	资产报酬率	正指标
	X_9	总资产净利润率	正指标
	X_{10}	净资产收益率	正指标
	X_{11}	投入资本回报率	正指标
	X_{12}	营业利润率	正指标
发展能力	X_{13}	总资产增长率	正指标
	X_{14}	净利润增长率	正指标

4.2.2 构建投资价值评价模型

本文选取了我国汽车制造业上市公司 3 年的数据,最终需要的投资价值得分评价模型为三年的综合得分的几何平均值。公式为

$$F_1 = A_1 f_1 + A_2 f_2 + A_3 f_3 + \cdots + A_n f_n$$

$$F_2 = A_1 f_1 + A_2 f_2 + A_3 f_3 + \cdots + A_n f_n$$

$$F_3 = A_1 f_1 + A_2 f_2 + A_3 f_3 + \cdots + A_n f_n$$

$$F = \sqrt[3]{(F_1 F_2 F_3)}$$

f_n 为第 n 个因子的得分，A_n 为旋转后第 n 个因子的方差贡献率与累计方差贡献率的比率，F_1，F_2，F_3 分别为 2013 年，2014 年，2015 年的我国汽车公司最终的投资价值综合得分值。F 为本文最终需要获得的汽车上市公司投资价值的几何平均值。

4.3 原始数据的处理

本文采用的指标为 4 个大指标，再细分为 14 个小指标。运用因子分析法之前要对原始数据进行同趋化与标准化处理。

4.3.1 同趋化处理

本文选取的研究方法为因子分析法，运用该方法前要对数据进行预先处理，即要对逆指标、适度指标进行同趋化处理。进行同趋化处理主要有两种方式，第一种为原始数据（同趋化后的数据）；第二种为理论最优值（例如流动比率一般为 2，速动比率一般为 1，资产负债率一般为 50%，其余变量意义同前）。

本文选取的方式为第二种。本文指标体系中适度指标有三个，分别是流动比率、速动比率、资产负债率，对这三个指标要分别进行同趋化处理，方法是：设第 i 家企业的第 j 个指标为 x_{ij}，A 为 x_{ij} 的理论最优值，则进行同趋化处理后的指标为 $x'_{ij} = \dfrac{1}{|x_{ij} - A|}$。

4.3.2 标准化处理

本文选取了 14 个财务指标，为了消除各个财务指标间所具有的不同量纲和数量级别对结果的不合理影响。在进行因子分析法前，本文采取 Z-score 法对原始数据进行标准化处理，使经过处理的数据切合标准正态分布，即均值为 0，标准差为 1。

4.4 相关性检验

因子分析法要求原有变量之间具有很强的相互关系。我们对最初的数据运用 SPSS21.0 分析软件进行预先分析，从而得出原有变量之间是否存在相关关系。本文选用我国汽车上市公司 2013—2015 年 3 年的数据，进行 KMO 检验和 Bartlett 检验，具体见表 4-2。

表 4-2 KMO 和 Bartlett 的检验

		2013 年	2014 年	2015 年
取样足够度的 Kaiser-Meyer-Olkin 度量		0.720	0.713	0.628
Bartlett 的球形度检验	近似卡方	806.118	753.212	811.864
	df	91	91	91
	Sig.	0.000	0.000	0.000

KMO 检验是为了看数据是否能够运用因子分析，其取值范围是 (0,1)。由表 4-2 可以得出这 3 年的 KMO 取值均在 0.6 以上，表明可以采用因子分析法。且上表中 Sig 值为 0.000，表明数据来自于正态分布总体，适合进一步用因子分析法进行研究。

4.5 实证分析

4.5.1 数据计算结果

(1) 2013 年数据计算。

1)提取因子。按照原有变量之间的相关系数,采取主成分分析法提取因子,并选择特征值大于1的特征根。采用 SPSS21.0 分析的结果见表 4-3。

表 4-3 公因子方差

	初 始	提 取
流动比率	1.000	0.241
速动比率	1.000	0.524
资产负债率	1.000	0.535
应收账款周转率	1.000	0.520
存货周转率	1.000	0.747
流动资产周转率	1.000	0.857
总资产周转率	1.000	0.864
资产报酬率	1.000	0.772
总资产净利润率	1.000	0.932
净资产收益率	1.000	0.785
投入资本回报率	1.000	0.932
总资产增长率	1.000	0.901
净利润增长率	1.000	0.918

提取方法:主成分分析。

表 4-3 是因子分析法的初始解,表达了全部变量的共同度,变量共同度指的是各个变量中所包含原始信息能被提取的公因子所解释的水平。第一列为本文进行研究选取的指标,共有 14 个指标;第二列为因子分析初始解的变量共同度,表明对原来的 14 个指标若采取主成分分析法提取所有特征值,则原有变量的所有方差都可以被解释,原有变量标准化后方差为 1,即变量的共同度为 1。但因子分析法的目的是原有变量个数大于因子个数,故不可以取所有特征值;第三列为因子分析按特征值大于 1 这一条件,提取特征值时的变量共同度。通过观察上表,大部分变量的方差都接近或超过 0.7,这表明所提取的这几个公因子对各变量的解释力很强。

2)解释总方差与碎石图。所有因子的特征值及方差累积贡献率的输出结果见表 4-4。

表 4-4 解释的总方差

因子载荷	初始特征值			提取平方和载入			旋转平方和载入		
	特征值	方差贡献率/(%)	累积方差贡献率/(%)	特征值	方差贡献率/(%)	累积方差贡献率/(%)	特征值	方差贡献率/(%)	累积方差贡献率/(%)
1	4.770	34.072	34.072	4.770	34.072	34.072	4.215	30.105	30.105
2	2.402	17.158	51.230	2.402	17.158	51.230	2.871	20.505	50.610

续 表

因子载荷	初始特征值			提取平方和载入			旋转平方和载入		
	特征值	方差贡献率/(%)	累积方差贡献率/(%)	特征值	方差贡献率/(%)	累积方差贡献率/(%)	特征值	方差贡献率/(%)	累积方差贡献率/(%)
3	1.130	8.069	59.299	1.130	8.069	59.299	1.168	8.342	58.952
4	1.104	7.885	67.185	1.104	7.885	67.185	1.141	8.148	67.101
5	1.009	7.204	74.388	1.009	7.204	74.388	1.020	7.288	74.388
6	0.919	6.564	80.952						
7	0.888	6.345	87.297						
8	0.689	4.918	92.215						
9	0.417	2.977	95.192						
10	0.286	2.046	97.237						
11	0.179	1.277	98.514						
12	0.121	0.862	99.377						
13	0.065	0.463	99.839						
14	0.022	0.161	100.000						

提取方法:主因子载荷分析。

由表 4-4 可知,第一列为因子载荷,以后每三列是一组,每组中三列数据项的含义分别为特征值、方差贡献率、累积方差贡献率。

第一组数据项表达了初始因子解的情况。可以看出,第 1 个因子的特征值为 4.770,解释原有 14 个变量总方差的 34.072%,累积方差贡献率为 34.072%;第 2 个因子的特征值为 2.402,解释原有 14 个变量总方差的 17.158%,累积方差贡献率为 51.230%;第 3 个因子的特征值为 1.130,解释原有 14 个变量总方差的 8.069%,累积方差贡献率为 59.299%;其余数据含义类似。

第二列数据项描述了因子解的情况。可以看出,"初始特征值"一栏只有前 5 个特征值大于 1,故 SPSS21.0 只选取了前 5 个作为主成分。5 个因子一共解释了原有变量总方差的74.388%,从而得原有变量中信息丧失很少,因子分析结果很明晰。

第三列数据项阐述了最终因子解的状况。因子旋转显示后,累积方差贡献率并没有改变,说明原有变量的共同度没有被影响,但再一次分派了各个因子对原有变量方差解释度,修正了各因子的方差贡献率,促使因子更加利于人们理解。

如图 4-1 所示,因子载荷为横坐标,特征值为纵坐标。可以看出,第 1 个因子的特征值最高,对原有变量解释程度最高。第 6 个以后的因子特征值都较小,对原有变量解释力度变低,可以不给予考虑。从而提取前 5 个因子(本文所选取的 5 个因子分别用 f_1, f_2, f_3, f_4, f_5 表示)是合适的。

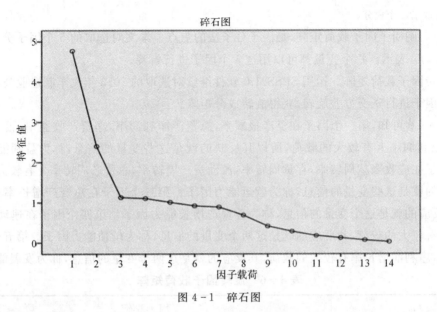

图 4-1 碎石图

3) 因子载荷矩阵。

表 4-5 因子载荷矩阵

	因子载荷				
	f_1	f_2	f_3	f_4	f_5
流动比率	−0.007	−0.361	−0.091	0.115	0.299
速动比率	−0.093	0.021	0.695	−0.044	−0.171
资产负债率	0.238	0.130	0.628	−0.258	−0.030
应收账款周转率	0.215	0.485	−0.391	−0.236	0.176
存货周转率	0.463	0.720	−0.054	−0.109	0.001
流动资产周转率	0.591	0.703	0.007	0.118	−0.005
总资产周转率	0.685	0.620	0.068	0.047	0.054
资产报酬率	0.819	−0.258	0.011	0.187	−0.024
总资产净利润率	0.914	−0.302	0.001	0.060	−0.038
净资产收益率	0.826	−0.249	−0.017	−0.198	0.040
投入资本回报率	0.929	−0.230	0.037	−0.125	−0.011
营业利润率	0.719	−0.586	−0.098	−0.125	−0.010
总资产增长率	0.241	0.079	0.080	0.909	−0.058
净利润增长率	−0.028	−0.014	0.255	0.060	0.921

提取方法:主因子载荷。

a. 已提取了 5 个成分。

表 4-5 阐明了因子载荷矩阵,是因子分法的焦点。本文对选取的 5 个因子分别用 f_1, f_2, f_3, f_4, f_5 表示。每个变量都可以用这 5 个因子进行解释。

4) 旋转因子载荷矩阵。运用 SPSS21.0 软件继续对选取的 2013 年汽车制造业公司具有代表性五个因子进行正交方差旋转,获得旋转成分矩阵。

由表 4-6 可知,第一个因子在资产报酬率,总资产净利润率,净资产收益率,投入资本回报率,营业利润率上有较大的载荷,所以其反映的就是这些变量的信息,称为盈利能力因子。第二个因子在应收账款周转率,存货周转率,流动资产周转率,总资产周转率上有较大的载荷,故其反应的就是这些变量的信息,称为营运能力因子。第三个因子在总资产增长率有较大的载荷,其反应的就是这个变量的信息,称为总资产增长能力因子。第四个因子在速动比率,资产负债率有较大的载荷,其反应的就是这两个变量的信息,称为偿债能力因子。第五个因子在流动比率,净利润增长率有较大的载荷,其反应的就是这两个变量的信息,称为发展能力因子。

表 4-6 旋转因子载荷矩阵

	因子载荷				
	f_1	f_2	f_3	f_4	f_5
流动比率	0.147	−0.295	0.051	−0.187	0.308
速动比率	−0.100	−0.099	0.061	0.706	−0.040
资产负债率	0.158	0.184	−0.123	0.676	0.063
应收账款周转率	−0.012	0.593	−0.251	−0.321	0.046
存货周转率	0.081	0.857	−0.019	0.043	−0.066
流动资产周转率	0.179	0.876	0.227	0.070	−0.041
总资产周转率	0.303	0.852	0.169	0.129	0.029
资产报酬率	0.823	0.131	0.280	0.001	0.014
总资产净利润率	0.940	0.146	0.166	0.016	−0.008
净资产收益率	0.860	0.181	−0.104	0.028	0.041
投入资本回报率	0.934	0.230	−0.006	0.083	0.006
营业利润率	0.920	−0.165	−0.069	−0.085	0.005
总资产增长率	0.090	0.094	0.939	−0.047	0.024
净利润增长率	−0.052	0.025	−0.004	0.078	0.953

提取方法:主因子载荷。
旋转法:具有 Kaiser 标准化的正交旋转法
a. 旋转在 5 次迭代后收敛

5) 因子载荷得分系数矩阵。根据表 4-7 可以直接写出各公因子的表达式。

表 4-7 因子载荷得分系数矩阵

	因子载荷				
	f_1	f_2	f_3	f_4	f_5
流动比率	0.054	−0.108	0.053	−0.158	0.292
速动比率	−0.028	−0.069	0.063	0.631	−0.052
资产负债率	0.028	0.036	−0.138	0.588	0.056
应收账款周转率	−0.031	0.261	−0.259	−0.311	0.074
存货周转率	−0.045	0.320	−0.076	−0.002	−0.037
流动资产周转率	−0.038	0.303	0.135	0.017	−0.015
总资产周转率	−0.002	0.288	0.076	0.069	0.050
资产报酬率	0.186	−0.032	0.186	−0.015	0.000
总资产净利润率	0.223	−0.030	0.076	−0.003	−0.023
净资产收益率	0.217	0.008	−0.163	0.008	0.030
投入资本回报率	0.226	0.011	−0.084	0.054	−0.006
营业利润率	0.259	−0.128	−0.114	−0.075	−0.018
总资产增长率	−0.048	−0.027	0.827	−0.054	0.018
净利润增长率	−0.035	0.045	−0.009	0.053	0.939

提取方法:主因子载荷。
旋转法:具有 Kaiser 标准化的正交旋转法。

表达式如下:

$f_1 = 0.054X_1 - 0.028X_2 + 0.028X_3 - 0.031X_4 - 0.045X_5 - 0.038X_6 - 0.002X_7 + 0.186X_8 + 0.223X_9 + 0.217X_{10} + 0.226X_{11} + 0.259X_{12} - 0.048X_{13} - 0.135X_{14}$

$f_2 = -0.108X_1 - 0.069X_2 + 0.036X_3 + 0.261X_4 + 0.320X_5 + 0.303X_6 + 0.288X_7 - 0.032X_8 - 0.030X_9 + 0.008X_{10} + 0.011X_{11} - 0.128X_{12} - 0.027X_{13} + 0.045X_{14}$

$f_3 = 0.051X_1 + 0.061X_2 - 0.123X_3 - 0.251X_4 - 0.019X_5 + 0.227X_6 + 0.169X_7 + 0.280X_8 + 0.166X_9 - 0.104X_{10} - 0.006X_{11} - 0.069X_{12} + 0.939X_{13} - 0.004X_{14}$

$f_4 = -0.187X_1 + 0.706X_2 + 0.676X_3 - 0.321X_4 + 0.043X_5 + 0.070X_6 + 0.129X_7 + 0.001X_8 + 0.016X_9 + 0.028X_{10} + 0.083X_{11} - 0.085X_{12} - 0.047X_{13} + 0.078X_{14}$

$f_5 = 0.308X_1 - 0.040X_2 + 0.063X_3 + 0.046X_4 - 0.066X_5 - 0.041X_6 + 0.029X_7 + 0.014X_8 - 0.008X_9 + 0.041X_{10} + 0.006X_{11} + 0.005X_{12} + 0.024X_{13} + 0.953X_{14}$

上式中 $X_1, X_3 \cdots X_{14}$ 为标准化以后的变量值。

提取的 5 个公因子的各个公因子的方差贡献率占 5 个公因子的累计方差贡献率的比率分别为 $A_1 = 0.4047, A_2 = 0.2756, A_3 = 0.1121, A_4 = 0.1095, A_5 = 0.0979$，按照各个因子的比重权数得到 2013 年汽车制造业上市公司的综合得分：

$$F_1 = 0.4047 f_1 + 0.2756 f_2 + 0.1121 f_3 + 0.1095 f_4 + 0.0979 f_5$$

根据以上的 f_1, f_2, f_3, f_4, f_5 以及 F_1 的计算公式，得出 2013 年汽车制造业公司的各个因子的得分排名情况（见附录）和综合排名得分情况（见表 4-8）。

表 4-8 2013 年 84 家汽车制造业上市公司综合得分排序表

公司名称	综合得分 F_1	排名	公司名称	综合得分 F_1	排名
富奥股份	−0.602 569 968	79	浙江世宝	−0.006 628 126	38
潍柴动力	0.019 077 705	35	光洋股份	0.044 553 872	32
江铃汽车	0.704 163 187	10	登云股份	−0.144 162 408	55
万向钱潮	0.215 479 412	19	跃岭股份	0.843 210 769	6
海马汽车	−0.038 367 226	44	双林股份	0.268 800 11	18
威孚高科	−0.004 210 468	36	鸿特精密	−0.113 464 444	50
长安汽车	0.170 275 243	21	美晨科技	−0.227 464 137	60
模塑科技	0.037 679 298	33	精锻科技	0.062 061 063	30
天兴仪表	−0.661 969 029	81	云意电气	−0.142 619 669	54
斯太尔	−0.580 201 596	78	东风汽车	−0.139 829 896	53
一汽轿车	0.480 808 743	13	宇通客车	0.821 376 463	8
安凯客车	−0.430 989 164	74	东风科技	0.678 496 845	11
一汽夏利	−0.633 695 121	80	禾嘉股份	0.046 982 387	31
中国重汽	0.133 433 338	22	上汽集团	0.918 854 773	5
中通客车	−0.004 250 431	37	长春一东	−0.010 499 297	40
金马股份	−0.510 480 306	77	福田汽车	0.103 799 945	24
宁波华翔	0.478 093 247	14	东安动力	−1.679 866 828	83
万丰奥威	1.165 312 084	2	亚星客车	−0.363 317 573	71
广东鸿图	0.173 712 975	20	曙光股份	−0.685 937 361	82
银轮股份	−0.061 537 984	47	江淮汽车	0.559 342 341	12
特尔佳	−0.038 599 003	45	凌云股份	−0.046 530 612	46
西仪股份	−0.443 392 653	75	航天晨光	−0.227 963 779	61
天润曲轴	−0.459 226 608	76	贵航股份	−0.010 029 4	39

续 表

公司名称	综合得分 F_1	排名	公司名称	综合得分 F_1	排名
亚太股份	0.379 182 425	15	金杯汽车	−0.248 795 988	64
新朋股份	−0.101 104 593	49	金龙汽车	0.096 532 136	25
兴民钢圈	−0.391 184 587	73	湖南天雁	−0.157 290 255	57
隆基机械	−0.302 999 731	68	均胜电子	0.293 678 358	16
远东传动	−0.293 341 709	67	文投控股	−1.941 321 093	84
万里扬	−0.312 626 662	69	华域汽车	0.836 627 915	7
中原内配	−0.115 086 184	51	一汽富维	0.807 523 434	9
松芝股份	−0.032 052 297	43	渤海活塞	−0.099 302 764	48
金固股份	−0.363 480 465	72	广汽集团	−0.160 664 596	58
天汽模	−0.118 606 615	52	长城汽车	1.132 692 201	3
西泵股份	−0.273 849 246	66	力帆股份	−0.248 648 668	63
万安科技	−0.233 334 942	62	星宇股份	−0.014 205 105	41
八菱科技	0.062 872 539	28	中国汽研	0.033 261 217	34
日上集团	−0.335 820 427	70	凯马 B	−0.019 737 39	42
比亚迪	−0.193 448 196	59	富奥 B	1.487 224 452	1
世纪华通	−0.272 240 175	65	江铃 B	1.023 284 689	4
龙生股份	−0.152 819 164	56	苏威孚 B	0.109 579 671	23
京威股份	0.062 681 585	29	长安 B	0.281 798 254	17
信质电机	0.072 802 982	27	天雁 B 股	0.079 343 887	26

(2)2014 年和 2015 年数据计算。

因为 2014 年与 2015 年数据计算方法与 2013 年相同,故在此不再阐述。仅给出最后的综合因子得分排名情况与各个因子得分排名情况(见表 4-9 和表 4-10)。

表 4-9　2014 年 84 家汽车制造业上市公司综合得分排序表

公司名称	综合得分 F_2	排名	公司名称	综合得分 F_2	排名
富奥股份	0.135 244 7	30	浙江世宝	−0.327 402 003	70
潍柴动力	0.075 652 283	33	光洋股份	−0.098 421 472	49
江铃汽车	0.743 285 861	6	登云股份	−0.355 773 395	73
万向钱潮	0.157 097 566	27	跃岭股份	0.316 194 611	17
海马汽车	0.178 518 849	23	双林股份	0.169 719 727	24

续 表

公司名称	综合得分 F_1	排 名	公司名称	综合得分 F_1	排 名
威孚高科	0.003 335 499	41	鸿特精密	−0.119 406 608	51
长安汽车	0.503 734 899	12	美晨科技	0.193 628 822	22
模塑科技	0.162 076 028	26	精锻科技	−0.047 779 193	44
天兴仪表	−0.274 087 249	64	云意电气	−0.297 909 854	66
斯太尔	−0.463 676 747	76	东风汽车	−0.193 587 491	58
一汽轿车	0.611 355 399	10	宇通客车	0.721 568 217	7
安凯客车	−0.169 317 376	56	东风科技	0.751 564 928	5
一汽夏利	−1.170 022 515	83	禾嘉股份	−0.091 187 625	47
中国重汽	0.163 133 187	25	上汽集团	0.627 512 36	9
中通客车	0.263 975 451	19	长春一东	0.422 242 632	13
金马股份	−0.469 327 715	77	福田汽车	0.229 892 927	20
宁波华翔	0.368 992 892	15	东安动力	−0.799 253 725	82
万丰奥威	0.773 321 838	3	亚星客车	−1.602 227 993	84
广东鸿图	0.218 592 708	21	曙光股份	−0.320 164 038	69
银轮股份	0.081 675 463	32	江淮汽车	0.419 329 557	14
特尔佳	−0.295 111 867	65	凌云股份	0.033 528 473	40
西仪股份	−0.353 202 872	72	航天晨光	−0.036 440 694	43
天润曲轴	−0.343 949 08	71	贵航股份	0.041 095 916	38
亚太股份	0.146 366 533	28	金杯汽车	−0.372 393 755	74
新朋股份	0.095 662 26	31	金龙汽车	−0.095 364 044	48
兴民钢圈	−0.474 643 939	78	湖南天雁	−0.395 139 229	75
隆基机械	−0.300 052 996	67	均胜电子	0.344 072 092	16
远东传动	−0.266 021 13	63	文投控股	−0.574 003 721	81
万里扬	−0.220 890 804	60	华域汽车	0.674 176 938	8
中原内配	−0.160 839 149	54	一汽富维	0.955 323 104	1
松芝股份	−0.168 582 56	55	渤海活塞	−0.261 600 19	62
金固股份	−0.183 107 211	57	广汽集团	−0.131 941 562	52
天汽模	0.040 261 005	39	长城汽车	0.772 747 502	4
西泵股份	0.065 609 918	34	力帆股份	−0.211 226 927	59

续 表

公司名称	综合得分 F_2	排名	公司名称	综合得分 F_2	排名
万安科技	−0.053 311 002	45	星宇股份	0.002 957 698	42
八菱科技	−0.065 528 481	46	中国汽研	−0.099 234 238	50
日上集团	−0.303 806 387	68	凯马B	−0.516 461 995	79
比亚迪	−0.152 532 529	53	富奥B	0.267 944 345	18
世纪华通	0.049 804 747	35	江铃B	0.914 020 484	2
龙生股份	0.042 047 506	37	苏威孚B	−0.540 281 014	80
京威股份	0.048 816 949	36	长安B	0.590 389 796	11
信质电机	0.140 307 437	29	天雁B股	−0.223 067 141	61

表 4−10 2015 年 84 家汽车制造业上市公司综合得分排序表

公司名称	综合得分 F_3	排名	公司名称	综合得分 F_3	排名
富奥股份	0.001 432 891	42	浙江世宝	−0.344 370 06	69
潍柴动力	−0.230 321 442	62	光洋股份	−0.319 845 032	68
江铃汽车	0.642 695 2	12	登云股份	−1.138 538 592	83
万向钱潮	0.265 504 291	19	跃岭股份	−0.106 561 655	51
海马汽车	−0.289 616 859	66	双林股份	0.157 542 489	27
威孚高科	0.179 064 508	25	鸿特精密	−0.033 054 568	47
长安汽车	0.707 568 496	10	美晨科技	0.346 014 31	16
模塑科技	0.329 351 008	17	精锻科技	0.209 274 877	24
天兴仪表	−0.760 943 296	79	云意电气	−0.216 916 158	60
斯太尔	−2.100 407 362	84	东风汽车	−0.109 962 476	52
一汽轿车	−0.117 724 276	54	宇通客车	0.896 166 677	3
安凯客车	−0.375 840 57	70	东风科技	0.449 129 152	14
一汽夏利	−0.508 361 344	76	禾嘉股份	1.088 220 105	2
中国重汽	−0.006 454 198	44	上汽集团	0.807 262 774	6
中通客车	0.546 174 523	13	长春一东	0.045 209 399	38
金马股份	−0.385 593 967	72	福田汽车	−0.014 407 094	45
宁波华翔	0.396 098 73	15	东安动力	−0.286 500 08	65
万丰奥威	0.677 406 758	11	亚星客车	−0.038 542 617	48

续 表

公司名称	综合得分 F_3	排 名	公司名称	综合得分 F_3	排 名
广东鸿图	0.149 831 189	29	曙光股份	−0.198 697 947	59
银轮股份	0.069 880 673	36	江淮汽车	0.257 999 049	21
特尔佳	−0.377 073 031	71	凌云股份	0.131 763 611	33
西仪股份	−0.863 137 639	81	航天晨光	−0.183 287 041	58
天润曲轴	−0.264 904 99	64	贵航股份	0.017 040 137	40
亚太股份	−0.116 653 19	53	金杯汽车	−0.615 714 681	78
新朋股份	−0.006 134 944	43	金龙汽车	0.270 972 736	18
兴民钢圈	−0.464 884 49	74	湖南天雁	−1.002 235 752	82
隆基机械	−0.242 050 099	63	均胜电子	0.265 369 934	20
远东传动	−0.316 944 027	67	文投控股	0.727 020 066	8
万里扬	−0.132 804 113	55	华域汽车	0.813 825 566	5
中原内配	0.011 822 737	41	一汽富维	1.164 628 667	1
松芝股份	0.018 214 218	39	渤海活塞	−0.557 608 743	77
金固股份	−0.406 310 82	73	广汽集团	0.067 792 487	37
天汽模	−0.093 513 926	50	长城汽车	0.818 363 326	4
西泵股份	−0.137 116 306	56	力帆股份	−0.220 677 681	61
万安科技	0.155 068 599	28	星宇股份	−0.023 153 6	46
八菱科技	−0.150 825 005	57	中国汽研	−0.083 021 673	49
日上集团	−0.491 388 86	75	凯马B	0.165 889 94	26
比亚迪	0.074 204 735	35	富奥B	0.804 155 33	7
世纪华通	0.141 014 961	32	江铃B	0.228 896 006	22
龙生股份	0.147 175 732	30	苏威孚B	0.228 896 006	22
京威股份	0.105 131 581	34	长安B	0.723 714 954	9
信质电机	0.144 413 477	31	天雁B股	−0.812 756 576	80

4.5.2 平均排名情况

为避免经济、环境等影响因素的干扰,本文对三年的综合得分值做几何平均,从而能够更为准确地反映我国汽车公司投资价值得分及排名。按照以上计算出的 2013—2015 年的 84 家汽车制造业公司的综合得分,计算几何平均值则有

$$F = \sqrt[3]{F_1 \times F_2 \times F_3}$$

表 4-11 显示了各个公司的几何平均值及排名情况,其中一汽富维公司综合得分为 0.964 934,排名是第一;文投控股公司综合得分为 0.932 222,排名是第二;长城汽车公司综合得分为 0.894 744,排名是第三;万丰奥威公司综合得分为 0.848 302,排名是第四;宇通客车公司综合得分为 0.809 847,排名是第五。从表 4-11 依次可以得出 84 家公司总的得分及排名情况。

表 4-11 2013—2015 年 84 家汽车上市公司几何平均值得分排名表

公司名称	综合得分 F	排名	公司名称	综合得分 F	排名
富奥股份	−0.048 88	40	浙江世宝	−0.090 75	50
潍柴动力	−0.069 27	44	光洋股份	0.111 936	29
江铃汽车	0.695 469	8	登云股份	−0.387 96	76
万向钱潮	0.207 913	18	跃岭股份	−0.305 14	70
海马汽车	0.125 648	24	双林股份	0.192 983	19
威孚高科	−0.013 6	38	鸿特精密	−0.076 51	47
长安汽车	0.392 983	14	美晨科技	−0.247 93	64
模塑科技	0.126 229	23	精锻科技	−0.085 3	49
天兴仪表	−0.516 84	81	云意电气	−0.209 66	60
斯太尔	−0.826 73	84	东风汽车	−0.143 85	55
一汽轿车	−0.325 87	71	宇通客车	0.809 847	5
安凯客车	−0.301 57	69	东风科技	0.611 827	10
一汽夏利	−0.722 35	82	禾嘉股份	−0.167 06	57
中国重汽	−0.051 99	41	上汽集团	0.774 987	6
中通客车	−0.084 94	48	长春一东	−0.058 52	42
金马股份	−0.452 06	79	福田汽车	−0.070 05	45
宁波华翔	0.411 887	13	东安动力	−0.727 27	83
万丰奥威	0.848 302	4	亚星客车	−0.282 04	66
广东鸿图	0.178 521	20	曙光股份	−0.352 06	73
银轮股份	−0.070 56	46	江淮汽车	0.392 6	15
特尔佳	−0.162 55	56	凌云股份	−0.059 02	43
西仪股份	−0.513 21	80	航天晨光	−0.115 04	52
天润曲轴	−0.347 17	72	贵航股份	−0.019 15	39
亚太股份	−0.186 38	58	金杯汽车	−0.384 95	75
新朋股份	0.039 004	36	金龙汽车	−0.135 62	54

续 表

公司名称	综合得分 F	排 名	公司名称	综合得分 F	排 名
兴民钢圈	−0.441 94	78	湖南天雁	−0.396 41	77
隆基机械	−0.280 23	65	均胜电子	0.299 312	16
远东传动	−0.291 36	67	文投控股	0.932 222	2
万里扬	−0.209 32	59	华域汽车	0.771 399	7
中原内配	0.060 262	34	一汽富维	0.964 934	1
松芝股份	0.046 17	35	渤海活塞	−0.243 77	63
金固股份	−0.300 16	68	广汽集团	0.112 848	28
天汽模	0.076 435	31	长城汽车	0.894 744	3
西泵股份	0.135 059	21	力帆股份	−0.226 31	61
万安科技	0.124 482	25	星宇股份	0.009 908	37
八菱科技	0.085 334	30	中国汽研	0.064 953	33
日上集团	−0.368 73	74	凯马 B	0.119 138	26
比亚迪	0.129 853	22	富奥 B	0.684 311	9
世纪华通	−0.124 12	53	江铃 B	0.598 224	11
龙生股份	−0.098 16	51	苏威孚 B	−0.238 41	62
京威股份	0.068 52	32	长安 B	0.493 797	12
信质电机	0.113 836	27	天雁 B 股	0.243 204	17

5 研究结论及投资建议

5.1 研究结论

5.1.1 通过实证分析,得出样本公司几何平均值及排名情况

几何平均值为正值表示高于行业平均水平,为负值表示低于行业平均水平。根据表 4-4 可以得知几何平均值大于 0 的公司有 37 家,表明这 37 家汽车制造业上市公司的投资价值高于行业平均水平;几何平均值小于 0 的公司有 47 家,表明这 47 家汽车公司的投资价值低于行业平均水平。

几何平均值越高的公司越具有投资价值。本文通过实证分析得出了样本公司三年的综合得分值,计算出了各个公司的几何平均值,并进行排名。从而给投资者提供定量化的投资依据,也使得经营管理者对其公司在行业内,有个合理的定位。

5.1.2 通过实证分析,得出样本公司各个因子在 84 家公司的排名情况

由于篇幅有限,故本文在附录中列示出了几何平均值排名前 10 位的汽车公司 2013—2015 年各个因子在 84 家公司的排名情况。每个因子预示了公司的一种能力,利益相关者可以观察公司各个因子在行业排名情况,了解公司的优劣势,从而做出相关的决策。如一汽富维

的投资价值排名第一。通过观察一汽富维各年各个因子得分排名情况,得出表 5-1。

表 5-1　2013—2015 年一汽富维公司各个因子在 84 家汽车制造业上市公司排名

	f_1	f_2	f_3	f_4	f_5
2013 年	44	3	3	31	54
2014 年	22	2	65	67	34
2015 年	57	2	16	14	1

由表 5-1 可知,一汽富维公司(全称为长春一汽富维汽车零部件股份有限公司),各年的因子得分排名中 f_2 因子的排名均靠前。观察旋转成分矩阵可知,f_2 因子主要反应的是应收账款周转率、存货周转率、流动资产周转率、总资产周转率的信息,表明一汽富维公司的营运能力很好。f_5 因子的排名一直处于上升状态,且 f_5 因子反映的是净利润增长率的信息,说明该公司发展能力向好。但该公司的 f_1 因子排名一直靠后,f_1 因子为盈利能力因子,说明该公司应在盈利能力方面给予充足的重视。f_3 因子表示总资产周转率的信息,由表 5-1 知该公司总资产周转率处于下降的趋势,有待于进一步提高。f_4 为偿债能力因子,从表 5-1 可知该公司 2014 年偿债能力与同行业相比较弱,2015 年偿债能力得到提升。通过上述分析,可以知道与行业内其他公司相比,该公司的优势是营运能力与发展能力,劣势是盈利能力与偿债能力。其余公司均可以通过这种方法得知其优势与劣势,从而为公司的经营者提供建议,也为广大投资者提供可以参考的建议。

5.2　建议

5.2.1　对投资者的建议

(1)广大投资者应当遵照价值投资策略。市场上评估公司价值的方法有很多,但大多数的方法所需要的信息,只有公司经营管理者可以得到,普通投资者无法获取。基于此,本文采用因子分析法,得出了各个公司综合得分值并进行排名,进而计算出了各个公司几何平均值及排名情况。几何平均值越高的公司越具有投资价值,投资者在选取股票时,可以依据本文的研究方法,得出被投资行业中公司得分排名情况,使自己的收益最大化。

(2)广大投资者应当考虑被投资公司的各个能力。投资者在选择了被投资公司后,应明确该公司的优劣势,从而使自己的投资决策更明晰。本文通过实证研究,得到了汽车公司2013—2015年各个因子在 84 家公司排名情况。由于篇幅限制,在附录中仅列示出了几何平均值排名前十的公司。投资者查阅附录后,可以明确地知道每家公司各项能力在行业排名情况,从而知道被投资公司的优劣势,最后选择自己心仪的公司进行投资。

5.2.2　对国内汽车公司的发展建议

(1)精准定位,明确自己的行业地位。国内汽车公司应当对自身有个精准、合理的定位。通过因子分析法,本文得出了样本公司综合得分值及其在行业排名情况,综合得分越高的公司越具有投资价值。各个汽车公司可以基于此,明确自己行业地位。排名靠前的公司应继续努力,不可骄傲自满,排名靠后的公司应再接再厉,进一步提升自己公司的投资价值。

(2)明确自己的优劣势。每个公司都有自己的优势,也有自己的劣势,汽车公司也不例外。本文采用因子分析法,不但给出了公司总体排名,而且给出了每个公司各个因子在 84 家公司的排名情况。通过这两项排名，公司不但知道自己总体实力在行业中的排名，而且明确自己各个能力在行业排名，从而明白自己的优劣势，接下来制定相关战略规划，最后实现公司价值最大化。

参考文献

[1] Li Dezhi, Guo Kai, You Jia, Eddie Chi-Man Hui. Assessing Investment Value of Privately-owned Public Rental Housing Projects with Multiple Options[J]. Habitat International, 2016, 53.

[2] Han Jinshan, Tong Tong. The Changing Trend of China's Power Project Investment Value: An Empirical Study Based on Panel Data Model[J]. Nankai Business Review International, 2013, 42.

[3] Chen Liu, Yang Liu. Investment Value Evaluation of Hi-Tech Industry: Based on Multi-Factor Dynamic Model[J]. Open Journal of Business and Management, 2014, 0203.

[4] 李阳. 汽车制造业上市公司财务绩效评价研究[D]. 郑州：郑州大学，2013.

[5] 齐晓光. 基于会计信息透明度的公司投资价值评价研究[D]. 重庆：西南大学，2013.

[6] 吴一玉. 基于因子分析法的通信设备制造业上市公司财务分析[D]. 武汉：武汉理工大学，2011.

[7] 郑向前. 基于因子分析法对我国生物制药上市公司投资价值分析[D]. 成都：西南财经大学，2010.

[8] 钟华. 我国汽车制造业上市公司经营绩效评价研究[D]. 重庆：西南大学，2014.

[9] 田璐. 我国新能源行业上市公司投资价值分析[D]. 长春：吉林大学，2009.

[10] 杨霞，王亚芸. 基于因子分析法的中国上市商业银行股票投资价值分析[J]. 特区经济，2015(12)：67-69.

[11] 崔婷婷，杨磊. 基于因子分析法的软件行业上市公司投资价值分析[J]. 中国商界：下半月，2010(3)：6+8.

[12] 刘子东，黄学亮. 成长型价值投资策略在医药行业中的适用性——基于因子分析法的实证研究[J]. 财经界：学术版，2011(2)：84-85.

[13] 潘罡，王晓华. 基于因子分析法的上市公司投资价值评价研究——以山东省为例[J]. 财会通讯，2013(8)：6-7.

[14] 路爱峰，崔玉杰. 基于因子分析的电力上市公司投资价值评价[A]. 中国现场统计研究会. 中国现场统计研究会第十三届学术年会论文集[C]. 中国现场统计研究会：,2007, 5.

[15] 任为之. 我国上市银行投资价值研究[D]. 南昌：江西财经大学，2014.

[16] 姚滨. 论上市公司的投资价值分析[D]. 厦门：厦门大学，2002.

[17] 张显峰. 基于成长性和创新能力的中国创业板上市公司价值评估研究[D]. 长春：吉林大学，2012.

[18] 赵文君. 创业板上市公司的投资价值研究[D]. 成都：西南财经大学，2013.

[19] 张超. 我国汽车制造业上市公司资产负债率研究[D]. 北京：北京交通大学，2015.

[20] 杨琦.我国汽车制造业上市公司资本结构研究[D].武汉:武汉理工大学,2007.
[21] 倪德岭.基于因子分析法的上市公司业绩评价模型[D].石河子:石河子大学,2007.
[22] 王在峰.基于因子分析法的EMC型上市公司投资价值评价研究[D].成都:西南财经大学,2013.

致 谢

这是第一次写论文,对我来说是一次难得的机会。刚开始心里是有些担心的,但后来指导老师给了我很大的支持,使得我顺利完成本次论文,在此,表示我最衷心的感谢。回顾本次论文撰写过程,从选定题目、收集资料、确定提纲、撰写修改、最终定稿,老师给予了耐心指导,提出了宝贵的意见,使得我的论文圆满完成。她对我的耐心教诲和关心令我难以忘却,受益匪浅,在此感谢您,我敬爱的杨老师!

同时也要感谢四年来教导过我的各学科老师,还有在我论文撰写过程中,与我共同学习的同学。正因为有你们,才使得我克服刚开始的恐惧,完成了本次论文。

最后感谢我的父母、亲人以及这四年来给予我精神和物质上帮助的人们。

由于水平有限,对汽车制造业上市公司投资价值的评价还是很肤浅的,还有许多不足和欠缺,恳请老师批评指出,相关学者继续研究深化。

附 表

附表 1　2013 年排名前十的汽车公司各个因子在 84 家公司中得分排名

公司名称	f_1		f_2		f_3		f_4		f_5	
	得分	排名	得分	排名	得分	排名	得分	排名	得分	排名
一汽富维	0.072 69	44	2.592 031	3	0.563 778	3	−0.001 72	31	0.005 914	54
文投控股	−4.943 3	84	−0.235 47	40	1.301 557	2	0.264 162	20	−0.517 9	81
长城汽车	1.842 089	1	1.507 739	5	−0.739 92	81	0.349 141	18	0.166 587	24
万丰奥威	1.007 978	9	1.258 281	9	−0.839 35	82	4.229 411	1	0.422 561	8
宇通客车	1.022 207	8	1.221 038	12	−0.100 53	43	0.528 21	12	0.250 326	18
上汽集团	0.729 899	16	2.163 284	4	−0.162 52	54	0.397 975	16	0.018 263	48
华域汽车	1.084 718	5	1.385 682	7	−0.118 87	47	0.253 461	21	0.012 715	50
江铃汽车	0.832 295	12	1.324 407	8	−0.218 35	65	0.097 044	24	0.164 494	26
富奥 B	0.805 42	13	0.848 45	16	8.502 818	1	−0.429 45	57	0.213 461	19
东风科技	0.753 272	15	1.224 592	11	0.092 739	16	0.236 816	22	−0.002 57	57

附表 2　2014 年排名前 10 位的汽车公司各个因子在 84 家公司中得分排名

公司名称	f_1		f_2		f_3		f_4		f_5	
	得分	排名	得分	排名	得分	排名	得分	排名	得分	排名
一汽富维	0.460 289	22	3.001 849	2	−0.093 48	65	−0.304 17	67	0.072 112	34
文投控股	−1.837 81	82	−1.402 6	83	1.818 89	3	1.200 886	7	1.404	4
长城汽车	1.074 506	5	1.294 9	11	−0.113 49	66	0.318 816	22	−0.117 28	47
万丰奥威	0.860 295	9	1.015 801	14	−0.382	73	1.437 106	4	0.518 235	14
宇通客车	1.117 584	4	1.029 39	13	−0.526 52	75	0.402 225	18	0.315 712	18
上汽集团	0.830 48	10	2.032 78	5	−2.593 24	82	0.572 522	12	0.165 308	26
华域汽车	0.820 395	11	1.397 408	6	−0.595 08	78	0.351 007	20	0.139 939	28
江铃汽车	0.785 293	12	1.387 53	7	−0.068 13	63	0.459 164	16	0.207 148	22
富奥 B	1.030 669	6	−0.003 29	38	−0.139 37	67	−0.358 12	68	−0.643 72	80
东风科技	1.025 693	7	1.342 398	8	−0.191 78	70	−0.435 89	71	0.597 991	10

附表 3　2015 年排名前 10 位的汽车公司各个因子在 84 家公司中得分排名

公司名称	f_1 得分	排名	f_2 得分	排名	f_3 得分	排名	f_4 得分	排名	f_5 得分	排名
一汽富维	−0.367 85	57	3.185 058	2	0.022 489	16	0.307 481	14	5.528 251	1
文投控股	−0.160 79	48	−1.581 77	84	6.961 605	1	−0.337 33	64	−0.122 94	44
长城汽车	1.415 683	6	1.289 817	6	0.132 005	14	−0.112 97	56	−0.448 75	74
万丰奥威	1.345 726	7	0.834 078	16	−0.168 53	40	−0.123 1	57	−0.045 17	36
宇通客车	1.837 607	3	0.717 52	18	0.322 118	8	−0.483 99	73	−0.027 17	34
上汽集团	0.814 497	17	1.945 954	3	0.277 026	9	−0.302 31	61	0.309 037	14
华域汽车	1.068 364	12	1.419 904	5	0.329 234	7	−0.316 63	62	0.457 272	10
江铃汽车	1.151 332	10	1.048 879	12	−0.015 59	21	−0.344 57	65	−0.125 17	45
富奥 B	1.278 69	9	−0.634 9	60	−0.409	74	−0.909 16	78	−0.377 16	70
东风科技	0.647 161	23	0.972 679	14	0.008 451	18	−0.326 84	63	0.059 376	29

❖ 优秀学位论文二

论文题目:LD集团财务风险评价及其预警研究

工程领域:工业工程

硕 士 生:邓　敏

指导老师:杨利红

　　　　　刘平怡

摘　要

　　房地产业是我国经济发展的支柱性和先导性的产业,它是人类生产、生活的物质基础,在整个国民经济体系中处于主导性的地位。与其他行业相比,房地产行业具有高负债、高报酬、高风险的独特特征,致使房地产公司本身的财务风险较大。近年来,由于房地产企业所处的宏观环境不断变化,又加剧了房地产行业抵抗财务风险的压力,多数房地产企业面临着倒闭的危机,财务风险已经成为房地产企业的核心问题。财务风险是企业经营风险的集中体现,并且客观、广泛地存在于企业的筹资、投资和营运的全部活动中。企业要获得最大的收益,就必须对财务风险进行正确的预测、评价并进行适当的防范。能否在财务状况恶化之前进行财务风险预警,是每一个房地产企业急需解决的问题。

　　本论文首先通过查阅文献资料,了解了国内外关于房地产行业财务风险及预警的背景和发展现状,建立了本论文的研究框架;其次,论述了财务风险及预警的相关理论,为下文奠定理论基础;再次,针对LD集团公司,深入分析了该公司的财务现状,并提出了建立财务风险预警的必要性;最后,本论文借鉴了国内外优秀房地产企业财务风险评价的方法,将反映LD集团四大经营能力的15个财务指标构建成该集团的财务风险评价指标体系,结合层次分析法和德尔菲法,确定了15个财务指标的权重。再运用功效系数法建立LD集团财务风险评价模型,并通过与该集团公司2010—2014年财务状况进行对比,验证了该模型的实用性,为提前预警房地产公司财务风险提供了理论依据。

关　键　词:LD集团公司;财务风险;评价指标;预警模型

研究类型:应用研究

Subject: Financial Risk Assessment and Early Warning Research of LD Group
Specialty: Industrial Engineering
Name: Min Deng
Instructor: Li-hong Yang
              : Ping-yi Liu

ABSTRACT

The real estate industry is the pillar and leading industry of our country'seconomic development. It is the material base of human production and life, and it is in the leading position in the whole national economy system. Compared with other industries, the real estate industry with unique characteristics of high debt, high return, high risk, resulting in greater financial risk of the Real Estate Company. In recent years, the real estate enterprises in the macro environment is constantly changing, and intensified the pressure on the real estate industry to resist the financial risks, the majority of real estate enterprises faced with the closure of the crisis, financial risk has become the core issue of the real estate enterprises. The financial risks is a concentrated expression of business risk, and objectively, widely existed in all activities of the enterprise, including finance, investment and transport business. In order to obtain the maximum profit, the enterprise must carry on the correct forecast, the appraisal to the financial risk and carry on the appropriate guard. Whether implement Financial Risk Early Warning before badness of financial status, every real estate enterprises need to solve the problem.

In this paper, First of all, by searching the literature, knew the background and development status of the financial risk and early warning of the real estate industry at home and abroad, and established the framework of this paper. Secondly, it discussed the theory of financial risk and early warning, which laid a theoretical foundation for the following. Again, for the LD group company, in-depth analyzed the company's financial situation, and put forward the necessity of establishing financial risk early warning. Finally, the paper drew on the method of outstanding domestic and foreign real estate enterprise financial risk evaluation, set up a risk evaluation index system of the Group including four two-level indexes and fifteen three-level indexes, combined with AHP and Delphi method, it identified the weights of 15 financial indicators. Using efficacy coefficient method to establish a model to evaluate the financial risk of the LD group, and compared the result with the financial status of 2010 — 2014 of the group, and verified the practicability of the model, provided the theoretical basis for early warning of the financial risk of the real estate companies.

Keywords: LD Group ; Financial Risk ; Evaluation Index ; Warning Model
Thesis: Applied Research

目 录

1 绪论 ……………………………………………………………………………………… 263
　1.1 研究背景及意义 ……………………………………………………………………… 263
　　1.1.1 研究背景 ………………………………………………………………………… 263
　　1.1.2 研究意义 ………………………………………………………………………… 263
　1.2 研究现状综述 ………………………………………………………………………… 264
　　1.2.1 财务指标体系研究现状 ………………………………………………………… 264
　　1.2.2 财务风险评价模型研究现状 …………………………………………………… 264
　　1.2.3 研究现状综述 …………………………………………………………………… 264
　1.3 研究思路及方法 ……………………………………………………………………… 268
　　1.3.1 研究思路 ………………………………………………………………………… 268
　　1.3.2 研究方法 ………………………………………………………………………… 268
2 财务风险及预警的相关理论 …………………………………………………………… 269
　2.1 财务风险概述 ………………………………………………………………………… 269
　　2.1.1 财务风险的概念 ………………………………………………………………… 269
　　2.1.2 财务风险的类别 ………………………………………………………………… 269
　　2.1.3 财务风险的特征 ………………………………………………………………… 269
　　2.1.4 财务风险的主要影响因素 ……………………………………………………… 269
　2.2 财务风险预警概述 …………………………………………………………………… 274
　　2.2.1 预警的概念 ……………………………………………………………………… 274
　　2.2.2 财务风险预警的概念 …………………………………………………………… 274
　　2.2.3 财务风险预警的作用 …………………………………………………………… 274
　　2.2.4 财务风险预警的必要性 ………………………………………………………… 274
　　2.2.5 财务风险预警方法的概述 ……………………………………………………… 274
3 LD集团公司财务现状 …………………………………………………………………… 268
　3.1 LD集团公司的简介 …………………………………………………………………… 268
　3.2 LD集团公司的财务状况及财务风险分析 …………………………………………… 268
　　3.2.1 LD集团公司的财务状况 ………………………………………………………… 268
　　3.2.2 LD集团公司的财务风险分析 …………………………………………………… 268
　3.3 LD集团公司财务风险预警的必要性 ………………………………………………… 283
4 LD集团公司财务风险预警模型的建立 ………………………………………………… 283
　4.1 指标选取和体系的建立 ……………………………………………………………… 283
　4.2 LD集团公司财务风险预警模型的构建 ……………………………………………… 286
　　4.2.1 财务指标分类、标准值确定及单项系数的计算 ……………………………… 286
　　4.2.2 LD集团公司财务风险评价指标的权重 ………………………………………… 286

  4.2.3 综合系数的计算 ·· 286
5 LD集团公司财务风险预警实证研究 ·································· 292
 5.1 功效系数法的应用 ·· 292
  5.1.1 财务风险评价指标的分类和标准值的确定 ·············· 292
  5.1.2 单项功效系数的计算 ·· 292
  5.1.3 综合功效系数的计算 ·· 292
 5.2 验证实证分析的结果 ·· 294
6 研究结论及建议 ·· 296
 6.1 研究结论 ··· 296
 6.2 存在不足及进一步研究方向 ···································· 297
 6.3 对LD集团公司发展的对策建议 ································ 297
  6.3.1 筹资方面 ·· 297
  6.3.2 投资方面 ·· 297
  6.3.3 经营方面 ·· 297
参考文献 ··· 299
致谢 ·· 301
附录 ·· 302
 附录1 专家征询表 ·· 302
 附录2 专家征询表 ·· 305
 附录3 LD集团财务数据 ·· 306

1 绪论

1.1 研究背景及意义

1.1.1 研究背景

2008年在遭遇金融危机后,我国房地产市场开始呈现先抑后扬的走势。购房需求的加大、产业资本的转移等因素使得房地产行业迅速升温,进而房价一路飙升,2010年达到了顶峰状态。"限购、限贷"等一系列调整政策相继出台,使得高温的房地产行业得到了一定的控制。2012年后,在坚持国家宏观政策的情况下,房地产市场处于健康发展的状态。虽然之后的房地产行业出现下降趋势,但是仍占总GDP的27%左右,如2014年国内生产总值为635 910.0亿元,全国建筑业总产值为176 713.42亿元,约占总GDP的27.79%。从数据可以看出,房地产行业已经成为影响我国宏观经济稳定和协调发展的支柱性和先导性产业。

房地产行业本身是一个较为特殊的行业,是集房地产开发建设、经营销售、配套管理及服务为一体的行业,与其他施工企业相比房地产行业的主要特点在于:投资额度较大,生产周期较长,政策调控风险较大,故房地产行业属于高风险、高收益的行业。加之房地产的资金获取通道主要有银行贷款、预售款、垫资等,因其资金链条易断裂,进而加剧了房地产行业本身的财务风险。一般情况下,房地产企业出现了财务危机,必然会给企业的经营状况带来影响,甚至会导致企业的经营失败,这就促使企业更加重视财务风险的重要性。如何准确评价和应对企业的财务危机已成为一个研究的课题,被越来越多的学者所重视。因此在企业的经营过程中注重对财务风险的评价、研究和控制具有相当重要的意义。本论文就是在这样的市场环境下,结合行业领头企业之一的LD集团公司,研究了房地产企业财务风险评价及其预警的问题。

1.1.2 研究意义

房地产行业具有高负债、高报酬、高风险的独特特征,使房地产公司本身的财务风险较大,加之外部宏观环境的影响,使得财务风险危机已成为很多房地产企业生存发展迫切需要解决的现实问题,如果能在发现问题时及时地采取防范措施,是包括成功企业在内的任何企业急需解决的问题。以下将从理论和实际两方面对本论文的研究意义进行阐述。

(1)理论意义。本论文的理论意义主要从理论的角度进行分析,运用归纳、实证等办法,对LD集团公司的财务状况进行分析。

1)对财务风险及预警理论做一个全面的阐述,包括财务风险及预警的定义、范围、方法和特征。对财务风险及预警进行一个全面的总结,并作为构建财务预警模型的依据。

2)将已有的财务风险预警模型归纳总结,结合本论文的特点选择适当的预警方法,完善财务预警模型。

(2)实际意义。本论文主要对LD集团公司的财务风险及其预警进行研究,并结合LD集团公司的特征,借助于其他房地产企业财务预警研究的成果,完善财务风险预警模型,以帮助财务信息使用者便捷地了解公司的财务状况,提高预测风险的能力。借助预警模型,分析了LD集团公司的财务状况,投资者可以科学地规避财务风险;银行等金融机构通过预警模型的分析,可以对LD集团公司财务状况进行评估,合理地进行贷款,加强对抵押贷款的控制;借助预警模型的分析,提高审计人员的评估能力,降低审计风险。为此,建立并完善一套有效的企业财务风险评价及预警系统,对于财务信息使用者具有重大的实际意义。

1.2 研究现状综述

1.2.1 财务指标体系研究现状

在进行财务指标的选取时,大多数学者都会遵循科学性、系统性、可靠性和可比性的原则。众所周知,在建立财务指标体系的过程中,指标的准确性和恰当性对模型的构建起着决定性的作用。本论文将从国内、国外两方面阐述财务指标体系的研究现状:

(1)国外研究现状。1932 年 Fitz Patric 采用了一元判别分析方法,该方法是其最早应用于预测财务危机,并开展的单变量破产预测研究的一个方法。结果显示:净资产收益率和权益负债比率的判别能力最强。

1968 年 Stephen A. Ross(斯蒂芬·罗斯)的论文中认为债务融资产生的风险与公司股东的风险存在着相关性。在此之后,Altman 将 5 个财务变量作为评价企业财务危机的判断变量。进而,学者在进行财务指标的应用和选取时,需要进行深入的探索。

1980 年 Ohlson 将企业规模、财务结构、经营绩效及流动性作为研究的四个主要因素,最早提出并使用了多元逻辑回归模型。但由于计算过程较为复杂,该模型并没有得到广泛应用。

1995 年野田武辉将报表中的收益性、流动性、安全性和成长性四个基本要素列入了评价企业风险的指标。

之后,风险值屡次被学者应用于财务风险评价工具中,财务风险管理又迈了一大步。

(2)国内研究现状。结合国外学者的研究成果及我国上市公司的具体情况,我国在财务指标体系构建上也取得了很大的进步。归纳总结如下:

2007 年郝维、黄凡从财务治理水平和财务管理水平两方面选取了 15 个指标,包括资产负债率、利息保障倍数、流动比率、应收账款周转率、主营业务收入增长率、净资产收益率、经营活动现金流入比重、现金流动负债比、投资治理机制、对外担保比重等,结合层次分析法(AHP)确定其权重,最后采用风险综合评分计算其评价指数,研究结果将企业集团财务风险划分为安全区、预警区和危机区三个区域。

2007 年徐慧芳从财务指标和非财务指标两方面入手,从财务指标中选取了流动比率、股权债务比率、利息保障倍数等 13 个指标,非财务指标中选取了人力资源状况、产品市场占有能力、基础管理水平和创新及公司潜在发展能力四个指标,通过财务指标和非财务指标的结合,使其全面地反映公司的财务风险。

2010 年韩玲珍以上市公司财务风险的 21 个财务变量为基础,建立了多元判别模型。

2010 年田芬通过从筹资、投资和运营三个环节进行风险评估,建立了以 21 个指标的财务风险评价指标体系。

2012 年周俊颖采用了因子分析法,从筹资风险、投资风险和发展能力中选取了资本金构成比率、流动比率、速动比率、净资产增长率、有形净值负债率、销售利润率、总资产报酬率、资本利润率、成本利润率、每股净资产增产率、每股收益增长率、净资产收益率作为财务风险的评价指标,随机性抽取了 19 家上市公司 2009 年的年度财务报表,运用 SPSS 软件进行实证分析。结果显示:第一,指标、样本的选取比较合理;第二,采用因子分析可以得到各个公司的财务风险得分,并显示得出的结论能够真实地反映公司财务风险管理的状况。

2012 年黄涛首先提出了财务风险的成因,即筹资风险,该论文认为一个企业没有借入资金,就不会发生财务风险,财务风险的实质就是企业负债经营所产生的风险;其次提出了财务风险和规避风险的方法;最后从获利能力、经济效率、偿债能力等指标确立了财务风险指标体系。

2013年宋彩平,何佳祺利用了因子分析法,从5个方面选择了代表性的指标,如每股收益、主营业务增长率、存货周转率、流动比率、现金流量比率、总资产利润率、净利润增长率、总资产周转率、资产负债率等,选取了14家林业类上市公司2011年财务数据为样本,进行了实证分析。最后,提出了财务风险评价措施。

2013年顾岚敏归纳了财务风险评价的方法和模型,从而引出了案例分析,并利用模型论将兰州三毛实业股份有限公司和江苏阳光股份有限公司进行对比,结果显示:江苏阳光的短期偿债能力较强,兰州三毛的长期偿债能力不足。最后提出了要多利用现金流量表、增加定性指标的分析等建议。

2014年陆建芬将国内外企业常用的财务风险分析方法和评价方法,如专家会议法、头脑风暴法、德尔菲法等定性方法和单变量判定模型、多元线性评价模型、综合评价法等定量方法,通过对各个模型进行分析,指出了财务风险评价体系的不足,最后提出相应的建议。

2014年陈俊杰,梁琳琳采用因子分析法和系统聚类法,从偿债能力、资金保障能力、盈利效率和成长能力中确定了流动比率、超速动比率、资产负债率、现金流量负债比、现金总债务比、现金流量总资产比、固定资产周转率等12个指标作为构成的财务指标体系,并从和讯网中筛选出30家上市房产公司为样本,对其进行风险评估。结果显示:30家公司中有25家中小地产公司存在着较大的财务风险,对25家中小地产公司进行分析后发现他们的财务风险都有一定的共性。

2014年柯遵杰在微型企业财务风险评价中应用了层次分析法,从偿债能力、运营能力和盈利能力中选择资产报酬率、销售利润率、权益净利率、应收账款周转率、存货周转率、流动资产周转率、固定资产周转率、流动比率等10个财务指标。结果显示:盈利能力、运营能力和偿债能力各占权重为58.3%、30.5%和11.2%。

2015年殷杰,周春梅利用了可拓模型,从偿债能力、营运能力、获利能力、收现能力和成长能力中选取了流动比率、速动比率、资产负债率、权益乘数、总资产周转率、存货周转率、应收账款周转率、固定资产周转率、总资产报酬率、净资产收益率等20个指标构建了财务指标体系。

2015年宁闻东首先对我国财务风险评价系统提出了模型少、评价指标缺陷、行业针对性不强的问题。之后,其论文中提倡重视短期偿债能力、长期偿债能力、盈利能力等方面的模型建设,信息化的成本管理,完善成本体制和加大成本控制考核力度的措施,使企业达到最高的收益。

财务指标所反映的是企业已经发生了的经营状况,其代表着企业的过去,而风险评估和财务预警是指企业的未来,则在考虑财务指标的过程中,非财务指标也不容忽视。由于本论文侧重点不同,在此仅考虑财务指标。

1.2.2 财务风险评价模型研究现状

(1)国外研究现状。1932年Fitzpatrick把备选方案的每一个财务指标进行比较,结果表明在众多指标中,权益负债比率和净资产收益率的判别能力最强。

1966年Beaver采用了单变量分析法,从79家失败企业中选取合适的财务比率指标,寻找显著性的变量,并选择了79家正常的企业,将选择的30个财务比率进行比较。结果显示:总负债对总资产比率、税后净利对总资产比率和现金流量对总负债比率三个财务指标最显著。

1968年William. Beaver在《会计评论》上的一篇论文中提出了单变量预测模型。在该论文中,他运用单变量预警分析法建立了财务危机预警模型。研究显示,判定企业的财务状况比率依次为债务保障率,资产收益率和资产负债率。

1968年Edward Altman(爱德华·阿尔曼教授)利用了多元线性判别方法创立了Z-Score模型,对33家破产的公司和同样数量的非破产公司进行了研究。研究显示模型的预测精度为94%,财务指标预测比较强的三个指标分别是:息税前利润/总资产、销售/总资产和股权的市场价值/资产。

1977年Altman提出了ZETA模型,该模型相对于Z-Score模型能更精确地预测企业财务危机。他利用了ZETA模型,剖析了53家破产企业和58家非破产企业。结果显示:该模型更优于单变量模型和Z-Score模型。

1980年Ohlson采用了多元逻辑回归的方法,剖析了破产的105家公司和2 058家公司组成的非配对样本。结果显示:资本结构、公司规模、变现能力和公司业绩对于财务危机预测能力的显著性最高,该方法能够解决会计比率属于正态分布的假设等问题,并且在今后的财务风险预警研究中占据主流地位。

1982年Raman利用了逐步判别分析法,从证券评级中选择会计指标,对其进行预警研究。结果显示:清偿能力在财务预警中起主要作用。

1984年Cascy和Bartczak利用多元判定分析和条件逐步逻辑回归分析,通过对60家破产公司和230家财务正常的公司进行分析,结果显示:运营现金流指标并不能预警公司是否陷入危机,而盈利能力、负债比率、债务与股本的比率、流动资产储备、资本稳定程度等指标对企业的财务危机预测能力最佳。

1999年TiraPat和Nitayagasetwat利用了多元逻辑回归模型,将泰国企业作为样本,对其破产情况进行了研究。结果显示:在一定程度上财务危机的影响因素包含宏观经济条件的影响,并且证实了通货膨胀的敏感度与企业陷入财务危机有一定关系,即敏感度越高企业的财务风险越大。

Wilkins认为审计师的意见在一定程度上反映公司将来是否会陷入财务危机,他的研究在一定程度上否定了Technical default的观点。

2006年Ell oumi和Gueyie对92家加拿大公司进行了研究,结果发现董事会的构成与结构的不合理也会使企业陷入财务危机中。

其他的非统计类方法主要有递归划分算法(Frydman,Altam和Kao,1985)、神经网络模型(Coats和Fant,1991)、基于灾害理论的预测方法(Gregory-Allen和Henderson Jr,1991)、基于混沌理论的预测方法(Lindsay和Campbell,1994)、实验法(Kim和McLeod Jr,2002)和基于期权理论的预测方法(Charitou和Trigeorgis,2003)。

(2)国内研究现状。对于财务风险预警的研究我国起步相对较晚,大部分都是借鉴国外的研究方法和经验,并且结合企业自身的特点,构建符合整个行业的财务风险预警模型。虽然取得了一定的成果,但是对于房地产公司而言,大部分学者仍然停留在定性研究和对已构建出的预警模型进行实证研究的层面。因此,以中国房地产公司为基础构建财务危机预警模型,对其深入的研究目前还处在尝试阶段。

1986年吴世农、卢贤义的论文中建立了财务风险预测模型。该论文从财务困境和财务正常的公司中各选70家公司作为样本，并选择单变量判定分析将21个财务指标进行对比分析，确定其6个预测指标，再利用多元线性回归分析、单一线性判定分析和逻辑分析三种方法，构建了三种不同的预测模型。

1999年陈静利用了单变量判别和二类线性判定，对27公司的财务数据进行了对比分析。结果显示，在风险预测方面的效果较好的5个指标为资产负债率、流动比率、总资产收益率和净资产收益率。

2000年陈晓、陈治鸿对Logistic模型进行检验。该论文中他们选取了ST和非ST公司作为样本，结果发现Logistic模型评价准确率高达87%。

2002年李华中利用贝叶斯方法和Logistic方法，选取了全部ST公司作为失败类样本，其中将2002、2003年非ST类个股样本作为预测之用。结果显示：模型具有很强的判别分类能力，该模型可用于风险预测和评价。

2003年于萍构建了多元线性判别模型，选取了15家ST房地产公司和非ST公司的财务数据作为样本，构建了财务危机精测模型。

2005年梁琪建立了预警模型，并利用主成分分析法对Logistic方法进行降维，在解决共线性问题后建立了预警模型，用以提高模型预测的准确率。

2006年周赟和唐炜通过对2003年房地产行业的财务数据进行比较，发现财务指标在两类公司中有较大的差异，而且这种差异与财务困境的年份呈现正相关。

2007年龙胜平和郑立琴利用主成分分析法和Logistic回归分析的方法，构建了财务风险预警模型，且对国内2005年房地产公司的财务数据进行实证分析。结果表明通过对28个指标分析选出了流动比率、股东权益周转率、总资产周转率等11个财务指标，经验证该11个财务指标对房地产公司有较好的预测能力。

2008年史家龙利用Fisher和Logistic方法建立预警模型，选取了沪深两市2007—2008年248家样本公司，通过T检验法与主成分分析法对指标进行筛选，判别的准确率均超过了90%，预警效果良好。

2008年徐凤菊、王凤基于现有的财务风险研究理论，以主成分分析法为基础构建了预警模型，并进行实证分析研究。该论文选择了总资产报酬率、净资产收益率等18个财务指标，运用SPSS统计软件对样本进行实证分析。研究结果显示，在忽略不同行业的财务比率不同的情况下，主成分分析法对于企业财务危机有较准确地预测性。

2011年刘先伟、陶萍利用了Logistic模型，选择了17个财务指标，对我国2010年24家上市公司进行了分析并对其财务状况做出预测。

2011年严碧红、马广奇利用Z-Score模型，对61家深市上市房地产企业进行实证研究，并提出了相应的防范意见。结果显示，除了公司内部的财务问题，宏观经济政策对房地产行业的影响也很大。

2012年沈洪涛以中国有色金属业为基础，选取了33个财务指标，进行了相关性的检验，分析各个指标的相关性，并建立财务预警模型。结果显示，该模型的预测能力较强，已达到100%。

2012年张荣艳、廖萌利用Z计分模型进行检验并选取2008—2010年房地产行业的110

家公司,结果证明在公司有较大财务风险时其模型确实有一定的检测效果,但并不符合模型"预警"的初衷。

2013年杨静静、周运兰和曾荣将Z模型与F模型进行比较,分析其优劣,并提出了修正后的F1模型,形成了Y分数模型。

2013年程言美、程杰首先对于影响房地产行业的财务风险因素做总结,选择了24个财务评价指标,并对样本指标进行计算和相关性分析,建立了财务预警模型。

2014年马秋香提出了国内外目前存在的房地产预警模型有:景气指数法、综合模拟法和经济计量模型法,并比较其优缺点,选择了二元选择模型。从价格层面、投资层面、信贷资金层面和土地成本层面上选取了7个指标构成财务指标评价体系。利用二元选择模型,对房产市场风险做出预警。

2015年殷杰,周春梅选取了20个指标,以37家中国旅游板块上市公司为样本,利用熵值法确定其权重。最后,采用可拓模型对其进行财务风险评价。研究结果显示:①该论文所构建的财务风险评价体系较为全面,可以真实地反映该公司的财务风险状况;②熵值法确定指标的权重,可以减少极端值对于总评价的影响;③可拓模型进行评价,使评价结果较为客观。

1.2.3 研究现状综述

从财务指标体系和评价模型的国内外研究现状可以看出,基本上所有的财务风险预警模型都是由国外的学者提出,国内学者通过借鉴国外学者的预警模型,找到影响财务风险的评价指标,确定其权重,构建模型。定量分析财务数据,似乎很受学者青睐。但是由于一些指标无法量化,非财务指标无法提供数值等使得定量分析产生一定的局限性,此时凭借着财务人员的工作直觉、从业经验进行定性分析无疑是不错的选择,进而定性分析也越来越被学者重视。已有的文献中,大多数学者都从定量或定性单方面进行研究,不能较为准确地进行财务风险预警,故本论文采取定量和定性相结合的方法进行研究。此外,通过对各个模型的分析总结,考虑其实用性和便利性,本论文将采用功效系数法构建财务风险预警模型。

1.3 研究思路及方法

1.3.1 研究思路

本论文首先阐述了研究背景及意义,对国内外研究成果进行梳理和总结。其次,阐述了财务风险评价及预警的基本理论。再次,对LD集团的财务指标进行分析和总结,选择合适的财务风险评价指标,结合层次分析法确定其权重,并采用功效系数法构建财务风险评价模型,对LD集团的财务风险进行评价及预警。最后,根据实证的结果与财务状况分析,验证模型的可行性,并得出本论文的研究结论及建议。具体研究框架如图1-1所示。

1.3.2 研究方法

本论文采用规范研究与实证研究相结合的方法,设计出财务风险预警模型,从而判断LD集团是否有财务风险的存在。

(1)归纳研究方法。首先查阅了大量的国内外相关著作、文献,归纳总结了相关理论,包括财务风险评价指标和预警模型的含义、分类以及特征等。

(2)功效系数法和层次分析法。采用功效系数法,建立完善的财务风险预警模型;采用德尔菲法和层次分析法确定其指标及其权重。

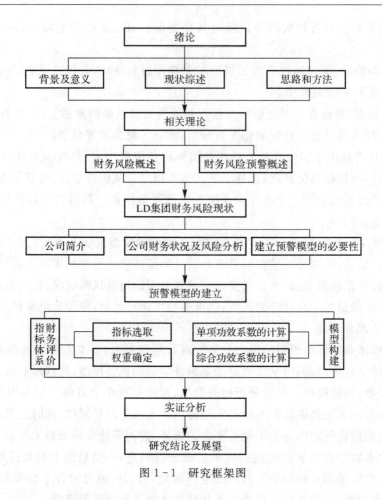

图1-1 研究框架图

2 财务风险及预警的相关理论

2.1 财务风险概述

2.1.1 财务风险的概念

"风险"一词起源于意大利语,在不同的学科中对其都有不同的定义,我们一般认为风险是生产目的和劳动成果之间的不确定性。"财务风险"是企业不可避免的问题,是指公司财务结构不合理、融资不当使公司可能失去偿债能力,使其遭受经济损失的风险。一般而言,将财务风险分为狭义和广义的财务风险。

狭义的财务风险最早是由决策理论家们提出的,他们认为风险就是损失的不确定性,也称为偿债风险,也就是说负债融资行为而导致的无法偿还债务的风险。

广义的财务风险,贯穿于整个经济活动中,包括投资、筹资、运营及收益分配等环节,它涵盖了企业在经济活动中面临的所有风险,表现为不确定性。错综复杂的经济环境和经济活动致使企业的经营结果和预期收益不一致,进而投资者会遭受不同程度的损失。由于财务风险贯穿于整个经营过程中,如果企业管理者能从战略角度来识别、评价和控制财务风险,以实现将财务风险降到最低限度,最大限度地维护各相关方的利益,实现企业持续经营和盈利。本论文主要倾向于广义的财务风险。

2.1.2 财务风险的类别

通过梳理,本论文将财务风险划分为以下三种。

(1)宏观政策风险,即政治、法律、市场、经营等宏观政策风险。政治风险一般情况下企业是难以避开的,它的形成与政治因素有关,如社会革命爆发、领导人换届、新政策施行等,该风险防范难度大,涉及面较广,是一种系统的风险。法律风险是由于法律的有关因素给企业带来不确定性的风险。市场风险即利率风险,它主要是是通过影响企业的资金成本间接地影响着企业的财务状况。市场竞争风险主要是指外部市场环境和竞争压力。外部市场如果处于饱和状态,市场的竞争风险便会增大,同理,竞争对手增多也会给企业带来竞争压力。经营风险与企业内部经营决策有关,若经营决策、投资项目的决策失败,都会给企业带来经营风险。

(2)企业内部风险,即战略性财务风险、整体性财务风险和部门性财务风险。战略性财务风险与企业战略有关,企业在制定战略性的目标时,不仅应该考虑其长期性,还应考虑它的科学性,否则将会导致战略性风险。整体性财务风险如市场风险、价格风险、政策风险,其体现在企业经营的每一个环节,范围较大,难度较高。部门性财务风险,专指企业各个部门面临的财务风险。

(3)资本循环运动风险。一个企业的经营过程即为资本循环过程,它包含企业的整个资本运动,包括筹资、投资、营运和收益分配,其各环节财务风险的存在形式和形成原因都各不相同。筹资活动为企业生产经营供应了资金,是资本循环运动的初始环节,很大程度上,筹资风险的高低就取决于筹资策略的科学性。投资风险是由企业投资项目所引起,如果投资项目的收益大,投资风险就小,反之投资风险便大。因此,企业在做投资项目决策时应考虑各方面的影响,尽可能获得最大收益。营运风险是企业的资金回笼时可能遇到的风险,主要有资金回收、销售环节和收款环节等。收益分配是企业分割收益的过程,其环节是资金循环的最后阶段。

2.1.3 财务风险的特征

(1)财务风险作为一种经济现象,具有以下特征。

1)客观性。财务风险在企业的经营活动中存在着客观性,主要取决于客观环境的复杂、社会的发展和主观认识的局限,财务风险的客观性主要体现在它不以人的意志为转移的,所以其具有客观性。

2)系统性。系统性主要体现在整个财务活动中,其贯穿于企业的整个财务系统,并体现在各种财务关系上,是财务系统中各种矛盾的整体反映。

3)不确定性。财务风险的不确定性是说因为其具有不确定性,导致企业财务活动难以把握,使得财务活动变得复杂。而财务风险是偶然存在的,是否发生及何时、何地发生完全不受控制的,所以说财务风险蕴含着不确定性的特点。

4)可控性。财务风险的可控性主要体现在它并不是完全不受控制就产生的,也就是说我们可以通过一些规律推算出来。这就为我们提供了解决的办法,我们可以利用正确的技术方法,对企业可能产生的财务风险进行预测,包括其发生的时间、发生的程度等,并对各种结果发生做出估计和判断,同时对财务风险采取一定的措施进行防范和控制。

5)双重性。财务风险的双重性主要体现在它的两面性,也就是说可能给企业带来损失,也可能带来收益。风险与收益是呈正相关的,风险越大收益越高,反之亦然。

6)进步性。风险与竞争相辅相成,财务风险的产生会提高企业的竞争力。也就是说,如果企业遭受了财务风险,必然会使得企业为了避免这一风险,改善内部管理,提高经济效益,所以说财务风险具有进步性。

(2)房地产财务风险特点。

1) 房地产企业的财务特征。

a. 资产负债率偏高,公司风险加大。根据相关人员统计,国际范围内房地产企业的资产负债率界限一般是50%,前几年我国房地产市场飞速发展,国内多数房地产企业资产负债率普遍偏高,大多数高达70%以上,甚至80%以上。事实上,如果其资产负债率超过了70%,那么企业就已经面临着财务危机了。而近几年我国房地产进入楼市萧条时期,加之资产负债率偏高,这严重影响了企业的融资环境和融资渠道。在楼市萧条时期,如果房地产企业的资产负债率高达70%以上,那就意味着该企业存在严重的资金问题。

2014年,房地产开发企业资产负债率均值为77.00%,突破2010年的75.4%,并成为自2010年以来的新高点,且呈现出继续上升的趋势。如图2-1所示。

图2-1 房地产企业资产负债率均值走势图

b. 流动比率和速动比率持续下降。一般而言,企业流动比率和速动比率数值反映着短期偿债能力的高低,该指标越高表示企业短期偿债能力越强,反之越差。分析133家上市公司房地产企业的财务数据显示,2014年明显比2010年企业流动比率和速动比率数值低。自2010年开始,速动比率整体呈现下降的趋势,房地产企业资金状况逐渐恶化,如图2-2所示。

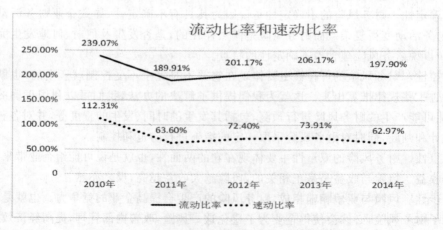

图2-2 房地产企业流动比率和速动比率均值走势图

c. 资产结构。资产结构是指企业在进行投资的过程中各种资产的构成比例,主要是指证券投资、流动资金投放和固定投资所占的比重,这里我们主要以流动资产为例。流动资产的均值从2010年到2014年呈现不稳定的状态,如图2-3所示。

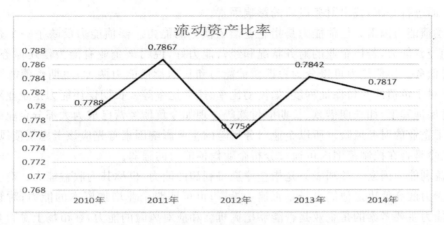

图2-3 房地产企业资产结构均值走势图

2) 房地产企业财务风险的特点。

根据房地产企业的特殊性,总结房地产企业财务风险有以下特点。

a. 周期长。房地产不同于其他制造业企业,它的周期性比较长。项目可行性、研究周围的配套设施建设和销售及售后服务等因素使得房地产公司的财务风险加大。周期长就面临着各种风险的可能,如宏观经济政策的变化、利率水平的变动等,都会影响房地产产品的销售情况,进而影响到企业的收益。

b. 特殊性。这里所说的特殊是房地产产品的特殊和组织结构的特殊。房地产产品的特殊性主要体现在土地与房屋属于不动产的范围,房地产产品的不可移动性是区别于其他商品的一个重要特征。房地产产品特殊性使得产品具有差异性,不同城市、不同地段、同一城市不同区域的差异性。房地产产品的价值主要跟其所在的地理位置、周围配套设施等有关,如果房地产企业将产品建立在地理位置好、周围配套设施齐全的地方,其产品价值也会明显偏高。所以房地产企业在投资产品之前一定要做好可行性分析,避免因地理环境变化而带来风险。组织结构的特殊是指附属公司的多样性,即很多房地产公司针对某个投资项目而成立的多个分公司。这种成立多个分公司的行为虽然具有一定的优势,但同时也增加了管理的风险。在财务方面,总公司对于分公司的预算和决算很难控制;在经营发面,总公司的战略目标与分公司可能不一致;在信息方面,总公司和分公司由于空间上的独立,获取信息上存在不确定性和滞后性。

c. 资金需求大。房地产产品的开发本身的造价很高,每一个环节都需要大量的资金涌入,而对于一般性的房地产企业来说,预售款和银行贷款成了获取资金的主要途径。房地产投资规模和融资方式与财务风险呈正相关,即规模越大、方式越多,所承担的风险也就会越大。也就是说,投资越大,回收周期越长,资金的流动性就越差,导致变现能力就越差。所以说融资方式越复杂,其对资金成本的控制就越困难,财务风险也就越大。

2.1.4 财务风险的主要影响因素

建立财务风险评价体系和财务风险预警模型时,需要考虑的因素很多,因此构建预警模型的基础工作为探索财务风险活动的影响因素。参考国内外学者的研究成果,为了使财务指标所反映的效果达到最佳状态,本论文在选择指标过程中遵循三个要点:从内容上看,要体现企业内部环境和外部环境的情况下,突出预测对风险的综合评价;获得途径上,保证财务指标易获得的情况下,且保证它的不可复制性;从选取结果上,指标应该具有可比性。

基于以上的考虑,本论文将从企业的偿债能力、运营能力、盈利能力和发展能力的四大经营能力方面进行分析,找出财务风险的影响因素。

(1)偿债能力因素。偿债能力是指企业偿还债务的能力。偿债能力反映了一个企业的财务状况和经营能力,若该企业的财务状况和经营能力好,说明该企业有能力偿还债务,反之无能力支付债务。偿债能力可以分为短期偿债能力和长期偿债能力两种,短期偿债能力是流动性的资产对于负债的支付保证程度,如流动比率、速动比率等。长期偿还能力是企业对长期负债的支付保证程度,如长期借款、长期应付款等。现如今负债经营已成为大部分企业的运转模式,加大了企业的财务风险。所以企业财务风险的主要影响因素首先应该考虑偿债风险,即判断财务风险是否在控制范围内可通过分析企业偿债能力的强弱。

(2)盈利能力因素。盈利能力是指企业赢得利润的能力,也称其为收益能力。对投资者来说,盈利能力的高低决定他们自身是否追加投资,也可证明企业增加资本的能力;对管理者来说,盈利能力主要考察的是企业是否能够把握机会和应对风险的能力,在市场上是否具有竞争能力,对于产品的质量是否具有创新能力和在生产经营过程中对成本控制是否具有制约力。虽然盈利能力包含的内容很广泛,但本论文将其可归于为三大方面,具体如下:

1)经营业务分析。该项分析可以分为营业利润和成本费用利润率分析。前者的高低可以证明企业未来发展能力的好坏,营业利润能力指标高说明企业拥有较强的竞争能力,同时也可能增加现金流量,从而降低财务风险,这里我们选取营业利润率,它是全部营业利润与全部营业收入之比。营业利润越高,即销售带来的利润越多,进而盈利能力越强;反之盈利能力越差。成本费用利润率分析中本论文选择成本费用利润率这一指标,指标的高低反映的是企业付出成本的多少,即指标越高,表明企业的生产成本越小,成本费用控制得就越好,盈利能力越强。

2)资产盈利能力。企业的盈利能力反映的是企业经营过程中赢得利润的能力,获利能力强说明该企业的盈利能力好,反之盈利能力差。本论文企业总资产获取利润的能力中将选择总资产报酬率这一指标,一般情况下,总资产报酬率与盈利能力是呈正比的,该指标越高,表明企业的资产利用效益越好,企业盈利能力就越强。

3)所有者投资资本盈利能力。在该能力中我们选择了总资产报酬率,该指标的计算主要包涵了企业负债融资资本产生的利润,对于投资者来说是否追加投资或是撤回投资是主要关心的问题,这时我们便选用净资产收益率这一指标。一般认为,净资产收益率越高,说明企业的运营效益越好,不管是对于企业投资人还是债权人利益的保证程度就越高。

(3)发展能力因素。发展能力是指企业不断发展自身的经营范围和生产的能力。信息使用者可以对发展能力进行评估,判断企业是否处于健康状态。一个企业如果想在变化莫测的市场中生存下来,就必须提高自己在社会中的价值,不仅依靠自身的条件还要取决于外部市场和宏观政策的因素,所以发展能力的不断上升是一个企业经营过程中必须考虑的问题,也是企业长期努力的过程。企业的每一个指标都从不同角度诠释着企业的发展状况,本论文将选择总资产增长率、资本保值增长率和营业收入增长率三个指标从不同层面反映企业的发展能力。

(4)营运能力因素。营运能力是企业的经营、运行的能力,也是评价企业资源利用效率的能力。体现运营能力的指标很多,通过这些指标的计算,可以帮助我们判断一个企业资源的利用率,通过企业资源利用率的好坏分配不同的经营策略,以此提高企业的经营能力。营运能力水平越高证实了企业的资金资产周转情况越好,企业的资产周转速度越快,该能力运转良好不仅可以说明该企业的经济资源管理效率良好,除此之外还确保企业能快速地赢得经营利润,从而降低了财务风险发生的概率。

2.2 财务风险预警概述

2.2.1 预警的概念

预警是指在风险来临之前,根据以往的经验和规律,运用一系列财务方法,得到可能性的结果。通过风险预警,对得到的结果分析,并警示有关人员及时采取应对措施,以实现规避风险,减少损失的目的。具体的措施有构建组织机构、设置非常规流程、指导政策的设立以及及时地调整政策和运作流程等。

预警研究可以分为政治预警、经济预警、自然灾害预警和军事预警等,本论文研究的财务风险预警属于从微观角度来考虑的预警研究。

2.2.2 财务风险预警的概念

企业财务风险预警是由"预警"演变而来的,它通常应用于宏观的景气分析,是指在企业经营活动中,通过运用相关方法,对不确定的财务状况、难以预料的经济因素进行预测,及时转变管理政策,以此规避风险。从微观角度来研究,财务风险预警是企业在出现销售业绩下降、资金不足、负债过重、管理混乱等危机情况之前进行的预警预报。

所谓财务风险预警是一个风险控制系统,通过采用计算、分析、统计、监控等方法,对财务会计信息进行研究分析。它的步骤为在财务会计信息资料中选择并确定预警指标,对已选的指标进行观察分析,对企业未来可能遇到的财务风险做实时监控和预测警示,并及时提醒相关人员,使其采取有效的措施。它根据企业的财务报表和经营计划等资料,对该企业的经营状况进行分析,发现可能存在的经营风险和财务风险,并能够在危机发生之前发出警告,促使经营管理者及时地调整经营计划,准确地采取有效措施,防患于未然,起到未雨绸缪的作用。

综上所述,当财务风险对企业所造成的危害达到一定等级时,就会导致财务危机。所以,此时的财务风险是财务危机的导火索,控制不当,就会给企业带来损失甚至造成破产的可能。因此,合理的财务风险预警能避免不必要的损失,将企业财务危机扼杀在摇篮中。

2.2.3 财务风险预警的作用

在企业的经营过程中,外部市场的复杂多变和内部决策的失误都有可能造成企业经营亏损而无力偿还债务的结果。对于一个企业的管理者来说,我们可以利用财务风险预警模型,对企业的财务状况进行实时监控和预测警示,及时发现危险信息并采取有效措施,将财务危机和风险降低到最低点。财务风险预警的作用主要体现在以下几方面。

(1)整合性。它是指财务、生产计划等信息的整合,对企业进行财务风险预警的首要任务为收集信息,包括政策信息、市场竞争信息、组织结构信息、经营状况信息等,并对其分析处理,判断企业在经营管理中是否存在财务危机。

(2)预测性,也称预知危机。企业将搜集到的信息进行同行企业对比,判定企业的财务状况处于哪种状态,或是预测企业即将面临哪种状况,以判断该企业是否处于财务危机之中。

(3)预报性。利用财务风险模型可以对企业的财务风险状况进行预测,当企业的财务状况恶化时,预警的结果会处于不寻常的状态,以此提示企业管理者,使其快速、准确地选取应对的方案,做到及时发现及时解决。

(4)控制性。它是指通过财务风险预警模型进行预警时,不仅可以发出预测警示,还能使企业管理者及时地找出其恶化的根源,并对其采取有效措施,控制财务状况的进一步恶化。

2.2.4 财务风险预警的必要性

一个企业健康正常的运行离不开良好的经营成果和健康的财务状况,它是企业确保成功的关键。据统计,由于财务危机破产的公司,与无完善的财务风险预警系统有密切关系。企业能够意识到财务风险的重要性,并建立完善的财务风险预警系统,及时发现问题,给经营管理者提供可能性结果,提前将企业财务风险降到最低,降低企业的经济损失。从理论上讲,财务风险预警系统是一套较全面较完善的预警系统。由于企业组织结构的多样化,使其内部控制的程度有所差异,造成财务风险的特征也不相同。因此,任何一个企业都有必要建立一套符合自身特点的财务风险预警系统,保证自身的正常运行。

对于房地产行业来说,高负债、高收益、高风险的特点加剧了企业的财务风险。由于我国资本市场发展不完善、金融工具单一等因素的影响,使得房地产企业的资金主要来源于银行贷款,这就造成了企业具有较高的负债率,进而使企业面临巨大的财务风险,并影响其自身的盈利能力。政府连续出台了一系列的宏观政策,来抑制过分高涨的房价、稳定房地产的交易价格。从实践上看,通过财务风险预警模型的分析,提前掌握在经营管理过程中需要面对的财务风险,并找出根源,及时做好防范,对于每一个企业都是必要的。综上所述,无论从理论角度还是实践角度,对于一个在竞争激烈的市场环境中生存的企业来讲,建立一个行之有效的财务风险预警系统很有必要。

2.2.5 财务风险预警方法的概述

关于财务风险评价模型的研究,国内外学者已取得较满意的成果。本论文选择经典的、国内外学者常用的几个财务风险预警方法,对其进行阐述。

(1)德尔菲法,也称专家意见法。1964年由 N. Dalkey 和 O. Helmer 正式提出了该方法,它是一种简单且实用的方法。如果遇到风险成因较复杂、影响较大的但又不能量化的问题,德尔菲法是一种很有效的解决方法。该方法的步骤:聘请若干名风险管理专家(财务人员发放调查表、提出问题并提供企业生产运营的相关资料);专家们根据所列问题提出自己的意见(财务人员汇总整理意见,将不同的意见和理由反馈给各位专家并请求再次提出建议,重复这样的动作直到意见统一);最后由财务人员根据结果汇总及分析。

(2)风险度评价法。财务危机使得企业遭受经济损失,经济损失的厉害程度可以进行分析评估,并将其区分为风险事故和风险事故发生频率的评价。一般来说,风险度评价可以分为1至10级,等级的高低与危险程度呈正相关,即级别越高,企业危险程度就越大。风险管理人员可以将损失概率分为经常发生、偶尔发生、不太可能发生和几乎不会发生。也将损失程度分为特大损失、重大损失、中等损失和轻微损失。该方法虽然简单但并没有得到广泛应用,其原因很大程度是因为风险评价方法的不严格性和客观性,使其越来越不适应风险管理的需要。

(3)单变量模型判别法。首先提出了单变量模型的是 Fitzpatrick,他通过对19家企业进行实证分析,并将这19家企业分成破产和非破产两组进行分析。研究结果显示:$\frac{净利润}{股东权益}$ 和 $\frac{股东权益}{负债}$ 两个指标的判别能力最高。由于该方法具有变量单一且方法简单的特点,被人们广泛应用在实践生活中。

(4)多变量模型。多变量模型,也称多元线性判定模型,是指建立一个由多个变量组成的鉴别函数,用它来预测财务风险的一种方法。最早由美国学者奥曼(Altman)提出,他建立了类似回归方程式的函数-Z 计分法模式。该模型的具体公式为

$Z = 0.012X_1 + 0.014X_2 + 0.033X_3 + 0.006X_4 + 0.999X_5$,其中,$Z$ 为判别函数值

$X_1 = \frac{运营资产}{总资产}$;$X_2 = \frac{留存收益}{总资产}$;$X_3 = \frac{息税前利润}{总资产}$;$X_4 = \frac{权益市场价值}{负债账面总价值}$;$X_5 = \frac{销售收入}{总资产}$

通常情况下，Z 值的高低与企业所遭受财务风险呈正比，即 Z 值越低，企业越有可能发生破产的可能。同时，Altman 还计算出企业破产的临界值：$Z > 2.99$，表明财务状况良好；$Z < 1.81$，表明存在很大的破产危险。

除此之外，多元变量模型中还出现了多元线性判别法、多元逻辑（Logit）模型、多元概率比（Probit）回归模型、人工神经网络分析法等。尽管国外在研究房地产预警方面的资料很少，但仍可以看出，国外研究的相关理论对房地产企业财务风险预警的研究是大有帮助的。自20世纪90年代以来，国外学者也越来越重视构建模型的方法来实施对房地产市场风险的有效监控。

对于我国财务风险预警研究始于20世纪80年代中期，主要从ST公司选取有用的指标作为样本，就整个行业和企业的特点选择模型进行实证分析。总结如下：

(1)主成分分析法。主成分分析法是将较多的一组指标变成较少的一组指标，使计算相对简单一种数学变换的方法。选择指标时，由于市场环境、政治因素等多方面的影响，最后得出的指标彼此之间存在相关性，这时我们可以采用主成分分析法，使其变为不相关的变量。主成分分析法的特点主要体现在保留原来指标的重要性且保持无关，却能体现其核心内容等，主成分分析可以有效地解决此类问题。

(2)层次分析法。层次分析法是一种层次权重决策分析方法，20世纪70年代初美国运筹学家匹兹堡大学教授萨蒂最先提出并使其得到应用。该方法主要是通过将所有目标分为三个及以上分层，如决策层、中间层和指标层。并分析下一层指标对于上一层指标的相关性，求出特征值和特征向量，以此算出下一层指标对于上一层指标的权重，再根据加权的方法算出对于总决策层权重的一种方法。由于该方法简洁实用、系统性强等优点被广泛地应用于本硕论文中。

(3)判别分析模型。判别分析模型是将研究内容进行分析和分类，判断其属于何种类型的一种统计分析模型。该模型是以费歇、贝叶斯等方法为基础，结合其研究内容，构建了数学模型，致使模型对研究对象的错判率最小。

(4)逻辑回归预测模型。逻辑回归模型是一种统计方法，在计算过程中已知一组自变量推算出一个因变量的一种方法。我国学者吴世农和卢贤义运用了该方法对财务风险进行了研究，并结合我国国情建立了相应的数学模型。结果显示：负债比率、薪金水平等6个指标的时效性较强。

(5)BP神经网络预测模型。1985年，由美国学者 Rumelhart 和 Mc Cielland 领导的小组提出了人工神经网络算法，由于这个算法本身的特点称其为BP算法，相应的网络为BP神经网络。目前，人工神经网络已在模式识别中得到了广泛的应用，它的映射能力和学习算法的研究相对进行的较为深入。

(6)功效系数法。功效系数法又叫功效函数法，它是德尔菲法、多元线性模型等企业评价法的综合体，该方法的基本思路首先是确定几个值，即满意值和不允许值，在确定满意值和不允许值时还应对指标进行归类，判断其属于极小型变量、极大型变量、区间型变量还是稳定型变量。已知指标类型、满意值和不允许值及实际值，根据公式求出该指标的单项功效系数，采用层次分析法求出各个指标的权重，对其加权计算，最后得出综合功效系数。功效系数法利用功效系数法计算综合评分值的传统公式为

$$风险指数 = \sum(单项指标评分值 \times 指标权重)$$

$$单项指标评分值 = 60 + 功效系数 \times 40$$

$$功效系数 = \frac{(指标实际值 - 指标最低值)}{(指标满意值 - 指标最低值)}$$

在模型应用时,将不同指标预警的结果与因素预警综合起来,这种预警方法综合了多种因素的影响,从而得出一个综合性的预警模式。该方法主要运用了有关数据处理方法,先求出一个指标的系数,在以指标权重为基础,加权得出一个综合性的系数,并确定该系数的值所处的范围来判断为何种警报。具体警限区间见表2-1。

表2-1 综合功效系数及判别警限区间

综合功效系数	警限区间	风险状态等级说明
小于60	巨警	企业财务状况极不稳定,大部分评价指标严重恶化,企业面临破产危机。
60~70	重警	企业财务状况趋向恶化,多数评价指标存在严重问题,企业经常出现财务困境,财务风险发生的可能性很大。
70~80	中警	企业经营出现波动,部分企业指标体现存在明显缺陷,财务状况可疑,企业明显存在发生财务风险的可能。
80~90	轻警	企业财务状况基本稳定,个别评价指标表现不太理想,企业存在发生财务风险的可能,相关主体开始关注企业经营状况。
大于90	无警	企业经营活动正常,财务状况稳定,各项评价指标表现良好,企业根本不存在发生财务风险的可能。

综上所述,国内外学者大都倾向于使用多元变量建立预警模型,而本论文将采用功效系数法对LD集团公司进行财务风险预警。主要考虑以下几点:选择指标和确定权重采用定量和定性相结合的方法,即用德尔菲法选择财务指标,用层次分析法确定其权重;在确定指标及其计算权重时,本论文采用德尔菲法和层次分析法,这里我们选择功效系数法可以有效地避开层次分析法的不足,最大限度地减少误差,使其客观地反映企业效绩状况,准确、公正地评价企业效绩;研究生论文的研究条件有限,采用该方法能较快速、便捷、准确地处理财务数据。

3 LD集团公司财务现状

3.1 LD集团公司的简介

LD集团公司创立于1992年7月18日,其总部设立于中国上海,它是中国第一家踏入世界500强的以房地产为主业的企业。2015年位居《财富》世界500强第258位,其房地产项目遍布于国内外主要区域,国内包括北京、上海、天津、广州、青岛、重庆、南京、合肥、杭州、武汉、济南、宁波、苏州、西安、乌鲁木齐、昆明、呼和浩特、太原、沈阳、海口等全国25个省市自治区80余座城市,国外包括英国、加拿大、美国、澳大利亚、韩国、泰国、德国等海外九国十二城。未来,LD集团公司将寻找并抓住机会,以资本市场为基础,争取将其转变成为新型的企业,使其进一步的迈进多元化的发展道路。

房地产项目本身是LD集团公司的核心产业,其项目的规模、产品的种类、品牌的质量均超过国内同行业的水平,尤其是在超高层、产业园、商务区及城市综合体领域。其中超高层建筑已超过17幢。LD集团公司通过采取各种有效的措施提高其自身的核心竞争力,使其发展成为国际知名、管理有序,跨行业、跨国经营的一流企业。力求得到政府和社会各界的关注和支持,不断做强、做大、做响、做久。

3.2 LD集团公司的财务状况及财务风险分析

3.2.1 LD集团公司的财务状况

LD集团公司2014年度经审计后的净利润为负值,2014年实现营业收入11 027.97万元,较去年同期减少了78 213.95万元,LD集团房地产业为亏损。LD集团公司的总体财务状况较差,具体分析如下:

(1)实际利润分析。从表3-1可以看出,2012—2014年期间虽然2013年相对于2012年销售收入上升了4.5万左右,但是2014年比2013年下降了7.8万元。实际利润持续下降,公司出现了较大幅度的经营亏损,公司经营形势逐渐恶化。

表3-1 实现利润增减变化表

项目名称	2014年		2013年		2012年	
	数值/万元	增长率/(%)	数值/万元	增长率/(%)	数值/万元	增长率/(%)
销售收入	11 027.97	-87.64	89 241.92	102.70	44 025.71	-52.07
实现利润	-35 521.58	-498.25	8 919.37	-25.65	11 996.81	-50.17
营业利润	-39 340.85	-575.37	8 275.82	-21.71	10 570.45	-55.02
投资收益	14 329.32	87.38	7 647.14	-41.98	13 179.57	-24.67
营业外利润	3 819.27	493.47	643.55	-54.88	1 426.35	147.57

(2)成本分析。由表3-2和3-3可以看出,2014年营业成本为-1 701.98万元,与2013年的40 412.63万元相比减少了42 114.61万元。2014年营业成本占营业收入的比例为-15.43%,2013年为45.28%,可见营业成本的控制水平有所提高。2014年销售费用为10 828.76万元,与2013年的15 480.49万元相比有较大幅度下降,下降了30.05%。2014年销售费用大幅度下降的同时营业收入也有较大幅度的下降,下降了87.64%,但由于营业收入下降的幅度比投入的幅度下降得快,使得经营业务开展得并不太理想。2014年管理费用相对于2012年下降了1 369.59万元,占销售收入的比例为69.69%,但与2013年中管理费用占销售收入的比值来看,其具有一定程度的提高,增加了59.72个百分点。通过分析得出,在销售收入大幅度下降的情况下,管理费用虽然也有一定程度的下降,但其下降的速度明显慢于销售收入,由此可证明LD集团公司的管理费用并没有得到有效控制,从而导致经营业务的盈利水平大幅度下降。

表3-2 成本构成表(占成本费用总额的比例)

项目名称	2014年		2013年		2012年	
	数值/万元	百分比/(%)	数值/万元	百分比/(%)	数值/万元	百分比/(%)
成本费用总额	28 368.88	100.00	84 998.09	100.00	46 544.95	100.00
营业成本	-1 701.98	-6.00	40 412.63	47.55	11 115.24	23.88
营业税金及附加	1 073.26	3.78	11 565.97	13.61	3 184.90	6.84
销售费用	10 828.76	38.17	15 480.49	18.21	13 961.52	30.00
管理费用	7 685.49	27.09	8 902.52	10.47	9 055.08	19.45
财务费用	10 483.35	36.95	8 636.49	10.16	9 228.22	19.83

表 3-3 成本构成变化情况表(占营业收入的比例)

项目名称	2014 年		2013 年		2012 年	
	数值/万元	百分比/(%)	数值/万元	百分比/(%)	数值/万元	百分比/(%)
营业收入	11 027.97	100.00	89 241.92	100.00	44 025.71	100.00
营业成本	−1 701.98	−15.43	40 412.63	45.28	11 115.24	25.25
营业税金及附加	1 073.26	9.73	11 565.97	12.96	3 184.90	7.23
销售费用	10 828.76	98.19	15 480.49	17.35	13 961.52	31.71
管理费用	7 685.49	69.69	8 902.52	9.98	9 055.08	20.57
财务费用	10 483.35	95.06	8 636.49	9.68	9 228.22	20.96

(3)资产结构及负债结构分析。由表 3-4~表 3-6 可知,2012—2014 年间公司的总资产有较大程度的增长,增幅约为 24.86%,其中存货、长期待摊费用和其他流动资产相应增加,使得资产总额增加了 226 330.14 万元。根据表 3-5,2014 年与 2013 年相比,2014 年存货出现不合理增长,且应收账款和其他应收款占销售收入的比例一定程度的下降。总体来看,流动资产增长与营业收入增长相比,虽然前者比后者增长速度快,但其资产的盈利能力却没有提高。因此相对于前两年来说,资产结构呈现恶化趋势。

与此同时,公司的总负债也呈现出直线上升水平,从 376 564.01 万元增长至 557 395.21 万元,增幅约为 48.02%。总体来说,LD 集团公司的负债规模较大幅度增加,从而使其负债压力有较大幅度的提高。

表 3-4 资产构成表

项目名称	2014 年		2013 年		2012 年	
	数值/万元	百分比/(%)	数值/万元	百分比/(%)	数值/万元	百分比/(%)
总资产	744 930.45	100.00	615 887.95	100.00	596 631.55	100.00
流动资产	629 717.54	84.53	481 246.37	78.14	428 070.48	71.75
长期投资净额	111 851.51	15.02	131 182.71	21.30	126 289.33	21.17
固定资产	1 567.04	0.21	1 354.71	0.22	40 004.80	6.71
其他	1 794.35	0.24	2 104.15	0.34	2 266.94	0.38

表 3-5 主要资产项目变化情况表

项目名称	2014 年		2013 年		2012 年	
	数值/万元	增长率/(%)	数值/万元	增长率/(%)	数值/万元	增长率/(%)
流动资产	629 717.54	30.85	481 246.37	12.42	428 070.48	11.90
长期投资	111 851.51	−14.74	131 182.71	3.87	126 289.33	−6.84
固定资产	1 567.04	15.67	1 354.71	−96.61	40 004.80	−4.45
存货	554 911.75	66.92	332 436.74	12.74	294 879.93	14.77
应收账款	1 811.63	−94.33	31 941.72	419.53	6 148.15	−15.15
货币性资产	53 997.30	−12.67	61 831.64	−16.81	74 323.57	−4.27

表 3-6 负债及权益构成表

项目名称	2014 年		2013 年		2012 年	
	数值/万元	百分比/(%)	数值/万元	百分比/(%)	数值/万元	百分比/(%)
负债及权益总额	744 930.45	100.00	615 887.95	100.00	596 631.55	100.00
所有者权益	187 535.24	25.17	220 146.14	35.74	220 067.53	36.88
流动负债	535 991.81	71.95	257 665.12	41.84	185 086.69	31.02
非流动负债	21 403.40	2.87	138 076.69	22.42	191 477.33	32.09

(4)偿债能力分析。由表 3-7 可知,2012—2014 年公司的流动比率持续低于行业水平,并且呈现下降趋势,其中 2014 年的流动比率为 1.17,可见公司的短期偿债能力较弱。2014 年速动比率为 0.14,与 2013 年的 0.58 相比有较大下降,下降了 0.44。由于速动资产增加速度慢于流动负债的增长速度,致使速动比率下降。利息保障倍数明显下降,从短期来看 LD 集团公司日常经营活动需要资金,所需的资金主要依赖短期借款,如果对方要求全部偿还其债务本息会有一定困难。

表 3-7 偿债能力指标表

项目名称	2014 年	2013 年	2012 年
流动比率	1.17	1.87	2.31
速动比率	0.14	0.58	0.72
利息保障倍数	−2.39	2.03	2.30
资产负债率	0.75	0.64	0.63

(5)盈利能力分析。在营业收入方面,三年的数据均呈现下降趋势。企业投入自身经营业务的经营资产收益率为-6.22%,处于亏损状态,而对于外部投资项目的收益率为12.81%。从企业内外部资产的盈利情况来看,对外投资的收益率与内部资产收益率相比,前者明显大于后者,说明该集团公司对外投资总体是令人满意的,但内部经营资产的能力明显偏低。由表3-8可知,成本费用利润率、资产报酬率和净资产收益率等指标均趋于下降状态,经营状况并不乐观,盈利能力依旧很低。

表 3-8 盈利能力指标表

项目名称	2014 年	2013 年	2012 年
营业毛利率	105.70%	41.76%	67.52%
营业利润率	-356.74%	9.27%	24.01%
成本费用利润率	-125.21%	10.49%	25.77%
总资产报酬率	-3.68%	2.90%	3.66%
净资产收益率	-18.06%	3.10%	4.89%

(6)营运能力分析。在资产运营方面,公司的存货周转率相对于2012年明显下降,公司的应收账款周转率始终低于行业平均水平。由于该集团公司的平均应收账款下降的速度比营业收入的下降速度慢,延缓了应收账款周转的天数。从应收账款、存货、应付账款三者占用资金数量及其周转速度的关系来看,营业周期也逐渐缓慢,见表3-9。

表 3-9 营运能力指标表   单位:天

项目名称	2014 年	2013 年	2012 年
存货周转天数	-93 845.24	2 794.10	8 935.93
应收账款周转天数	550.93	76.83	54.76
应付账款周转天数	-8 303.28	151.90	546.23
营业周期	-93 294.31	2 870.93	8 990.69

(7)发展能力分析。由表3-10可以看出,主营业收入增长率虽然在2013年表现最好,但2014年比2013年呈直线下降状态。净利润增长率和净资产增长率相对于前几年来说明显下降,但2014年的总资产增长率比2012年增长了14%左右。总体来说,销售收入并不稳定、盈利状况逐步恶化、资本出现停滞状态等一系列问题。

表 3-10 发展能力指标表   单位:%

项目名称	2014 年	2013 年	2012 年
主营业务收入增长率	-87.64	102.7	-52.07
净利润增长率	-640.09	-35.36	-48.4
净资产增长率	-14.81	0.04	4.19
总资产增长率	20.95	3.23	6.09

3.2.2 LD 集团公司的财务风险分析

从 LD 集团公司的财务数据可以得出,LD 集团公司的资本结构、流动比率、营业收入增长率等指标均不够乐观,财务状况趋于恶化状态,使得 LD 集团公司的长期、短期借款不能得到保证,所以 LD 集团公司依旧有着巨大潜在性的经营风险。

除此之外,国家宏观政策的不确定性、汇率的波动性、市场的饱和性等外部因素都会影响企业经营效益。加之,金融市场的波动和反复加剧了企业的财务风险,资金外流使社会经济状况明显下降,一定程度上影响着房地产行业的发展。

上述的外部风险因素,因为其风险因素难以把握,致使企业的现金流压力加大。如果 LD 集团公司能够合理地评估变化多端的外部环境,并能够灵活地应对政治环境、市场竞争、管理不当等风险因素,最终将该集团公司的财务风险降到最低,使该集团公司能正常运营和盈利。

3.3 LD 集团公司财务风险预警的必要性

通过以上对 LD 集团公司外界环境及财务现状的分析,发现该集团公司面临着以下一些问题。

(1)从整体房地产行业的角度看,近几年来,国内房地产企业的扩张、宏观政策的打压和市场趋于饱和状态,以及同行竞争日趋激烈,使得整个行业面临着库存压力大、利润空间变小等问题。

(2)从对 LD 集团公司财务现状的分析可以看出,该集团公司的许多财务指标波动很大。虽然没有经历退市风险的警示,但从各项财务数据中可以发现,近几年来该集团公司的经营并不稳定,如偿债能力逐渐减弱、营运能力逐年缓慢、经营状况不乐观、盈利能力较低,除了总资产增长率较高以外,其余的发展能力指标逐年减弱,后期发展潜力不足,蕴含着一定财务风险,为该集团公司的经营带来了很大的挑战。

面对上述问题,LD 集团公司有必要通过建立完善的财务风险预警系统,及早地发现集团公司的财务风险,促使公司经营管理人员及时采取有效措施,调整管理政策,从而有效地防范公司面临的各种财务风险。

4 LD 集团公司财务风险预警模型的建立

4.1 指标选取和体系的建立

本论文采用德尔菲法向 8 位专家(六位企业财务高管、两位高校老师)征询意见,结合 LD 集团公司的财务特点,从偿债能力、运营能力、盈利能力和发展能力四方面深入分析,选出其中 15 个财务指标来构建 LD 集团公司财务风险评价指标体系(见表 4-1)。

表 4-1 LD 集团公司财务风险评价指标体系

决策目标层	中间层	评价指标层	公 式	含 义
财务风险评价指标体系	偿债能力	流动比率	（流动资产÷流动负债）×100%	流动比率，指 LD 集团公司流动资产的总额与流动负债总额之比。流动资产，是指 LD 集团公司可以在一年或者超过一年的一个营业周期内变现或者运用的资产。从流动比率的公式可以看出，比率越高，说明该集团公司的资产流动性越大。但这并不意味着流动比率越大就越好，如果流动比率过大，会影响经营资金周转效率和获利能力，行业上一般认为最合理的为 2∶1。在这种比率下，即使流动资产有一半在短期内不能变现，也能保证全部的流动负债能够偿还
		速动比率	（速动资产÷流动负债）×100%	速动比率是 LD 集团公司的速动资产总额与流动负债总额之比。速动比率和流动比率都反映着 LD 集团公司的资金流动性，而速动资产是可以立即变现的那部分资产，故速动资产能避免流动性差的现象。即存货发生的积压、滞销、残次、冷背等情况使其流动性差。速动资产若出现负值，则说明企业不能负担当前的债务，面临财务风险
		资产负债率	（期末负债总额÷资产总额）×100%	资产负债表即是 LD 集团公司年末的负债总额与全部资产总额之比。资产负债比率是评价 LD 集团公司的偿债能力的重要指标。资产负债比率是评价企业偿债能力的重要指标，资产负债比率越小，说明企业的净资产越高；当资产负债表为 100% 时，说明该集团公司已经资不抵债了。故资产负债比率能反映企业的偿债能力
		利息保障倍数	（利润总额+利息费用）÷利息费用	利息保障倍数（time interest earned ratio），又称已获利息倍数（或者叫作企业利息支付能力比较容易理解），是企业息税前利润与利息费用之比。企业生产经营所获得的息税前利润与利息费用相比，倍数越大，说明企业支付利息费用的能力越强。因此，债权人要分析利息保障倍数指标，以此来衡量债权的安全程度
		长期债务与运营资金比率	长期负债÷（流动资产-流动负债）	长期债务与营运资金比率就是企业的长期债务与营运资金相除所得的比率。该指标与企业的偿债能力呈现反比。即指标越低，企业的短期偿债能力较强，同时还预示着企业未来偿还长期债务的保障程度也较强

续 表

决策目标层	中间层	评价指标层	公 式	含 义
运营能力		应收账款周转率	赊销收入净额÷平均应收账款余额	从公式可以看出,该比率的高低直接关系到企业的赊销收入情况,除销收入若能在短时间内收回将使得企业账面利润转化为真实的现金流,说明LD集团公司在销售中现金创造能力强,信用管理工作到位,这种快速的流动性不仅减小了账务坏账的风险,避免了可能的损失,而且保障了企业自身债务的偿还能力
		存货周转率	销货成本÷平均存货余额×100%	存货作为占企业流动资产比例二分之一以上的重要组成部分,常用来测试企业的经营效率。该指标越高,资金流动性越大,说明LD集团公司存货管理水平越高,也就是说存货的变现能力就越强。通过对存货周转率的分析,能清晰地看到该集团公司存货的管理及使用情况
		流动资产周转率	(主营业务收入净额÷平均流动资产总额)×100%	这个指标是流动资产对营业收入的贡献情况,在一定时期内,流动资产周转率越高即流动资产周转次数越多,说明流动资产的利用率越好,即占用一定量的流动资产企业获得收入就越多,该指标直接反映LD集团公司的生产经营状况
盈利能力		营业利润率	(营业利润÷营业收入)×100%	营业利润越高,即销售带来的利润越多,进而盈利能力越强;反之盈利能力越差
		成本费用利润率	(利润总额÷成本费用总额)×100%	成本费用利润率越高,表明企业为取得利润而付出的代价越小,成本费用控制得越好,盈利能力越强
		总资产报酬率	(息税前利润总额÷平均资产总额)×100%	一般情况下,总资产报酬率越高,表明LD集团公司的资产利用效益越好,整个企业盈利能力越强
		净资产收益率	(净利润÷平均净资产)×100%	一般认为,净资产收益率越高,LD集团公司自有资本获取收益的能力越强,运营效益越好,对企业投资人、债权人利益的保证程度越高

续 表

决策目标层	中间层	评价指标层	公 式	含 义
	发展能力	营业收入增长率	（营业收入增长额÷上年营业收入总额）×100%	营业收入增长率是指本年营业收入与上一年营业收入之比。该指标反映了当年的销售收入变化程度,通常观察连续几年的销售业绩变化计算平均收入增长率,由此能够预估出近期的销售增长水平,该指标越高表明LD集团公司的产品销量成绩越好,逐步占有市场的同时也预示着其未来发展空间更广阔
		总资产增长率	（总资产增长额÷期初资产总额）×100%	总资产增长率是指总资产增长额与期初资产总额之比。该比率的高低体现了企业资产在这段时期的增长速度,同时反映出LD集团公司资产的运作效果,增长率越高说明在这一会计期间内资产规模得到了快速提高,有助于后续发展的壮大,但这种成长有多少是由投资带来的真实效益、是否存在质与量的同增长等问题都是我们在使用数据时需注意的,谨防隐藏的财务风险
		资本保值增长率	（期末所有者权益÷期初所有者权益）×100%	资本保值增长率是指期末所有者权益与期初所有者权益之比。也就是说资本保值增长率越高,说明LD集团公司有能力偿还债务,资本的保全状况就越好;反之资本保全状况差

4.2 LD集团公司财务风险预警模型的构建

4.2.1 财务指标分类、标准值确定及单项系数的计算

本文采用功效系数法构建财务预警模型,能够客观地反映LD集团公司的财务状况。首先要对选择的预警指标根据自身或行业经验规定其标准值,即设定其满意值和不允许值。当选定了满意值和不允许值之后,以不同计算公式为依据,确定各个指标的类型和其单项功效系数的值,再应用了德尔菲法和层次分析法相结合的方法,确定各指标及其权重,根据其权重对其进行加权计算得出相应的数值,即为该集团公司的综合功效系数。最后根据综合功效系数所在的警限范围对其进行财务风险预警。

这里应该注意的是,在计算单项功效系数的时候,应需要注意几个标准:极大型变量(极大型变量即为指标越大越好)、极小型变量(指标的实际值越小越好)、区间型变量(指标在某一区间上最好)和稳定型变量(指标若在某一点时处于最好状态)。

对上述四类变量分别设计单项功效系数：

(1)极大型变量的单项功效系数 $=\begin{cases} \dfrac{(实际值-不允许值)}{(满意值-不允许值)} \times 40+60 & (实际值<满意值) \\ 100 & (实际值 \geqslant 满意值) \end{cases}$

(2)极小型变量的单项功效系数 $=\begin{cases}\dfrac{(实际值-不允许值)}{(满意值-不允许值)}\times 40+60 & (实际值>满意值)\\ 100 & (实际值\leqslant 满意值)\end{cases}$

(3)区间型变量单项功效系数 $=\begin{cases}\dfrac{(上限不允许值-实际值)}{(上限不允许值-上限值)}\times 40+60 & (实际值>上限值)\\ 100 & (下限值\leqslant 实际值\leqslant 上限值)\\ \dfrac{(实际值-下限不允许值)}{(下限值-下限不允许值)}\times 40+60 & (实际值<下限值)\end{cases}$

(4)稳定型变量单项功效系数 $=\begin{cases}\dfrac{(上限不允许值-实际值)}{(上限不允许值-满意值)}\times 40+60 & (实际值>满意值)\\ \dfrac{(实际值-下限不允许值)}{(满意值-下限不允许值)}\times 40+60 & (实际值\leqslant 满意值)\end{cases}$

4.2.2 LD集团公司财务风险评价指标的权重

本论文通过对财务高管和高校老师进行多次征询,得出15个财务指标,并利用层次分析法根据各指标的重要性确定其权重。具体步骤如下:

(1)构建财务风险评价指标的结构层次。主要分为三层,分别是决策目标层、中间层和评价指标层(见图4-1)。其中,决策目标层为LD集团财务风险;中间层为偿债能力、运营能力、盈利能力和发展能力;评价指标层为资产负债率、速动比率等15个指标。

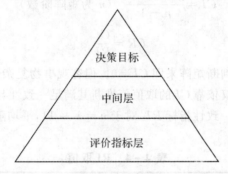

图4-1 结构图

(2)计算矩阵的特征向量和特征值。构建两两对比的矩阵,使其上层为目标层,下层为因素层,比较下一层对于上一层的相关性,见表4-2。本论文通常采用1,2,…9及1,1/2,…1/9作为标度(见表4-3)。标度的判断值可根据调研情况、专家意见等综合考量。

表4-2 指标层次分类表

决策目标层	财务评价指标体系 U			
中间层	偿债能力	运营能力	盈利能力	发展能力
评价指标层	流动比率 速动比率 资产负债率 利息保障倍数 长期债务与营运资金比率	应收账款周转率 存货周转率 流动资产周转率	营业利润率 成本费用利润率 总资产报酬率 净资产收益率	营业收入增长率 总资产增长率 资本保值增长率

表 4-3　判断矩阵的标度及含义

标　度	含　义
1	同等重要
3	下层指标比上层指标稍微重要
5	下层指标比上层指标明显重要
7	下层指标比上层指标非常重要
9	下层指标比上层指标极端重要
2、4、6、8	取上述两相邻判断的中值
倒数	相邻两因素交换次序比较的重要性

（3）一致性的检验。计算矩阵的特征向量和特征值之后，可求出 CI 和 CR 的值。其中 CR 为一致性比率，RI 为平均随机一致性指标，当 CR＜0.10 时，层次单排序结果具有满意的一致性，否则，通过调整判断矩阵各因素的取值，直到具有满意一致性为止，则有

$$CI = \frac{\lambda \max - n}{n-1} \quad (n \text{ 为矩阵阶数})$$

$$CR = \frac{CI}{RI}$$

一般情况下，具有一致判断矩阵来即 CI＝0。但客观事物复杂性、人们认识多样性等与其规模等方面的大小有关，仅仅依靠 CI 的取值值推断其满足一致性与论文研究结果是相差甚远的。因此，引进了平均随机一致性指标 RI，对于 n＝1～11，平均随机一致性指标 RI 的取值见表 4-4。

表 4-4　RI 取值

n	1	2	3	4	5	6	7	8	9	10	11
RI	0	0	0.58	0.90	1.12	1.24	1.32	1.41	1.45	1.49	1.51

计算上一层因素的权重是根据同一层次中所有层次单排序的计算结果求得的，即单排序特征向量为 $\omega_i = [\omega_1, \omega_2, \cdots \omega_n]^T$，指标层对中间层的层次单排序特征向量为 $\omega_{ij} = [\omega_1, \omega_2, \cdots \omega_n]^T$，则两者相乘即为指标层相对于目标层 U 的权重。检验层次总排序一致性的公式为

$$CR = \frac{\sum_{i=1}^{n} \omega_i CI_i}{\sum_{i=1}^{n} \omega_i RI_i}$$

其中，ω_i 为指标层对中间层的特征向量，CI_i 和 RI_i 分别为相应的层次一致性指标和平均随机一致性指标。结果具有满意的一致性即 CR＜0.10，否则就需要对判断矩阵进行调整。重复以上的步骤，直至结果满足一致性。

通过向 8 位专家征询意见，结合 LD 集团的财务特点，确立了下层指标对上层指标的相对

重要性。具体如下：

构建判断矩阵 $A(U_i \to U)$（相对于财务 U 风险而言，偿债能力 U_1、运营能力 U_2、盈利能力 U_3 和发展能力 U_4 之间相对重要性比较），矩阵 A 为

$$A = \begin{bmatrix} U_i - U & U_1 & U_2 & U_3 & U_4 \\ U_1 & 1 & 2 & \frac{1}{2} & 3 \\ U_2 & 2 & 1 & \frac{1}{3} & 2 \\ U_3 & 2 & 3 & 1 & 3 \\ U_4 & \frac{1}{3} & \frac{1}{2} & \frac{1}{3} & 1 \end{bmatrix}$$

求得矩阵 A 的最大特征值 $\lambda_{\max} = 4.0710$。

特征向量是 $\boldsymbol{\omega}[0.2829 \quad 0.1636 \quad 0.4476 \quad 0.1059]^{\mathrm{T}}$，即 U_1、U_2、U_3、U_4 相对于 U 的权重分别为 $W_1 = 0.2829, W_2 = 0.1636, W_3 = 0.4476, W_4 = 0.1059$。求得 $CR = 0.0266, CR = 0.0266 < 0.10$，故矩阵具有满意一致性。

判断矩阵 $\boldsymbol{B}(U_{1j} \to U_1)$（相对于偿债能力 U_1 而言，流动比率 U_{11}、速动比率 U_{12}、资产负债率 U_{13}、利息保障倍数 U_{14}、长期债务与运营资金比率 U_{15} 之间相对重要性比较），构造矩阵 B，有

$$B = \begin{bmatrix} U_{1j} - U_1 & U_{11} & U_{12} & U_{13} & U_{14} & U_{15} \\ U_{11} & 1 & 2 & \frac{1}{4} & 3 & 3 \\ U_{12} & \frac{1}{2} & 1 & \frac{1}{5} & 2 & 2 \\ U_{13} & 4 & 5 & 1 & 4 & 4 \\ U_{14} & \frac{1}{3} & \frac{1}{2} & \frac{1}{4} & 1 & \frac{1}{4} \\ U_{15} & \frac{1}{3} & \frac{1}{2} & \frac{1}{4} & 4 & 1 \end{bmatrix}$$

求得矩阵 B 的最大特征值 $\lambda_{\max} = 5.4292$。

特征向量 $\boldsymbol{\omega}[0.2057 \quad 0.1261 \quad 0.4895 \quad 0.0638 \quad 0.115]^{\mathrm{T}}$，即 U_{11}、U_{12}、U_{13}、U_{14} 相对于 U_1 的权重分别为 $W_{11} = 0.2057, W_{12} = 0.1261, W_{13} = 0.4895, W_{14} = 0.0638, W_{15} = 0.115$。求得 $CR = 0.0958, CR = 0.0958 < 0.10$，故矩阵具有满意一致性。

判断矩阵 $C(U_{2j} \to U_2)$（相对于运营能力 U_2 而言，应收账款周转率 U_{21}、存货周转率 U_{22}、流动资产周转率 U_{23} 之间相对重要性比较），构造矩阵 C，有

$$C = \begin{bmatrix} U_{2j} - U_2 & U_{21} & U_{22} & U_{23} \\ U_{21} & 1 & \frac{1}{3} & 4 \\ U_{22} & 3 & 1 & 6 \\ U_{23} & \frac{1}{4} & \frac{1}{6} & 1 \end{bmatrix}$$

求得矩阵 C 的最大特征值 $\lambda_{max}=3.0536$。

特征向量是 $\boldsymbol{\omega}[0.2706\quad 0.6442\quad 0.0852]^T$，即 U_{21}、U_{22}、U_{23} 相对于 U_2 的权重分别为 $W_{21}=0.2706, W_{22}=0.6442, W_{23}=0.0852$。求得 $CR=0.0516, CR=0.0516<0.10$，故矩阵具有满意一致性。

判断矩阵 $D(U_{3j}\rightarrow U_3)$（相对盈利能力 U_3 而言，营业利润率 U_{31}、成本费用利润率 U_{32}、总资产报酬率 U_{33}、净资产收益率 U_{34} 之间相对重要性比较），构造矩阵 D，有

$$D=\begin{bmatrix} U_{3j} & U_{31} & U_{32} & U_{33} & U_{34} \\ U_{31} & 1 & 2 & 3 & 5 \\ U_{32} & \frac{1}{2} & 1 & 2 & 3 \\ U_{33} & \frac{1}{3} & \frac{1}{2} & 1 & 2 \\ U_{34} & \frac{1}{5} & \frac{1}{3} & \frac{1}{2} & 1 \end{bmatrix}$$

求得矩阵 D 的最大特征值 $\lambda_{max}=4.0145$。

特征向量是 $\boldsymbol{\omega}[0.4829\quad 0.272\quad 0.157\quad 0.0882]^T$，即 U_{31}、U_{32}、U_{33}、U_{34} 相对于 U_3 的权重分别为 $W_{31}=0.4829, W_{32}=0.272, W_{33}=0.157, W_{34}=0.0882$。求得 $CR=0.0054, CR=0.0054<0.10$，故矩阵具有满意一致性。

判断矩阵 $D(U_{4j}\rightarrow U_4)$（相对于发展能力 U_3 而言，营业收入增长率 U_{31}、总资产增长率 U_{32}、资本保值增值率 U_{33} 之间相对重要性比较），构造矩阵 D，有

$$E=\begin{bmatrix} U_{4j} & U_{41} & U_{42} & U_{43} \\ U_{41} & 1 & \frac{1}{2} & \frac{1}{3} \\ U_{42} & 2 & 1 & \frac{1}{3} \\ U_{43} & 3 & 3 & 1 \end{bmatrix}$$

求得矩阵 D 的最大特征值 $\lambda_{max}=3.0536$。

特征向量是 $\boldsymbol{\omega}[0.1571\quad 0.2493\quad 0.5936]^T$，即 U_{31}、U_{32}、U_{33} 相对于 U_4 的权重分别为 $W_{31}=0.1571, W_{32}=0.2493, W_{33}=0.5936$。求得 $CR=0.0516, CR=0.0516<0.10$，故矩阵具有满意一致性。

以上各矩阵均通过一致性检验。最后，对层次总排序进行一致性检验。表 4-5 即为 LD 集团公司财务风险评价指标的权重，其层次总排序具有满意的一致性。

表 4-5 LD 集团财务风险评价指标的权重

备选方案	权 重
营业利润率	0.2161
资产负债率	0.1385
成本费用利润率	0.1217

续　表

备选方案	权　重
存货周转率	0.105 4
总资产报酬率	0.070 3
营业收入增长率	0.062 9
流动比率	0.058 2
应收账款周转率	0.044 3
净资产收益率	0.039 5
速动比率	0.035 7
长期债务与运营资金比率	0.032 5
总资产增长率	0.026 4
利息保障倍数	0.018 1
资本保值增值率	0.016 6
流动资产周转率	0.013 9

4.2.3　综合系数的计算：

$$综合功效系数 = \frac{\sum(单项功效系数 \times 该指标的权重)}{权重}$$

根据综合功效系数的大小，判别财务警限区间，见表 4-6。

表 4-6　综合功效系数及判别警限区间

综合功效系数	警限区间
小于 60	巨警
60～70	重警
70～80	中警
80～90	轻警
大于 90	无警

根据功效系数法进行预警，通过对综合功效系数的计算，根据警情表将财务风险分为巨警（综合功效系数小于 60）、重警（综合功效系数介于 60～70）、中警（综合功效系数介于 70～80）、轻警（综合功效系数介于 80～90）、无警（综合功效系数大于 90）等五种警情，可根据它来监控房地产公司财务风险状况。

5 LD集团公司财务风险预警实证研究

5.1 功效系数法的应用

5.1.1 财务风险评价指标的分类和标准值的确定

本论文中涉及的指标标准值是根据133家房地产上市公司的平均值进行计算得出的,财务风险评价指标的分类及其标准值见表5-1。

表5-1 财务风险评价指标的分类及其标准值

极大值变量	满意值	不允许值	
营业利润率	-0.02	-44.63	
存货周转率	1.27	-0.003	
成本费用利润率	0.34	-1.30	
总资产报酬率	0.04	-1.16	
应收账款周转率	976.10	0.57	
净资产收益率	-0.02	-43.97	
流动资产周转率	0.43	0.005 1	
营业收入增长率	68.03	-8.15	
总资产增长率	1.64	-0.88	
资本保值增长率	1.80	-8.07	
利息保障倍数	21.94	-32.91	
极小值变量	满意值	不允许值	
长期债务与营运资金比率	-0.013	14.08	
稳定型变量	满意值	上限不允许值	下限不允许值
流动比率	2.48	4.96	1.24
速动比率	0.92	1.84	0.46
区间型变量	上限满意值	下限满意值	上限不允许值	下限不允许值
资产负债率	0.91	0.61	1.51	0.38

5.1.2 单项功效系数的计算

根据LD集团公司2010—2014年的财务数据,计算了15项财务预警指标的数值,利用德尔菲法和层次分析法相结合的方法选定各指标并设定各因素的权重后,计算出这五年的财务风险水平的综合功效系数(具体各指标的确定及单个指标功效系数的计算过程略)。表5-2为该集团公司2010—2014年的财务指标的实际值,表5-3为该集团公司五年每项财务指标的单项功效系数。

表 5-2 LD 集团公司 2010—2014 年各财务指标的实际值

指 标	2014 年	2013 年	2012 年	2011 年	2010 年
流动比率	1.17	1.86	2.31	1.41	2
速动比率	0.14	0.58	0.72	0.46	0.837
利息保障倍数	−2.39	2.03	2.3	3.6	8.124
资产负债率	0.75	0.64	0.63	0.62	0.557
长期债务与营运资金比率	0.23	0.62	0.79	0.72	0.528
应收账款周转率	6.09	2.79	7.161	12.68	85.11
存货周转率	−0.003	0.12	0.038	0.17	0.398
流动资产周转率	0.02	0.19	0.103	0.24	0.418
资产报酬率	−0.04	0.025	0.033	0.053	0.061 2
净资产收益率	−0.2	0.031	0.048	0.097	0.116
营业利润率	−3.57	0.093	0.24	0.26	0.223
成本费用利润率	−1.3	0.12	0.28	0.313	0.297
资本保值增值率	0.85	1.000 4	1.042	1.068	1.065
总资产增长率	0.21	0.032	0.061	0.26	0.158
营业收入增长率	0.14	11.004	1.53	1.24	1.96

表 5-3 LD 集团公司 2010—2014 年各财务指标的单项功效系数

指 标	2014 年	2013 年	2012 年	2011 年	2010 年
流动比率	57.74	80	94.52	65.48	85.52
速动比率	32.14	70.22	82.57	60.12	92.76
利息保障倍数	99.71	99.76	99.76	99.78	99.83
资产负债率	100	100	100	100	90.78
长期债务与营运资金比率	99.32	98.21	97.73	97.93	98.46
应收账款周转率	60.23	60.09	60.27	60.5	63.47
存货周转率	60	63.94	61.28	65.42	72.6
流动资产周转率	61.17	76.98	69.2	82.12	98.86
资产报酬率	97.49	99.5	99.77	100	100

续　表

指标	2014年	2013年	2012年	2011年	2010年
净资产收益率	99.84	100	100	100	100
营业利润率	96.82	100	100	100	100
成本费用利润率	60	94.67	98.46	99.34	98.96
资本保值增值率	96.16	96.76	96.93	97.03	97.02
总资产增长率	77.29	74.48	74.93	78.09	76.47
营业收入增长率	64.35	70.06	65.08	64.93	65.31

5.1.3　综合功效系数的计算

根据2010—2014年财务指标的单项功效系数,运用综合功效系数的计算公式可得到该集团公司五年的财务风险水平的综合功效系数及财务状况,见表5-4。

$$综合功效系数 = \sum(单项功效系数 \times 该指标的权重)/权重$$

表5-4　LD集团公司2010—2014年的综合功效系数

年份	综合功效系数	警限
2010年	90.07	无警
2011年	87.94	轻警
2012年	89.60	轻警
2013年	88.53	轻警
2014年	79.93	中警

通过功效系数法求得该集团公司2010年综合功效系数为90.07,处于无警,表明该集团公司财务风险很低,财务状况良好;2011年综合功效系数为87.94,处于轻警,表明该集团公司财务风险较低,财务状况较好;2012年综合功效系数为89.60,处于轻警,表明该集团公司财务风险较低,财务状况较好;2013年综合功效系数为88.53,处于轻警,表明该集团公司财务风险较低,财务状况很好;2014年综合功效系数为79.93,处于中警,表明该集团公司具有一定的财务风险。从2010—2014年功效系数来看,该集团公司从没有财务风险逐渐发展到具有一定的财务风险。该集团公司五年的财务预警情况如图5-1所示。

5.2　验证实证分析的结果

通过上文所得五年的财务预警状况,分别与该集团公司五年的财务状况进行对比,从而对预警模型的实用性进行验证。

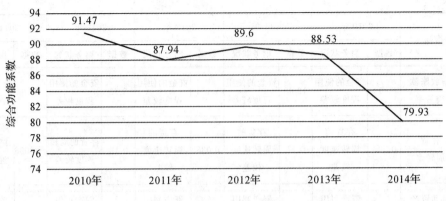

图 5-1 该集团公司五年的财务预警图

通过表 5-5 的分析，该公司 2010—2014 年净资产逐年增多，但年收入承受财务风险的程度仍旧越来越低，短期偿债能力从 2010 年的 2 逐渐下降到 2014 年的 1.17，支付利息能力逐渐变差，总体的偿债能力逐年变弱；资金的使用程度从 2010 年的一般变为 2014 年较差，资产利用率逐年变差，存货的周转速度一直处于较差的水平，总体的营运能力逐年变差；2010—2013 年获利能力、资产利用率和经济效益均处于很好状态，但 2014 年下降至较差状态，虽然股东资金使用率均处于很好状态，但总体的盈利能力逐年变弱；营业收入除了 2013 年处于一般，2010 年、2011 年和 2014 年均处于很差状况，而资本的保全状况均保持在较好状态，总体的发展能力逐年变慢。综合以上的财务指标，该集团公司 2010—2014 年的财务状况分别为很好、较好、较好、较好和存在一定的问题。

表 5-5 2010 年集团公司财务指标实际值及财务状况

财务指标		2010年		2011年		2012年		2013年		2014年	
		数据	财务状况	数据	财务状况	数据	财务状况	数据	财务状况	数据	财务状况
偿债能力	流动比率	2	短期偿债能力很强	1.41	短期偿债能力较强	2.31	短期偿债能力很强	1.86	短期偿债能力较强	1.17	短期偿债能力较强
	速动比率	0.837	短期变现能力很强	0.46	短期变现能力较好	0.72	短期变现能力较好	0.58	短期变现能力很好	0.14	短期变现能力较差
	资产负债率	0.557	净资产较多	0.62	净资产较多	0.63	净资产较多	0.64	净资产较多	0.75	净资产较多
	利息保障倍数	8.124	支付利息能力一般	3.6	支付利息能力较差	2.3	支付利息能力较差	2.03	支付利息能力较差	-2.39	支付利息能力较差
	长期债务与营运资金比率	0.528	偿还债务能力较好	0.72	偿还债务能力较好	0.79	偿还债务能力较好	0.62	偿还债务能力很好	0.23	偿还债务能力很好

续 表

财务指标		2010年		2011年		2012年		2013年		2014年	
		数据	财务状况	数据	财务状况	数据	财务状况	数据	财务状况	数据	财务状况
运营能力	应收账款周转率	85.11	资金的使用程度较差	12.68	资金的使用程度较差	7.161	资金的使用程度较差	2.79	资金的使用程度较差	6.09	资金的使用程度很差
	存货周转率	0.398	存货的周转速度较差	0.17	存货的周转速度较差	0.038	存货的周转速度较差	0.12	存货的周转速度较差	−0.003	存货的周转速度很差
	流动资产周转率	0.418	资产利用率很好	0.24	资产利用率很好	0.103	资产利用率一般	0.19	资产利用率一般	0.02	资产利用率较差
盈利能力	营业利润率	0.223	获取利润的能力很好	0.26	获取利润的能力很好	0.24	获取利润的能力很好	0.093	获取利润的能力很好	−3.57	获取利润的能力较差
	成本费用利润率	0.297	经济效益很好	0.313	经济效益很好	0.28	经济效益较好	0.12	经济效益较好	−1.3	经济效益很差
	总资产报酬率	0.061 2	资产利用率很好	0.053	资产利用率很好	0.033	资产利用率很好	0.025	资产利用率很好	−0.04	资产利用率一般
	净资产收益率	0.116	股东资金使用效率很好	0.097	股东资金使用效率很好	0.048	股东资金使用效率很好	0.031	股东资金使用效率很好	−0.2	股东资金使用效率很好
发展能力	营业收入增长率	1.96	营业收入很差	1.24	营业收入很差	1.53	营业收入很差	11.004	营业收入一般	0.14	营业收入很差
	总资产增长率	0.158	资产规模的增长很慢	0.26	资产规模的增长很慢	0.061	资产规模的增长很慢	0.032	资产规模的增长很慢	0.21	资产规模的增长很慢
	资本保值增长率	1.065	资本保全状况很好	1.068	资本保全状况较好	1.042	资本保全状况较好	1.000 4	资本保全状况较好	0.85	资本保全状况较好

功效系数法中财务预警的结果是：2010年度财务状况处于无警，表明了2010年LD集团公司财务风险很低，财务状况很好；2011年度、2012年度和2013年度财务状况均表现为轻警状态，表明了2011年、2012年和2013年LD集团公司财务风险均较低；2014年度财务状况处于中警，表明了2014年LD集团公司存在一定财务风险。财务预警的结果与财务分析的结果一致。

6 研究结论及建议

6.1 研究结论

本论文首先采用德尔菲法构建了LD集团公司的财务风险指标体系，运用层次分析法确定各指标的权重。然后应用了功效系数法进行预警研究，构建了LD集团公司的财务风险预警模型。通过预警分析发现,LD集团公司近五年的财务状况由没有财务风险发展到具有一定的财务风险。

(1)构建了适宜的财务风险预警指标体系,该指标蕴含了财务预警指标体系的内容和LD集团公司自身的特点。本论文选取了反映LD集团公司偿债能力、运营能力、盈利能力以及发展能力四个经营方面的指标,确立了比较全面系统的备选指标。然后结合德尔菲法,筛选出符合该集团公司自身特点的财务风险预警指标体系,并运用层次分析法对指标进行相关性分析,确定其权重。

(2)验证了预警模型的实用性。基于财务风险预警指标体系的构建,本论文选择采用功效系数法对LD集团公司进行实证分析。并将功效系数法分析的结果与该集团公司近五年的财务分析的结果进行对比,对比的结果基本一致,从而验证了预警模型的可操作性。

6.2 存在的不足及进一步研究方向

鉴于研究的学科领域、研究条件、时间及知识水平的限制,在分析LD集团公司所面临的财务风险及构建符合LD集团公司预警模型的过程中,存在着许多不足之处,对相关问题还有待进一步深入的探讨和研究,主要总结如下。

(1)指标的选择。本论文在选择指标时,借鉴了国内外学者的研究成果,结合LD集团公司的特点,运用德尔菲法,选择出具有代表性的15个财务指标。该方法具有较强的主观性,即使选出的指标能体现全面性,但由于知识水平和个人观点不同,指标的选取还有待进一步商榷。

(2)财务信息的质量。本论文是在选用我国上市公司公布的年度财务报告的基础上进行的实证分析,在目前我国上市公司治理机制不够完善的情况下,上市公司公布财务数据的真实性不得而知。会计信息失真一直是学术界争论的问题,人为调整营业利润、修饰财务会计报表的现象屡见不鲜。因此,如果上市公司的财务信息的真实性直接影响着财务预警模型的判断能力,即财务信息不可靠,其财务风险预警模型的预测能力也会受到影响。

(3)非财务指标的引入。由于侧重点不同,本论文在构建财务风险预警模型时只选用了财务指标而没有考虑非财务指标,这样就会导致其结论的局限性。众所周知,一个企业的失败并不是完全从财务报表里体现出来,管理人员的水平、市场竞争环境的变化等非财务指标也是关注的重点,由于不是公司内部管理人员,其非财务信息很难搜集,且非财务指标很难量化,使得本论文在构建LD集团公司财务风险预警模型时仅考虑了财务指标。怎样将非财务指标纳入财务风险预警模型的研究范围内是今后大多数学者研究的方向。

(4)宏观调控政策的影响。我国的资本市场起步比较晚,上市公司的治理机制还不够完善。因此,市场的宏观调控政策对于财务风险预警得出的结果会产生不可预知的影响,包括市场的有效性程度和非财务因素的干扰等因素,这都在一定程度上影响了财务风险预警模型检验的准确度。

笔者认为如果在模型的应用中,能将上述因素考虑进去,该模型的实用性会更强。本人将会在今后的工作与研究中对本论题继续予以关注和探讨,争取有更加深入的研究。

6.3 对LD集团公司发展的对策建议

6.3.1 筹资方面

企业比较常用的两种筹资方式分别为股权筹资和债务筹资,企业选择不同的筹资方式,就会导致不同的财务风险。一般来说,股权筹资的财务风险较低,但其成本相对较高,易造成分散股权的缺点;债务筹资与股权筹资的特点正好相反,债务筹资的成本相对较低,但其需要到期偿本付息,财务风险偏高。合理选择筹资方式将会是 LD 集团公司今后考虑的问题,具体建议如下:

(1) 扩宽多元化的融资渠道。银行贷款是房地产行业最主要的融资方式之一,贷款限制多、审核严、风险大的特点,使得该融资方式并不适合作为企业长期、稳定的资金来源,因此,LD 集团公司应该结合国家政策的动向,多采用直接融资的渠道获取资金支持。除了股权再融资、发债等传统方式之外,LD 集团公司也需要尝试房地产信托、基金等创新融资渠道,既可以改善企业资本结构,同时又能降低资金成本。

(2) 避免利率的风险。在企业的发展过程中,绝大多数企业会采用负债的方式获取资金,利用负债就必须支付利息,因此就存在一定的利率风险。对于利率风险,LD 集团公司可以通过设立专门的部门,关注市场利率变化,并根据观测结果调整该集团公司的筹资策略。当预计市场利率持续走高的时候,LD 集团公司应该尽可能利用长期借款,并实时关注市场、政策等多方面情况的变动,对借款方式做相应的调整,以合理地规避利率风险。LD 集团公司可以在债务融资之外,选择股权融资及内源性融资(留存收益)分散风险,以保持公司可持续发展。

6.3.2 投资方面

由于房地产行业本身的特点,致使影响房地产投资决策的关键因素众多。同时,由于投资项目周期长、投资规模大,且项目所占用资金金额大,因此,一个项目的成败往往都会影响企业是否能够持续经营,故应该对房地产企业实施有效的投资决策风险控制,进而实现企业财务风险的降低具有重要意义。房地产企业在进行投资决策时应重点关注如下几方面的内容。

(1) 对企业内外部投资环境进行有效预测和分析。尤其关注投资区域的交通状况、教育状况、商贸状况、医疗服务等,并且根据房地产行业特点和企业的实际运行情况,有侧重的对投资环境进行预测和分析。

(2) 项目可行性分析,结合市场目前的供需分布和未来发展趋势,对项目类型、规模大小、预期用途予以确定,从而在此基础上预测出项目的开发成本,未来供需量、销售价格等。

(3) 增加投资灵活性,适当时可进行多种投资组合。房地产产品的特殊性使其投资风险加大,而灵活运用投资组合的目的是分散风险,达到降低风险的作用。为了缓解和分散房地产投资的风险,LD 集团可增加其他方向的投资,如林业和商业投资等。

6.3.3 经营方面

面对房地产企业特有的繁杂经营活动和高成本费用等现象,为了提升房地产企业对财务风险的抵御能力,也必须从经营方面对其进行管理和控制,即进行企业经营计划,来达到经营管理的加强和成本控制的目的。为了实现盈利,盘活资产,该企业的经营计划应主要从下述方面入手。

(1) 制定合理、高效的营销策略。因为销售收入会直接影响企业利润,它是房地产企业资金回收的重要环节。房地产产品价格昂贵、价值高贵,且具有较强的可替代性,且近年来房地产行业呈现出市场饱和趋势,加之宏观政策等因素的影响,给房地产销售增加了难度。LD 集团公司可以在产品销售时,通过从做好广告宣传和创建一支较强的营销队伍两方面进行改进,此外还可以增加价格优惠等营销手段,同时做好售后服务,以此来提高销售收入。

(2) 强化应收账款的回收管理。除了银行贷款、自有资金投入等资金流入之外,应收账款的回收也是企业现金流入的一大来源。房地产产品的特殊性,使其本身具有较高的价值,企业可以通过加强对应收账款的回收,盘活资金,使企业正常运行,反之加大了企业的损失。LD集团公司可以通过制定一套稳定合理的信用政策,对客户信用进行评估,对评分结果不高的客户采取相应的措施。

(3)提高员工素质培训。一个企业的经营成果离不开人员的有效管理,因此企业应该注重管理人员队伍的建设,尤其是对高层领导的任用要更为谨慎,聘用那些经验丰富具有较高水平的管理人员对于企业未来可持续发展有着重要意义。LD集团公司可以通过员工的培训,提高员工的整体素质,在加强人力资源管理的过程中注重绩效管理,更好地激励员工的积极性,从而提高工作效率。

参考文献

[1] 郝维,黄凡.财务二重性视角下的企业集团财务风险评价体系研究[J].工业技术经济,2007,26(8):101-103.

[2] 徐慧芳.企业财务风险评价体系的构建[J].内蒙古科技与经济,2007(8):223-224.

[3] 周俊颖.关于构建财务风险评价体系的探讨——基于因子分析法[J].财会观察,2012(104):62-63.

[4] 黄涛.企业财务风险评价体系研究[J].企业研究,2012(20):139.

[5] 宋彩平.基于因子分析的林业上市公司财务风险评价体系研究[J].林业经济问题,2013,33(1):70-86.

[6] 顾岚敏.浅析企业财务风险评价体系——基于多元线性评价模型的案例分析[J].林业风险管理,2013(9):112-114.

[7] 陆建芬.企业财务风险评价方法思考[J].财会月刊,2014(20):118-119.

[8] 陈俊杰,梁琳琳.中小房地产上市公司财务风险评价研究[J].城市规划与管理,2014(29):141-170.

[9] 柯遵杰.层次分析法在微型企业财务风险评价中的应用[J].重庆与世界:学术版,2014,31(2):10-13.

[10] 殷杰,周春梅.基于可拓模型的旅游上市公司财务风险研究[J].公司治理,2015(6):110-115.

[11] 宁闻东.企业风险评价体系研究[J].经济研究导刊,2015(19):130.

[12] Beaver W H. Financial Ratios as Predictors of Failure[J]. Journal of Ac-counting Research(supplement),1966(4):77-111.

[13] Altman. Financial Ratios, Discriminate Analysis and Prediction of Corporate Bankruptcy[J]. Journal of Finance,1968(9):589-609.

[14] Altman, Hanldman, Narayanan. Zeta Analysis:A New Model to Identify Bankruptcy of Corporation[J]. Journal of Banking and Finance,1977(1):29-54.

[15] Ohlson. Financial Ratios and the Probabilistic Prediction of Bankuptcy[J]. Journal of Accounting Research,1980(19):109-131.

[16] Kyong Joo Oh, Tae Yoon Kim, Chiho Kim. An Early Warning System for Detection of Financial Crisis Using Financial Market Volatility[J]. Expert Systems,

2006,23(2):83-96.

[17] 龙胜平,郑立琴. 我国房地产企业财务风险预警模型研究[J]. 求索,2007(6):18-20.

[18] 徐凤菊,王凤. 基于主成分分析法的财务风险评价模型[J]. 会计月刊,2008(12):48-50.

[19] 严碧红,马广奇. 基于Z-Score模型的我国房地产业上市公司财务风险的实证分析[J]. 财会研究,2011(5):37-41.

[20] 沈洪涛. 上市公司财务风险评价模型实证研究——基于中国有色金属业的证据[J]. 会计与审计,2012(7):248-250.

[21] 程言美,程杰. 我国房地产上市公司财务风险预警模型的建立与应用[J]. 武汉理工大学学报,2013,35(6):151-156.

[22] 马秋香. 我国房地产市场风险预警系统选择——基于二元选择模型的分析[J]. 行业探讨,2014(9):113-116.

[23] Vesna Bucevska. An Analysis of Financial Crisis by an Early Warning System Model:The Case of the EU Candidate Countries[J]. Business and Economic Horizons,2011,4(1):13.

[24] Ali Serhan Koyuncugil and Nermin Ozgulbas. Financial Early Warning System Model and Data Mining Application for Risk Detection[J]. Expert Systems With Applications,2012,39(6):6238-6253.

[25] 江洪. DLX集团财务风险评价及预警研究[D]. 阜新:辽宁工程技术大学,2007.

[26] 高荣柏. 基于功效系数法的春晖公司财务风险预警研究[D]. 长沙:湖南大学,2013.

[27] 吴世农,卢贤义. 我国上市公司财务困境的预测模型研究[J]. 经济研究,2001(6):15-19.

[28] 袁康来,李继志. 财务危机预警实证研究[M]. 北京:社会科学文献出版社,2009.

[29] 尤雨佳. 国有上市公司财务风险预警模型及应用[D]. 重庆:重庆大学.2012.

[30] 朱宁. 宏观调控背景下的绿地集团地产公司营销战略研究[D]. 长春:吉林大学,2013.

[31] 杨军芳. 房地产企业财务风险实证分析及测度[J]. 财会通讯,2011(12):57-59.

[32] 杜俊娟. 我国房地产企业财务风险的预警与防范[J]. 会计之友,2013(4):44-47.

[33] 马永红. 关于房地产企业财务风险分析及防范措施的研究[J]. 中国总会计师,2011(96):50-51.

[34] 马忠华,夏继强. 财务预警方法评析[J]. 会计之友,2012(3):22-25.

[35] 张友棠. 财务预警系统管理研究[M]. 北京:中国人民大学出版社,2004.

[36] 吴星泽. 财务危机预警研究:存在问题与框架重构[J]. 会计研究,2011(2):13-17.

[37] 王丹. 国内外财务风险预警研究文献综述[J]. 合作经济与科技,2012(1):10-13.

[38] 张友棠. 财务预警系统管理研究[J]. 财会通讯,2004(1):35-39.

[39] 财政部企业司. 企业财务风险管理[M]. 北京:经济科学出版社,2004.

[40] 吴德进. 房地产泡沫——理论、预警与治理[M]. 北京:社会科学文献出版社,2007.

[41] 桂琳. 房地产业上市公司财务风险评价研究[D]. 武汉:华中农业大学,2010.

[42] 王楠. 企业财务风险预警应用研究[D]. 西安:长安大学,2005.

[43] 刘际陆,耿洪勋. 财务危机预测的功效系数法实例[J]. 风险管理,2007(6):35.

[44] 胥蔚,蒋葵. 房地产企业财务风险及其防范[J]. 财会通讯,2008(1):111-112.

[45] 田高良,王晓经,赵红建. 企业财务预警方法评析[J]. 预测,2002,21(6):23-27.

[46] 陈静. 上市公司财务恶化预测模型的实证研究[J]. 会计研究,1999(4):32-38.

[47] 周首华,杨济华,王平. 论财务危机的预警分析——F分数模式[J]. 会计研究,1996(8):8-11.

[48] 张玲. 财务危机预警分析判别模型及其应用[J]. 预测,2000(6):38-40.

[49] 史富莲,石亚玲. Z值模型在房地产业上市公司财务预警分析中的应用[J]. 会计之友,2007(012):91-92.

[50] 梁琪. 企业经营管理预警:主成分分析在logistic回归方法中的应用[J]. 管理工程学报,2005,19(1):100-103.

[51] 王春峰,万海晖. 基于神经网络技术的商业银行信用风险评估[J]. 系统工程理论与实践,1999,19(9):24-32.

[52] 杨保安,季海,徐晶,等. BP神经网络在企业财务危机预警之应用[J]. 预测,2001(2):49-68.

[53] 史家龙,陶亚民,卢晓东. 基于统计和非统计模型的公司财务困境预警指标研究[J]. 陕西农业科学,2008,54(2):195-215.

致 谢

时光如梭,一切都不可能重来,眼看学校的生活就要画上一个句号,而我们的生活、磨难才刚刚开始。我相信走到这一步的每一个同学,都有过失望、希望、再失望、再希望的经历,难免会感叹时间所雕塑的生活点滴,让人忍不住回想学校期间自己学到了什么,走进社会后生活的目标是什么,自我价值又如何体现,又怎么用自己的所学回馈社会。脑子中充斥的各样问题,相信自己可以在时间中找到正确的答案,实现自我价值。

本论文是在导师杨利红教授的精心指导下,经过一年多时间的资料收集、选题、写作、修改才得以完成。三年的研究生生活即将结束,我对此感慨万分,这三年的学习生活,使我充分了解了经济管理学的知识,开阔了视野,结识了很多老师同学。在此,我非常感谢我的导师杨利红教授,她不仅在授课的时候传授给我很多专业知识,而且还在论文写作过程中给予我很多耐心指导。

在我研究生阶段的学院的各位老师,你们那严谨的治学态度和孜孜不倦的奉献精神,深深地令我折服,也曾有机会得到了部分老师的言传身教,这使我受益颇深。从你们身上学到的理论、方法和思路,将使我终身受用。在此,向给予过我帮助和指导的各位老师送上深深的祝福和谢意!

在此之际,还要对我的家人、室友和身边的各位朋友表达我诚挚的谢意,是你们的鼓励和帮助,是你们的安慰和支持,帮我踏过了写作过程中的一道道坎,为我提供了源源不断的动力,使我在论文写作过程中始终保持着高度的热情。最后,向各位论文盲审老师和答辩老师致以深深的谢意!

附 录

附录1 专家征询表

尊敬的专家:

您好!

感谢您抽出宝贵时间填写此表,本次问卷是为建立 LD 集团公司财务风险评价指标体系,来选取合适的财务风险评价指标。请您在您认为适合纳入财务风险评价指标体系的财务指标后打"√"。

偿债能力		运营能力		盈利能力		发展能力	
流动比率		收入支出比率		营业利润率		营业收入增长率	
资产负债率		应收账款周转率		销售毛利率		货币资金支出比率	
利息支付能力		流动资产周转率		成本费用利润率		总资产增长率	
资本周转率		公共支出比率		盈余现金保障倍数		资本保值增长率	
产权比率		投资收益率		总资产报酬率		营业利润率	
收入负债比		存货周转率		净资产收益率		现金净资产增长率	
利息保障倍数				资本收益率		收入增长率	
速动比率							
长期债务与营运资金比率							
现金流动负债率							

衷心感谢您的协助!

附录2 专家征询表

尊敬的专家：

您好！

感谢您再一次抽出宝贵时间填写此表,本次问卷是利用层次分析法对财务风险评价指标确定其权重。下表是经过第一轮专家讨论所得到财务风险评价指标体系(共15个指标)。

LD集团财务风险评价指标体系

决策目标层	财务评价指标体系U			
中间层	偿债能力	运营能力	盈利能力	发展能力
评价指标层	流动比率 速动比率 资产负债率 利息保障倍数 长期债务与营运资金比率	应收账款周转率 存货周转率 流动资产周转率	营业利润率 成本费用利润率 总资产报酬率 净资产收益率	营业收入增长率 总资产增长率 资本保值增长率

上层因素为 U,下层因素为 $U_1,U_2\cdots\cdots U_n$ 与 U 有联系,其中标度表示相对于 U,下层各因素之间的相对重要性,标度表如下：

判断矩阵的标度及其含义

标 度	含 义
1	表示下层对上层同等重要
3	表示下层对上层稍微重要
5	表示下层对上层明显重要
7	表示下层对上层强烈重要
9	表示下层对上层极端重要
2、4、6、8	表示下层对上层,取上述两相邻判断的中值
倒数	相邻两因素交换次序比较的重要性

请您根据标度表,相对于上层指标的本层各指标的重要性两两对比评分,填写下表：

下表是相对于高校财务风险 U 而言,偿债能力 U_1、运营能力 U_2、盈利能力 U_3、发展能力 U_4 之间的相对重要性,请填写：

$U_i - U$	偿债能力 U_1	运营能力 U_2	盈利能力 U_3	发展能力 U_4
偿债能力 U_1	1			
运营能力 U_2		1		
盈利能力 U_3			1	
发展能力 U_4				1

下表是相对于偿债能力 U_1 而言,流动比率 U_{11}、速动比率 U_{12}、资产负债率 U_{13}、资本周转率 U_{14} 之间的相对重要性,请填写:

$U_{1j} - U_1$	流动比率 U_{11}	速动比率 U_{12}	资产负债率 U_{13}	利息保障倍数 U_{14}	长期债务与运营资金比率 U_{15}
流动比率 U_{11}	1				
速动比率 U_{12}		1			
资产负债率 U_{13}			1		
利息保障倍数 U_{14}				1	
长期债务与运营资金比率 U_{15}					1

下表是相对于运营能力 U_2 而言,收入支出比率 U_{21}、应收账款周转率 U_{22}、库存周转率 U_{23}、流动资产周转率 U_{24} 之间的相对重要性,请填写:

$U_{2j} - U_2$	收入支出比率 U_{21}	应收账款周转率 U_{22}	库存周转率 U_{23}	流动资产周转率 U_{24}
收入支出比率 U_{21}	1			
应收账款周转率 U_{22}		1		
库存周转率 U_{23}			1	
流动资产周转率 U_{24}				1

下表是相对于盈利能力 U_3 而言,营业利润率 U_{31}、成本费用利润率 U_{32}、总资产报酬率 U_{33}、净资产收益率 U_{34} 之间的相对重要性,请填写:

$U_{3j}-U_3$	营业收入增长率 U_{31}	总资产增长率 U_{32}	资本保值增长率 U_{33}	营业利润率 U_{34}
营业收入增长率 U_{31}	1			
总资产增长率 U_{32}		1		
资本保值增长率 U_{33}			1	
营业利润率 U_{34}				1

下表是相对于发展能力 U_4 而言，营业收入增长率 U_{41}、总资产增长率 U_{42}、资本保值增长率 U_{43}、之间的相对重要性，请填写：

$U_{3j}-U_3$	营业收入增长率 U_{31}	总资产增长率 U_{32}	资本保值增长率 U_{33}
营业收入增长率 U_{31}	1		
总资产增长率 U_{32}		1	
资本保值增长率 U_{33}			1

再一次衷心感谢您的协助！

附录3 LD集团财务数据

单位:元

	2014年末	2013年末	2012年末	2011年末
一、资产合计	7 449 304 468.09	6 158 879 530.05	5 966 315 459.89	5 623 835 516.91
流动资产	6 297 175 446.88	4 812 463 712.85	4 280 704 751.63	3 825 613 268.66
货币资金	539 973 026.66	618 316 422.59	743 235 688.42	776 416 391.31
应收账款	18 116 284.56	319 417 169.89	61 481 467.63	72 456 749.48
存货	5 549 117 495.39	3 324 367 355.48	2 948 799 268.40	2 569 256 693.15
预付货款	125 557 875.62	128 295 702.04	154 903 603.10	267 688 511.14
应收票据				2 550 000.00
应收利息	802 083.33	1 844 791.67	3 156 731.39	
其他应收款	25 031 573.71	417 291 972.99	365 568 123.50	133 454 813.20
非流动资产	1 152 129 021.21	1 346 415 817.20	1 685 610 708.26	1 798 222 248.25
可供出售金融资产	319 528 645.05	451 992 564.08	452 322 881.06	433 950 511.36
长期股权投资	779 338 276.11	839 528 094.33	789 669 932.07	858 347 436.71
投资性房地产	19 648 227.23	20 306 469.97	20 900 484.49	63 369 783.44
固定资产	15 670 366.97	13 547 140.86	400 047 978.25	418 684 973.37
无形资产	620 120.07	1 340 508.31	1 552 827.65	1 260 586.37
长期待摊费用	10 447 904.77	7 543 414.59	304 615.38	
二、负债合计	5 573 952 098.59	3 957 418 091.12	3 765 640 145.26	3 511 646 662.75
流动负债	5 359 918 128.32	2 576 651 225.39	1 850 866 855.86	2 722 765 368.07
短期借款	1 598 750 000.00	1 456 750 000.00	1 332 500 000.00	1 638 000 000.00
应付票据				
应付账款	573 987 273.42	211 124 642.71	129 902 298.06	207 402 739.87
预收账款	1 366 590 069.87	20 110 493.69	16 633 161.26	10 247 635.80
其他应付款	13 877 870.53	122 069 095.73	74 135 187.37	146 474 426.97
应付职工薪酬	13 630 002.08	19 382 782.18	23 527 429.68	21 953 411.68
应交税费	23 148 651.92	22 956 643.16	53 342 709.76	77 417 436.66
应付利息	6 564 469.51	9 416 213.41	10 757 450.13	4 853 462.82

续 表

	2014年末数	2013年末数	2012年末数	2011年末数
应付股利	31 341.87	88 841.87	1 341.87	101 341.87
非流动负债	214 033 970.27	1 380 766 865.73	1 914 773 289.40	788 881 294.68
长期借款	175 000 000.00	1 365 895 189.03	1 692 400 000.00	765 000 000.00
应付债券			195 788 176.23	
递延所得税负债	39 033 970.27	14 871 676.70	26 585 113.17	23 881 294.68
三、所有者权益合计	1 875 352 369.50	2 201 461 438.93	2 200 675 314.63	2 112 188 854.16
四、营业总收入	110 279 725.95	892 419 247.09	440 257 058.86	918 538 914.46
五、营业总成本	646 981 419.12	886 132 378.84	466 348 213.81	858 479 013.69
营业成本	−17 019 801.07	404 126 264.13	111 152 414.30	435 302 621.21
营业税金及附加	10 732 592.76	115 659 710.16	31 848 978.51	88 154 431.51
销售费用	108 287 567.99	154 804 870.84	139 615 168.43	140 045 146.89
管理费用	76 854 902.28	89 025 156.48	90 550 780.74	101 005 398.57
财务费用	104 833 521.69	86 364 864.50	92 282 200.55	92 553 098.24
资产减值损失	363 292 635.47	36 151 512.73	898 671.28	1 418 317.27
加:投资收益	143 293 218.53	76 471 371.66	131 795 696.82	174 951 333.59
六、营业利润	−393 408 474.64	82 758 239.91	105 704 541.87	235 011 234.36
加:营业外收入	39 173 297.94	7 492 727.31	14 947 981.91	6 692 350.88
其中:非流动资产处置利得	1 055 430.15			
减:营业外支出	980 579.08	1 057 225.95	684 442.69	930 813.36
其中:非流动资产处置损失	288 035.11	145 436.43	39 865.05	51 716.99
七、利润总额	−355 215 755.78	89 193 741.27	119 968 081.09	240 772 771.88
减:所得税费用	12 985 693.53	21 019 305.20	14 503 488.90	36 378 604.52
八、净利润	−368 201 449.31	68 174 436.07	105 464 592.19	204 394 167.36
归属于母公司所有者的净利润	−364 595 863.44	69 630 661.54	104 960 649.38	202 386 990.35
少数股东损益	−3 605 585.87	−1 456 225.47	503 942.81	2 007 177.01
扣除非经常性损益后的净利润	−438 963 051.13	39 961 679.09	50 606 694.81	155 954 084.45

❖ 优秀学位论文三

论文题目:我国上市公司环境会计信息披露质量影响因素研究
——以沪市 A 股制造业为例

工程领域:工业工程

硕 士 生:曹庆娜 李小锋

指导老师:杨利红

　　　　　刘平怡

摘　要

随着社会经济的迅猛发展,环境问题给人们的生活造成了很大的困扰,人们的衣食住行都与环境息息相关。在环境污染问题中,企业由于生产经营活动而产生的污染占据的比例最大,如果企业对自身造成的污染不及时治理,那么它必将受到环境的惩罚。正因为如此,我们需要详细、全面地了解企业与环境问题之间的矛盾,并采取合适的方法分析影响环境信息披露的关键因素,最终达到企业发展与环境保护相协调的目的。有方向性地提高公司环境会计信息披露质量,为外界信息使用者提供更好的服务。本文的具体研究思路如下:

第一,查阅文献资料,了解国内外有关环境会计信息披露的背景及发展现状,构造本文的研究框架图;第二,论述四大基本理论的概念、含义;第三,深入剖析企业当前的环境状况,并对其影响因素进行简要的论述;第四,以可持续发展、社会责任、利益关联者、博弈论为支撑,提出研究假设,选取 353 家沪市 A 股制造业上市公司 2011—2013 年的数据作为样本,定义因变量为环境会计信息披露指数,自变量为公司规模、财务杠杆、盈利能力、独立董事的比例、发展能力、股权集中度和行业差异,建立模型;第五,进行模型的回归分析,并得出以下实证结论:①我国上市公司环境会计信息披露水平不成熟,处于发展阶段,公司间存在很大的披露水平波动;②公司规模、发展能力、行业差异与上市公司环境会计信息披露水平成正比;③盈利能力与上市公司环境会计信息披露水平成反比;④财务杠杆、独立股东比例和股权集中度与上市公司环境会计信息披露水平不存在显著的相关性。根据以上实证结果,提出以下建议:①制定环境会计方案及信息披露规章制度;②优化企业内部治理结构,规范企业管理制度;③提高企业保护环境的意识,提升员工的综合素质。

关 键 词:我国上市公司;环境会计;信息披露质量;影响因素;

研究类型:应用研究

Subject：Research on the Factors Affecting the Quality of the Environmental Accounting Information Disclosure in China Listing Corporation
——A Case of Manufacturing Industry in Shanghai A Shares

Specialty ：Industrial Engineering

Name：Cao Qingna Li Xiaofeng

Instructor：Yang Lihong
  Liu Pingyi

ABSTRACT

With the rapid development of social economy, environmental problems caused a lot of trouble to people's slife, people's daily life is closely related to the environment. Environmental pollution problems, the proportion of enterprises due to pollution occupy production and business activities generated the largest business of its own cause pollution if not timely treatment and then it will not go unpunished environment. Because of this, we need a detailed and comprehensive understanding of the contradiction between the enterprises and environmental issues, and adopt appropriate methods to analyze the key factors influencing the environmental information disclosure, eventually achieve the goal of enterprise development in harmony with the environment protection. Directionally improve the quality of corporate environmental accounting information disclosure, information users to provide better services to the outside world. In this paper, the specific ideas are shown as follows：

Firstly, access to literature, to understand the status and development background information disclosure on environmental accounting at home and abroad, to structure this article research frame; Secondly, this paper discusses the concept of the four basic theories of meaning; Thirdly, enterprise deep insight into the current environmental conditions, and its influence factors are briefly discussed; Fourthly, to sustainable development, social responsibility, interest correlation, the game theory as the support, put forward the research hypothesis, selection of 353 Shanghai A - share manufacturing listed companies during 2011 - 2013 years of data as sample, define the dependent variable as the environmental accounting information disclosure index, independent variable scale, financial leverage, profitability for the company, the proportion of independent directors, development ability, ownership concentration and industry differences, establish model; Fifthly, the model of regression analysis, and the following empirical conclusions：(1) he listed companies environmental accounting information disclosure is not mature, in the development stage, there is a big company to disclose the level of volatility; (2) the firm size, development capacity, industry difference is proportional to the listed enterprise environmental accounting information disclosure level; (3) profitability is inversely proportional to the listed enterprise environmental accounting information disclosure level; (4) the financial leverage, the proportion of independent shareholders and ownership concentration and corporate environmental accounting information disclosure level there is no significant correlation. Based on the above empirical results, made the following recommendations: (1) immediately to establish environmental accounting and information disclosure regulations; (2) optimize the internal governance structure, standardize enterprise management system; (3) raise the consciousness of environmental protection enterprises, improve the comprehensive quality of employees.

Keywords: China's Listed Companies; Environmental Accounting; Information Disclosure Quality; Influencing Elements;

Thesis: Applied Research

目录

1 绪论 ……………………………………………………………………………………… 314
　1.1 研究背景及意义 ………………………………………………………………… 314
　　1.1.1 研究背景 ………………………………………………………………… 314
　　1.1.2 研究意义 ………………………………………………………………… 314
　1.2 国内外研究现状 ………………………………………………………………… 315
　　1.2.1 国外研究现状 …………………………………………………………… 315
　　1.2.2 国内研究现状 …………………………………………………………… 317
　　1.2.3 文献综述 ………………………………………………………………… 319
　1.3 研究方案及研究框架 …………………………………………………………… 319
　　1.3.1 研究方法 ………………………………………………………………… 319
　　1.3.2 研究内容 ………………………………………………………………… 319
　　1.3.3 研究框架 ………………………………………………………………… 320

2 我国上市公司环境会计信息披露质量的相关理论 ………………………………… 321
　2.1 环境会计信息披露质量概述 …………………………………………………… 321
　　2.1.1 环境会计信息披露质量相关概念的界定 ……………………………… 321
　　2.1.2 环境会计信息披露质量的基本内容 …………………………………… 322
　　2.1.3 环境会计信息披露质量的基本方式 …………………………………… 322
　2.2 环境会计信息披露质量的理论基础 …………………………………………… 322
　　2.2.1 可持续发展理论 ………………………………………………………… 322
　　2.2.2 社会责任理论 …………………………………………………………… 323
　　2.2.3 利益关联者理论 ………………………………………………………… 323
　　2.2.4 博弈理论 ………………………………………………………………… 323

3 上市公司环境会计信息披露质量的现状及影响因素分析 ………………………… 324
　3.1 上市公司环境会计信息披露质量的现状分析 ………………………………… 324
　　3.1.1 上市公司各行业的环境会计信息披露比例统计 ……………………… 324
　　3.1.2 上市公司环境会计信息披露方式统计 ………………………………… 326
　　3.1.3 上市公司环境会计信息披露内容统计 ………………………………… 326
　3.2 上市公司环境会计信息披露质量存在的问题 ………………………………… 327
　3.3 上市公司环境会计信息披露质量的影响因素分析 …………………………… 328
　　3.3.1 公司治理因素 …………………………………………………………… 328
　　3.3.2 公司运营因素 …………………………………………………………… 328
　　3.3.3 公司性质因素 …………………………………………………………… 328

4 上市公司环境会计信息披露质量影响因素模型设计 …… 329
4.1 研究假设 …… 329
4.1.1 独立董事的比例 …… 329
4.1.2 股权集中度 …… 329
4.1.3 公司规模 …… 329
4.1.4 盈利能力 …… 330
4.1.5 财务杠杆 …… 330
4.1.6 发展能力 …… 330
4.1.7 行业差异 …… 330
4.2 样本选取与数据来源 …… 331
4.2.1 样本选取 …… 331
4.2.2 数据来源 …… 331
4.3 研究变量的设计 …… 331
4.3.1 因变量的设计 …… 331
4.3.2 自变量的选取 …… 333
4.4 模型构建 …… 334

5 上市公司环境会计信息披露质量影响因素实证分析 …… 334
5.1 变量的描述性统计分析 …… 334
5.2 相关性分析 …… 336
5.3 多元回归分析 …… 337
5.3.1 模拟拟合优度分析 …… 337
5.3.2 模拟显著性检验 …… 339
5.4 实证结论 …… 340

6 结论、对策及展望 …… 342
6.1 本文的主要结论 …… 342
6.2 政策建议 …… 342
6.2.1 建立一套合适、合规的环境信息披露制度 …… 342
6.2.2 优化企业内部治理结构,规范企业管理制度 …… 343
6.2.3 提高企业自身环保意识以及相关人员的专业素质 …… 343
6.3 研究的局限性 …… 343
6.4 展望 …… 344

致谢 …… 345
参考文献 …… 346
附录 …… 349

1　绪论

1.1　研究背景及意义

1.1.1　研究背景

德国自然哲学家弗里德里希·冯·恩格斯曾经说过:"人类与自然是相互依存的关系,我们不要太陶醉于我们对自然的索取,无限度的索取必然会招致大自然对我们的报复。起初的索取都使我们得到了满意的效果,但是随着人类需求的不断扩大,自然环境为我们带来的后果却是难以预料的,往往把起初的结果又拿了回去。"这一深刻的论述阐明了人类与资源环境的内在关系,同时告诫人类,在社会活动中应该做到保护资源,热爱环境。当前社会,经济迅猛发展,工业企业不断崛起,企业利用资源创造了巨大的财富,但与此同时企业也将大量的污染物排放给了大自然,使得人们赖以生存的环境面临了严重的危机。现如今,环境污染问题已经变得日益突出。

从污染种类来看,环境污染主要表现为温室效应、臭氧层破坏、SO_2 污染、土地沙漠化、水资源恶化以及城市大气污染等。这一系列的环境问题,严重制约着我国经济的发展,同时也给人们的生活带来了很大的危害。改革开放以来,我国一直处在加速城市化和工业化的进程中,经济增长基本建立在高投进、高污染等粗放型模式的情况下,经济发达国家百年需要分阶段处理的环境污染,已在我国经济发展的前二十年里全部展现出来。由此可见,环境污染已经严重影响了我国的经济发展,环境与经济的发展紧密相连,处理这两者之间的关系已迫在眉睫。

在全球污染严重加剧的情况下,社会发展问题又愈演愈烈,1992 年由 183 个国家代表团参加的联合国里约环境与发展会议通过了《21 世纪议程》,该议程当中针对"零污染环境"做了详细的解释,正式提出了"环境友好"这一理念。随之而来的就是世界各国对这一理念的大力宣传和倡导。2005 年我国首次提出了"环境友好型社会",倡导资源节约,与环境友好相处。由此可见,"环境友好"的概念已经涉及社会各个行业的各个层面。

建设环境友好型社会,要求我们要认真考虑环境因素,将环境因素纳入到相关的核算体系当中,这就说明传统的会计核算体系已不能满足企业对环境问题的需求。正因为如此,我们需要运用新的核算体系和方法来研究这一问题。环境会计可以促使利益关联者详细地了解企业各方面的发展状况,包括企业所面临的环境问题。企业的环境会计信息是反映企业的环境行为,合理的信息披露有利于企业的利益关联者获取恰当的利益报酬。但是,目前我国的环境会计仍然还处在运行初期阶段,各方面系统还不完善,有待于进一步探索。

本文打算从影响上市公司环境会计信息披露质量的因素入手,进行深入分析探索,得出研究所需的有用结论。

1.1.2　研究意义

本文的研究目的是分析探究企业进行披露环境问题可能会受到哪些因素的影响,以及如何来衡量影响因素的大小关系,并为信息使用者提供必要的信息。对此问题进行分析探究的意义主要表现在以下三方面。

(1)推动了我国会计学领域的超前发展。针对环境会计问题,我国传统会计学理论已经无法解决,目前国内外的研究学者已经不断运用实证分析的方法对这一问题做了研究,但是由于没有一个统一的标准,其研究结果也存在差异。本文的研究,有助于推动我国会计学领域的超前发展,加快环境问题体系的创新,同时加速对一些前沿问题的研究,希望能给未来各企业运用这一体系提供理论依据。

(2) 提高了企业对资源的合理配置和有效利用。对企业环境问题的处理，可以降低企业总成本的投入，增强企业危机意识；可以限制企业的短视行为，促使企业考虑其长远益处；使企业及时履行其职责，将自身与社会的发展协调起来；便于企业资源的优化配置，挖掘企业的潜在能力；让企业关心环境污染。所有的这些做法都是与可持续发展路线相统一，也是可持续发展战略最终要实现和达到的预定目标。

(3) 有助于环保管理部门出台合理的环境法规。分析我国上市企业的发展现状，并对本研究进行深入的探索，可以为政府部门出台相关环境法规做铺垫，督促企业按照相关法规处理环境信息问题，坚决负起保护环境的责任。

1.2 国内外研究现状

1.2.1 国外研究现状

国外发达国家早在 20 世纪 70 年代就已经开始研究环境会计这一问题。那时候，国外经济飞速发展，人口急剧增加，使得环境污染问题越来越严重。这时，人们开始思考环境保护的问题，试图研究环境与会计之间的内在关系。因此，环境会计问题，吸引了大量学者的关注，也受到全世界人们的极度重视。纵观全球，国外学者们对这一问题已从多个角度进行了研究，并且取得了不错的结果。

(1) 关于环境会计信息披露内容的相关论述。Jerry G.Kreuze(2000) 和 Gale E.Newell(2000) 关于此问题的研究，他们做出了下面的论述：阐明当前有关的环境法律法规；企业由于自身的原因而污染了环境，需要对此负责，按照环境法规的要求完成任务；对环境问题的详细表述；与环境相关的费用支出情况；环保损害赔偿金额情况；企业在生产、运营方面对环境产生的影响；企业排污、治污情况的研究；企业从自然环境方面所获得的收益。

Davia Petro(2006)，Caria Inclan(2006) 和 M.Ali.Fekrat(2006) 通过研究证实企业的环境会计信息应该包括两方面的内容，分别是环境财务信息和环境非财务信息。

ISAR 组织机构要求应该遵循各政府制定的环境法规体系，衡量企业是否具有披露环境信息的资格以及披露信息的质量等级。它要求企业的环境资料中应该包括：①环境策略方针；②环保情况；③绩效评估（包括企业资源节约、环境法规遵守、废弃污染物排放）；④环境治理程度；⑤环境验收情况。

由于每个国家的基本国情都不相同，因此，各国政府建立的环境体系也各不相同，其披露的内容也各有差异。发达国家的大部分上市公司披露环境信息的内容主要有环保政策法规、与环境相关的费用支出等。此外，欧洲的一些发达国家往往会对企业使用环境政策以及处理重大环境问题等方面的内容进行说明。

(2) 关于环境会计信息披露方式的相关研究。1997 年，在联合国举行的第九届会议上，一些专家学者认为企业应当在财务报表的附注中对环境相关的费用支出和收益等问题加以说明。

ISAR 组织机构在《企业内部环境情况实施效果》文件中曾经论述过企业应该在其股东大会中明确规定自身披露的环境信息的基本内容，包括环保政策法规、企业排污治污情况。此外，企业还应该在年报中设置相应的科目，对环境相关的费用支出问题进行必要单独核算。

相关研究表明，美国上市公司主要在企业年报中披露环境信息问题。挪威、瑞典等欧洲发达国家也都在企业年报中披露环境信息。只是他们通常在"绿色、健康、环保"中对环境信息进行说明。

（3）环境会计信息披露程度影响因素研究。外国学者从外部情况和内部结构两方面来着重阐述有关环境问题影响因素这一问题的研究情况。

El-Gazzar(1998)研究表明，企业披露环境信息的多少与企业投资者的持股数量成正相关关系，说明企业投资者会刺激外界加大对环境信息的需求数量，从而可以制约企业的管理层实施正确的决策。Meyand(2001)采取实证分析的方法，想要分析外界信息使用者人数的变动是否会影响企业环境信息对外公开的程度，通过一系列的研究，他的这一设想得到了验证，即外界信息使用者数量的增多可以促使企业披露越来越多的环境预测信息。

Simon, Kar shun Wong(2001)的研究比较全面，企业的独立董事能够监督管理层对所有股东行使恰当权利，能够阻碍企业披露虚假信息，督促企业披露更多真实的环境信息。实证结果表明，这两者之间成正比，但是比例不太明显。此外，设立审计部门的企业更愿意披露更多的信息，这是因为企业受到审计部门和政府的双重监督；Eng.L.L 和 Mak.Y.T(2003)通过实证分析得到独立董事所占比例与企业自愿披露程度负相关。

从企业发展情况与规模大小来看，国外学者关于这一问题的研究较多。公司发展规模这一影响因素的研究比较多。Showland 和 Rong-Woren(2004)、Fraswell 和 Yatlor(1993)进行实证研究，发现规模较大的公司对资金的需求多，更愿意向外界展示自己，而规模小的公司往往不愿意这样做。大型公司更愿意对外多披露信息，减少企业成本的耗用。Tang lundhokm(1992)以 FAF 评分等级为研究基础，分析在主动性前提条件下企业披露信息的情况，研究表明企业规模越大，其等级评定就越高。Mickinnon 和 Dalimuthe(1993)将研究对象选在了澳洲的六十多家多元化企业，以是否主动披露为前提，对披露信息的影响因素进行研究，其结果是企业规模与主动披露信息成正比。但是，也有一些学者的研究结论与此相反。Rafael La Porta, Florencio Lopez-de-Silane(1999)的实证研究却发现二者存在显著的负相关关系。Lynn(1992)的实证研究证实这两者之间不相关。

在公司经营效率方面的研究，Belkaoui(1976)及 Bowman(1978)进行实证分析，得出两者成正比的关系；然而其他学者，像 Reedman 和 J.feer(1984)、Engram 和 Intrazier(1981)等人分别对这一问题进行了研究，得到的结论却是相反的，两者成负相关关系。

在公司盈利水平和成长能力方面上，Miller(2002)研究得出，盈利水平与公司未来的成长性也是成正比的。同时，也有一些研究发现，两者不存在任何关系。而 Cowen, Parker(2001)的实证分析得出，这两者之间不存在必然的联系。

在企业偿债能力研究方面，Fergusonet al(2002)研究发现，公司财务杠杆越高，其面临财务失败的风险也就越大，而企业决策者迫于企业所欠债务方面的压力，只不得不采取对外披露信息的做法来缓解企业的债务压力。Jensen(2006)以企业资产负债率作为衡量企业负债程度的指标，进行实证研究，发现两者的关系成反比，即负债越大，企业越不愿意对外公开自身的真实经营状况，以虚假信息来应付外界的需求。

在企业所有权方面，Haskins(2000)对比了欧亚两州地区的上市企业，分析得出欧洲的上市企业股权集中度普遍偏低，股权也比较分散，而股东对企业的要求也相对严厉。所以，大多数的企业都愿意对外展示自己的实际情况，更多地披露其内部信息。

在行业属性方面，Deegan 和 Gordon(1996)选取不同行业的上市企业作为研究对象，研究发现行业的差异对披露程度的大小具有很大影响。Eraven 和 Marston(2005)对上市企业进行分析,得出的结论却相反,两者之间不存在显著关系。

(4)关于研究环境会计信息披露的发展情况。2001年,ISAR发表《政府及信息使用者对于信息使用情况考虑》报告,规定企业应当在其年报中进行说明环境相关事项,要求企业应该完善内容环境报告,同时对外披露环境政策、与环境相关的费用支出和收益等情况。随着企业发展规模的壮大,其环保法规也更加趋于准确、合理,而企业为了树立自身良好的形象、获得更多的融资机会,也应该倾向于投身环保事项,为保护环境、减少污染等问题做出必要的贡献。

1.2.2 国内研究现状

国内关于此问题的研究起步较晚,凭借葛家澍学者的研究为起点,开始了我国环境会计问题的研究。随后,我国对这一问题的研究发展得比较快,2001年中国会计学会成立了这一研究领域的第一个委员会,同时针对环境问题展开了一系列的讨论。我国学者对环境问题的研究主要集中在理论观念方面的研究,以理论描述为主,很少进行实证内容方面的研究。近几年来,国内学者才逐渐尝试用实证分析的方法来探究环境信息披露问题,为此,我们也取得了一定的研究成就。

(1)关于环境会计信息披露内容方面的研究。孟凡利(2009)对环境会计的信息系统、理论政策等内容进行了比较详细的论述。企业要取得外界对其发展的认可就必须要注重环境问题,对于环境污染应该及时治理,同时应该把企业处理环境问题的事项对外公开。公司要向信息利用人传达本企业的真实信息。本书认为企业在进行环境会计信息披露的时候,其披露信息应该包括环境相关的财务信息和非财务信息两方面。李连华、丁庭选(2010)认为企业披露的环境信息不仅应该包括环境的财务与非财务信息,还应该包括企业所处的行业背景和企业污染物排放情况。肖淑芳(2007)、黄其秀(2008)、周一虹,孙小雁(2007)等人通过研究发现,企业的环境信息应该包括企业的资源税、排污治污费以及绿化费等内容,并且应该以财务信息为主,在其年报或年报附注中以一个确切的会计科目进行列示。郑永生、胡曼军(2009)认为目前企业披露的环境问题应该包括环境资产以及环境负债等情况。王鹏(2009)、赵荔雯(2013)认为企业应该披露与环境相关的问题,包括企业所遵循的环境政策、发生的与环境相关的费用和收益等。胡晓玲(2012)分析国内环境会计信息披露的主体是大多数的上市公司,所反映的主要内容应该包括企业自身存在的环境问题、环境污染情况以及治理程度等信息。

(2)关于环境会计信息披露方式的论述。针对披露方式这一问题的研究主要有两种观点:一种是采用独立的环境报告;另一种是补充报告方式。但是,学者们对于到底用何种方式披露比较合适,还没有统一标准。李建发(2007)认为,公司当前首要的还是考虑以独立环境会计报告的方式单独列示企业的环境信息,等国家相关环境法规制度形成以后,再采取补充报告的形式披露相关信息。胡晓玲(2012)认为我国企业披露环境会计信息的形式多种多样,例如企业年报、独立环境报告、报表附注以及企业相关会议通知单等。孙兴华(2007)通过研究,发现企业应该以报表补充文件的形式来披露环境信息,可以与企业相关的三大报表形式联合起来使用。除了上述报告方式,也有学者提出应该将多种披露方式结合起来共同使用。翟春凤、赵晓磊(2010)研究认为,对于环境破坏严重的企业,应该出具单独的环境报告,将环境污染的所有问题详细的列示在这类文件当中。而对于轻微污染的企业而言,不需要单独列示环境问题,直接采用报表补充的形式披露就可以达到显著的效果。肖华(2008)等人研究证实企业应该适时地改变信息披露的方式,以适应信息使用者的需求,得到外界的认可,在这样的条件下出现了环境报告审计、环境业绩指标等内容。

(3)关于环境会计信息披露影响因素的研究。针对这一问题,我们以实证研究为主,李正(2008)以沪市 521 家上市企业 2003 年的信息作为样本,采用实证分析的方法,研究影响环境信息披露的因素主要有哪些以及它们之间是何种关系。研究表明,SIZE、LEV 与企业 EDI 成正比,重污染企业披露的信息越多,ROE、ST 类企业与信息披露负相关。

朱金凤、薛惠锋(2008)选取沪市 A 股制造业 2006 年 248 家样本企业作为研究对象,进行实证研究,结果表明:企业规模、行业差异与自愿性披露正相关,而公司的盈利能力、财务杠杆与自愿性披露不存在显著关系。

张俊瑞等(2009)将研究对象定位在我国的化工行业,选取 2003—2005 年样本企业,从自愿性披露的角度,分析公司治理的相关因素对信息披露的影响程度。结论是企业规模大小、盈利能力与其正相关,此外,企业的自愿性较差,整体的披露水平也比较低。

王亚男(2013)将目标聚集到了纺织、印染、造纸、制药以及火电等行业,选取沪深两市 A 股 2009—2011 年上市的 130 家企业作为研究对象,从七个影响因素方面对环境信息披露程度方面进行分析,最终得出,流通股率、盈利能力和独立董事所占比例对其披露行为有很大的作用。

蒋麟凤(2010)以 2008 年 242 家上市企业为研究对象进行研究,探索股东持股比例与环境信息披露两者之间的关系,研究得出,股东持股比例与其成反比,而公司规模与其成正比。

蒙立元、李苗苗、张雅淘(2010)集中精力,以沪市制造业重污染企业为研究重点,分别从公司治理的角度分析企业的环境信息问题。研究发现,企业是否成立审计机构、董事持股人数比例是促使环境会计信息披露水平发生变化的重要因素,而独立董事所占比例则与披露与否没有显著关系。

王小红、王海民、李斌泉(2011)选取 2008—2009 年陕西省 28 家上市企业为研究样本,从影响效应域的角度证明了效应与环境会计信息披露间的联系。结果表明,公司的偿还债务能力、规模大小、独立董事所占比率与信息披露正相关。

姜艳、王翠兰、杨美丽(2012)以 2009—2010 年 63 家山东省制造行业、采掘业上市公司作为研究对象,从一些方面分析了和环境会计信息披露之间的关系。最终得出,整体披露质量比较低,各因素之间存在很大差异;公司规模、经营效益、行业差异和其披露水平之间成正比;收益大小与其成反比;财务杠杆、独立董事比例、持股比例、地区差异与其存在很明显的关系。

李晨光(2012)以 2010 年上海市 783 家优秀企业作为考察对象,建立自发公布的结构模式,从影响因素角度探究其中的关系,实证结果显示污染比较大的上市优秀企业披露更多的环境会计信息,规模大、发展迅速、财务杠杆高的企业披露的也越多。

李俊龙(2014)以重污染行业 2010—2012 年的数据为样本,进行分析探究,最终得出公司规模、股权性质、流通股比例、环境压力、债务融资压力与环境信息披露成反方向的关系。

(4)关于环境会计信息披露发展情况的研究。我国进行经济发展时使得大量自然资源浪费同时导致环境污染问题未得到重视,污染加剧,企业环境信息披露问题得到了政府相关部门及一些利益关联者的重视。目前,面对日益恶化的环境,为了督促越来越多的企业加入到环境治理的队伍当中,一些研究学者开始对环境问题进行深入的分析探索,与此同时也取得了比较理想的结果。然而同发达国家相比,尤其是欧洲部分国家,我国的研究仍然还处于最初的探索发展阶段。

赵丽萍、张欣、丁鹏艳(2008)以2007年沪市A股造纸印刷业、金属非金属业、石油化学塑胶塑料行业的166家公司作为研究样本,进行实证研究分析。最后得出,随着行业政策法规的出台以及投资者、债权人社会公众等利益关联者对环境问题的重视,越来越多的企业更倾向于适度地披露环境问题,尽管如此,这与我国环境法规的要求仍然存在显著的差距。

1.2.3 文献综述

国外研究文献主要以美国、澳洲和西欧一些发达国家为例,由于各个国家社会经济水平的不同,往往发达国家的政策结论不一定适用于发达国家以外的地区。由于不同国家的国情不尽相同,其环境问题也形态各异,但是各个国家的经济发达程度却是影响信息披露的一个至关重要的因素。近几年来,越来越多的学者参与到这一问题的研究当中,采用多种研究方法进行研究,虽然也取得了一定的成果,但是与经济发展水平高的其他国家之间还是存在很大差距。在一些研究的选材上过于单一,不能全面地说明问题,不能考虑到公司治理特征以及公司属性的影响等关键因素,对象数据的选取时间不长,甚至短暂,不具有连续性;当然也就不能充分地反映上市公司环境信息的波动因素。此外,在实证分析的过程中,由于选取的EDI评价指标不同,造成了研究结果与预期假设的方向不一致。

考虑到以上研究的缺点和局限性,本文将研究重心放在了我国最大的行业,即制造业,综合考虑制造业的行业性质,从多个角度选取影响条件,使研究内容更完整、合理。选择我国沪市A股制造业上市公司2011—2013年连续三年的样本数据,进行分析研究,进而得出更有利的探究结果。

1.3 研究方案及研究框架

1.3.1 研究方法

本文的主要内容为构建环境会计信息披露影响因素模型,通过该模型,及时、有效地评价上市企业在披露环境会计信息的同时可能会受到哪些因素的影响。本文采取以下研究方法。

(1)文献综述法。翻阅大量的文献资料,了解目前国内外这一问题的研究现状,同时明确下一步具体研究的内容,从而引出重点论述,并广泛吸纳相关学科的研究结果,将研究学者的相关理论运用到本文当中,使本文的分析更加符合实际现状。

(2)理论与实证分析相结合。本文重点阐述了四大基本理论的观点和内容,在此基础上,提出研究假设,构建模型,在一些部分,涉及大量的运算,于是运用Excel和SPSS等统计软件进行数据的相关处理及分析。

(3)定性与定量分析相结合。在文章的第一、第二章运用了大量的定性分析,同时,为使论据更具有说服力,论文也使用了定量分析法,包括环境会计信息披露指标的计算和各影响因素指标的计算。这两种方法的互相结合,可以增强研究的准确性说服力。

1.3.2 研究内容

本文可分为六个章,分别为:

第一章:绪论。分别论述了本文的选题背景与研究意义、国内外研究现状、研究方案及研究框架等。通过分析国内企业环境整体的发展规模以及环境会计行业的信息披露现状,指出其研究的相关意义;分别从国内外两个角度对已有相关分析进行总结,帮助分析研究;初步设计研究内容、绘制本文的研究框架图。

第二章:相关理论分析。本章首先介绍本论文的一些基本概念,接着介绍其所遵循的四大理论,这四大理论的论述可以为文章后面的实证研究做好铺垫。

第三章:我国上市公司环境会计信息披露现状及影响因素分析。首先,选取我国沪市A股制造业上市公司作为研究对象,从披露比例、披露内容和披露方式三方面来分析其现状,并根据披露现状总结出目前上市公司在进行披露环境会计的过程中可能存在的问题。其次,对其影响因素做进一步的分析,为论文后面的模型设计和实证分析做好铺垫。

第四章:上市公司环境会计信息披露质量影响因素模型设计。第一步提出研究假设,第二步选取样本、定义变量,最后是构建实证研究模型。

第五章:详细的实证分析。运用描述性统计分析、相关性分析,对第四章所选取的变量进行回归分析研究,分析实证图表,得出实证结论。

第六章:研究结论及展望。

1.3.3 研究框架

本文的研究框架如图1-1所示。

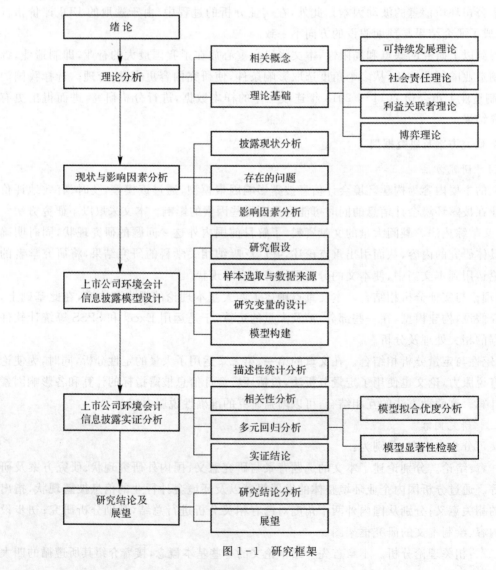

图1-1 研究框架

2 我国上市公司环境会计信息披露质量的相关理论

随着工业企业的迅猛崛起,社会经济效益得到很大提升。然而环境问题也在逐渐恶化,温室效应、臭氧层破坏、SO_2 污染、土地沙漠化、水资源恶化以及城市大气污染等问题也在不断加剧。企业从环境当中获取利益的同时,也对环境产生了一定程度的破坏,环境治理是企业为了更好发展的一个前提条件,良好的环境可以促进企业发展更快、获利更多。在这一背景下,环境会计越来越被人们所接受。

2.1 环境会计信息披露质量概述

2.1.1 环境会计信息披露质量相关概念的界定

(1)环境会计的基本理念。环境会计区别于传统会计,它讲求绿色、环保,它的研究早在20世纪中后期就已经进入到了企业的生产经营活动当中。这些年来,大量的研究学者们对环境会计做了很长时间的研究工作,然而业界对于环境会计的具体概念仍尚未统一。下面是根据文献资料总结出的一些定义。

环境会计是"货币单位表示与实物单位共同可以表示的、对提高整个社会环境资源有益的会计。它以货币作为基本计量单位,按照规章,分析经济与环境之间的关系,分析、研究、决策与环境有关的一系列相关成本支出,分析环境的非财务信息和财务信息可能会对企业的经济效益产生一定作用的新兴学科"。环境会计的定义为"环境会计是一个新提出的概念,简单描述就是用会计学的原理与方法,对企业的环境活动及与环境有关的一些事项进行调控和处理"。《现代会计百科辞典》的解释是"从社会层面进行计量和报道公司、事业政府等单位的社会活动对环境的影响及运行情况的一系列管理运动。它的目的是帮助企业经济资源做出最合理的调配,从而增加社会整体效益"。

查阅资料,关于环境会计的定义,笔者的观点是,环境会计是以实现可持续发展为最终目标,在相关环境法律、法规的支持下,采用一些学科的基本理论知识,运用大量的研究方法,将在企业生产经营活动中的环境问题,进行确认、计量、记录、评价和考核的分支学科。

(2)环境会计信息披露的基本理念。有关于环境会计信息披露,研究学者从宏观层面和微观层面分析这一概念。从宏观层面来看,主要是指对外公布的环境信息是属于国家政府单位内部的信息。国家政府机构人员需要采取一定的举措深入单位内部,调查企业是否存在有与环境相关的费用支出和收益以及是否存在排污、治污等相关事项,并定期把掌握到的环境调查报告、环保策略方案、环境影响评价等相关的资料、数据对外公开,进而发布环境公告书。

微观层面的环境会计信息披露主要是针对一般企业而言,为了维护企业自身的形象、取得外界的信任,企业需要对自身环境相关的事项加以说明,以便于信息使用者及时掌握企业的真实情况。本文所指的是一般企业对外披露环境相关信息的事项,它以企业环境信息服务于外界为目标,通过企业年报、环境相关的报告以及企业 FAF 质量评估报告等的形式,把自身的环境活动以及与环境有关的经济活动信息公布在报刊、电视、杂志、网络。

(3)环境会计信息披露质量的基本理念。环境会计信息披露质量是利益关联方评价企业环境信息真实效应的管理体系。目前,关于这一问题的研究,我国学者尚无统一的结论,国内专家根据自己的研究方向对此都有相应的解释。我国证券委员会指出信息披露要求其质量具有可比性、信息透明化且毫无保留地全部披露。巴塞尔银行委员将信息透明化又定义为企业必须及时对外公开披露可靠的信息。

信息需求对不一样的利益关联者而言也不尽相同,所以其披露质量判断指标的构建也是比较复杂的。许多学者都根据各自的研究方向建立了相关衡量标准,包括 Bhattacharya 的盈余披露指数,黄娟娟和肖民的以收益平滑度、激进度和不透明度替代盈余披露指数。

由于我国现阶段有关于这一方面的研究还处在初步阶段,国家尚未建立统一、完整的环境法规,对于披露质量这一要求无法做到真实、公平,因此本文所指的质量仅指信息披露的充分性,此外,我们以环境会计信息披露指数这一指标来衡量其披露质量的大小情况。

2.1.2 环境会计信息披露质量的基本内容

有关这一问题的研究,专家们都有着自己不同的观点,具有代表性的见解有以下几方面。Wiseman 将其内容概括为环境政策、环境费用支出、排污治污状况和其他与环境相关的问题等,与此同时,他将定性与定量的方法结合起来对这些内容进行了详细的分析。

1998 年 2 月,ISAR 在第十五次国际政府会议上将其内容总结概括为如下几方面,环境整治、环保费用支出、环保政策等情况,明确规定了企业披露环境问题应该包括哪些详细的内容。

孟凡利的观点对于环境会计信息披露质量内容的研究具有重大的意义。他认为环境会计信息主要涉及两方面的信息内容,一方面这类信息是与环境相关的环保政策、环境体系认证等不能够用货币计量的非财务信息;另一方面是指与环境相关的费用支出和收益问题可以用确切数据计量的财务信息。基于从研究理念的层面出发,笔者比较认同孟凡利的观点。

2.1.3 环境会计信息披露质量的基本方式

环境会计信息披露质量的方式要以其基本内容来分析,可以有以下两种方式。

(1)若是披露环境问题的财务信息,一方面可以调整企业财务报表框架,将环境问题直接反映在报表当中;另一方面也可以不调整报表框架,通过增加报表附注,直接将环境问题反映在附注当中。不管是哪一种方法,都是围绕着环境问题的财务信息,可以在报表或者报表附注中设置专门的会计科目来进行研究此问题。

(2)若是披露环境问题的非财务信息,一方面可以在公司的招股说明书、公告书或临时报告中列示;另一方面可以单独编制独立的环境报告,对企业的环境问题进行详细说明,以便于企业经营者做出合理的决策。环境问题的非财务信息主要是针对环保政策、环保体系等问题,以描述性分析为主。因此,企业独立的环境报告可以详细地反映企业的环境问题。

2.2 环境会计信息披露质量的理论基础

理论基础,即分析研究相关问题的理论内容,是问题研究实证分析的前提基础,服务于论述观点的各个层面。当前条件下,可以作为环境信息问题研究的理论基础是多种多样的,且能够从每个侧面来论述环境问题研究的必要性。

2.2.1 可持续发展理论

1972 年 6 月,在斯德哥尔摩召开的全民环境会议上,首次指出企业与环境要协调发展这一理念,会议强调过度的消耗不顾会导致企业环境的严重污染,进而会破坏生态平衡,人们应该首先考虑企业对资源的有效利用和自身应该承担的环境保护以及治理责任,同时应该明确企业与自然之间的相关关系,促进企业与自然环境的协调统一。其次,才能开展一系列的社会活动。世界环境与发展委员会(WCED)在《我们共同的未来》中,第一次官方的提出可持续发展理念。此后,1992 年 6 月联合国在巴西里约热内卢开展的环境与发展大会,会上正式承认

《21世纪议程》与《里约环境与发展宣言》两份指导性文件,至此经过各种考查验证,可持续发展理论首次正式由理论上升到实践。

可持续发展同时满足了当代人和后代人的需要,而且不会对环境产生比较深的危害,它强调环境的重要性,各个阶段的人群对社会资源的获取也都是同样的,要求社会的经济增长是集约型的增长,很少量地利用资源做出更大的成绩,使污染降低而获得经济发展上的质的飞跃。从理论观点出发,它是经济、社会与环境三者的协调发展产物,它的最终目标是实现全社会的快速发展,三者紧密相连,互相作用。

可持续发展理论是随着环境保护问题的提出而逐步引入现实社会当中,它既满足当代人和后代人的需要,又不会对环境产生比较深的危害,它强调环境的重要性,可以指导企业在快速发展的同时尽量不去破坏环境。各个阶段的人群对社会资源的获取也都是同样的,要求社会的经济增长是集约型的增长,很少量地利用资源做出更大的成绩,使污染降低而获得经济发展上的质的飞跃。为了实现社会经济的可持续发展,各国政府出台了多种环境法规来约束企业的经营活动行为,它要求企业必须要担负起遵守环境、及时治理的职责,它是社会发展到一定阶段的必然产物。从社会利益的角度考虑,它也是协调环境、经济的有力法宝,可以促使经济的平稳、快速发展。

2.2.2 社会责任理论

企业的社会责任主要针对企业股东和企业自身而言,它要求企业在满足股东利益最大化要求的同时也不能忘记自身的职责,即保护环境,例如,保护生态环境与自然资源、支持和赞助慈善事业、注重保护公司员工的劳动权等,促进企业和社会经济同步发展。企业应该将更多的精力投入到自然环境污染治理、环保慈善事业等工作当中。

企业在进行日常生产经营活动的中,或多或少会向大自然排放一定量的污染物,而这些污染物会不同程度的对自然环境造成影响,这种情况下,企业理应对自己的形成承担责任。企业作为环境污染的主体,应该主动担负起治理环境的重任。企业在其日常经营过程中,应该做到信息对外公开的透明化,让信息使用者及时了解到企业的真实情况,这是企业履行其社会责任的一项重要职责。

2.2.3 利益关联者理论

在经济国际化发展趋势下,企业的发展离不开多方利益关联者,利益关联者一方面可以督促企业快速发展,另一方面可以监督企业对外披露相关信息,两者相辅相成,紧密联系。该理论阐明,处于企业长远目标的考虑,企业要进行发展,必须首先改善其内部控制结构,良好的内控制度才能够促使企业循环运转。其次必须要以利益关联者的利益为主,使他们尽可能地获得较为合理的利益。换言之,利益关联者各方与企业之间的作用是相互的,企业的发展需要利益关联者的积极参与,可以降低企业的经营风险,同时企业也可以更好地满足关联方的利益需求。

此外,一旦企业的环境状况严重恶化时,各利益关联方就会做出反馈,及时督促企业披露更为详细的环境信息,以保证自身利益不受威胁。迫于各方的压力,企业也会在年报或者环境相关的报告中对其环境问题进行说明,以满足外界的信息需求,为企业获取更多的资金。

2.2.4 博弈理论

企业的博弈理论是指在外界条件比较稳定的情况下,任何一方组织机构的结构变化或者是企业管理人员决策权限的变更都可能会导致企业的总体战略规划发生变化,而这一变化有可能会导致各方利益关联者获利情况发生变化。信息需求对不一样的利益关联者而言也不尽相同,所以其披露质量判断指标的构建也是比较复杂的。由于我国现阶段有关于这一方面的研究还处在初步阶段,国家尚未建立统一、完整的环境法规,对于披露质量这一要求无法做到真实、公平,因此本文所指的质量仅指信息披露的充分性,此外,我们以环境会计信息披露指数这一指标来衡量其披露质量的大小情况。

博弈理论认为企业管理者是在极为理性的情况下做出相关决策的,它认为企业的生产经营活动不会引起环境污染问题。因此,这类企业都不会在自愿性条件下主动披露环境信息。为了企业长远发展,企业会采取和其他企业联合协作,一方面可以客观地评价企业的经营能力,另一方面可以促使企业披露更多的环境信息。

以上这四个理论可以比较清晰地阐明企业进行环境问题披露的原因,因为对外公开披露环境相关的信息可以降低企业的财务风险,为企业提供融资机会,促使企业更高、更快地发展。

3 上市公司环境会计信息披露质量的现状及影响因素分析

本章的研究内容主要是通过三方面来体现的,一是披露现状,包括各行业企业分布状况以及披露比例统计、各企业披露信息内容和方式统计;二是从现状分析中发现可能存在的问题;三是影响企业披露环境问题的因素解析。

3.1 上市公司环境会计信息披露质量的现状分析

3.1.1 上市公司各行业的环境会计信息披露比例统计

(1)行业分布情况。根据《上市公司行业分类指引》(CSRC)规定,以是否在本国沪深两市证券交易所挂牌交易为基准,将制造业上市公司分成了九大类型。笔者通过搜集资料,详细汇总、整理得到截至 2013 年 12 月制造业上市公司行业分布及公司数量,见表 3-1。

表 3-1 2013 年底我国制造业上市公司统计情况

行业代码	行业名称	公司总数/个	备注说明
C0	食品,饮料	64	沪深两市 A 股制造业上市公司总数量分别是 37 和 19
C1	纺织,服装,皮毛	72	沪深两市 A 股制造业上市公司分别是 31 和 18
C2	木材,家具	5	沪深两市 A 股制造业上市公司数量均是 2
C3	造纸,印刷	33	沪深两市 A 股制造业上市公司分别是 16 和 7
C4	石油,化学,塑胶,塑料	177	沪深两市 A 股制造业上市公司分别是 81 和 61
C5	电子	71	沪深两市 A 股制造业上市公司分别是 28 和 18
C6	金属,非金属	157	沪深两市 A 股制造业上市公司分别是 81 和 47
C7	机械,设备,仪表	269	沪深两市 A 股制造业上市公司分别是 115 和 78
C8	医药,生物制品	114	沪深两市 A 股制造业上市公司分别是 63 和 34
	合计	962	

注:上表数据均是本文作者根据巨潮资讯网和两大证券交易所网站统计整理所得。

从表 3-1 可以看出，截至 2013 年底我国制造业上市公司总数为 962，涉及了制造业的九大行业，其中以机械、设备、仪表行业数量最为密集，占制造行业企业总数的 27.96%。此外，这些上市公司发行的股票也涉及了多个类型，包括沪深两市 A 股、B 股、中小板以及创业板股票，文中以 A 股股票为例，汇总得出了沪深两市制造业上市企业数量柱状图，如图 3-1 所示。

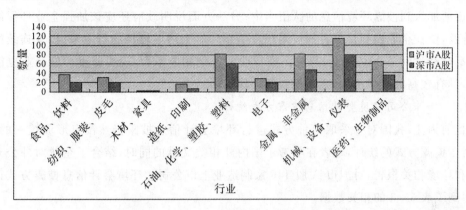

图 3-1 制造业 A 股股票上市公司数量统计

结合表 3-1 和图 3-1，进行加总得出了沪市 A 股制造业上市公司数量为 454 家，而深市 A 股制造业上市公司数量为 285 家，其中机械、设备、仪表和石油、化学、塑胶两大行业企业数量最多。由这两个数据我们发现沪市 A 股制造业上市企业数量远远多于深市的数量。为了保证所选取的样本数据能够比较详细的说明这一问题，本文将研究的重心放在沪市 A 股制造业企业当中，选取连续的样本进行研究，以期找出合适的解决方案。

(2) 各行业上市公司披露环境会计信息比例情况。分行业统计 2011 年和 2013 年对外披露环境信息的公司数量，比较不同时间段不同行业披露差异，其结果见表 3-2。

表 3-2 分行业上市公司披露环境会计信息的情况统计

行业代码	样本数	行业名称	披露公司个数/个		披露公司比例/(%)	
			2013 年	2011 年	2013 年	2011 年
C0	37	食品，饮料	28	28	75	75
C1	31	纺织，服装，皮毛	18	21	60.7	67.9
C2	2	木材，家具	2	2	100	100
C3	16	造纸，印刷	12	12	75	75
C4	81	石油，化学，塑胶，塑料	59	59	73.3	73.3
C5	28	电子	16	14	58.7	53.1
C6	81	金属，非金属	66	70	82.6	87
C7	115	机械，设备，仪表	94	94	82.6	82.6
C8	63	医药，生物制品	33	49	52.6	79
合计	454		344	333		

注：上表数据均由巨潮资讯网和沪市证券交易所网站统计整理所得。

由表 3-2 可以看出，样本企业数量仅占整个制造业 962 家上市公司数量的 47.2% 左右。其中，2011 年和 2013 年的比例分别为 73.3%、75.8%，说明 2013 年较 2011 年比例略有所提高，但是提高的幅度比较小。对于像金属、非金属和石油、化学、塑胶、塑料这一类污染严重的行业，披露比例集中在 80% 左右，大于 50% 但未能达到 100%，一方面说明越来越多的重污染企业已逐渐加入到披露环境信息的队伍当中；另一方面说明政府还应该加强企业环保制度的推广、普及，要让企业做到百分百的披露环境信息。对于污染较轻的行业来说，其连续两年的比例也都已经达到了 50% 以上，与重污染行业的比例相差不大，说明非重污染企业也能够以身作则，具有较高的环境意识，愿意投入到环保事项当中。

3.1.2 上市公司环境会计信息披露方式统计

到目前为止，我国对于采取何种方式进行环境会计信息披露仍然没有形成统一的标准。因此，对于披露方式的统计，笔者在参考了国内外相关文献的同时，结合了企业对外公开发表的年报和环境相关报告，对沪市 A 股 445 家制造业上市公司的环境会计信息披露方式进行了统计，得到了表 3-3 的相关数据。

表 3-3 上市公司环境会计信息披露方式统计表

方式 年份	财务报告及附注	董事会报告	重要事项	招股说明书	独立环境报告	社会责任报告
2011 年	213	56	3	23	78	127
2012 年	215	79	14	38	117	163
2013 年	237	87	16	60	190	187

注：同一家上市公司披露环境会计信息的方式不唯一。

从表 3-3 可以看出，企业进行环境信息披露的方式主要有公司财务报告、社会责任报告或独立的环境报告以及董事会报告等方式。其中，财务报告数量为最多，而在财务报告中披露的信息以财务信息为主，且其数量略微有所上升，这表明随着时间的推移，越来越多的企业都倾向于披露财务信息。而对于采取招股说明书、重要事项等方式的企业数量非常少，企业应该扩大信息披露的方式，不要只局限在使用某一种单一的方式进行披露信息，而应该使得方式多元化，一方面可以帮助其他企业更好地了解本企业的真实环境情况，有利于自身获得更多的融资机会；另一方面，可以分散企业的经营风险，做到全面的披露环境信息，得到外界的认可，进而可以提升自身的经营效益和荣誉地位。

3.1.3 上市公司环境会计信息披露内容统计

企业进行环境信息披露行为有利于企业自身的发展，并且可以提高企业的经济效益，为外界信息使用者提供多方面的信息，促使企业更长远的发展。上市公司环境信息披露的内容各式各样，可以归纳为四方面的内容，一是与环保策略相关的管理问题，二是企业在排污、治污过程中遵守环境法规情况，三是与环境相关的费用支出，四是与环境相关的收益等。其统计结果见表 3-4。

表 3-4　上市公司环境会计信息披露内容统计表

方式 年份	环境管理情况	环境守法情况	与环境相关的费用支出	与环境相关的收益
2011	20	16	8	0
2012	37	28	14	3
2013	54	45	24	3

注：以上数据代表披露信息企业占未披露信息企业的比例。

由表 3-4 可以看出，在上表四种项目当中，上市公司披露的信息以文字描述为主，即披露的内容以政策性制度居多，而环境政策主要表现为非货币信息，例如环保政策、环境理念和治污排污策略等信息。但是对于货币信息（与环境相关的费用支出和收益）披露的甚少，尤其是对与环境相关的收益问题的披露，在 2011 年到 2013 年这三年当中，其比例都非常低，最高仅为 3%。

3.2　上市公司环境会计信息披露质量存在的问题

(1) 从环境会计信息的披露内容来看。第一，内容形式多样。通过本章第一部分的分析，发现环境信息披露的内容多种多样，不同的企业披露的侧重点均不一样。有的上市企业侧重于披露环保政策、环保理念方面的内容，而有的企业倾向于披露企业排污、治污以及企业参与绿化项目的环境问题。第二，负面信息极少。在统计过程中，作者发现企业都乐于披露对企业有益的环境问题，提到环保罚款和环保事故事项的企业非常少，多数企业都是采取直接忽视这一问题。第三，内容重复较多。大多数企业将同一环境问题重复列示在多种报表当中，给信息使用者造成一定的使用障碍，大大降低了信息的使用效率。更有甚者，有的小企业直接模仿大企业的披露行为，而不考虑自身的经营性质和环保意识，披露虚假或者是不符合企业真实情况的环境信息，而对企业所产生的环境污染尽量地选择了回避，这是导致我国整体披露比例普遍不高的重要原因之一。

(2) 从环境会计信息的披露方式来看。第一，披露方式不够规范。上市公司披露环境问题的形式主要集中在企业年报、社会责任报告或独立环境报告，很少在招股说明书、重要事项等文件中列示企业的环境会计信息。企业到底应该采用何种方式来披露某一特定的环境会计信息，到目前为止，政府还没有出台相关的政策来对这一问题进行约束。第二，披露方式太过简单，大多数企业都是采用直接叙述的方法来说明企业的环境问题，很少有使用图表的形式。由于环境会计信息有两种形式，一种是财务信息，另一种是非财务信息。企业在对外披露信息的时候应该综合使用这两种形式的信息，这就需要公司在文字披露的基础上适当地添加图表信息，使信息更加形象，便于利用关联者使用。

(3) 从披露信息的质量来看。第一，行业对比差异大。在当前经营条件下，国家对于企业是否进行环境信息的披露主要采取鼓励政策，鼓励企业自愿披露相关信息，而这一政策的实施必然会导致各企业间出现披露质量不一致的情况，所以我们很难找到一个统一的标准，来衡量不同行业披露环境信息的真实情况。第二，信息难以度量。目前情况下，我国上市公司的环境问题依然以非财务信息为主,而对于与环境相关的费用支出(主要包括绿化费、资源税、排污费等)和与环境相关的收益等财务信息披露的较少,这就需要将非财务信息进行度量转化,增强信息使用者对企业环境信息的利用。

3.3 上市公司环境会计信息披露质量的影响因素分析

由3.1和3.2部分的内容详解可以看出,企业在环境会计信息的披露方式和内容方面存在着很大的差异,那么,是哪些因素造成了以上差异呢?鉴于此问题,笔者打算从公司治理、公司运营和公司性质三方面来分析造成这一差异的因素,为后面的实证分析做好理论准备。

3.3.1 公司治理因素

(1)独立董事结构因素。独立董事是指独立于企业股东之外,并且不在本企业任职,与企业经营管理者没有直接业务往来,且能够做出独立判断的董事。由于独立董事不受本企业的直接管制,但其具有一定的权威性,能够监督企业进行正常的运转,适时地对外披露环境信息,此外独立董事也能够保证企业利益相关者公平、客观地享有其合法权益,促使企业更多地去披露环境会计信息。

(2)股权结构因素。股权越分散的企业,其股东获取利益的阻碍就会越大,从而企业耗费的费用也就会增多。股权结构理论告诉我们,企业股东持股数量越分散,企业管理者和第三方持股股东越有可能会产生冲突,而环境会计信息的披露很大程度上能够缓解两者之间的关系,有利于委托人从企业经营管理过程中获得充足的收益,而代理人也能够按照委托人的意愿来经营和管理公司。

3.3.2 公司运营因素

(1)公司规模因素。规模越大的公司在经营过程中更容易受到外界的关注。一方面,为了吸引更多的投资者投资企业;另一方面为了自身更好的发展,更多的人员供应商、客户、分师,规模大的企业就更愿意尽可能多地对外披露环境信息。此外,大规模企业的经济状况对社会的发展起着决定性的作用,为了维持自身的经济地位,那么就需要他们披露更多的环境信息。

(2)公司的负债程度因素。正常条件下,企业资产负债率越高,债权人的利益就越小,随之而来的债权人与公司股东之间的矛盾也就逐渐加剧,企业因此而耗费的资源成本也可能会升高。为了阻碍这种不利现象的出现,公司股东希望可以通过披露更多的信息来提升企业的信誉。在实际的经营管理中,随着企业负债程度的提高,债权人和股东为了维护自身的利益,都会增加对财务信息的需求,而这一现象可以督促企业对外披露更多的环境信息,供决策者使用这些信息。

(3)公司的发展能力因素。发展能力好的企业需要资金的数量也就越多,为了筹集经营所需的资金,这一类企业会更倾向于向外界披露越多的信息。此外,发展能力好的企业需要资金的数量也就越多,为了筹集经营所需的资金,这一类企业会更愿意向外界披露更多的信息。企业保持长期持续增长可以反映企业的发展能力是越好的,为了维持自身的形象,必然会投入大量的精力去降低企业对环境的污染,减少企业环境成本费用的支出,维持企业高速发展的能力。

3.3.3 公司性质因素

国家对于污染严重的企业出台了相关的环境法规,要求这一类型的企业应该严格规范自身的经营过程,必须做到毫无保留地对外披露与环境相关的信息,以取得外界的认可和信任。

2008年,我国环保总局发布《上市企业环境保护审查行业属性分类管理》文件,将污染严重的企业和污染较轻的企业进行了区分,而政府针对污染严重的企业也制定了严格的披露法规,要求这类企业要加大环境问题披露力度。在企业的实际经营过程中,重污染企业产生的环境问题一般较多,为了更好地发展,减少污染,重污染企业披露的环境信息应该更多。

4 上市公司环境会计信息披露质量影响因素模型设计

第一章和第二章对相关文献进行了分析,并加以总结,阐明了本文的研究背景、选题意义、研究现状以及遵循的四大基本理论等问题,而本文的第三章又对目前上市企业信息披露现状和影响因素进行了比较系统的分析。在此基础上,本章主要论述的是研究模型设计的一系列问题,为下一章的实证论证奠定基础。

4.1 研究假设

4.1.1 独立董事的比例

根据我国证监会的要求,企业中董事会成员的设立必须遵循一定的规章制度,即至少应该聘请1/3的独立董事来监督企业的运行。这样做的目的是为了以独立董事来分散企业大股东的持股数量,约束其行使超越职权范围内的权利,以防大股东做出不利于企业发展以及损害企业利益关联者利益的行为,同时降低了企业内部管理者的独立控制权。独立董事独立于企业之外,不参与企业的日常运营活动,对企业只起到监督的作用,且与企业不存在实质性的利害关系。因此,独立董事可以客观、公正地对待企业的环境信息披露问题,及时督促企业做好披露公正的相关事项。所以说独立董事人数在董事会人数中所占的比例越大,说明独立董事发挥的监督作用越大,更能够促使企业完善内部控制制度。因此,企业也就倾向于对外多公开与自身经营相关的真实信息。对于这一问题的研究,我们决定提出以下设想:

假设1:上市公司独立董事的比例与环境会计信息披露质量成正比。

4.1.2 股权集中度

股权集中度问题属于公司治理的问题之一,股权结构表明当企业股东的权利越分散时,企业内部控制制度最为完善,从而发生信息不对称的可能性就会越小,这是因为中小股东持有企业一定数量的股份,可以与大股东形成抗衡的关系,很好地制约了大股东行使一切权利的行为。而当企业的股权越集中时,即决策权主要掌握在大股东的手中,中小股东不具有表决权,那么大股东出于自身利益的考虑可能会利用自己的职责权利来约束企业对外披露环境信息的行为。为了获取更多的利益他们会选择不披露或虚假披露环境信息。即使中小股东急需企业对外公开自身的环境信息,但由于其不拥有企业的表决权,难以影响企业管理层做出相关决策,从而导致中小股东的利益得不到满足。针对这一观点,我们提出假设:

假设2:上市公司股权集中度与环境信息披露质量成反比。

4.1.3 公司规模

从本论文第一章的国内外研究综述论述中,我们可以对国内外学者有关这一问题的研究结论进行总结,得出除了少数学者之外,绝大多数学者都认同企业规模与环境信息披露成正比,表明随着企业规模的逐渐扩大,企业就越有可能愿意投身环保事项当中,更愿意披露自身的环境信息,反之则相反。从政治成本理论的角度来讲,大企业受到外界的关注会更多。为了更平稳地扩大企业的规模,就需要有充足的资金来支撑,出于这一目的的考虑,企业也会希望将自己的真实情况展示给其他企业,希望得到外界的认可,进而取得融资所需的资金。对于污染严重的企业来说,更应该做到这一点的要求。针对这一观点,我们提出假设:

假设3:公司规模与上市公司环境会计信息披露质量成正比。

4.1.4 盈利能力

公司的盈利能力反映在企业的利润表当中,它代表了企业在过去时间里通过经营运转所获得的收益情况,是公司获利能力的标志性指标之一,此外,它也是企业内在价值和综合素质的体现。企业盈利能力越强,则说明企业的预期经营决策与实际情况相符,企业因此可以获得更高的融资机会。为了树立自身良好的形象,获取外界的信任,企业会更加愿意对外公开自己的信息,包括与环境相关的信息。此外,在低碳经济畅行的今天,社会的发展要求企业必须注意环境保护的事项,集中精力参与到更多的环境活动当中。为了推行低碳社会,就要更加注意披露的环境信息,验证这一信息是否合理、合规,符合社会对企业的要求。盈利状况的优异程度可以间接地提升企业环境信息的质量。针对这一观点,我们提出假设:

假设4:公司盈利能力与上市公司环境会计信息披露质量成正比。

4.1.5 财务杠杆

财务杠杆越高的企业,面临的财务风险也就越大,因此需要承担的各项成本费用也就越多,而适当地披露企业环境信息可以帮助债权人更好地评估企业的财务风险。基于此,可以理解成财务杠杆系数较高的公司,其披露质量也较高。如果公司资本结构中的债务比例越高,股东侵占债权人利益的可能性就越大,债权人为了降低这种风险,往往会要求承担债务的公司提供担保,以保护债权人的利益。而公司为了满足债权人的要求,需要接受其监督并披露更多的信息。此外,近几年来各大银行都提出了绿色信贷理念,这就要求企业在向银行申请贷款之前,必须认真考虑自身是否符合贷款银行的要求,而这也就促使了企业应该披露更多的环境会计信息。针对这一观点,我们提出假设:

假设5:财务杠杆与上市公司环境会计信息披露质量成正比。

4.1.6 发展能力

企业的发展能力即企业在不改变股东资本的基础上,为了实现利润的连续增长而采取一系列的手段扩大企业的经营范围和经营规模。为了提高自身的发展能力,一方面,企业可以通过与其他大企业合作,采取股利分红的形式获取利益;另一方面,企业可以向外界公开必要的信息,包括财务状况、经营成果信息以及环境信息,以便于信息使用者更加全面地了解企业的真实情况,可以为企业争取更多的融资机会。出于这两方面利益的考虑,企业为了获得外界的认可,取得更多的融资机会,它会更加愿意向外界公开自身的真实环境信息,对于这一问题的研究,我们拟提出预期设想:

假设6:发展能力与上市公司环境会计信息披露质量正相关。

4.1.7 行业差异

行业差异主要是对污染严重的企业和一般企业而言的,大量的研究结果表明不同的企业,其污染程度也不相同,企业污染程度的不同会影响环境会计信息的披露质量。我国学者对此问题也做了大量的研究,发现环境污染情况严重的行业比环境好的行业对外披露的信息多。这是因为这一类企业更容易引起政府的注意,受政府管制的严格,为了维持企业地位,必须对外披露更多的环境信息。因此,提出以下假设:

假设 7：污染严重行业比污染较少行业更愿意披露环境会计信息。

4.2 样本选取与数据来源

4.2.1 样本选取

本文选取 2011—2013 年度沪市 A 股制造业九大行业的上市企业为研究对象，对上市公司环境会计信息披露质量进行实证研究。

为了更好地适应研究要求，达到研究目的，本文在做实证分析之前，对已取得的研究样本进行了必要的筛选：①剔除 2013 年 IPO 的企业，因为这一类型的上市企业数据不全，缺少 2011 年和 2012 年的相关数据，因此，不具有比较性；②剔除 ST, *ST, SST, S*ST 公司。因为这四类公司情况特殊，需要进行特别处理；③剔除数据不全的上市公司。最终得到 353 家样本公司，三年共计 1 059 个样本，如图 4-1 所示。

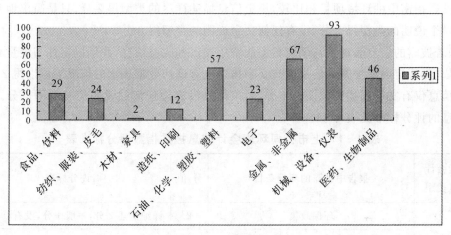

图 4-1 样本数据图

4.2.2 数据来源

本论文的研究数据均来源于 2011—2013 年沪市 A 股 353 家制造业上市公司，其中研究样本中所需要的相关报告均来源于上海证券交易所网站和巨潮资讯网。样本中的环境会计信息披露指数、独立董事的比例、资产总额的自然对数、行业差异统计全部由作者根据企业相关报表的信息手工整理而成，所需要的其他指标数据都是笔者根据国泰安数据库提供的财务数据经过必要的运算得来的。

本文用 SPSS17.0 统计软件对数据进行了分析，在数据的计算过程中也使用 Microsoft Excel 2003 对数据做了适当的加工、处理。

4.3 研究变量的设计

4.3.1 因变量的设计

本文选取的被解释变量是上市公司环境会计信息披露质量，披露质量这一虚拟变量采用环境会计信息披露指数（Environmental Disclosure Index）来衡量，即确定评价项目的分类和赋值方法，然后以此进行评分。

2010 年 9 月 14 日，我国环境保护部制定《上市公司环境信息披露指南》（征求意见稿），采取公开征集的方式，收集所有人员对这一问题的意见、看法稿件。该指南规定企业披露的环境项目应该包括：①环境保护及体系认证情况：环保政策，环保培训、教育情况，企业从环保当中获得荣誉情况，环境问题以外的其他情况。②突发重大环境事项问题。③环境治理策略：环境策略评价体系和"三同时"制度执行情况，排放污染物是否达标情况，环境相关的费用是否缴清问题，是否及时清理生产过程中产生的污染情况，环境法规体系认证情况等。

本文使用的环境会计信息披露评分体系是综合了《上市公司环境信息披露指南》的环境项目，选取了四方面共14个细分指标组成评分体系，并根据披露情况赋予相应的值。因为指南所反映的环境条目信息中有的信息可以用定量数据衡量即财务信息，而有的信息是有关环保政策、体系的信息，不能用定量数据计算，只能通过文字表述的形式来描述即非财务信息。我们对这两类信息设置了比较确切的评分标准，分别是以下两种情况。

（1）若披露的信息表现为环保体系认证以及环境法规等情况，我们以这些信息的实际表述情况与披露指南中的环境项目相比较，规定信息描述详尽的类型得2分，只是简单地对相关环保信息做个说明的类型得1分，没有任何文字说明的类型得0分。

（2）若披露的信息表现为与环境相关的费用支出和收益情况，我们以定性与定量相结合的程度为依据，规定当所披露的信息即有文字描述也有确切数据表示的情况下可以得2分，若所披露的信息仅有文字描述则只能得1分，对该信息没有做任何的说明情况下不得分。每一条环境信息的评分标准见表4-1。

表4-1 上市公司环境会计信息披露指数评分标准表

环境会计信息类型	报告中披露的环境条目	分值	评分标准
环保管理策略	环保政策	2	详细描述2分，一般1分，没有0分
	环境体系认证或者自愿开展清洁生产	2	详细描述2分，一般1分，没有0分
	环保相关的教育、培训	2	详细描述2分，一般1分，没有0分
	环保荣誉	2	详细描述2分，一般1分，没有0分
环境治理程度	环境风险管理体系	2	详细描述2分，一般1分，没有0分
	污染物达标情况	2	详细描述2分，一般1分，没有0分
	环境影响评价或者"三同时"制度	2	详细描述2分，一般1分，没有0分
与环境相关的费用支出	环保相关的投资或者环保相关的借款	2	定性+定量2分，定性1分，无0分
	废气污染物处理情况	2	详细描述2分，一般1分，没有0分
	缴纳排污费、绿化费等	2	定性+定量2分，定性1分，无0分
	环保相关的税费缴纳	2	定性+定量2分，定性1分，无0分
	环保罚款	2	定性+定量2分，定性1分，无0分
与环境相关的收益	环保收益	2	定性+定量2分，定性1分，无0分
	环保相关的政府补助、税收减免	2	定性+定量2分，定性1分，无0分

在确定 EDI 数值大小的时候,我们需要采取确定的方法对这些环境信息进行汇总。汇总常用的方法有两种:一种是直接加总法,即不考虑每条环境信息在环境问题中所占的比例,以数值直接相加的方式汇总得出总的 EDI 数值;另一种方法是综合考虑每一条信息在环境问题中所占的比例,采用数学上常用的加权求合法,求出总的 EDI 数值。针对加权比重这一关键因素,因为外界对信息的需求程度各不相同,所以很难找到合适的权重来反映环境信息的披露质量大小。为了简化运算,我们采用第一种方式来进行计算,即

$$EDI_i = \sum EDI_i / \sum MEDI_i$$

式中,$\sum EDI_i$ 为第 i 家上市公司环境会计信息披露情况的总得分;$\sum MEDI_i$ 为最高披露信息情况的总得分。按照上述规定,笔者对环境会计信息的条目都赋予 2,结合表 4-1 所列示的内容,可以得出企业的最高得分为 28。

4.3.2 自变量的选取

对各自变量的解释如下:

(1)独立董事的比例(RIND):对这一指标的公式确定,采用其他研究学者的计算方法,以企业目前独立董事人数与董事会成员总人数的比值来表示这一比例的大小。

(2)股权集中度(FIRST):本文借鉴国内学者的研究方法,用赫尔芬德指数来表示,即前十位股东持股比例的平方和。

(3)公司规模(SIZE):通常情况下,可以用企业年末的资产总额来表示企业规模的大小。资产总额可以反映企业在过去时间内流入企业的资金流,一般情况下,此数值比较大,一方面为了简化运算,另一方面使计算的结果与其他指标数值能够联系起来,本文对这一指标进行取对数,来替代资产总额,从而缩小量级。

(4)盈利能力(ROE):本文使用净资产收益率(ROE)这一数值大小来衡量企业的盈利能力。

(5)财务杠杆(LEV):本文选取资产负债率这一指标来反映企业的财务杠杆高低。

(6)发展能力(GROWTH):本文选取营业收入增长率这一指标来反映企业的发展能力。

(7)行业差异(IND):本文中行业性质主要是针对公司是否属于污染严重行业而言的,它是一个虚拟变量,那么可以采用赋值法来确定这一变量值的大小,污染严重的企业取值为 1,其他企业取值为 0。

综合来看,以上各自变量的设计见表 4-2。

表 4-2 自变量定义表

自变量类型	自变量名称	期望符号	解释说明
公司治理	独立董事比例(RIND)	+	在职独立董事人数与董事会成员总人数的比值
	股权集中度(HER)	−	前十大股东持股比例平方和

续 表

自变量类型	自变量名称	期望符号	解释说明
公司运营情况	公司规模(SIZE)	+	公司资产总额的自然对数
	净资产收益率(ROE)	+	反映公司的盈利能力
	资产负债率(LEV)	+	代表公司的财务杠杆
	营业收入增长率(GROWTH)	+	反映公司的发展能力
公司性质	污染严重行业(IND)	+	公司是否属于污染严重行业

注：变量的期望符号均为正，即因变量与自变量呈正相关关系，反之则相反。

4.4 模型构建

在确定了实证分析所需要的因变量和自变量之后，本文构建了影响上市企业环境会计信息披露影响因素的多元回归方程，即

$$EDI = b_0 + b_1 SIZE + b_2 ROE + b_3 LEV + b_4 GROWTH + b_5 RIND + b_6 HER + b_7 IND + \varepsilon$$

式中，b_0 是回归方程中的常数项；$b_1,b_2,b_3,b_4,b_5,b_6,b_7$ 是各解释变量的待估系数；ε 为随机扰动项。

5 上市公司环境会计信息披露质量影响因素实证分析

第四章已经选取了自变量和因变量，并已据此构建了相应的回归模型，本章主要是实证分析过程及实证结果的阐述，通过三方面来详细论述，并从中找到了影响上市公司环境会计信息披露质量的因素。

5.1 变量的描述性统计分析

将第四章计算得到的 1 059 个样本数据代入 SPSS17.0，进行变量的描述性统计分析，其结果见表 5-1。

由表 5-1 可以看出，环境会计信息披露指数 2011—2013 年均值分别为 0.260 5、0.332 8、0.452 7，虽然 2013 年较 2012 年和 2011 年都有所上升，但上升幅度仅为 30% 左右，且总体水平不高。2011—2013 年环境会计信息披露指数(EDI)的最大值为 2.570 2，最小值为 0，说明大多数企业能够做到较好的披露环境信息，基本符合了国家政策的要求。然而，最大值与最小值之间差异也比较大，说明到目前为止，仍然存在有部分上市企业未能按照政策来进行披露环境事项，这就需要政府部门加大对这类企业的监管力度，及时地督促他们做好企业环境保护和污染治理等工作，并按要求披露相关信息，以供决策者使用。

从单个因素数值来看，2011—2013 年公司规模、资产负债率、净资产收益率、营业收入增长率等指标均呈现缓慢递增的趋势，说明越来越多的企业都关注于自身的财务状况发展。其中，在这三年当中，公司规模的方差均大于 1，并且在 2013 年时达到 1.159 3，说明样本企业的规模各有差异；2011—2013 年净资产收益率的极小值分别为 -0.312 8，-0.413 4，-0.512 3，极大值分别是 0.280 7，0.330 1，1.018 7，说明上市公司之间盈利能力递增幅度很大；营业收入增长率均值 2011 年为 0.029 8，2012 年为 0.319 8，2013 年达到 0.500 7，增长幅度逐年递增，且

增幅逐渐变大,说明 2012 年至 2013 年企业致力于自身发展能力的提升;资产负债率的极大值与极小值变动差达到 10 倍以上的比例,说明各企业的偿债能力各不相同,且差异很大。上市公司的股权集中度和独立董事所占比例在这三年当中均变动不大,维持在 0.37 和 0.18 左右,说明企业内部股权结构比较平稳,没有出现"一股独大"的股权独揽经营活动现象,此外独立董事占董事会人数比例达到了我国证监会对上市企业的一般要求。从沪市 A 股制造业上市公司所处的行业分布来看,2013 年重污染企业数量较前两年有了大幅减少的状况,说明近几年来,重污染行业的数量逐渐减少,越来越多的企业都加入到了环境治理的工作当中。

表 5-1 变量描述性统计分析结果

	年份/年	N	极小值	极大值	均值	标准差	方差
EDI_1	2011	353	0.000 0	0.643 7	0.260 5	0.165 3	0.027
EDI_2	2012	353	0.000 0	0.643 7	0.332 8	0.191 1	0.037
EDI_3	2013	353	0.000 0	2.570 2	0.452 7	0.391 1	0.153
$SIZE_1$	2011	353	20.541 8	25.198 3	22.494 4	1.045 7	1.094
$SIZE_2$	2012	353	20.473 6	25.327 2	22.659 3	1.085 3	1.178
$SIZE_3$	2013	353	20.220 4	26.171 2	22.904 2	1.262 2	1.593
ROE_1	2011	353	−0.312 8	0.280 7	0.082 7	0.100 2	0.010
ROE_2	2012	353	−0.413 4	0.330 1	0.085 4	0.122 4	0.015
ROE_3	2013	353	−0.512 3	1.018 7	0.181 9	0.215 8	0.047
LEV_1	2011	353	0.083 4	0.839 9	0.490 6	0.197 2	0.039
LEV_2	2012	353	0.072 2	0.894 2	0.509 1	0.203 4	0.041
LEV_3	2013	353	0.041 4	0.998 6	0.530 6	0.222 8	0.050
$GROWTH_1$	2011	353	−0.605 7	1.023 9	0.029 8	0.278 4	0.078
$GROWTH_2$	2012	353	−0.493 6	1.408 9	0.319 8	0.321 3	0.103
$GROWTH_3$	2013	353	−0.587 9	1.959 1	0.500 7	0.468 2	0.219
$RIND_1$	2011	353	0.225 1	0.597 7	0.376 6	0.061 3	0.004
$RIND_2$	2012	353	0.270 2	0.581 2	0.376 1	0.053 1	0.003
$RIND_3$	2013	353	0.237 5	0.581 2	0.373 5	0.067 8	0.005
HER_1	2011	353	0.011 7	0.583 7	0.181 3	0.118 5	0.014
HER_2	2012	353	0.011 1	0.583 0	0.179 4	0.126 2	0.016
HER_3	2013	353	0.011 0	0.765 7	0.185 4	0.138 4	0.019
			值=1		值=0		
				频数百分比			
IND_1	2011	353	292	82.7%	61	17.3%	
IND_2	2012	353	112	31.7%	241	68.3%	
IND_3	2013	353	21	0.06%	332	94%	
有效的 N		353					

5.2 相关性分析

由于实证分析中涉及多个因素,因此,我们在进行变量的回归分析前,首先要采用 Pearson 相关性检验的方法对变量进行验证,排除变量之间可能存在多重共线性的问题。统计学原理对变量的相关系数值做了说明,当自变量之间的 Pearson 的相关系数大于 0.5 时,如果直接对这些自变量进行回归分析,则有很大可能会引起回归模型中自变量之间的多重共线性问题。运用 SPSS17.0 软件进行检验后,得到表 5-2 的全部所需数据。

表 5-2 变量相关性分析表

	EDI	SIZE	ROE	LEV	GROWTH	RIND	HER	IND
EDI	1	0.469**	−0.055*	0.230**	0.315**	−0.021*	0.009	0.157**
		0.000	0.074	0.000	0.000	0.047	0.778	0.000
	1 059	1 059	1 059	1 059	1 059	1 059	1 059	1 059
SIZE	0.469**	1	0.163**	0.330**	0.291**	−0.029	0.240**	0.037
	0.000		0.000	0.000	0.000	0.338	0.000	0.235
	1 059	1 059	1 059	1 059	1 059	1 059	1 059	1 059
ROE	−0.055*	0.163**	1	−0.111**	0.336**	0.044	0.199**	−0.170**
	0.074	0.000		0.000	0.000	0.150	0.000	0.000
	1 059	1 059	1 059	1 059	1 059	1 059	1 059	1 059
LEV	0.230**	0.330**	−0.111**	1	0.154**	0.066*	0.008	0.003
	0.000	0.000	0.000		0.000	0.031	0.804	0.927
	1 059	1 059	1 059	1 059	1 059	1 059	1 059	1 059
GROWTH	0.315**	0.291**	0.378**	0.154**	1	0.112**	−0.030	−0.296**
	0.000	0.000	0.000	0.000		0.000	0.326	0.000
	1 059	1 059	1 059	1 059	1 059	1 059	1 059	1 059
RIND	−0.021	−0.029	0.044	0.066	0.112**	1	−0.105**	0.031
	0.047	0.338	0.150	0.031	0.000		0.001	0.316
	1 059	1 059	1 059	1 059	1 059	1 059	1 059	1 059
HER	0.009	0.240**	0.199**	0.008	−0.030	−0.105**	1	−0.003
	0.778	0.000	0.000	0.804	0.326	0.001		0.931
	1 059	1 059	1 059	1 059	1 059	1 059	1 059	1 059
IND	0.157**	0.037	−0.170**	0.003	−0.296**	0.031	−0.003	1
	0.000	0.235	0.000	0.927	0.000	0.316	0.931	
	1 059	1 059	1 059	1 059	1 059	1 059	1 059	1 059

** 表示1%水平显著,* 表示5%水平显著(双侧检验),样本个数为 1 059 个。

由表 5-2 列示的数据可以得到，公司规模、资产负债率、营业收入增长率、行业差异与环境会计信息披露指数在 1% 的水平上显著正相关，而净资产收益率与环境会计信息披露指数在 5% 的水平上显著负向关。此外，自变量之间相关系数最大的是营业收入增长率和净资产收益率，其数值为 0.378。统计学原理告诉我们，当自变量之间的相关系数大于 0.5 时，才有可能引起多重共线性的问题。因此，各自变量之间不存在多重共线的问题。但是，为了不影响回归分析的结果，下面再使用容忍度(tolerance)和方差膨胀因子(VIF)进一步验证上述结论，检验结果见表 5-3。

表 5-3 自变量多重共线性

	SIZE	ROE	LEV	GROWTH	RIND	HER	IND
容忍度	0.738	0.806	0.818	0.737	0.964	0.881	0.898
VIF	1.356	1.240	1.222	1.357	1.038	1.135	1.113

标准情况下，规定当容忍度小于 0.1，并且 VIF 的数值大于 10 时，各自变量之间才可能会存在严重的多重共线性问题。容忍度与 VIF 呈反向运动的关系，若果容忍度数值越小，则 VIF 数值越大，它是表示自变量之间的线性关系的密切程度的数值。由表 5-3 可以看出，7 个自变量当中容忍度最小的是营业收入增长率，其值为 0.737，远远大于 0.1，相反，VIF 中最大值也是营业收入增长率，其值是 1.357，远远小于 10。这一结果能够进一步说明各自变量之间不存在多重共线性的问题。

5.3 多元回归分析

在做完变量的描述性统计分析，以及排除了多重共线的问题以后，就可以考虑进行变量的回归分析。在进行回归分析的同时，需要对所有的变量做显著性程度的检验。在此，我们采用 Stepwise 方法对第四章所建立的因变量与自变量之间的回归模型拟合优度、回归效果、自变量系数的显著性进行检验。

在做回归分析之前，需要运用逐步回归法对变量进行筛选，在筛选时，我们发现随着自变量的依次进入，模型的显著性可能会发生相应的变化。当自变量营业收入增长率进入模型后，若再引入其他变量，方程的显著性检验则无法通过。所以，最终得到的四个变量分别是公司规模、行业差异、净资产收益率和营业收入增长率，其回归模型可表示为

$$EDI = b_0 + b_1 SIZE + b_2 ROE + b_3 GROWTH + b_4 IND + \varepsilon$$

式中，b_0 是与其他因素不相关的常数量；b_1, b_2, b_3, b_4 为方程的回归待估系数，其意义是当自变量即 $SIZE, ROE, GROWTH$ 和 IND 改变一个单位时所引起的因变量即 EDI 的改变量，ε 是随机扰动项。

5.3.1 模拟拟合优度分析

运用逐步回归法，剔除了资产负债率、股权集中度、独立董事所占的比例等三个变量，对剩余变量分别做模拟拟合优度分析的测试，得到了四种模型对应的拟合优度分析表，见表 5-4。

表 5-4 拟合优度分析

模 型	R	R^2	调整 R^2	标准估计的误差	Durbin-Watson
1	0.469[a]	0.220	0.219	0.247 4	1.640
2	0.490[b]	0.240	0.238	0.244 4	1.708
3	0.542[c]	0.271	0.268	0.244 2	1.712
4	0.606[d]	0.431	0.417	0.239 6	1.741

a 预测因子:(常数),SIZE;b 预测因子:(常数),SIZE,IND;c 预测因子:(常数),SIZE,IND,ROE;d 预测因子:(常数),SIZE,IND,ROE,GROWTH;e 因变量:EDI。

(1)相关系数 R。R 值的大小反映因变量 Y 能够用自变量 X 线性表示的相关程度大小。R 值的绝对值取值范围是 0~1 之间,它的含义是当 R 值的大小越趋近于 1,方程的 X 与 Y 之间可以用线性表示的程度越大,当 R 值越趋近于 0,方程中 Y 值的大小可以用 X 线性表示的可能性越小。在统计学原理中,对于 R 值的取值大小有明确的规定,当 R 值大于 0.5 时,自变量 X 与因变量 Y 之间的线性相关性程度比较大。

从表 5-4 可以看出,随着自变量的逐步引入,R 的取值也越来越大。当剩余四个变量都引入时,R 值为 0.606。说明方程中 Y 值的大小可以用 X 线性表示,该模型线性回归的方法是正确的,与预期假设相同,此种方法可以被研究学者接受。

(2)判定系数 R^2(R Square)与调整后的判定系数 R^2(Adjusted R^2)。判定系数 R^2 表示因变量 Y 的总体变化范围内,可以用回归分析中自变量 X 解释说明的部分所占的比例,是判定模型拟合优度的一个重要指标。但是在实际举例当中,一般情况下,方程的自变量个数大于 2,是属于多元方程,而自变量个数的不同会影响判定系数 R^2 的大小。为了能够更好地反映线性方程的拟合优度,我们引入了调整后的判定系数即 Adjusted R^2,它可以有效地避免自变量的数量变化对 R^2 的影响。

从表 5-4 显示的数据,我们可以了解到当进入方程的自变量的个数逐个增加时,R^2 和调整的 R^2 的也会慢慢变大,直到剩余的四个变量全部进入方程时,其判定系数 R^2 的值达到最大,数值为 0.431,调整的 R^2 为 0.417,说明被解释变量中有 41.7% 的部分可以由解释变量来说明,其线性表示程度已达到比较好的效果。由于可能还存在着其他方面的因素,导致调整的 R^2 数值与 50% 还相差 8.3 个百分点,针对这一研究结果,需要在以后的研究过程中继续探索,排除一切可能的影响因素,使研究的结果更加准确、可信。

(3)D-W 残差分析。D-W 分析方法是用来验证回归方程中各残差是否相互独立,而方程的残差即表示测定值与按回归方程预测值两者之间的差额。统计学分析中规定,若要使得回归分析与所得的结论真是可靠,那么其残差必须独立,D-W 的取值范围一般在 0~4 之间。当 D-W<2 时,说明相邻两点的残差呈正比;当 D-W>2 时,说明相邻两点的残差呈反比。通常情况下,只要 D-W 的值靠近于 2,我们就可以认为各残差之间是互相独立的,没有影响的关系。D-W 检验是验证残差独立的一个有效方法。

由表 5-4 显示的数据我们可以看到,D-W=1.741,其值基本靠近于 2,说明模型 4 的残差之间是不相关联的。

5.3.2 模拟显著性检验

在完成拟合优度和 D-W 检验之后,我们就可以建立好回归方程了,在对该回归方程进行分析的时候首先需要对方程的显著性进行检验,进一步验证该模型是否符合客观要求,是否能够很好地说明变量之间的关系。可以通过方差分析、判定系数分析、多重共线性分析等三个方面来检验模型建立的优劣。

(1)方差分析。方差分析即多个样本均值差异的显著性检验,判定方程的回归系数是否为 0,因此又叫"变异数分析"或者也称"F 检验",统计量 F=回归均方/残差均方。表 5-5 中,第四个模型 4 的 F=97.722,而 P=0.000(P 值小于 0.01),说明 F 统计值在 1% 的水平上显著,认为各解释变量与被解释变量 EDI 线性相关。

表 5-5 方差分析

模型		平方和	df	均方	F	Sig.
1	回归	18.263	1	18.263	298.344	0.000[a]
	残差	64.702	1 057	0.061		
	总计	82.965	1 058			
2	回归	19.895	2	9.263 9	166.555	0.000[b]
	残差	63.070	1 056	0.060		
	总计	82.965	1 058			
3	回归	20.070	3	6.690	112.217	0.000[c]
	残差	62.895	1 055	0.060		
	总计	82.965	1 058			
4	回归	22.445	4	5.611	97.722	0.000[d]
	残差	60.520	1 054	0.057		
	总计	82.965	1 058			

a 预测因子:(常数),SIZE;b 预测因子:(常数),SIZE,IND;c 预测因子:(常数),SIZE,IND,ROE;d 预测因子:(常数),SIZE,IND,ROE,GROWTH。

(2)系数与常数项检验。上述分析之后,我们发现本文所建立的回归模型符合客观要求,是正确的,可以接受这种方法。在得出方程的回归系数与常数项数值之前,需要对其系数 b 的取值进行检验,对系数 b 的检验我们可以用到最常用的方法,即 t 值判定系数法,公式为 $t=$ 偏回归系数/偏回归系数的标准误差,它是验证方程各系数是否能显著地表明自变量与因变量关系的一个衡量标准。

由表 5-6 系数列表的数值可以得出以下结论,当所有变量都进入方程进行回归时,得到了模型 4 的回归系数表。此时,方程的回归系数在 1% 的水平下显著(P=0.000),表明公司规模、行业差异、营业收入增长率(发展能力)都与环境会计信息披露指数在 1% 的水平上显著正相关,而净资产收益率(盈利能力)与环境会计信息披露指数在 1% 的水平上显著负相关。所以结合上述内容的相关分析,最终我们得到的线性回归模型方程为

$$EDI = -2.001 + 0.104 SIZE - 0.165 ROE + 0.13 GROWTH + 0.058 IND$$

表 5-6 系数列表

模型		非标准化系数		标准系数	t	Sig.	共线性统计量	
		B	标准误差	试用版			容差	VIF
1	（常量）	-2.251	0.151		0.000	0.000		
	SIZE	0.115	0.007	0.469	17.273	0.000	1.000	1.000
2	（常量）	-2.191	0.149		-14.671	0.000		
	SIZE	0.113	0.007	-0.464	17.284	0.000	0.999	1.001
	IND	0.080	0.015	0.140	5.228	0.000	0.999	1.001
3	（常量）	-2.221	0.150		0.000	0.000		
	SIZE	0.115	0.007	0.471	17.351	0.000	0.973	1.027
	IND	0.085	0.016	-0.148	5.445	0.000	0.971	1.030
	ROE	-0.082	0.048	-0.047	-1.712	0.087	0.946	1.057
4	（常量）	-2.001	0.151		0.000	0.000		
	SIZE	0.104	0.007	0.425	15.385	0.000	0.907	1.103
	IND	0.058	0.016	0.101	3.647	0.000	0.903	1.108
	ROE	-0.165	0.049	-0.095	-3.385	0.001	0.880	1.136
	GROWTH	0.130	0.020	0.192	6.431	0.000	0.783	1.301

（3）自变量共线性诊断。对于这一问题的解释，在第二小节内容的分析当中，已经用容忍度和方差膨胀因子（VIF）这两个数值做了详细的分析和讲解，排除了这一可能性。从表 5-6 我们也可以看出，各自变量中容忍度最低的是营业收入增长率，其值为 0.783，远远大于统计学中规定的容差水标准数值 0.1，而方差膨胀因子的数值也是最大的，其值达到了 1.301，但是也远远小于规定的标准 10。因此，我们可以认为通过上述方法可以进一步验证上述四个变量之间不存在共线性的问题，此外，各项变量的参数待估系数的数值符合准确性的要求。

5.4 实证结论

通过上述实证分析，得出了实证模型为

$$EDI = -2.001 + 0.104 SIZE - 0.165 ROE + 0.13 GROWTH + 0.058 IND$$

其实证结论如下所述。

（1）假设 1，独立董事所占比例与环境会计信息披露质量成正比，没有通过检验。在进行实证分析时，我们采用 Stepwise 方法对变量进行筛选时，将此变量进行了剔除，因此在实证分析的最后结果，并没有验证这两者之间的关系。这说明现实中企业独立董事的作用并不像政府规定的那样，可以监督企业的运营过程，防止董事会成员滥用职权。大多数企业可能会采取多种方法来规避有关独立董事的设置和监督行为，在企业中仅仅是一种形式，企业并没有按照相关规定来做。

（2）假设 2，股权集中度与上市公司环境会计信息披露质量成反比，没有通过检验。在进行实证分析时,我们采用 Stepwise 方法对变量进行筛选时,将此变量进行了剔除,因此在实证分析的最后结果,并没有验证这两者之间的关系。不能够说明企业的股权到底是越分散越好还是越集中越好,有可能是股东将注意力集中在了企业的盈利状况方面,对于自身的环境问题不在意。关于这一问题的研究,还需要在搜集更多的样本资料来做进一步的研究,要弄清楚股东构成与环境信息披露的内在联系,督促股东在从企业获取利益的同时应该要求企业对自身的环境问题做出必要的说明。

(3)假设3,公司规模与上市公司环境会计信息披露质量成正比,这一检验得到了验证,说明预期假设与实际相符合。通过方程的回归可以得出,两者在1%的水平上显著正相关,反映了假设的真实情况,同时也与我们的预期论述相符。说明企业自身的规模大小也反映了企业对外展示自己的意愿。规模大的公司内部控制制度相对完善,在经营管理过程中也具有一定的经验,其获得外界认可以及取得融资机会的可能性也就越大,为了使得企业更好的循环运转,会更加愿意对外披露环境信息,也更倾向于把更多的精力投入到企业的环保事业当中。而规模小的企业,各方面发展都相对落后,企业为了维持运转,尽可能地会降低成本投入,包括环保费用的投入,因此,它们也就不太愿意对外披露环境问题,这一区别可以说明规模越大的企业其未来发展前景会更好。

(4)假设4,盈利能力与上市公司环境会计信息披露质量成正比,这一论证没有得到验证。实证分析得出,这两者在1%的水平上显著负相关,即与假设预期符号相反。究其原因,盈利能力是反映企业故去年限中盈利的程度,企业的经营运转过程中,为了在短时间内获得更大的效益,可能会采取降低管理层人员的薪酬支付费用,增大了短期的利润,而这一做法会导致企业管理层获利能力的减少,他们不愿意从企业的长远发展为目标,而是尽可能地扩大自身的获利能力,这样就导致了企业环境问题的严重疏忽,随着企业经营运转的高速进行,企业取得的经营效益也会越来越多,然而为了减少企业利润的流失,越来越不愿意对环境问题投入成本和精力,这不符合政府对企业环境制度的要求,企业很可能会因此而面临破产。

(5)假设5,财务杠杆与上市公司环境会计信息披露质量成正比,没有通过检验。在进行实证分析时,我们采用 Stepwise 方法对变量进行筛选时,将此变量进行了剔除,因此在实证分析的最后结果,并没有验证这两者之间的关系。企业的负债情况并没有像假设那样产生相同的影响,其可能的原因在于企业利益相关者自身的环保意识比较薄弱,只注重企业的经济发展,而不考虑由于环境污染而导致企业资不抵债的问题,不愿意通过披露环境信息而降低企业的负债压力。

(6)假设6,发展能力与上市公司环境会计信息披露质量成正比,这一结论得到了很充分的验证。研究分析表明,这两者在1%的水平上正相关,与预期假设相符。表明企业发展的越快,对外披露的环境信息就越多,这样做可以使企业获得充足的资金,更好地满足利益关联着的需求,创造更多的收益。

(7)假设7,重污染企业比一般企业更加愿意披露更多的环境信息,通过了检验,并得到验证结果的支持。回归分析得出,这两者在1%的水平上显著正相关。表明重污染企业对环境产生的影响较大,而政府对这一类企业的监管力度也较大,很大程度上政府可以督促重污染企业对外披露信息,减少环境污染,可以更好地服务于企业自身和整个社会。

6 结论、对策及展望

6.1 本文的主要结论

本文以沪市A股353家制造业上市企业为研究样本,从公司治理、公司运营以及公司性质三个角度,选取了7个指标作为自变量,通过构建多元回归模型,进行实证分析。得出下述结论。

(1)从研究分析的整体情况来看,我国上市公司披露环境会计信息的质量都比较低。一方面,这是由于目前我国有关这一制度的发展还处在初期;另一方面,也是因为大多数公司仍然还没有意识到披露信息的重要性。

(2)从内容来看,披露的信息仍然以非财务信息为主,即主要集中在环境管理与环保策略情况等方面,对于与环境相关的费用支出和收益等情况,披露的还很少,这是由企业不注重环境保护,环保精力和费用投入不足等因素导致的。目前情况下,我国尚未建立完整的核算准则,这就造成了环境问题的处理无理可依。因此,急需政府发挥自身的监管力度,尽快建立环境会计体系以及相关制度。

(3)从行业性质来看,重污染公司披露的信息要比一般企业的多。一方面,这是因为政府相继出台了一系列的规章制度来约束重污染企业,包括其对外披露的信息;另一方面,这是因为外界对重污染企业的关注度远远高于其他企业,为了能够更好地发展,取得更多的资金,得到政府相关部门的认可,这一类企业必须要遵守环境法规,做到按要求适时、适量地披露环境会计信息。为了协调社会经济发展,政府应该进一步加强企业管制,缩小企业披露信息的差异。

(4)从实证结果来看,影响因素主要有企业规模、企业发展能力(主营业务收入增长率)、企业盈利能力(净资产收益率)、企业行业性质。其中规模越大的公司越倾向于对外披露更多的信息,因为企业这样做可以更好地发展,更容易扩大企业的规模,因而可以获取更多的资金;发展能力越好的公司,为了更好地体现企业价值,也倾向于披露更多的信息;污染严重的公司为了向外界展示环境治理的程度,维持企业的市场地位,会愿意对外披露更多的信息来获得外界的认可;然而,公司盈利能力却与环境会计信息披露质量负相关,违背了环境治理的制度。

6.2 政策建议

现如今,随着社会经济的快速发展,工业企业经济发展也越来越快,随之而来的就是企业产生的环境污染也越来越严重。不同于改革开放时期,绝大多数的企业逐渐愿意投入一定量的资金去治理环境,为企业自身的经营营造一个良好的环境。而政府部门也相继出台了多个环境法规,但是由于我国国情的限制,有关环境法规还仍然以理论导向指引为基础,没有明确规定企业应该具体怎么做。因此,从整体来看,我国上市公司环境会计信息披露的质量普遍处在较低的水平。在后续的环保工作中,需要从政府、企业和个人三个角度来规范环境事项,增强企业和个人的环保意识,降低企业污染。同时,改善和提高企业整体披露环境会计信息的质量,做到环境问题应该人人有责、人人参与的目的。

6.2.1 建立一套合适、合规的环境信息披露制度

(1)整合与健全环境法律法规。到目前为止,我国还未制定环境信息披露的标准,上市公

司披露环境问题几乎没有可以借鉴的成功经验,仅依赖于企业的规章制度,其操作性比较差,政府也很难做到全方位的监督。我们应该借鉴国际先进经验,以预防为主,建立环境信息披露法律法规,不仅可以降低企业的环境污染,也可以督促企业及时地将自身存在的环境问题对外披露,以供外界信息使用者来参考。

(2)完善企业会计准则体系和环境信息披露制度。传统的会计准则体系早已不能满足当下企业对环境信息的需求,我国现有的环境披露制度还没有形成一个系统,所有的内容都比较分散,此外,也没有对企业的实际披露提供可操作的依据,这就导致了企业停滞不前,抱有侥幸的心理,过度的破坏环境,而很少去治理污染。环境会计不是一个新兴学科,它属于传统会计的一个新兴分支,我国应该在传统会计体系的基础之上加入环境会计的核算内容,形成新的会计体系,并根据这一体系制定出一套标准的环境信息披露制度,以方便企业披露环境问题。

6.2.2 优化企业内部治理结构,规范企业管理制度

(1)完善企业组织机构,发挥独立董事的效用。根据我国证监会的要求,企业中董事会成员的设立必须遵循一定的规章制度,即至少应该聘请1/3的独立董事来监督企业的运行。但是,大多数的企业往往表面上按照证监会的要求来做,但是实际上企业的独立董事形同虚设,并不能够发挥它的监督、监管作用,为了降低员工薪酬费用,甚至于减少董事会员工总人数来达到满足证监会的要求,这一做法严重违反了法律法规。为此,需要政府介入企业监管,督促企业遵守独立董事制度的要求,发挥独立董事的效用,从而促使企业披露更多的环境信息。

(2)调整股权构成比例,实施企业机构的监督效用。股权构成比例是否合理、恰当是公司内部治理情况优劣的重要条件之一,它可以影响股东的获利能力,优化的股权结构是综合了所有股东的全部要求,能够合理地分配股份比例,使股东能够获得较为合理的利益报酬,提升企业经营的效率,也为企业披露高质量信息的有力保证。首先,股权的适当分散能够促使中小投资者进行充分的投资行为,加大了中小投资者对企业的监督力量。其次,提高中小股东在所有股东当中所占的比重,赋予中小股东更多的基于终极所有权的监督管理权,形成大股东与中小股东之间的相互制约。

6.2.3 提高企业自身环保意识以及相关人员的专业素质

(1)提高企业的环保意识。企业应该加强同政府部门的紧密合作,及时地了解、掌握政府部门发布的各类环境事项公告,必要时候可以成立企业的审计管理部门,及时监督企业处理好环境事项等问题。此外,针对企业出现的环境问题,可以适时地对外披露。有助于企业树立良好的公众形象,从而获取更多的资金。同时,企业可以通过披露活动做到审视并改进自己的行为,使企业增强环境保护与治理责任的意识,在做好企业经营运转的同时,将更多的精力投入到环保事业当中,做到自觉地披露环境会计信息。

(2)加强员工的职业素养教育。企业应该成立专门的培训部门,专门培养一批企业经营人员,定期对员工的职业素养及业务能力进行培训,一方面让员工可以深入地了解企业的经营理念和制度法规;另一方面可以及时地向员工传达企业的环境法规,提升员工的环保意识,并能够以身作则。此外,专业培训也可以提升企业会计人员的业务能力,能够正确的做好环境会计的账务工作,为企业披露环境会计信息提供量化数据,便于企业加强环境监督管理。

6.3 研究的局限性

本文在研究分析的过程中,还存在以下的不足之处:①样本行业的选择太过单一,只选取

了沪市 A 股制造业上市公司来进行研究,并得出结论,但是其结论是否具有推广性,还需要在以后的时间当中做进一步的研究、讨论。②在选取环境信息条目时,只参考了我国环境保护部制定的《上市公司环境信息披露指南》。此外,在确定条目分数时,简化了运算步骤,这一改变可能会对本文的结论产生一定的影响。③样本连续性时间不长,本文仅选取了样本企业 2011—2013 年的数据进行计算、分析,样本数据间存在的这种差异很可能会导致实际结果与预期期望不相符,从而不能够很好地反映研究的真实结论。

6.4 展望

针对以上研究的不足之处,本文在以后的研究过程中,力争做到从下述三方面的内容进行改进。

(1)综合考虑各个行业的企业分布状况,从影响因素的全面性出发,查找影响企业披露环境事项的一般因素,以理论基础为前提,参照环境政策法规,指引企业参与到更多的环境事业当中。

(2)扩大样本企业环境信息的来源范围,结合企业公开发行的各类文件内容,保证数据搜集的全面性;同时在计算各环境项目分数之时应该考虑权重比例的设置,确保得出的研究结论更客观、真实。

(3)扩大研究样本的容量,适当做好研究时间的合理选取,更能清楚地掌握其具体的发展趋势,可以更好地建立回归模型,反映企业披露信息的真实情况,使实证结论更加充实、可靠。

致　谢

　　随着毕业论文的完成,美好的研究生生活就要结束了。三年的研究生生活使我收益颇丰,通过自己的努力并在老师、同学们的无私帮助下,学到了大量的专业知识和为人处事的道理。在此,我要深深地感谢老师、同学和亲人们的帮助和鼓励。

　　论文能够顺利完成,应该感谢我敬爱的导师杨利红教授。恩师严谨的治学态度和勤勉的精神给我以深刻的影响,从她身上学到的东西让我受益终身。无论是在论文写作的过程中还是在平时的生活中,恩师都给予了我悉心指导和教诲,不厌其烦。"师恩浩荡,何以言报",此处再多的感谢,也不足以表达我对导师的感激之情。

　　同时感谢我们学院的各位老师,在三年的研究生学习生涯中,我得到了多位老师的悉心指导,对我提供了很大的帮助。在此也要向曾经热情地帮助过我的同学表示感谢,本论文的完成与他们的帮助是分不开的,因为有了你们,学习生活才会变得如此丰富和有意义,永远难忘与同学们的愉快相处。分别前道一声"珍重",祝大家踏上各自的帆船,驶向前方,实现各自的梦想。

　　最后,我想感谢我的家人,感谢他们对我学业的支持、理解和鼓励,我才得以顺利完成学业,再次感谢大家,生活因为有你们而丰富多彩!

参考文献

[1] Jerry G, Kreuze, Stephen J N. What Companies Reporting[J]. Management Accounting. 2000(6):44-45.

[2] Gale E N. Voluntary Disclosure by State-owned Enterprises Listed on the Stock Exchange of Hong Kong [J].Journal of International financial management and Accounting, 2000,13(2):125-151.

[3] Davia P. Corporate Social and Environmental Reporting: A Review of the Literatur-e and a Longitudinal Study of UK Disclosure[J]. Accounting Auditing and Accountabi-lity Journal, 2006(8):47-77.

[4] Caria I. How the Economic Consequences of Voluntary Environmental Information Disclosure[J]. The British Accounting Review, 2006(12):34-35.

[5] Fekrat M A, Caria Inclan, Petroni D. Corporate Environmenta Disclosures:Competitive Disclosure Hypothesis Using 1991 Annual Report Data[J]. The International Journal of Accounting, 2006(31): 175-195.

[6] El-Gazzar. An Evaluation of Environmental Disclosures Made in Corporate Annual Reports[J]. Accounting Organizations and Society, 1998,7(l):53-63.

[7] Ruland. Accounting, Auditing and Reporting Issue Associated with Environment Contingencies[J]. Journal of Corporate Accounting and Finance, 2000,03.

[8] Simon, Kar shun Wong. Accounting for Environment Insurance Products: What You Need To Know[J]. Corporate Accounting and Finance, 2001(6):43-45.

[9] Eng L L, Mak Y T. Corporate Governance and Voluntary Disclosure [J].Journal of Accounting and Pulicy, 2003(22):325-345.

[10] Chow C, Wong-Boren A. Voluntary Financial Disclosure by Mexican Corporations [J]. The Accounting Review,2004, 32(3):531-541.

[11] Craswell A T, Taylor S K. Discretionary Disclosure of Reserves by Oil and Gas-Companies: Aneconomies Analysis[J]. Journal of Business, Finance and Accounting,1992(19): 295-309.

[12] Lang M, Lundholm R. Cross-sectional Determinants of Analyst Ratings of Corporate Disclosures[J]. Journal of Accounting Research, 1993, 31(2):246-271.

[13] Mckinnon J L, Dalimunthe L. Voluntary Disclosure of Segment information By Australian Diversified Companies[J]. Accounting and Finance, 1993(5):31-50.

[14] Rafael La Porta,Florencio Lopez-de-Silane, Andrei Shleifer.Corporate ownership around the world[J]. Journal of Fniance,1999(54):471-518.

[15] Lynn M. A Note on Corporatesocial Disclosure in Hong Kong[J]. The British Accounting Review, 1992, 2(2):105-110.

[16] Belkaou A. The Impact of the Disclosure of the Environmental Effects Organiza-

tional Behavior on the Market [J]. Financial Management, 1976(5): 26-31.

[17] Bowman E. Strategy Annual Reports and Alchemy [J]. California Management Review, 1978(20): 64-71.

[18] Freedman M, Jaggi B. Pollution Disclosures, Pollution Performance an Economic Performance [J]. 1982(10): 167-176.

[19] Ingram R, Frazier K. Environmental Performance and Corporate Disclosure [J]. Journal of Accounting Research, 1980(18): 614-622.

[20] Miller. Environmental Disclosures in the Annual Report-Extending the Applicability and Predictive Power of Legitimacy Theory[J]. Accounting, Auditing and Accountability Journal, 2002, 15(3): 344-371.

[21] Cowen S, Erreril L, Parker L. The Impart of Corporate Characteristics on Social Responsibility Disclosure: a Typogy and Frequency-based Analysis [J]. Accounting Organizations Society, 2001(12): 111-122.

[22] Ferguson, Lam, Lee. Voluntary Disclosureby State-owned Enterprise Listed on The Stock Exchange of Hong Kong [J]. Journal of International Financial Management and Accounting, 2002, 13(2): 125-151.

[23] Jensen, Michael. Agency Costs of Free Cash Flowp[J]. Corporate and Takeovers. American Economics Review, 2003(76): 323-329.

[24] Haskins. An Evaluation of Environmental Disclosures Made in Corporate Annual Reports[J]. Accounting, Organizations and Society, 2000, 7(1): 53-63.

[25] Deegan C, Rankin M. Do Australian Companies Report Environmental News Objectively? An Analysis often Environmental Disclosures by Firms Prosecuted Successfully by the Environmental Protection Authority [J]. Accounting, Auditing & Accountability Journal, 1996, 9(2): 50-67.

[26] Eraven, Marston. Voluntary Social Reporting: An Iso-Beta Portfolio Analysis [J]. Accountin Review. 2005(75): 467-481.

[27] 孟凡利. 论环境会计信息披露及其相关的理论问题[J]. 会计研究, 2009(4): 16-25.

[28] 李连华, 丁庭选. 环境会计信息披露问题研究[J]. 财会研究, 2010(1): 58-61.

[29] 肖淑芳, 胡伟. 我国企业环境信息披露体系的建设[J]. 会计研究, 2007(3): 48-52.

[30] 黄其秀. 我国上市公司环境信息披露问题研究[D]. 成都: 西南财经大学, 2008.

[31] 周一虹, 孙小雁. 中国上市公司环境信息披露的实证分析——以2004年沪市A股827家上市公司为例[J]. 南京审计学院学报, 2007(11): 22-25.

[32] 郑永生, 胡曼军. 企业会计信息披露内容探析[J]. 财会通讯, 2009(11): 13-15.

[33] 王鹏. 环境会计与环境信息披露探讨[J]. 芜湖职业技术学院学报, 2009(1): 25-27.

[34] 赵荔雯. 我国重污染行业上市公司环境信息披露探讨[D]. 南昌: 江西财经大

学，2013.

[35] 胡晓玲. 借鉴日本经验完善我国环境会计信息披露制度[J]. 会计论坛，2012(1)：32-34.

[36] 李建发，肖华. 我国企业环境报告：现状、需求、未来[J]. 会计研究，2007(4)：42-50.

[37] 孙兴华，王兆蕊. 绿色会计的计量与报告研究[J]. 会计研究，2008(3)：54-57.

[38] 翟春凤，赵晓磊. 我国企业环境会计信息披露存在的问题及对策[J]. 会计实务，2009(31)：40-42.

[39] 肖华. 公共压力与公司环境信息披露[J]. 会计研究，2008(5)：41-44.

[40] 李正. 企业社会责任信息披露影响因素实证研究[J]. 特区经济，2008(8)：324-325.

[41] 朱金凤，薛惠锋. 公司特征与自愿性环境信息披露关系的实证研究——来自沪市A股制造业上市公司的经验数据[J]. 预测金融，2008(5)：58-63.

[42] 张瑞，郭慧婷. 企业环境会计信息披露影响因素研究——来自中国化工类上市公司的经验证据[J]. 统计与信息论坛，2009(5)：32-34.

[43] 王亚男. 环境会计信息披露影响因素研究[D]. 天津：天津商业大学，2013.

[44] 蒋麟凤. 公司治理、财务状况与环境会计信息披露. 财会通讯[J]. 2010(6)：21-23.

[45] 蒙立元，李苗苗，张雅淘. 公司治理结构与环境会计信息披露关系实证研究[J]. 财会通讯，2010(3)：20-23.

[46] 王小红，王海民，李斌泉. 上市公司环境会计信息披露影响效应域研究——以陕西省上市公司为例[J]. 当代经济科学，2011(7)：115-128.

[47] 姜艳. 我国上市公司环境会计信息披露水平影响因素研究——基于山东省制造业和采掘业的经验数据[D]. 泰安：山东农业大学，2012.

[48] 姜艳，王翠兰，杨美丽. 国内外环境会计信息披露制度的比较研究[J]. 商业文化月刊，2011(1)：137-139.

[49] 李晨光. 上市公司环境会计信息披露水平影响因素的实证研究[D]. 南京：南京航空航天大学，2012.

[50] 李俊龙. 重污染行业上市公司环境会计信息披露影响因素的实证检验业[D]. 重庆：重庆工商大学，2014.

[51] 赵丽萍，张欣，丁鹏艳. 我国重污染行业环境信息披露的现状与思考——以2007年沪市A股166家上市公司为例[J]. 环境保护，2008(8)：25-28.

附 录

我国沪市A股制造业353家样本上市公司代码及公司名称

所属行业	公司代码	公司名称	公司代码	公司名称	公司代码	公司名称	公司代码	公司名称
食品、饮料	600059	古越龙山	600095	哈高科	600132	重庆啤酒	600191	华资实业
	600073	上海梅林	600127	金健米业	600186	莲花味精	600195	中牧股份
	600238	海南椰岛	600300	维维股份	600311	荣华实业	600371	万向德农
	600298	安琪酵母	600305	恒顺醋业	600365	通葡股份	600438	通威股份
	600543	莫高股份	600597	光明乳业	600737	中粮屯河	600809	山西汾酒
	600559	裕丰股份	600600	青岛啤酒	600779	水井坊	600887	伊利股份
	600197	伊力特	600199	金种子酒	600519	贵州茅台	600537	海通集团
	600962	国投中鲁						
纺织、服装、皮毛	600061	中纺投资	600177	雅戈尔	600273	华芳纺织	600448	华纺股份
	600070	浙江富润	600220	江苏阳光	600295	鄂尔多斯	600483	福建南纺
	600107	美尔雅	600232	金鹰股份	600398	凯诺科技	600493	凤竹纺织
	600152	维科精华	600233	大杨创世	600400	红豆股份	600510	黑牡丹
	600156	华升股份	600272	开开实业	600439	瑞贝卡	600626	申达股份
	600630	龙头股份	600851	海欣股份	600884	杉杉股份	600987	航民股份
木材、家具	600337	美克股份	600978	宜华木业				
造纸、印刷	600069	银鸽投资	600163	福建南纸	600308	华泰股份	600433	冠豪高新
	600103	青山纸业	600235	民丰特纸	600356	恒丰纸业	600567	山鹰纸业
	600963	岳阳纸业	600966	博汇纸业	600793	宜宾纸业	600836	界龙实业
石油、化学、塑胶、塑料	600002	齐鲁退市	600226	升华拜克	600331	宏达股份	600469	风神股份
	600063	皖维高新	600228	昌九生化	600352	浙江龙盛	600470	六国化工
	600074	中达股份	600229	青岛碱业	600367	红星发展	600480	凌云股份
	600078	澄星股份	600230	沧州大化	600378	天科股份	600486	扬农化工
	600091	明天科技	600249	两面针	600389	江山股份	600490	中科合臣
	600143	金发科技	600281	太化股份	600401	江苏申龙	600527	江南高纤
	600146	大元股份	600299	星新材料	600409	三友化工	600532	华阳科技
	600160	巨化股份	600301	南化股份	600423	柳化股份	600589	广东榕泰
	600176	中国玻纤	600309	烟台万华	600426	华鲁恒升	600596	新安股份
	600179	黑化股份	600315	上海家化	600444	国通管业	600615	丰华股份
	600210	紫江企业	600319	亚星化学	600458	时代新材	600617	联华合纤
	600889	南京化纤	600985	雷鸣科化	600731	湖南海利	600810	神马实业
	600618	氯碱化工	600636	三爱富	600746	江苏索普	600882	大成股份
	600623	轮胎橡胶	600667	太极实业	600803	威远生化	600725	云维股份
	600633	白猫股份						

续 表

所属行业	公司代码	公司名称	公司代码	公司名称	公司代码	公司名称	公司代码	公司名称
电子	600057	夏新电子	600237	铜峰电子	600405	动力源	600563	法拉电子
	600060	海信电器	600330	天通股份	600460	士兰微	600584	长电科技
	600097	华立科技	600353	旭光股份	600478	力元新材	600602	广电电子
	600171	上海贝岭	600360	华微电子	600551	科大创新	600637	广电信息
	600183	生益科技	600363	联创光电	600980	北矿磁材	600747	大显股份
	600777	新潮实业	600839	四川长虹	600870	厦华电子		
金属、非金属	600001	邯郸钢铁	600219	南山铝业	600425	青松建化	600558	大西洋
	600005	武钢股份	600231	凌钢股份	600432	吉恩镍业	600562	高淳陶瓷
	600010	包钢股份	600255	鑫科材料	600449	赛马实业	600569	安阳钢铁
	600019	宝钢股份	600282	南钢股份	600456	宝钛股份	600585	海螺水泥
	600022	济南钢铁	600291	西水股份	600459	贵研铂业	600586	金晶科技
	600102	莱钢股份	600293	三峡新材	600472	包头铝业	600595	中孚实业
	600111	稀土高科	600307	酒钢宏兴	600477	杭萧钢构	600660	福耀玻璃
	600114	东睦股份	600318	巢东股份	600507	长力股份	600668	尖峰集团
	600117	西宁特钢	600321	国栋建设	600529	山东药玻	600678	四川金顶
	600126	杭钢股份	600357	承德钒钛	600531	豫光金铅	600696	多伦股份
	600145	四维瓷业	600362	江西铜业	600539	狮头股份	600720	祁连山
	600165	宁夏恒力	600397	安源股份	600549	厦门钨业	600768	宁波富邦
	600212	江泉实业	600399	抚顺特钢	600553	太行水泥	600782	新华股份
	601005	重庆钢铁	601600	中国铝业	600876	洛阳玻璃	600961	株冶集团
	600783	鲁信高新	600802	福建水泥	600885	力诺太阳	600992	贵绳股份
	600792	马龙产业	600808	马钢股份	600888	新疆众和	601003	柳钢股份
	600801	华新水泥	600819	耀皮玻璃	600894	广钢股份		

续 表

所属行业	公司代码	公司名称	公司代码	公司名称	公司代码	公司名称	公司代码	公司名称
机械、设备、仪表	600006	东风汽车	600150	中国船舶	600320	振华港机	600481	双良股份
	600031	三一重工	600151	航天机电	600335	鼎盛天工	600482	风帆股份
	600038	哈飞股份	600162	香江控股	600336	澳柯玛	600495	晋西车轴
	600055	万东医疗	600166	福田汽车	600340	国祥股份	600496	长江精工
	600066	宇通客车	600169	太原重工	600343	航天动力	600499	科达机电
	600067	冠城大通	600178	东安动力	600346	大橡塑	600517	置信电气
	600071	凤凰光学	600192	长城电工	600372	昌河股份	600523	贵航股份
	600072	江南重工	600243	青海华鼎	600373	鑫新股份	600526	菲达环保
	600081	东风科技	600261	浙江阳光	600375	星马汽车	600550	天威保变
	600089	特变电工	600262	北方股份	600382	广东明珠	600560	金自天正
	600099	林海股份	600268	国电南自	600388	龙净环保	600565	迪马股份
	600100	同方股份	600290	华仪电气	600391	成发科技	600566	洪城股份
	600104	上海汽车	600302	标准股份	600416	湘电股份	600577	精达股份
	600112	长征电气	600303	曙光股份	600418	江淮汽车	600580	卧龙电气
	600148	长春一东	600312	平高电气	600435	北方天鸟	600582	天地科技
	600149	华夏建通	600316	洪都航空	600475	华光股份	600587	新华医疗
	600818	上海永久	600855	航天长峰	600877	中国嘉陵	600967	北方创业
	600841	上柴股份	600860	北人股份	600879	火箭股份	600973	宝胜股份
	600848	自仪股份	600875	东方电机	600960	滨州活塞	600710	常林股份
	600590	泰豪科技	600605	轻工机械	600676	交运股份	600724	宁波富达
	600592	龙溪股份	600627	上电股份	600685	广船国际	600742	一汽四环
	600604	二纺机	600673	阳之光	600686	金龙汽车	600765	力源液压
	600786	东方锅炉	600806	昆明机床	600983	合肥三洋	600991	长丰汽车
医药、生物制品	600062	双鹤药业	600267	海正药业	600421	国药科技	600538	北海国发
	600085	同仁堂	600276	恒瑞医药	600422	昆明制药	600557	康缘药业
	600129	太极集团	600277	亿利科技	600479	千金药业	600572	康恩贝
	600161	天坛生物	600297	美罗药业	600488	天药股份	600594	益佰制药
	600196	复星医药	600329	中新药业	600513	联环药业	600666	西南药业
	600201	金宇集团	600332	广州药业	600518	康美药业	600713	南京医药
	600216	浙江医药	600351	亚宝药业	600521	华海药业	600750	江中药业
	600222	太龙药业	600380	健康元	600530	交大昂立	600771	东盛科技
	600253	天方药业	600420	现代制药	600535	天士力	600781	上海辅仁
	600993	马应龙	600789	鲁抗医药	600812	华北制药	600842	中西药业
	600866	星湖科技	600796	钱江生化	600829	三精制药	600849	上海医药
	600869	三普药业	600976	武汉健民				

附录八　西安科技大学优秀实习报告

西安科技大学
毕业实习报告

年　　级：_____
学　　号：_____
姓　　名：_____
专　　业：_____
指导老师：_____

2016 年 6 月

会计系
毕业实习评价表

学生姓名			性别		学号		
以下内容由指导教师填写(打钩"√"选择)							
评价项目		评价结论	打钩	评价结论	打钩	评价结论	打钩
实习单位选择		实际意义大		实际意义适中		实际意义小	
实习工作量		超负荷		饱和		不饱和	
实习态度		认真		一般		不认真	
实习进度		按计划执行		一般		未按计划执行	
实习日志		认真完整		一般		不认真不完整	
对实习报告评价	实习目的	明确		一般		不明确	
	实习过程和内容	完整		一般		不完整	
	实习发现问题和对策	合理		一般		不合理	
	实习总结和心得体会	合理中肯		一般		不合理不中肯	
实习效果 || 优　良　中　差						
综合评语 (是否完成了规定任务、效果是否符合要求等)							

指导教师签名：

年　月　日

毕业实习报告

姓名		班级		实习时间	始	年 月 日
					止	年 月 日
实习单位			西安卓诚可利成套设备公司			
实习地点			西安市雁塔区含光路南段4号			
实习目的			我希望通过本次实习,将我四年来所学的会计学理论知识应用于实践,学会用自己所学的理论知识去分析、解决问题,从而提高自己处理问题的能力。同时在实践中了解社会,学习到课堂上接触不到的知识,打开视野,增长见识,为以后走向社会打下坚实的基础。			

目 录

1 引言 ·· 356
2 企业概况 ·· 356
3 企业的经营管理及所处行业分析 ·· 356
   3.1 公司文化 ·· 356
   3.2 公司组织机构图 ·· 356
   3.3 建筑公司发展理念 ·· 357
4 该公司财务分析 ·· 357
   4.1 比率分析 ·· 357
   4.2 趋势分析 ·· 363
5 该公司的财务状况评价及对策建议 ··· 365
   5.1 财务状况评价 ·· 365
   5.2 对策建议 ·· 366
6 实习心得与体会 ·· 366
附表 ·· 368
   附表1 比较利润表 ·· 368
   附表2 比较资产负债表 ··· 369

1 引言

毕业实习是每个大学生必须拥有的一段经历,它使我们在实践中了解社会,让我们学到了很多在课堂上根本学不到的知识,受益匪浅,也打开了视野,增长了见识,使我认识到将所学的知识具体应用到工作中去,为以后进一步走向社会打下了坚实的基础,只有在实习期间尽快调整好自己的学习方式,适应社会,才能被这个社会所接纳,进而生存发展。根据学校安排,我应聘到西安卓诚可利成套设备有限公司,在该公司我的职位是会计助理一职,进行了为期一个月的毕业实习。在工作中,运用了会计基础知识以及会计电算化相关知识,在会计师傅的带领下,完成填写手工凭证,录制电子凭证等相关工作。在完成此次实习的同时,加深了对于财务会计工作的认识与理解,提升了自己的实践能力。现将在实习期间从事的西安卓诚可利成套设备有限公司的实习体会以实习报告的形式总结如下。

2 企业概况

西安卓诚可利成套设备有限公司,是一家集工业与民用建筑、安装、装修装饰、地基与基础、大型土石方、市场开发为一体的施工总承包企业。主要经营项目:建筑装饰装修建设工程设计施工一体化、环保建设工程专业施工、房屋建筑工程施工、市政公用建设工程施工、钢结构建设工程专业施工、园林古建筑建设工程专业施工、建筑智能化建设工程专业施工、消防设施建设工程专业施工、港口与海岸建设工程专业施工、火电设备安装建设工程专业施工、特种专业建设工程专业施工、金属门窗建设工程专业施工、机电设备安装建设工程专业施工、电子建设工程专业施工、土石方建设工程专业施工、建筑防水建设工程专业施工,建筑装饰建设工程专项设计,建筑工程造价咨询,企业管理咨询,建设工程招标代理。公司自成立以来,不断谋求新的发展,承接了省内外数十项大型的房屋建筑、市政、装修装饰、园林绿化、工程、送变电、防腐保温及钢结构工程,取得了多项荣誉称号,积累了丰富的施工经验,掌握了各种新型施工技术。

3 企业的经营管理及所处行业分析

3.1 公司文化

公司文化是公司成员所共同认可的行为准则,传统习俗,做事方式。西安卓诚可利成套设备有限公司坚持以"诚信、创新、领先、团队"的核心理念,和"持续发展,满足用户建筑需求,以人为本,创建安全绿色工程"的管理方针,打造晟元品牌,走质量兴业和可持续发展之路,建精品,创品牌,集团社会信誉也在不断提高。

3.2 公司组织机构图

通过调查了解到该公司的组织结构较为简单,这是因为该公司的组织规模所导致的。该公司的组织机构图如图3-1所示。

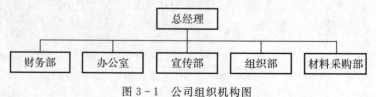

图3-1 公司组织机构图

该公司的组织结构类似于职能型组织结构：采用按职能分工实行专业化的管理办法来代替直线型的全能管理者；各职能机构在自己业务范围内可以向下级下达命令和指示,直接指挥下属。优点：①管理工作分工较细；②由于吸收专家参加管理,减轻了上层管理者的负担,使他们有可能集中注意力以实行自己的职责。缺点：①由于实行多头领导,妨碍了组织的统一指挥,容易千万管理混乱,不利于明确划分职责与职权；②各职能机构往往从本单位的业务出发考虑工作,横向联系差；③对于环境发展变化的适应性差,不够灵活；④强调专业化,使管理者忽略了本专业以外的知识,不利于培养上层管理者。

3.3 建筑公司发展理念

该公司主要是建筑装饰装修建设工程设计施工。在当前的市场经济环境中,要生存下去、发展起来,就必须特别注重自己的经营活动。从思想理念、人力配置、经营方法、人才培养等方面给予重视。

从思想理念上讲,社会主义市场经济体制的实质就是充分尊重价值规律的作用,确立买与卖之间的关系；发挥市场机制的作用,营造社会经济秩序的良性发展。在建筑市场上,建筑工程施工项目的数量决定着市场竞争程度,决定着投标企业中标率；同时也决定着承包价格。

从人力配置上讲,企业经营部门人员数量的配置应该是最强的。强与弱检验的标准应该是能够适应当前和今后企业生存发展的需要。所谓强与弱,主要是指人员专业配备合理。既有建筑经济方面的人才,又有工程施工方面的人才；既有土建工程的人才,又有其他专业的人才。

从经营人才培训上讲,经营人员需要的知识是多方面的,即与建设工程相关的法律法规、行业管理规定、市场经营、社会公共关系、心理学、计算机应用、建筑经济、工程施工技术、质量管理规定等。

4 该公司财务分析

财务分析的方法有比率分析、趋势分析、结构分析。

4.1 比率分析

关于财务比率的类型,我国目前一般将财务比率分为三类：反映盈利能力的比率,反映偿债能力的比率,反映营运能力的比率。

4.1.1 盈利能力分析

盈利能力就是公司获得利润的能力。有很多指标能够反映公司盈利能力,常用的主要有总资产利润率、销售净利率、净资产收益率、资产净利率等,见表4-1。

表4-1 该公司盈利能力 单位:%

报告日期	2010/12/31	2011/12/31	2012/12/31	2013/12/31	2014/12/31
总资产利润率	17.26	12.37	9.42	7.31	9.32
营业利润率	10.26	7.44	6.03	4.71	5.66
销售净利率	10	7.31	5.87	4.4	5.38
净资产收益率	26.11	16.79	13.48	11.69	15.21
资产报酬率	34	28.94	25.58	23.09	25.54
销售毛利率	5.93	6.54	5.59	5.35	5.77

净资产收益率反映的是所有者对于企业投资部分的盈利能力,又称为净资产利润率或所有者权益报酬率。计算公式为:净资产收益率=净利润÷所有者权益平均余额×100%,所有者权益平均余额=(期初所有者权益余额+期末所有者权益余额)÷2。净资产收益率越高,反映企业所有者权益的盈利能力也越强。影响净资产收益率的因素,包括企业的盈利水平和所有者权益的大小。就所有者而言,净资产收益率越大,投资者投入资本的盈利能力也就越强。在我国,净资产收益率既是上市公司必须对外披露的信息之一,也是决定上市公司能否通过配股进行再融资的重要依据,如图 4-1 所示。

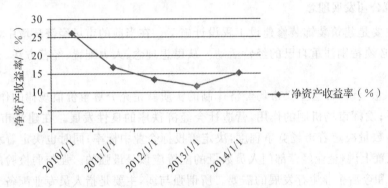

图 4-1 该公司净资产收益率

4.1.2 偿债能力分析

企业的偿债能力是指企业利用其资产偿还长期与短期债务的能力。企业能否生存和健康发展的关键是企业有无支付现金和偿还债务能力。企业偿债能力的高低是反映企业经营能力和财务状况的重要标志。有很多指标能够反映公司的偿债能力,一般使用的主要有速动比率、流动比率、资本周转率、现金比率、利息支付倍数和清算价值比率等,见表 4-2。

表 4-2 该公司偿债能力 单位:%

报告日期	2010/12/31	2011/12/31	2012/12/31	2013/12/31	2014/12/31
流动比率	0.43	1.1	1.32	1.19	1.3
速动比率	0.95	1.07	0.85	0.77	0.9
资产负债率	29.08	28.93	29.96	35.38	34.97
股东权益比率	70.92	71.07	70.04	64.62	65.03
产权比率	40.64	40.36	42.44	53.93	51.97
固定资产比例	19.05	20.45	19.91	21.58	22.2

(1)流动比率。反映的是有多少流动资产作为每 1 元流动负债偿还的保证。它是一种反映公司流动资产对流动负债保障水平的财务指标。计算公式为:流动比率=流动资产总额÷流动负债总额。一般情况下,流动比率越大越好,说明公司具有较强的短期偿债能力。一般情况下,流动比率在 2.0 左右比较好。在运用该指标对公司短期偿债能力分析时,还应该结合存货规模的大小、变现能力、周转速度和变现价值等进行综合分析,如图 4-2 所示。例如某一企

业虽然流动比率很高,但其存货规模很大,而且周转速度慢,就有可能使存货得变现能力下降,变现价值低,因此,该企业的实际短期偿债能力就会小于该指标的值。

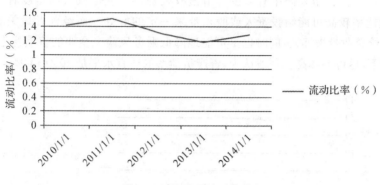

图 4-2 该公司流动比率

该公司的流动比率评价:

该公司流动比率在1.4附近波动,说明公司偿债能力不怎么高,但不排除存货积压或滞销的可能。管理者必须综合考虑各方面因素,确定流动比率的数值准确。

(2)速动比率。反映的是有多少速动资产作为每1元流动负债偿还的保证,进一步反映流动负债的保障水平。计算公式为:速动比率=(流动资产总额-存货净额)÷流动负债总额。通常来说,速动比率越大越好,说明公司具有很强的短期偿债能力。一般情况下,速动比率在1.0左右比较好。在运用该指标对公司短期偿债能力分析时,应结合应收账款的规模、周转速度,其他应收款的规模,以及它们的变现能力指标综合进行分析,如图4-3所示。例如某一企业速动比率虽然很高,但应收账款的规模大,周转速度慢,而且其他应收款的规模大,变现能力差,那么该企业的实际短期偿债能力就会小于该指标的值。由于待摊费用、预付账款和其他流动资产等指标的变现能力差或根本无法变现,在运用流动比率或速动比率分析公司短期偿债能力时,如果它们的规模过大,还需要去除这些项目的影响。

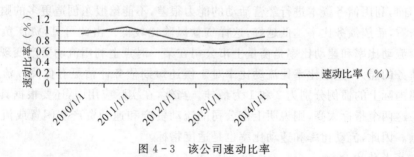

图 4-3 该公司速动比率

该公司的速动比率评价:

速动比率一般为1比较适合,公司的速动比率在2011年已经达到1.07,比较正常。应收账款的变现能力会影响速动比率的可信度。

(3)资产负债率。即公司年末的负债总额与资产总额的比率。表示公司总资产中有多少来源于负债,资产负债率是衡量公司负债水平的重要指标。同时,也是一项评价公司运用债权人资金进行经营活动能力的指标,也反映债权人发放贷款是否安全。如果资产负债比率等于或大于100%,就表明公司已经没有净资产或净资产为负。公式为:资产负债率=负债总额÷资产总额×100%。资产负债率是衡量企业负债水平与风险程度的重要指标。资产负债率能够揭示出企业的全部资金来源中有多少是由债权人提供。从债权人的角度看,资产负债率越低越好。负债比率较高可能给投资人或股东带来一定的好处。而经营者最关心的是,既充分利用借入资金给企业带来好处,同时也尽可能地降低财务风险。企业的负债比率应在不发生偿债危机的情况下,尽可能择高。一般认为,资产负债率的适宜水平是40%~60%,见图4-4。

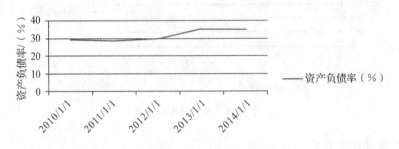

图4-4 该公司资产负债率

该公司资产负债率评价:

资产负债率仍然呈上升趋势,说明财务风险在不断增加。但资产负债率最大也只有35.38%,可看出该公司管理者既不保守也不冒险。

(4)公司偿债能力分析。公司的长期偿期能力由资产负债率指标来反映,短期偿债能力由流动比率和速动比率指标来反映。它们都是适度指标。经营业绩好的公司应该有合理的债务结构,较强的长期和短期偿债能力,降低公司的偿债风险。资产负债率指标对不同的利益相关者有不同的意义。从股东的角度看,公司负债资金与股东权益资金在经营活动中发挥同样的作用,因此,股东所关心的是公司资本收益率是否超过借款利率,在资本收益率高于借款利率时,负债比率越大越好。从经营者的角度来看,公司资产负债比率大(当然不是盲目借款),越是显得活力允沛;如果上市公司采取保守的财务政策,不举债或负债比率很小,经营者可能被认为畏缩不前,利用债务资本进行经营活动的能力很差,不能给股东创造更多的财富。从债权人的角度来看,希望债务比率越低越好,这样贷款风险比较低。由此可见,资产负债率是一个适度指标。流动比率和速动比率是衡量上市公司在某一时点上利用流动资产变现偿还即将到期的短期债务的能力,速动比率比流动比率对于偿还短期债务评估更有保障。流动比率和速动比率按照国际上的惯例分别为2和1为最佳。当然,在实际应用中,还要根据具体行业实际情况来定。这两个指标太高,则说明上市公司的流动资产和速动资产有闲置或流动负债利用不足的缺点。因此,流动比率和速动比率也是适度指标。

4.1.3 成长能力分析

企业成长能力,即企业未来的发展趋势和发展速度。它包括企业规模的扩大,利润和所有者权益的增加。企业发展能力是随着市场环境的变化,企业资产规模、盈利能力、市场占有率持续增长的能力,反映了企业未来的发展趋势。企业发展能力分析是对企业扩大经营能力的分析,用于考察企业通过逐年收益增加或通过其他融资方式获取资金扩展经营的能力。有很多指标能够反映公司的偿债能力,一般使用的主要有主营利润增长率、主营业务增长率、股本比重、净利润增长率、利润保留率、固定资产比例等,见表4-3和图4-5。

表 4-3 该公司成长能力

单位:%

报告日期	2010/12/31	2011/12/31	2012/12/31	2013/12/31	2014/12/31
主营业务收入增长率	73.4	12.92	9.95	23.4	19.01
净利润增长率	74.3	−17.44	−11.69	−7.52	45.48
净资产增长率	52.19	15.44	14.31	9.96	14.76
总资产增长率	56.83	15.2	16	19.18	14.03

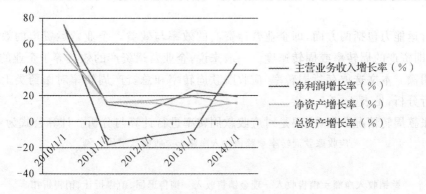

图 4-5 公司成长能力

总资产增长率,或称总资产扩张率,即企业本年总资产增长额与年初资产总额的比率,反映企业本年度资产规模的增长幅度。资产既是企业取得收入的资源,又是企业偿还债务的保证。资产的增长是企业发展的一个重要标志,一般来说,发展性高的企业能够使资产稳定增长。计算公式为:总资产增长率=本年总资产增长额÷年初资产总额×100%,其中:本年总资产增长额=年末资产总额-年初资产总额。总资产增长率越高,说明在一定时期内企业资产经营规模扩张的速度就越快。但在分析时,既要注意资产规模扩张的质和量的关系,也应关注企业的后续发展能力,从而避免盲目扩张。通过计算企业五年平均资产增长率,可以消除资产短期波动的影响,而反映出企业长期的资产增长情况。由表 4-3 可以看出该公司的总资产增长率处于下降趋势。

具有投资价值的上市公司应该具有高成长性。上市公司在总资产扩张能力、股本扩张能力、资产重组等方面都应表现出强势。上市公司资产总额的规模是衡量上市公司实力的一个重要指标。总资产的增长速度自然在一定程度上也能体现上市公司的成长速度。同时随着总资产的扩张,成长性好的上市公司盈利也能够快速增长。主营业务收入增长率指标反映了上市公司在重点发展方向上的成长性,在上市公司成长中有举足轻重的作用。净利润增长率也是考虑上市公司成长性的一个重要指标,上市公司净利润的增加为公司的积累、发展以及给投资者回报提供了有力的保障。

从以上分析看出该公司的成长能力不太乐观,表现在总资产增长率,净资产增长率均呈现下降的趋势。该公司高管应该引起重视,积极需求解决方案。

4.1.4 营运能力分析

表 4-4 该公司营运能力 单位:%

报告日期	2010/12/31	2011/12/31	2012/12/31	2013/12/31	2014/12/31
应收账款周转率	17.07	16.74	23.75	21.28	17.54
应收账款周转天数	21.09	21.5	15.16	16.92	20.52
存货周转率	13.81	13.26	12.52	12.22	12.8
固定资产周转率	13.29	9.15	8.55	8.68	8.43
总资产周转率	2.11	1.81	1.72	1.81	1.85

企业营运能力包括两方面,即企业营运资产的效率与效益。企业营运资产的效率也包括两个方面,即资产的周转率或周转速度。一般来说,企业营运资产的效益等于企业的产出额除以资产占用额。本文选取存货周转率、应收账款周转率和总资产周转率对医药类上市公司投资价值进行分析,见表 4-4。

应收账款周转情况分析,主要是对应收款周转率进行计算与分析。计算公式为

$$应收账款周转率 = 赊销收入净额 \div 应收账款平均余额$$

其中

$$赊销收入净额 = 销售收入 - 现金销售收入 - 销售退回、销售折让、销售折扣$$
$$应收账款平均余额 = (期初应收账款 + 期末应收账款) \div 2$$

应收账款余额未扣除坏账准备。

存货周转率,即企业存货在一定时期内占用资金可周转的次数,或每周转一次存货所需要的天数。所以,存货周转天数和存货周转次数是存货周转率指标的两种形式。计算公式是

$$存货周转次数 = 销售成本 \div 平均存货$$

其中

$$平均存货 = (期末存货 + 期初存货) \div 2$$
$$存货周转天数 = 计算期天数 \div 存货周转次数 = 计算期天数 \times 平均存货 \div 销售成本$$

总资产周转率等于企业在一定时期的业务收入净额除以平均资产总额。计算公式是

$$总资产周转次数 = 营业收入额 \div 平均资产总额$$
$$总资产周转率 = 销售收入 \div 总资产$$

其中

$$营业收入净额 = 销售收入 - 销售折扣及折让$$

平均资产总额是指企业年初资产总额与年末资产总额的平均值。其公式为

$$平均资产总额 = (资产总额年初数 + 资产总额年末数) \div 2$$

总资产周转率是一项考察企业资产运营效率的重要指标,体现了在企业经营期间,全部资产从投入到产出的流转速度,反映了企业全部资产的利用效率和管理质量。通过总资产周转率的对比分析,可以反映企业各个年度总资产的运营效率及其变化,发现本企业在资产利用上与同类企业的差距,促使企业积极创造收入、挖掘现有潜力、增加资产利用效率、提高产品市场占有率。一般来说,总资产周转率数值越高,说明企业总资产周转速度越快,资产利用效率越

高,企业的销售能力越强。

该公司资产管理能力由总资产周转率、存货周转率和应收账款周转率这三个指标来反映。经营业绩良好的上市公司应该有较强的资产管理能力,使公司资产产生良好的经济效益。总资产周转率反映了资产总额的周转速度,周转速度越快,说明上市公司的销售能力越强,上市公司在总资产方面管理的效率也越高。存货周转率反映了上市公司在存货方面的管理能力。存货周转率越大,存货转化为现金或应收账款的速度越快,存货的占用资金水平越低,流动性越强。应收账款周转率反映上市公司年度内应收账款转化为现金的平均次数,反映应收账款流动的速度,周转率越高,意味着应收账款的收回速度越快,变为坏账的风险也越低,应收账款管理效率高。

4.1.5 杜邦分析

杜邦分析见图 4-6。

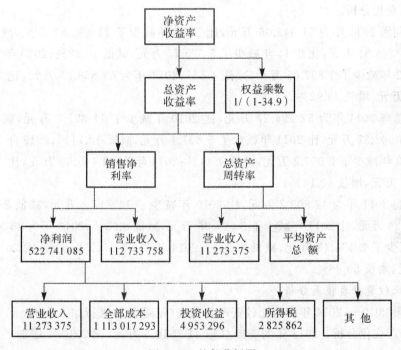

图 4-6 杜邦分析图

4.2 趋势分析

4.2.1 比较利润表分析

对该公司 2010—2014 年度的比较利润表(见附表 1)进行下述分析。

(1)营业收入变化分析。营业收入 2011 年为 698 141.9 万元,比 2010 年增加了 79 891.7 万元,增长 12.92%;2012 年为 767 635.5 万元,比 2011 年增加了 69 493.6 万元,增长 9.95%;2013 年为 947 248.6 万元,比 2012 年增加了 179 613.1 万元,增长 23.39%;2014 年为 1 127 338 万元,比 2013 年增加了 180 089.4 万元,增长 19.01%。

(2)成本费用变化分析。

1)营业成本 2011 年为 652 510.6 万元,比 2010 年增加了 70 897.5 万元,增长 12.19%;

2012年为724 737万元,比2011年增加了72 226.4万元,增长11.07%;2013年为896 595.1万元,比2012年增加了171 858.1万元,增长23.71%;2014年为1 062 297万元,比2013年增加了165 701.9万元,增长18.48%。

2)营业税金及附加2011年为1 718.75万元,比2010年增加了767.19万元,增长80.62%;2012年为1 442.47万元,比2011年减少了276.28万元,减低16.07%;2013年为2 075.12万元,比2012年增加了632.65万元,增长43.86%;2014年为2 392.71万元,比2013年增加了317.59万元,增长15.3%。

3)销售费用、管理费用和财务费用三项费用之和2011年为29 233.88万元,比2010年增加了6 518.97万元,增长28.71%;2012年为31 787.32万元,比2011年增加了2 553.44万元,增长8.73%;2013年为42 042.29万元,比2012年增加了10 254.97万元,增长32.36%;2014年为48 329.53万元,比2013年增加了6 287.24万元,增长14.95%。

(3)利润变化分析。

1)营业利润2011年为51 942.06万元,比2010年减少了11 490.84万元,减低18.11%;2012年为46 266.31万元,比2011年减少了5 675.75万元,减低10.92%;2013年为44 368.66万元,比2012年减少了1 897.65万元,减低4.1%;2014年为63 853.26万元,比2013年增加了19 484.6万元,增长43.92%。

2)利润总额2011年为52 294.27万元,比2010年减少了11 397.5万元,减低17.89%;2012年为46 692.87万元,比2011年减少了5 601.4万元,减低10.71%;2013年为44 635.67万元,比2012年减少了2 057.2万元,减低4.41%;2014年为63 445.95万元,比2013年增加了18 810.28万元,增长42.14%。

3)净利润2011年为42 809.2万元,比2010年减少了14 247.2万元,减低24.97%;2012年为39 113.24万元,比2011年减少了3 695.96万元,减低8.63%;2013年为36 638.81万元,比2012年减少了2 474.43万元,减低6.33%;2014年为55 274.11万元,比2013年增加了18 635.3万元,增长50.86%。

4.2.2 比较资产负债表分析

对该公司2010—2014年度的比较资产负债表(见附表2)进行如下分析。

(1)总资产变化分析。2011年的资产总额412 510.8万元,比2010年增加了54 423.8万元,增长15.2%;2012年的资产总额为478 495.7万元,比2011年增加了65 984.9万元,增长16%;2013年的资产总额为570 304.3万元,比2012年增加了91 808.6,增长19.19%;2014年的资产总额为650 276.8万元比2013年增加了79 972.5万元,增长14.02%。

(2)流动资产变化分析。2011年的流动资产为175 514.8万元,比2010年增加了33 709.3万元,增长23.77%;2012年的流动资产为185 722.3万元,比2011年增加了10 207.5万元,增长5.82%;2013年的流动资产为233 645.1万元,比2012年增加了47 922.8万元,增长25.8%;2014年的流动资产为270 668万元,比2013年增加了37 022.9万元,增长15.85%。

(3)固定资产变化分析。2011年的固定资产为83 816.58万元,比2010年增加了15 926.34万元,增长23.46%;2012年的固定资产为94 903.06万元,比2011年增加了11 086.48万元,增长13.23%;2013年的固定资产为122 800.1万元,比2012年增加了27 897.4万元,增长29.39%;2014年的固定资产为144 112.3万元,比2013年增加了21 312.2万元,增长

17.36%。

(4)负债总额变化分析。2011 年的负债总额为 119 332.6 万元,比 2010 年增加了 15 215.3 万元,增长 14.61%;2012 年的负债总额为 143 351.6 万元,比 2011 年增加了 24 019 万元,增长 20.13%;2013 年的负债总额为 202 388.9 万元,比 2012 年增加了 59 037.3 万元,增长 41.18%;2014 年的负债总额为 227 389.6 万元,比 2013 年增加了 25 000.7 万元,增长 12.36%。

(5)股东权益变化分析。2011 年的股东权益为 293 178.2 万元,比 2010 年增加了 39 208.5 万元,增长 15.44%;2012 年的股东权益为 335 144.1 万元,比 2011 年增加了 41 965.9 万元,增长 14.31%;2013 年的股东权益为 367 915.4 万元,比 2012 年增加了 32 771.3 万元,增长 9.78%;2014 年的股东权益为 422 887.2 万元,比 2013 年增加了 54 971.8 万元,增长 14.94%。

5 该公司的财务状况评价及对策建议

5.1 财务状况评价

5.1.1 偿债能力

公司的偿债能力指该公司清偿各种到期债务的承受能力,它反映了该公司对于各种到期债务的保证程度,包括短期偿债能力和长期偿债能力。因为该公司的上游企业多为零部件企业,涉及其他应付款占的比重很大,因此,该行业的流动比率均小于 2,速动比率小于 1,且有逐年减小的趋势,这与行业性质有关。自 2010 年到 2014 年,该公司的流动比率、速动比率逐年减小,速动比率最小为 0.77,处在合理范围,速动比率最小值为 0.77,未超过标准 1,说明总体上,该公司短期偿债能力较强。资产负债率由 24.07% 上升到 34.08%,该项指标调整逐步合理,既保证了很强的长期偿债能力(指标值远小于 70%),在盈利能力增强的情况下,很好地利用了财务杠杆的正面作用,得到更多的经营利润。

5.1.2 营运能力

营运能力的影响因素包括外部因素和内部因素两个方面。外部因素主要包括该公司的行业特性与经营背景,内部因素主要包括该公司的资产管理方法与政策。存货周转率这几年变化不大,但总体高于行业平均值;应收账款周转率和总资产周转率 2012 年和 2013 年加速增长,尤其是应收账款周转率,比 2010 年大量增长;以上都表明公司营运能力在大幅提高,经营高效。

5.1.3 盈利能力

财务因素主要包括国家政策、全面分析、利润构成、资本结构及资本效率、经营模式、利润及利润质量、历史与未来的盈利能力等。非财务因素方面主要包括非物质性因素、盈利能力的可能性与现实性的结合、该公司主体的多元化、知识与创新能力、过程与发展趋势。主营业务利润率、总资产利润率和净资产利润率三项指标均逐年下降,这两年有加速上升趋势,尤其是净资产利润率,2014 年增长更是显著,显示出很强的盈利能力。

5.1.4 成长性

建筑龙头企业的总资产增长率都在 14% 以上,实现规模经济。净利润增长率 2010 年和 2014 年分别为 74.3% 和 45.48%,主营收入快速上升,充分显现了产品竞争力。以上各指标都反映出公司从 2007 年进入高成长阶段。综上所述,该公司财务各项指标显示良好,财务稳健,结构合理,具有高盈利能力和高成长性,财务风险较低。

5.2 对策建议

5.2.1 对该公司管理方面的建议

该公司的组织机构有些简单,建议该公司完善各个部门的划分。做到内部机构的设置合理、职能明确、相互沟通和制约,以保证每一项经济业务能够按照科学的程序办理。同时,加强各部门之间的协调配合,明确各自的职务以及业务。使得公司成员对组织文化有强烈的认同感,从而为实现公司的战略目标不断努力。

5.2.2 对公司财务方面改进的建议

从上面的分析得知该公司的存货周转率在降低,净资产收益率也在降低,公司应该加强存货方面的管理,通过广告宣传等方式增强公司的影响力,使得公司的经营绩效不断提升。应当加强财务人员的管理以及技能的提升,从而更好地为公司效力。

6 实习心得与体会

3月份要去找单位实习,这是一次很好的机会,可以让我所学的会计理论上升为实践。为完成学校规定的实习计划,也为了锻炼自己和提高自己的实践操作能力,我去了西安卓诚可利成套设备有限公司,进行了为期一个月的实习。

为了能够在实习过程中学到更多东西,在去参加实习之前,我花了差不多半个月的时间复习以前学过的会计知识,并且阅读了注册会计师考试的审计教材,巩固了审计的一些基本知识。在书中我看到了一些基本的审计程序,和各个业务循环的一些知识,还有关于风险导向审计,关于一些重点会计科目的审计要点。之前的关于理论知识的学习,对我后来的实习奠定了坚实的基础。

在该公司实习主要分为两个阶段。第一阶段是我在公司的总部的时候。这一阶段,主要是和办公室里的同事熟悉熟悉,并向他们学习公司的各方面知识,了解公司的机构组成,人员职责,基本业务,分别熟悉公司各种会计业务操作流程,行业规范,协助会计师完成各类业务。发现很多同事都是考出注册会计师、注册税务师、资产评估师三个证书,觉得他们还是很厉害的。在那段时间里,感觉公司很多同事都会去出差。第二阶段主要是参加一些日常业务的工作。

财务会计业务包括下列各项:①原始凭证的核签;②记账凭证的编制;③会计簿记的登记;④会计报告的编制、分析与解释;⑤会计用于企业管理各种事项的办理;⑥内部的审核;⑦会计档案的整理保管;⑧其他依照法令及习惯应行办理的会计事项。各项会计业务应包括预算、决算、成本、出纳及其他各种会计业务。报表的编制也是一项非常重要的事务,会计报表的目的是向信息的使用者提供有用的信息。会计信息要准确、全面、及时,然而当前的财务报表有很多的局限性。在电子商务时代,基于网络技术平台的支持,报表的生成将呈现自动化、网络化和非定时性,冲破了时空的限制。电子信息的迅猛发展,人类正疾步跨入信息社会。网络经济正以人们始料不及的速度迅速发展,在短短的几年时间里,作为网络经济重要组成部分的电子商务已经走入人们的视野并对传统会计产生了深刻的影响,物流公司基本上结合信息时代的要求实现管理的信息化、自动化和网络化。

作为一名未来的会计人员,我们现在刚刚起步,往后会学到更多的东西,并且有很多东西需要我们自己去挖掘。由于财务会计行业的特殊性我只能参加财务部门中较为简单的工作,如出纳及帮助会计进行账目的核对等工作。虽然工作不难,时间也不长,但我仍十分珍惜我的第一次真正意义上的实践经验,从中也学到了许多学校里无法学到的东西并增长了一定的社会经验。会计本来就是烦琐的工作。在实习期间,我曾觉得整天要对着那枯燥无味的账目和数字而心生烦闷、厌倦,以至于登账登得错漏百出。愈错愈烦,愈烦愈错,这只会导致"雪上加霜"。反之,只要你用心地做,反而会左右逢源。越做越觉乐趣,越做越起劲。这次会计实习中,我可谓受益匪浅。

附　表

附表 1　比较利润表

单位:元

项　目	2010 年	2011 年	2012 年	2013 年	2014 年
营业收入	618 250.2	698 141.9	767 635.5	947 248.6	1 127 338
减:营业成本	581 613.1	652 510.6	724 737	896 595.1	1 062 297
营业税金及附加	951.56	1 718.75	1 442.47	2 075.12	2 392.71
销售费用	2 822.91	4 664.67	3 649.87	4 671.65	5 436.45
管理费用	18 911.83	23 691.32	27 442.91	36 838.3	41 794.5
财务费用	970.17	877.89	694.54	532.34	1 098.58
资产减值损失	261.77	228.43	66.99	51.47	−1.99
加:公允价值变动收益（损失以"—"号填列）					
投资收益（损失以"—"号填列）	50 713.95	37 491.82	36 664.55	37 883.97	49 532.96
其中:对联营企业和合营企业的投资收益					
营业利润（亏损以"—"号填列）	46 631.72	35 404.8	33 576.26	34 475.2	46 206.42
加:营业外收入	63 432.9	51 942.06	46 266.31	44 368.66	63 853.26
减:营业外支出					
其中:非流动资产处置损失	328.1	392.16	578.54	353.51	423.4
利润总额（亏损以"—"号填列）	69.23	39.95	151.97	86.5	830.71
减:所得税费用					
净利润（亏损以"—"号填列）	63 691.77	52 294.27	46 692.87	44 635.67	63 445.95
每股收益					
(一)基本每股收益(元)	1 896.63	1 273.84	1 634.9	3 194.25	2 825.86
(二)稀释每股收益(元)	57 056.4	42 809.2	39 113.24	36 638.81	55 274.11

附表 2　比较资产负债表

单位:元

项　目	2010 年	2011 年	2012 年	2013 年	2014 年
资产					
流动资产:					
货币资金	15 965.37	37 253.87	49 867.87	35 524.6	54 498.22
交易性金融资产					
应收票据	14 663.13	34 263.2	16 003.39	38 622.36	41 353.28
应收账款	54 154.15	29 248.36	35 397.35	53 620.27	74 918.41
预付账款	8 361.94	13 288.64	17 029.22	13 817.15	14 252.72
应收股利			81.6		
其他应收款	835.08	10 842.73	1 994.23	9 792.53	1 182.62
存货	47 825.82	50 618.01	65 141.99	81 615.88	84 411.6
其他流动资产			206.68	652.31	51.18
流动资产合计	141 805.5	175 514.8	185 722.3	233 645.1	270 668
非流动资产:					
可供出售金融资产				14 514.9	14 514.9
长期股权投资	110 773.5	110 045.7	127 487.7	136 948.6	167 538.8
投资性房地产	18 643.53	18 043.9	17 897.33	19 682.29	18 659.35
固定资产	67 890.24	83 816.58	94 903.06	122 800.1	144 112.3
在建工程	13 211.79	20 129.52	37 249.38	24 185.83	15 839.46
工程物资	2 131.88	739.35	911.94	188.47	118.26
固定资产清理	27.2	46.5	50.82	104.03	15.83
无形资产	2 873.22	3 532.49	13 265.74	16 677.36	17 612.38
长期待摊费用	585.92	533.2	554.81	332.73	93.84
递延所得税资产	144.21	108.69	452.63	1 225	1 103.61
非流动资产合计	216 281.5	236 996	292 773.4	336 659.2	379 608.8
资产总计	358 087	412 510.8	478 495.7	570 304.3	650 276.8
流动负债:					
短期借款	4 000	18 500	16 000	17 500	10 150

续　表

单位:元

项　目	2010年	2011年	2012年	2013年	2014年
应付票据	1 581.68	1 407.2	11 016.39	23 046.14	24 764.46
应付账款	72 207.67	68 219.61	85 503.35	129 255.3	144 486
预收账款	195.38	293.49	1 993.86	250.13	290.79
应交税费	2 938.52	1 470.22	−420.37	1 059.77	2 366.3
应付利息	14.71	26.98	20.19	23.26	8.87
应付股利	1 084.91	551.49	579.21	714.26	798.67
其他应付款	7 711.38	15 564.36	17 485.43	13 893.98	17 480.85
一年内到期的非流动负债	2 000	2 500	1 000	1 000	
其他流动负债					
流动负债合计	99 211.38	116 330.2	141 219.7	192 792.9	208 004.9
非流动负债:					
长期借款	4 000	2 000	1 000	2 400	11 759.72
长期应付款					
专项应付款					
预计负债				610.43	1 562.85
递延所得税负债					
其他非流动负债	905.96	1 002.33	1 131.85		
非流动负债合计	4 905.96	3 002.33	2 131.85	9 596.06	19 384.71
负债合计	104 117.3	119 332.6	143 351.6	202 388.9	227 389.6
股东权益:					
股本|万股	21 152.34	21 152.34	21 152.34	21 152.34	21 152.34
资本公积金	54 938.42	54 969.55	54 969.55	54 969.55	54 969.55
专项储备			221.23	437.15	1 170.08
盈余公积金	36 225.24	40 086.18	43 798.52	47 096.64	52 466.56
未分配利润	106 224.2	138 826.7	169 997.1	191 149.7	233 650.6
归属于母公司股东权益合计	218 540.1	255 034.8	290 138.8	314 805.4	363 409.1
少数股东权益	35 429.5	38 143.44	45 005.37	53 110.07	59 478.08
股东权益合计	253 969.7	293 178.2	335 144.1	367 915.4	422 887.2
负债和股东权益总计	358 087	412 510.8	478 495.7	570 304.3	650 276.8

续　表

<table>
<tr><th colspan="2">考查项目</th><th>考　察　内　容</th><th>优</th><th>良</th><th>中</th><th>及格</th><th>不及格</th></tr>
<tr><td rowspan="5">指导老师意见</td><td>思想品德</td><td>品行、作风、公德素质等</td><td></td><td></td><td></td><td></td><td></td></tr>
<tr><td>业务能力</td><td>理论知识、分析与解决问题的能力、实际操作技能、文字处理、口头表达、计算机应用、人际关系、工作效率等</td><td></td><td></td><td></td><td></td><td></td></tr>
<tr><td>工作学习态度</td><td>主动性、责任心、服务态度、求知欲等</td><td></td><td></td><td></td><td></td><td></td></tr>
<tr><td>劳动纪律</td><td>遵守各项规章制度（包括业务和行政的规定），迟到、早退、旷工等情况</td><td></td><td></td><td></td><td></td><td></td></tr>
<tr><td>实习报告</td><td>实习报告撰写的质量</td><td></td><td></td><td></td><td></td><td></td></tr>
<tr><td colspan="8">综合　　　　同学自　年　月　日至　年　月　日在（单位）的实习表现，认定其实习综合表现为：
　　　　优秀（　）　良好（　）　中等（　）　及格（　）　不及格（　）

　　　　指导教师签名（章）：

　　　　　　　　　　　　　　　　　　　　　　　　　　　　　　年　　月　　日</td></tr>
<tr><td colspan="2">教研室主任意见</td><td colspan="6">

　　　　　　　　教研室（系）主任签名（章）：

　　　　　　　　　　　　　　　　　　　　　　　　　　　　　年　　月　　日</td></tr>
</table>

注意事项：1. 本表需用黑色碳素笔填写，要求实习生本人亲自填写，书写清楚工整（打印需本人签字）；

2. 指导老师可以是本校指导老师，也可以是实习单位（企业）技术人员；

3. 此表建议用 A4 纸双面打印，可根据报告内容自行加页，该表将作为实习考核的重要依据和教学资料保存；

4. 以上内容均需真实填写，不得弄虚作假，如有作假，此实习报告无效。